빅맥 & 버건디

Big Macs &
Burgundy

지극히 현실적인 와인 페어링

빅맥 & 버건디

Big Macs & Burgundy

지극히 현실적인 와인 페어링

지은이 바네사 프라이스, 아담 라우쿠프
옮긴이 이유림
사진 미셸 맥스웨인
일러스트레이션 THE ELLAPHANT IN THE ROOM
보너스챕터 수잔 김

청담숲

브리아나에게

"언젠가… 아프가니스탄의 어느 오지에 있을 때
와인 따개를 잃어버린 적이 있었어요.
우리는 며칠간 강제로 물과 음식만 먹으면서 살 수밖에 없었습니다."
_ W. C. 필즈

목차

10
안녕, 낯선 사람.
코르크를 뽑아볼까요?

16
와인학 개론 :
잘 익은 포도
*당과 산과 햇빛으로
완성되는 와인의 기적*

32
페어링의 기초 :
풍미의 동산에 어서 오세요
*훌륭한 페어링의 비결은
훌륭한 테이스팅*

46
Chapter 1
생계 밀착형 페어링
*예산이 적은 소믈리에들이여
저렴하다고 형편없을 필요는 없다*

58
Chapter 2
남부의 힐링 푸드
해변가 엘리트들을 위한 블루그래스 기초

66
Chapter 3
세트 메뉴
맥도날드, 제대로 LOVIN' IT!

78
Chapter 4
길거리 음식
*스낵 코너 옆 '시스터 액트',
근처 주유소에서 구매 가능!*

90
Chapter 5
패스트 푸드
해장 핫도그

100
Chapter 6
와인과 함께하는 아침 식사
최고의 아침을 만들어주는 와인 한 잔

110
Chapter 7
트레이더 조스
*이상하게 마음이 가는 식료품 체인점 음식과
잘 맞는 소울메이트*

120
Chapter 8
할인 코너의 비밀
미식가가 마시는 값싼 와인의 동반자

134
Chapter 9
그 날을 기다리며
1년에 한 번, 손꼽아 기다리는 페어링

150
Chapter 10
디너 파티 듀엣
완벽한 한 입

164
Chapter 11
따분하고 아름답게
건강한 음식도 행복하게 즐길 수 있으니까

176
Chapter 12
채소와 결들이기 좋은 와인
매일을 샐러드 데이로 바꿔줄 멋진 페어링

186
Chapter 13
클래식 페어링
클래식이 되는 데에는 그럴만한 이유가 있지만,
훌륭한 반전은 마다하지 않는다

202
Chapter 14
낯설지만 맛있는
무서운 외관에 숨겨진 맛있는 고급 요리를
좋아하는 사람들을 위한 페어링

210
Chapter 15
경비 지출 내역서 준비 과정
파워 런치에 참석하는 여성들을 위한 페어링

218
Chapter 16
서프 앤드 터프
고급 스테이크와 해산물

232
Bonus Chapter
한국어판에 부쳐
한국 음식과 와인의 페어링,
이런 건 어떨까?

240
바네사의 추천

241
색인

246
감사의 말

안녕, 낯선 사람.
코르크를 뽑아볼까요?

프랑스 루아르 밸리의 상세르 지역에서 만드는 상세르 와인은 그야말로 소비뇽 블랑의 기준이다. 말도 안 되는 산미, 깨끗한 미네랄리티, 뺨에 주름이 생길 만큼 강렬한 시트러스가 특징인데, 치토스와 완벽한 궁합을 자랑한다.

내가 이렇게 자신할 수 있는 이유는 소비뇽 블랑과 여러 페어링을 시도해 봤기 때문이다. 미국에서 영화를 보면서 많이 먹는 타코벨의 전 메뉴, 슈퍼마켓 냉동 코너에 있는 거의 모든 제품과 생각할 수 있는 모든 대량 생산 음식을 곁들여 보았고, 그러면서 이 시대 와인 애호가들에게 가장 중요한 페어링 중 하나를 발견해냈다.

상세르Sancerre와 치토스Cheetos는 우유와 쿠키만큼 잘 어울린다. 이 둘의 조화는 믿을 수 없을 정도로 완벽하지만, 내가 아는 모든 와인 전문가들은 자신들이 직접 먹어보기 전까지 아무도 이 조합을 믿지 않았다.

인공적으로 맛을 낸 옥수숫가루 튀김과 본격적인 와인이라는 이 불경스러운 조화 뒤에는 산미, 지방, 소금, 미네랄과 같은 요소들이 만들어내는 과학이 숨어 있다. 이는 굴과 샤블리Chablis 혹은 소고기 안심스테이크와 나파 밸리 까베르네 소비뇽Napa Cab의 조화를 설명하는 원리와 같다.

사실 나는 숙련된 소믈리에로 15년 동안 와인 업계에서 일하며 어떻게 페어링을 하는지 연구하고, 말도 안 되는 가설들을 순진한 친구들과 지인들에게 테스트하곤 했다. 이렇게 힘들게 얻은 지식 중 일부는 뉴욕 잡지인 〈그러브 스트리트Grub Street〉에 실렸고, 이때 독자들이 보낸 열광적인 반응에서 나는 확신하게 되었다. 아직 발견하지 못한 흥미롭고, 접근이 쉽고, 이따금 완전히 직관에 반대되는 수많은 페어링이 우리를 기다리고 있다는 것을.

또한 그때의 반응을 통해 나만큼이나 와인을 사랑하지만, 와인을 배울 기회가 없는 사람들이 아주 많다는 사실도 알게 되었다. 일주일에 와인을 3~4병씩 마실 정도로 좋아하는데도 허세가 넘치는 와인 얘기에 질려 관심을 끊어버린 사람들도 있다. 익숙한 이야기이지 않은가?

만약 그렇다면, 이 책은 당신을 위한 것이다. 운 좋게도 세계 최고의 셰프와 소믈리에들이 엄선한 메뉴를 경험했던 사람으로서 확실하게 말할 수 있다. 와인의 즐거움을 느끼기 위해 꼭 트러플이 덮인 돼지감자나 수비드로 조리한 꿩 허릿살을 곁들여야 하는 것은 아니다. 시중에서 살 수 있는 펀페티funfertti 케이크 믹스로도 충분하다. 편의점 매대에서부터 배달 앱 식당의 음식까지, 뛰어난 페어링은 어디에서든 찾을 수 있다.

와인 페어링 기술에 신비로운 지식이 아예 필요 없는 것은 아니지만, 연금술 같은 요리 기술과는 거리가 멀다. 가장 기본은 대조 혹은 강조를 통해 맛과 질감을 보완하며 완벽한 밸런스를 만들어내는 것이다. 딱 맞는 밸런스를 찾으면 우리의 미각은 와인을 한 모금 마실 때마다 균형을 느끼게 된다.

지방이 많은 음식이라면 기름기를 없애줄 날카롭고 산미 높은 와인이 잘 맞는다. 뜨겁고 매운 음식이라면 강렬함을 완화해 줄 달콤한 와인이 좋다. 씁쓸한 음식에는 향이 깊고 풍부한 와인이, 강력하고 풍부한 음식에는 맛을 배가해 줄 적당한 페어링이 필요하다. 신선함과 시트러스가 두드러지는 음식도 마찬가지로 가벼운 향과 맛을 부각해 줄 와인이 잘 맞는다.

앞으로 이 책에서 소개하겠지만, 훌륭한 음식과 와인은 서로의 맛과 향을 올려주고 동시에 상쇄하기도 한다. 이는 와인과 음식이 수천 년간 공생했던 지중해 지역에서 따르는 원칙이기도 하다. 디오니소스의 땅에서 생산되는 와인들은 이따금 타닌tannin이 세거나, 시큼하거나, 너무 달기도 하지만, 그리스의 테이블 와인들은 특정한 음식과 만났을 때 완전히 달라지며 어디에서도 느낄 수 없는 만족감을 선사한다. 산토리니Santorini 품종의 강한 풍미는 까맣게 그을린 문어의 맛을 상쇄하고, 레치나Retsina에 흐르는 송진 향은 강한 향신료 향의 양고기 요리로 완화된다. 이것이 바로 '음식 친화적food-friendly' 와인이 갖는 의미다(내가 만들어낸 말이 아니다). 이 책이 끝날 즈음에는 이 의미를 완전하게 이해하게 될 테니 걱정하지 않아도 된다.

프랑스 버건디Burgundy 지역에서는 화이트 버건디와 함께 구제르gougères라는 과자를 내놓는다. 구제르는 견과류 풍미가 나는 그뤼에르 치즈나 콩테 치즈로 속을 채운 퍼프 페이스트리이며, 화이트 버건디의 오크 향, 크리미한 질감과 기묘할 정도로 잘 어울린다. 이 지역 사람들에게 이 둘을 언제부터 페어링했느냐고 질문하면 "늘"이라는 대답이 돌아올 것이다.

값비싼 미식 '경험'을 의미하는 현대의 페어링은 1980년대에 시작되었다. 이 시기부터 화려한 식당 메뉴에 와인이 페어링된 음식들이 등장하기 시작했고, 대개 세트 메뉴로 판매하거나 코스가 여러 개 나오는 디너에서 각 메뉴와 맞는 와인을 곁들였다. 이때부터 페어링은 아주 소수만 즐길 수 있는 테이스팅 메뉴의 영역으로 굳어지면서 우리처럼 평범한 사람이 느낄 수 있는 삶의 가장 순수한 즐거움을 빼앗아버렸다.

이후에 더 자세히 설명하겠지만, 상세르가 치토스와 그렇게도 잘 어울리는 이유는 상세르가 지닌 소금기, 라이트한 바디감, 날것처럼 톡 쏘는 풍미 때문이다. 손가락을 물들이는 오렌지빛 소금 가루에 대적할 포도는 엄청난 산미와 질감을 자랑하는 화이트 상세르뿐이다. 한 모금 마시면 입안을 코팅해 치토스에 대항할 준비를 끝낸다. 그 뒤에 치토스를 먹으면 잇몸부터 혀, 입천장과 목구멍까지 입안의 모든 부분은 감각적인 피드백을 뇌로 전달하는데, 우리의 두뇌는 이렇게 강력한 데이터를 처리하며 반짝이는 기쁨을 느낀다.

화이트 상세르는 업계에서 '미네랄리티minerality'라고 부르는 특징을 풍부하게 지니고 있는데, 이는 과일 향, 스파이시함, 허브 향과 같은 풍미가 아니라 '플린티flinty(부싯돌 타는 향-옮긴이)함'과 '초키chalky(백악질 토양의 석회질 느낌-옮긴이)함'이 두드러지는 것이다. 음식을 절이는 소금물이나 굴, 또는 바위를 입에 댔을 때를 생각해 보면 된다. 상세르의 미네랄리티는 나초 치즈의 폭발적인 풍미를 양 볼에 잡아둔다.

충격적일 만큼 잘 어울리는 스모어(크래커와 구운 마시멜로를 곁들여 먹는 간식-옮긴이)와 레치오토 델라 발폴리첼라(224쪽), 사워 패치 키즈(새콤한 젤리-옮긴이)와 살짝 달콤한 리슬링(83쪽), 그리고 빅맥과 버건디(69쪽)도 이와 비슷한 원리로 페어링된다. 이렇게 새하얀 식탁보의 독재에서 벗어난 조합들이 내게는 가장 흥미로웠고, 당신도 분명 흥미를 느낄 것이라 확신한다.

물론, 이 책은 1달러짜리 피자와 몬텔풀치아노(꼭 한번 먹어봐야하는 조합, 49쪽)의 조화뿐 아니라 건강한 보통 사람이 쉽게 접할 수 있는 신선하고, 간편하고, 깔끔한 음식들도 소개할 것이다.

넷플릭스와 함께하는 저녁, 평범하기만 한 그릴치킨과 삶은 브로콜리도 알맞은 와인 한 잔만 있다면 절묘한 한 끼로 바뀔 수 있다.

이제부터 소개할 페어링들은 당신에게 생각지도 못했던 다양함이 가득한 새로운 가능성을 선사할 것이다. 소비뇽 블랑을 좋아한다면, 베르디키오를 찾아보자. 키안티를 많이 마신다면, 몽되즈 누아를 마셔보는 건 어떨까? 이 책에 소개될 페어링을 따라 하다 보면 음식에 관한 스펙트럼도 넓힐 수 있다. 예를 들어, 이 책을 읽고 일식집 와인 리스트에서 샤블리를 본다면, 무엇을 곁들여야 할지 단번에 알 수 있게 될 것이다. 당신은 샤블리가 해초 스낵과 완벽하게 어울린다는 사실과 미네랄이 풍부한 이 화이트와인은 해물과 잘 어울리니 메뉴에 있는 스시 스페셜 롤과 함께하면 엄청난 조합이 된다는 것을 알고 있다. 당신의 데이트 상대는 완전히 감명받을 것이다.

이 순간은 나를 위한 것이기도 하다. 학생들이나 친구들이 배운 내용을 자신만의 방식으로 자신 있게 적용하는 모습을 보는 것보다 기분 좋은 일은 없으니까. 물론 이들이 찾아낸 새롭고 맛있는 조합을 경험해 볼 때만 빼면.

와인은 내게 영감을 준다. 이 책을 다 읽을 때쯤 당신에게도 와인이 영감을 주길.

잠깐,
대체 누구신데
이런 꿀팁을 전부 알고 있는 거죠?

내가 누구인지, 와인을 어떻게 알게 되었는지, 와인이 어떻게 내 삶을 바꿨는지는 곧 알게 된다. 그리고 나를 향한 믿음이 프랑스에 있는 당신의 별장을 내게 빌려줄 수 있을 만큼 커지기를 바란다.

나는 앞으로 몬탁Montauk에 있는 어느 클럽에서 저스틴 비버와 친구들에게 상세르를 대접했던 이야기도 해주려고 한다. 세상에서 가장 경쟁이 치열하고 부패가 심한 도시 속, 가장 경쟁이 치열하고 부패가 심한 산업에서 내가 어떻게 성공할 수 있었는지도. 한때는 찬장에 아버 미스트 Arbor Mist(옥수수 시럽과 과일 향을 첨가해 만든 저렴한 알코올음료 - 옮긴이)가 있다는 이유로 자기 자신을 진지한 와인 수집가라고 생각했던 한 소녀가, 어쩌다가 미슐랭 3스타 식당 르 버나딘Le Bernardin에서 크리스탈 샴페인의 소유주들과 함께 앉아 세계적인 셰프 에릭 리퍼트Eric Ripert에게 메뉴 조언을 하게 된 것인지, 그리고 이 모든 것들이 어떻게 맷 데이먼에게까지 이어지는지에 관한 이야기도 털어놓을 것이다.

하지만 제일 먼저 알아야 할 사실은 내가 소믈리에라는 것이 얼마나 비현실적인 일인가이다. 나는 켄터키주 루이빌에서 자랐고 복음을 열렬히 실천하는 목사의 손녀이며, 성인이 될 때까지 알코올은 입에도 대지 않는 부모님과 함께 생활했다. 어긴다면 파문을 당할 수도 있을 정도로, 술을 마시는 것은 한때 우리 가족 내에서 엄격한 금기사항이었다. 나의 어머니는 성공한 공인회계사이고, 아버지는 해군 제독이자 한 기업의 소송 전문 변호사다. 바이블 벨트(기독교가 강한 미국 남부, 중서부 지대 - 옮긴이) 출신에 술은 한 방울도 마시지 않는 보수적인 화이트 칼라, 바로 이것이 나의 혈통이다.

여배우 지망생 생활과 켄터키 와이너리 웨이터 아르바이트를 병행하는 수년을 보내며 빙빙 돌아 학사 학위를 딴 뒤, 나는 멀리 뉴욕으로 왔다. 그리고 12년 동안 먹고, 자고, 배우고, 꿈꾸고, 일어나고, 가르치고, 글 쓰고, 와인을 엄청 마시며 지냈다. 와인 교육자, 와인 칼럼니스트, 와인 영업사원, 와인 수입자, 소믈리에, 개인 와인 수집가를 위한 컨설턴트로 일하며 나는 세계에서 가장 유명한 와인 제조사, 소믈리에, 식당들과 함께 작업했다. 지금은 그 어느 때보다 와인과 와인 페어링을 향한 열정이 넘치지만, 행운에 감사하는 루이빌 출신의 평범한 소녀이기도 하다. 전에 없던 고립과 불안의 시기, 음식과 와인이 주는 단순한 편안함이 그 어느 때보다 큰 의미를 주는 시기에 이 글을 쓰고 있으니, 내가 배운 모든 것을 여러분과 나눌 수 있음을 무한한 영광으로 여긴다.

잘 익은 포도

당과 산과
햇빛으로
완성되는
와인의 기적

모든 것은
새들로부터
시작하지

와인을 이해하려면 먼저 당과 산을 알아야 한다. 그리고 새를 떠올리면 와인에서 당과 산이 얼마나 근본적인 요소인지 이해하는 데 도움이 된다. 와인 제조가 존재하기 오래전, 포도나무가 씨앗을 널리 퍼트리는 일을 새들(바람 등 다른 요소도 많지만, 일단 새에 집중해 보자)에게 의존해야 했을 때로 돌아가 보자. 과정은 우리 모두 잘 알고 있다. 새가 포도를 먹고 멀리 날아가고 새의 배설물에 포도씨가 섞여 나오고 새로운 곳에서 싹을 틔우는 것. 그런데 애초에 새들은 왜 포도를 먹는 것일까? 단것을 좋아하기 때문이다. 그렇다면 포도에서 단맛이 나는 시기는 언제일까? 바로 완전히 익었을 때다.

누구도 신 포도는 좋아하지 않고 새들도 마찬가지다. 그래서 포도에 당분이 충분하지 않으면 새들은 씨앗을 퍼트리는 과정에 참여하지 않는다. 자연이 이렇다. 초봄에 아직 익지 않은 초록색 포도를 먹어보면, 그 맛은 끔찍하다. 하지만 포도의 성장 시기가 반쯤 지나다 보면 무언가 달라진다. 포도나무가 햇빛을 만나며 빗물과 토양의 도움을 받아 당이라는 형태로 과잉 에너지를 만들기 시작하고, 이 달콤한 성과를 포도 열매에 저장하기 때문이다.

베레종*véraison*이라고 불리는 이 마법 같은 순간이 되면 포도는 색이 바뀌며 익기 시작한다. 신맛에서 단맛으로 바뀌고, 허브같던 향도 단 향으로 바뀐다. 그러나 더 중요한 과정은 포도안에서 진행되고 있다. 당도가 올라가면 초기에 생성되었던 산은 소멸하기 시작한다. 과학적으로 파고들면 복잡하지만, 간단하게 설명하면 각 포도안에는 공간이 한정되어 있어 당과 산은 공간을 차지하기 위해 끊임없이 싸움을 벌인다. 마치 음과 양처럼 상반되는 두 힘이 반비례 관계로 공존하는 것이다. 산이 올라가면 당분이 낮아지고, 당분이 높아지면 산이 낮아진다. 만약 포도를 너무 빨리 수확하면 산이 당신의 미뢰에 묵직한 한 방을 날릴 것이다. 반대로 너무 늦게 수확하면 그저 당으로 가득한 동그란 알과 다르지 않다. 새들도 이런 건 안 좋아한다.

이렇게 당과 산의 비율은 와인을 이해하는 데 아주 중요한 요소다. 어떠한 와인을 만들건 간에, 이 균형이 완벽할 때 포도를 수확하는 것은 훌륭한 와인 제조자와 평범한 와인 제조자를 가르는 기준이 된다.

포도는 어떻게 와인이 되는가

'뭐야, 저거 과학 공식 아니야?' 라고 생각했다면, 환영한다. 앞서 약속한 대로 재밌는 내용을 가져왔다! 농담이고, 조금만 참아주길 바란다. 분명 도움이 될 테니. 다음은 포도가 와인으로 바뀌는 방법을 설명해 주는 간단한 공식이다.

$$당 + 효모 = 알코올 + CO_2$$

수확되어 와이너리로 보내진 포도들은 으깨지면서 껍질과 즙으로 터져 나온다. 이때 첨가되는 효모는 포도즙에 있는 당분을 먹고 이를 알코올로 바꾼다. 포도에 당분이 많을수록 와인의 알코올 함유량이 많아질 수 있다. 와인 제조자는 모든 당분이 알코올로 바뀌기 전에 발효를 중단해 달콤한 디저트 와인이나 강화 와인을 만들 수 있지만, 이는 예외적인 상황이다. 이 과정에서 CO_2도 생성되지만, 어디까지나 부산물이기 때문에 와이너리들은 와인에서 CO_2를 완전히 빼내며, 심지어 샴페인을 만들 때도 마찬가지다(저녁 식탁에서 써먹을 재미있는 사실: 모든 메를로는 한때 스파클링이었고, 모든 샴페인은 한때 일반 와인이었다).

고 당분 포도로 만든 와인 대부분은 달지 않다. 당분이 알코올로 바뀔 때 와인에 바디가 더해지기 때문에, 알코올 도수가 높은 와인일수록 바디도 무거워진다. 그런데 바디가 뭘까? 바디란 입안에서 느껴지는 와인의 무게감이다. 입안에서 느껴지는 질감이 클수록 바디가 무거운 것이다. 어떤 와인이 가벼우면서 별 느낌 없이 입에서 빠르게 사라진다면, 그 와인은 바디가 가볍다고 말한다. 바디가 가벼울수록 알코올이 적고, 이는 포도에 당분이 적고 산이 많다는 것을 의미한다.

다시 말하면 이렇다. 알코올이 적은 와인은 바디가 가볍고 산미가 강한 경우가 많다. 이는 와인을 만들 때 당분이 적은 포도를 사용했기 때문이고, 당과 산은 대개 포도와 와인 모두에서 반비례 관계이다. 포도에 산미가 많을수록 와인이 상큼해진다. 포도에 당분이 많으면 와인의 알코올과 바디감이 커지고, 대개 산미는 낮아진다. 와인에 알코올이 많이 함유될수록 향과 맛도 풍부해진다. 이제 이 내용이 이해될 때까지 반복해서 읽어보면 된다. 그리고 외워질 때까지 다시 읽어보자. 일단 이해하고 외우면 명확하게 알 수 있다.

| 성장 시기 초기 | 성장 시기 중기 | 수확 |

당 → 산

포도의 당과 산 비율은 포도의 종류와 재배 지역에 따라 크게 달라지지만, 일반적으로 수확이 늦을수록 당분이 높아지고 산은 낮아진다. 이 비율이 특정 포도 종에게 알맞거나 특정 와인을 만들기에 이상적인 그때가 바로 수확 시기이다.

와인의 4가지 요소

와인을 이야기할 때 가장 중요한 4가지 요소는 알코올, 타닌, 산미, 당분이다. 이는 와인을 마실 때 우리 입이 맛과 질감을 느끼는 데 필수적이다. 이에 대해 알아보는 것은 '말린 장미 꽃잎의 향, 풍부한 블랙 커런트, 복숭아 마멀레이드, 마른 담배와 강렬한 금속 향과 같이 그럴듯한 미사여구보다 우리의 경험을 표현하는 데 있어 더욱 가치 있는 일이다. 물론 이렇게 다채롭게 와인의 뉘앙스를 분석하는 것도 좋지만, 건물 전체를 지지해 주는 4면의 벽도 없이 시스티나 성당 벽화를 그릴 수는 없는 일이다.

알코올은 와인을 만드는 포도의 당도에 따라 결정된다. 알코올 함유량은 그 와인의 바디가 얼마나 가벼울지, 혹은 무거울지 알 수 있게 해준다. 알코올 도수가 높을수록 와인이 더욱 끈적이거나 바디가 무거워진다. 알코올 도수가 높은 와인이 더 무거우므로 바디도 풍부해지는 것이다. 반대로 알코올 도수가 낮은 와인은 바디가 가볍다.

타닌은 다양한 식물 종에서 찾을 수 있는 폴리페놀 polyphenol 의 한 종류이지만, 와인의 경우 포도의 껍질, 줄기, 씨앗, 혹은 오래되지 않은 오크 통에 숙성시키는 과정에서 생성된다. 타닌도 알코올과 마찬가지로 와인의 바디를 증폭시킨다. 포도 안에 있는 타닌에서 한 겹, 오크 숙성에서 또 한 겹의 바디가 더해진다. 타닌은 포도 껍질에서 색과 함께 흘러나오기 때문에, 와인의 색과 타닌은 대개 연관되어 있다. 그래서 보통 와인의 색이 짙을수록 타닌도 강하다(와인의 모든 요소가 그렇듯, 여기에도 예외는 있다).

산미는 와인에 신선함과 생기를 불어넣는다. 와인 업계에서는 산미가 와인의 척추라고 말하는데, 와인이 상태를 유지하며 오랜 시간 숙성될 수 있도록 하는 요소가 산미이기 때문이다. 산미가 두드러지는 와인은 '산뜻하다' 혹은 '생기 있다'라고 표현한다. 앞으로 이어질 내용에서 이러한 단어가 많이 나올 것이다. 이들을 마주하지 않을 별다른 방법이 없으니 미리 경고해 둔다.

당분은 와인에 단맛을 주는 성질이다. 달콤한 맛이 나는 와인은 와이너리에서 의도적으로 당분을 넣었거나 발효 후에도 자연 당분이 남도록 조절한 것이다.

입에서는 어떻게 느껴질까?

산미

턱 주위가 조이는 듯한 감각과 함께 와인을 삼킨 후 침이 고이는 것을 느끼게 된다. 내가 엄청나게 새콤한 레몬 조각을 입에 넣는 상상을 하라고 하면, 상상만으로 볼이 조여들 것이다. 많은 양의 산을 입안에 넣으면 우리의 몸이 타액을 많이 분비해 산을 희석함으로써 평소 상태를 유지하려 하기 때문이다. 심지어 생각만으로도 이러한 반응이 나타난다. 와인을 이야기할 때 '피니시finish'라는 말을 들어본 적이 있을 것이다. 이는 와인을 삼킨 뒤에 그 맛이 입안에 얼마나 오래 남는가를 지칭하는 용어이다. 대개 피니시가 길수록 산미가 높고, 피니시가 짧을수록 산미가 낮다(다시 한번 말하지만, 늘 예외는 있다). 산미는 음식과 와인 페어링에 큰 영향을 미친다. 기름기나 향이 풍부한 음식과 함께 마시면 입안을 말끔하게 정리해 주기 때문이다. 입 안에서 느껴지는 감각들을 무르익게 해 음식의 맛을 북돋아주고, 마무리도 깔끔하다.

타닌

치과에서 입에 물려준 솜을 빼냈을 때의 느낌과 거의 비슷하다. 타닌은 마시는 순간 입안이 바싹 마르는 느낌을 주며 마치 진공청소기를 댄 듯 혀, 잇몸, 입술을 자각하게 만든다. 타닌은 포도에 자연적으로 존재하는 화합물로, 단백질을 찾아 결합하는 성질이 있다. 그리고 우리의 타액에는 단백질이 아주 많다. 그래서 타닌이 풍부한 와인을 마시면 타닌은 우리 타액 속의 단백질과 결합한다. 그 뒤 와인을 삼키면 결합한 화합물이 목으로 넘어가며 입안에 마른 듯한 감각을 남긴다. 그러나 퀴노아, 양고기 등 단백질이 풍부한 음식과 타닌이 많은 와인을 곁들이면 입안에 넘치는 단백질과 타닌이 만나며 맛있는 향과 질감만을 남길 것이다. 또 톡 쏘는듯한 감각도 느낄 수 있는데, 타닌은 입안의 미각 수용 세포들을 타오르게 하는 쓴맛을 남기기 때문이다. 얼핏 들으면 별로일 것 같지만, 이는 사실 다크초콜릿, 커피, 허브, 베이글 위의 시즈닝이 남기는 만족스러운 감각과 같은 것이다.

당분

당분은 입안의 모든 곳에서 느낄 수 있지만, 와인에 있는 당분을 감지할 때는 대부분 혀끝에 얼얼한 감각을 함께 느낀다. 이 얼얼한 감각은 와인을 마실 때 찾아올 수도 있고, 와인을 넘긴 뒤에 느껴지기도 한다. 와인의 당분은 우리 혀의 중간쯤에 기름기 같은 느낌을 남긴다(이를 미드 팔레트mid-palate라고 부른다). 당분은 와인의 바디를 더욱 무겁게 만들어주기도 하는데, 이는 당분이 점성을 더하기 때문이다. 주의할 점은 와인에서 달콤한 향기가 난다고 해서 맛까지 달콤한 것은 아니라는 사실이다. 와인에 당분이 있으면 단맛이 난다. 아주 당연해 보이는 말이지만, 나는 드라이한 와인을 두고 "달콤하다"라고 말하는 사람들을 매일 본다. 기후가 따뜻한 곳에서 자란 포도로 만든 와인에서는 잘 익은 과일 향이 나기 때문에 이를 달콤하다고 느끼는 것이다. 하지만 이 와인 안에 들어 있는 당분은 모두 알코올로 변했기 때문에 마치 당분이 하나도 없는 것처럼 달콤하지 않을 수 있다.

알코올

와인을 구성하는 액체는 알코올과 물이다. 알코올(에탄올)은 물보다 점도가 높기때문에, 우리는 입안에서 느껴지는 알코올로 바디를 평가할 수 있다. 와인 애호가들이 사용하는 '점도viscosity'라는 과학적 용어는 액체가 얼마나 쉽게 흐르는지 그 정도를 나타내는 말이다. 예를 들어, 꿀은 우유보다 점도가 훨씬 높다. 와인이 혀에서 무겁게 느껴질수록, 혀의 앞쪽에서 뒤쪽으로 천천히 흘러갈수록 와인의 바디가 무겁고 알코올 도수도 높다. 와인의 알코올 도수가 높으면 마셨을 때 입 뒤쪽과 목에 타는 듯한 감각이 느껴지기도 한다(테킬라 샷을 마셨을 때를 생각해 보면 된다). 알코올 도수의 높낮이는 상대적이지만, 보통 12%는 일반적인 테이블 와인보다 낮고 15%는 높다. 각 알코올 도수는 17g당 당분의 함유량을 환산한 것이기 때문에 이러한 사실을 아는 것은 우리 몸을 위해서도 중요하다. 만약 내가 12%짜리 뮈스카데Muscadet를 마시고, 나보다 2배는 큰 사람이 15%짜리 나파 캡을 마신다면, 장담하건대 나는 자신 있게 그 사람과 술로 싸워 이길 수 있다(그리고 취하지 않을 것이다).

기후, 기후, 또 기후

포도는 당분과 산미로 이루어지고, 당분과 산미의 비율은 포도가 자라는 곳의 기후, 수확될 때 숙성도와 직접적으로 관련된다. 어떤 포도가 수확될 때의 당도는 와인의 풍미와 바디에 영향을 미친다.

포도가 와인으로 변할 때 당분이 많을수록 알코올 도수도 높아지고, 바디도 풍부해진다(이 정도로 반복했으면 충분하리라 믿는다). 포도의 숙성도가 높을수록 알코올 도수뿐아니라 와인이 지닌 과일 향도 짙어진다. 반대로 숙성도가 낮은 포도로 만든 와인은 미네랄, 허브 향, 흙 향과 같은 특성이 두드러진다. 즉, 같은 포도라도 재배된 기후가 다르면 맛이 달라진다.

북반구와 남반구 모두에서, 품질 좋은 와인 대부분은 위도 30~50도에서 만들어진다. 그리고 이 위도 사이에서 같은 품종을 재배하더라도 결과적으로 만들어지는 와인 스타일은 매우 다양하며, 그 차이도 크다. 예를 들어, 위도 46, 버건디 와인 생산 지역의 북부 끝 기후가 가장 서늘한 샤블리의 샤르도네 포도는 산미와 미네랄이 강하다. 이에 비해 위도 38에 햇빛이 풍부하고, 평균 기온이 샤블리보다 5도 정도 따뜻한 나파에서 자란 샤르도네 포도는 당분이 풍부해 짙은 과일 향과 높은 알코올 도수 및 바디, 낮은 산미를 자랑한다. 정확히 말하자면, 특정 기후에서 완벽한 숙성도에 다다른 포도는 그 이상도 그 이하도 아닌 딱 그 정도 숙성도를 지닐 수밖에 없다. 그래서 따뜻한 기후에서 자라 완전히 무르익었을 때 수확한 포도는 기후가 서늘한 곳에서 완전히 무르익은 포도보다 숙성도가 항상 높으며, 이는 두 기후 모두 완벽한 숙성도에서 수확했음에도 그렇다(즉, 샤블리에서 자라는 샤르도네 포도를 3주간 더 키우다 수확해도 나파 샤르도네의 맛을 낼 수 없다는 의미다).

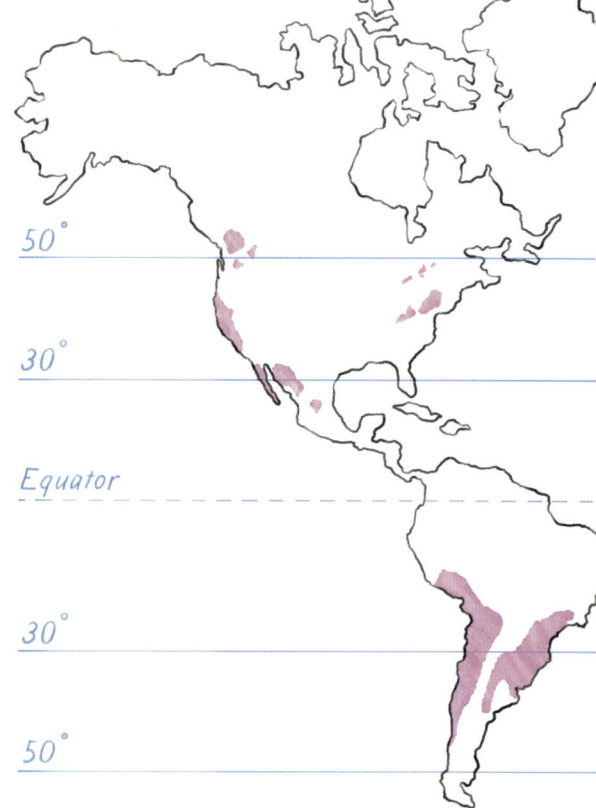

백포도는 검은 포도(와인 업계에서는 레드와인을 만드는 포도를 검은 포도black grape라고 부른다)보다 빠르게 익기 때문에, 햇빛이 적은 서늘한 기후에서도 잘 자란다. 반대로 검은 포도는 천천히 익기 때문에 기온이 따뜻하고 햇빛이 풍부한 기후에서 재배해야 잘 자랄 수 있다. 서로 다른 기후가 만들어내는 다른 맛은 쉽게 구별할 수 있다. 포도 재배 지역 대부분이 2종류의 포도를 모두 키우더라도 1가지에 집중하는 이유이다. 알자스, 독일, 오스트리아는 기후가 서늘하기 때문에 주로 백포도를 재배한다. 론 밸리, 나파 밸리, 바로사 밸리처럼 기후가 따뜻한 곳은 검은 포도를 훨씬 많이 재배한다.

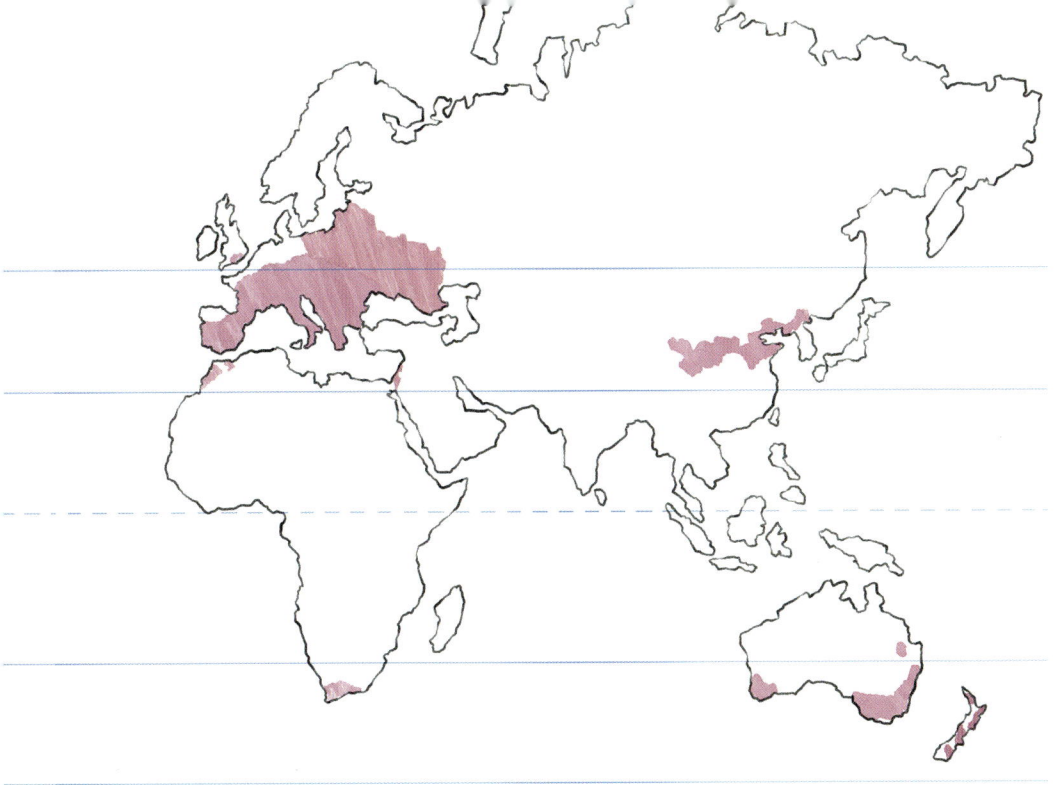

2개의 세계

산미, 당도, 알코올 도수, 타닌 함유량과 관계없이, 모든 와인은 2개의 범주로 나뉜다. 바로 구세계와 신세계다.

구세계 와인이란 와인과 와인 제조가 탄생한 곳에서 만들어진 와인이며, 주로 스페인, 영국, 이탈리아, 프랑스, 헝가리, 루마니아와 같은 서유럽 및 동유럽과 더불어 '구세계보다 더 구세계'라고 불리는 초승달 지역Fertile Crescent(나일강, 티그리스강, 페르시아만을 연결하는 비옥한 고대 농업지대 - 옮긴 이)을 말한다. 이 지역은 와인의 탄생지이며, 현재의 조지아, 터키, 이스라엘, 키프로스, 레바논, 그리고 이집트, 모로코, 튀니지와 같은 북아프리카가 이에 포함된다.

신세계 와인이란 대항해시대(15~17세기) 이후 정착한 구세계 정복자들이 들여온 기술과 포도나무 종(비티스 비니페라Vitis vinifera)으로 만드는 모든 곳의 와인을 지칭하며, 북아메리카, 남아메리카, 남아프리카, 호주, 뉴질랜드, 인도, 중국, 일본이 포함된다.

이 범주를 이해하는 것이 중요한 이유는 2가지가 있다.

스타일

대략적인 분류이긴 하지만, 구세계의 화이트와인은 미네랄(분필 같은 느낌이나 소금기 같은 느낌) 중심인 경우가 많고, 레드와인은 흙 향 중심인 경우가 많다. 신세계 와인은 레드와 화이트 모두 깔끔하고 순수한 과일 향이 중점적이다. 물론 구세계의 와인에서 과일 향을 느낄 수 없다거나 신세계 와인에서 흙 향을 찾아볼 수 없다는 말이 아니다. '중점적'이라는 말은 첫 번째로 맡을 수 있는 향이라는 의미이며, 이 첫 향으로 와인의 스타일을 알 수 있다.

지리 라벨 포도 라벨 판타지 라벨

와인 라벨은 어떻게 만들어질까

구세계에는 천 년 동안 외부의 간섭 없이 와인을 만들어왔던 지역들이 있다. 와인 수입 일을 하던 중 언젠가 1,040년부터 계속해서 제조되어온 상세르를 마셔본 적이 있다. 긴 시간과 경험이 쌓였으니 흙, 포도, 기후 등 최고의 와인을 만드는 요소들이 완벽하게 조합을 이룰 것을 쉽게 예상할 수 있다. 이렇게 품질 높은 와인을 생산하는 관습들이 발견되고 사용되면서, 이들을 법적으로 정의할 필요도 생겼다. 이를 바탕으로 지금의 철칙이 만들어졌다.

구세계는 아펠라시옹appellation이라 불리는 식별된 지역에서 재배할 수 있는 품종을 엄격하게 제한하기 때문에, 라벨에 포도의 이름을 넣는 것이 별 의미가 없다. 예를 들어, 상세르는 포도가 아니라 지역 이름이며, 그렇기에 상세르에서 나오는 화이트와인은 모두 소비뇽 블랑으로 만들어진 것이다. 하지만 이곳에서는 라벨에 소비뇽 블랑을 명시하지 않는다. 상세르 와인이라는 사실만 알아도 충분하기 때문이다. 주로 산지오베제 포도로 와인을 만드는 키안티Chanti도 이와 같다. 디토 리오하Ditto Rioja, 바롤로Barolo 등 많은 곳도 마찬가지이다. 독일 와인처럼 잘 알려진 예외도 있지만, 일반적인 규칙이기 때문에 도움이 될 것이다.

반면, 신세계의 와인 제조사들은 원하는 대로 포도를 키울 수 있다. 법적으로 정해진 지역만 벗어나지 않으면 해당 지역의 이름을 라벨에 넣을 수 있다. 그렇기에 신세계 와인에서는 지역과 품종 이름을 모두 볼 수 있다. 라벨을 보고 어떤 포도로 만들어졌는지를 알 수 있는 법적 규제는 없다. 그저 와인 제조사가 라벨에 무엇을 명시하기로 결정했는지만 알 수 있다.

일부 와인 제조사들은 '판타지 라벨Fantasy Label'이라고 불리는 라벨을 선택한다. 구세계에서는 와인에 사용된 포도가 해당 지역에서 일반적으로 재배되는 포도의 기준을 벗어났을 때 이러한 라벨을 사용한다 (그러므로 이런 와인에는 해당 지역의 이름을 사용할 수 없다). 신세계에서는 라벨에 관련된 규제가 없으므로 포도 품종 대신 제조사가 어울린다고 생각하는 이름을 붙일 수 있다.

정리하기

지금까지 배운 내용 시험해 보기

여기 독일에서 자란 실바네르Sylvaner라는 포도가 있다. 당신이 한 번도 들어본 적이 없는 품종이기를 바란다. 지금까지 배운 내용을 바탕으로 이 포도에 어떤 특성이 있는지 추론해 보자.

서늘한 기후에서 재배되었는가, 따뜻한 기후에서 재배되었는가?
백포도인가, 검은 포도인가?
당도가 높은가, 낮은가?
알코올 도수가 높은가, 낮은가?
산미가 높은가, 낮은가?
피니시가 짧은가, 긴가?
바디는 라이트, 미디엄, 풀 중 어느 정도인가?
과일 향, 흙 향, 미네랄 중 어떤 특징이 두드러지는가?

당신이 실바네르를 두고 이것은 서늘한 기후에서 자란 백포도로 만든 화이트와인으로, 알코올 도수가 낮고, 산미가 높고, 라이트 바디에 미네랄이 돋보이며 피니시가 길다고 결론 내렸다면, 축하한다. 전부 정답이다. 이제 캘리포니아 남부에서 재배된 쁘띠 베르도Petit Verdot에게 위와 같은 질문을 던져보자. 쁘띠 베르도가 따뜻한 기후에서 자란 검은 포도로 만든 레드와인이며, 알코올 도수가 높고, 산미가 적고, 바디가 풍부하고, 과일 향이 두드러지고, 피니시가 길다고 생각했다면, 더 배울 게 없을 정도다.

이제 다시 한번 생각해 보자. 아직까지 머리가 지끈거릴 수도 있다. 방금 당신은 평소에 거의 하지도, 듣지도 않은 방법으로 와인을 설명해 본 것이다. 물론 이 방법은 와인을 일반적으로 설명하는 것이기에 완벽한 방법이 아니지만, 메뉴판이나 선반에 있는 낯선 와인의 스타일을 예측할 때에는 훌륭하게 사용할 수 있다.

12가지 와인 스타일

당신이 떠올릴 수 있는 와인은 대부분 이 중 하나에 포함될 것이며, 아마 이미 익숙한 분류일 수도 있다. 어떤 와인은 1개 이상에 해당하기도 한다. 와인의 스타일만 알아도 잘 어울리는 음식을 찾는 데 커다란 단서가 된다.

라이트 바디 화이트

라이트 바디 화이트와인은 보통 알코올 도수가 낮고, 산뜻하면서 마시기 쉽다. 가장 대표적인 예시는 피노 그리지오 Pinot Grigio다. 프랑스 루아르 밸리에서 생산되는 뮈스카데 Muscadet도 이 범주에서 아직 잘 알려지지 않은 보석이다. 오크 통을 사용하지 않은 이 와인들은 서늘한 기후에서 생산되며, 시트러스나 미네랄 향을 느낄 수 있어 일상에서 쉽게 즐기는 와인으로 전 세계적인 인기를 누린다. 이 따금 '와인계의 맥주'라며 무시당하기도 하지만, 선반에 주로 보이는 몇 가지 이외에도 이 범주에 포함되는 와인의 종류는 아주 다양하다.

아로마틱 화이트

향수나 비싼 비누 향이 강하게 나지만, 자주 오해를 받곤 하는 이 와인들은 매우 이국적이고 흥미로운 경험을 선사한다. 게뷔르츠트라미너 Gewürztraminer(프랑스 알자스)나 토론테스 Torrontés(칠레) 같은 포도로 만드는 아로마틱 화이트는 보통 미디엄 바디이며, 드라이부터 시작해 당분이 느껴지긴 하지만 달콤하지는 않다는 의미의 '세미 드라이' 혹은 '오프 드라이 off-dry'까지의 범주에 해당한다. 아로마틱 화이트를 만드는 포도 중에는 세계에서 가장 재배 역사가 오래된 품종도 있는데, 어떤 품종은 고대 이집트까지 거슬러 올라가기도 한다.

풀바디 화이트

영원한 인기를 누리는 오크 숙성 샤르도네는 이 범주의 대모와 같다. 풀바디 화이트는 높은 알코올 도수와 함께 각 와이너리가 지닌 기술을 통해 그 풍부한 바디를 얻게 된다. 이전에 살펴보았듯 샤블리처럼 오크 통에 숙성하지 않은 샤르도네는 기껏해야 라이트에서 미디엄 바디로 완성된다. 알코올과 마찬가지로 오크 통 숙성 과정도 와인에 바디를 더한다. 캘리포니아 샤르도네가 가장 적합한 예시이지만, 레드와인 품종의 화이트 돌연변이인 그르나슈 블랑 Grenache Blanc도 이에 못지 않게 묵직하고 강력하다.

페일 핑크(로제)

프로방스에서 유래해 정통 프랑스식으로 제조되었지만, 엄청난 인기를 얻어 현재는 전 세계에서 만들어지고 있다. 섬세한 분홍빛을 띠는 로제 와인은 시트러스가 특징이다. 구세계에서 만들어진 로제 와인은 에르브 데 프로방스 herbes de Provence에 담긴 로즈메리, 타임, 라벤더와 비슷한 향을 자랑한다. 신세계 로제 와인은 딸기, 라즈베리, 셔벗처럼 과일 향이 조금 더 두드러진다. 로제 와인을 만드는 과정은 레드와 비슷하지만, 차이점은 포도 껍질과 함께 숙성하는 시간이 짧다는 것이다. 바디는 라이트에서 미디엄 정도이고, 대부분 드라이하다.

리치 핑크(로사토/로사도)

로제 스펙트럼에서 생기 있는 쪽의 끝부분에 자리 잡은 이 핫핑크 스타일 와인은 미디엄에서 풀바디에 폭발적인 과즙미를 자랑한다. 색을 내기 위해 포도즙과 포도 껍질이 함께 숙성되는 시간이 길기 때문에 살짝 타닌이 강하다. 스페인식으로는 로사도, 이탈리아식으로는 로사토라고 불리는 이 와인도 전 세계에서 만들어지며, 드라이부터 스위트까지 다양하다. 페일 핑크 로제가 여름 동안 모든 관심을 독차지하지만, 이 네온 빛 와인을 무시할 수는 없다. 경이로운 향과 질감, 맛을 선사할 수 있으니 말이다.

스킨 컨택트

'오렌지 와인'이라는 제한적인 라벨로 알려진 스킨 컨택트의 색은 사실 옅은 꿀 빛 금색부터 생생한 감색을 띠는 오렌지색까지 다양하다. 가장 단순하게 정의하면 이 와인은 레드와인 방식으로 제조된 화이트와인이다. 레드와인처럼 숙성 기간에 껍질을 그대로 두는 것이다. 이 과정에서 오크를 사용하지 않아도 바디와 타닌이 증진되면서 산미는 낮아진다. 숙성 기간은 몇 시간에서 몇 달까지 다양하기 때문에 각 와인의 색 차이가 아주 큰 편이다.

라이트 바디 레드

와인의 색은 타닌과 함께 빠져나오기 때문에 대개 바디가 가벼운 레드와인은 색도 옅고 타닌도 약하다. 이따금 반투명한 색, 즉 와인 잔을 들었을 때 안이 비쳐 보이는 경우도 있다. 라이트 바디 레드를 만드는 품종 중 가장 유명한 것은 피노 누아지만, 가메이(보졸레)처럼 피노 누아 못지않게 좋은 품종도 있다. 타닌이 강한 와인들은 입에 들어가면 산미를 느끼는 감각을 무디게 만들기 때문에, 레드와인의 타닌이 약할수록 상대적으로 입안을 조이는 듯한 산미를 더 잘 느낄 수 있다.

미디엄 바디 레드

미디엄 바디 레드는 라이트 바디 레드보다 바디가 무겁고, 풀바디 레드보다는 진하기와 점성chew이 약하다. 과일 향이나 흙 향이 강한 경우도 있고, 부분적 오크 숙성을 거치기도 한다(와인의 일부만 오크 통에 숙성하고 나머지는 스테인리스나 콘크리트 통에 숙성하는 방법). 이에 더해 바디가 강화되면서 대개 풍미도 더해지기 때문에 음식과 페어링하기 좋은 와인이다. 메를로Merlot는 이 범주를 대표하는 품종이며, 만약 메를로가 마음에 든다면 바르베라Barbera(이탈리아 피에몬테)나 토우리가 프랑카Touriga Franca(포르투갈 전지역)와 같은 품종을 시도해 보길. 분명 마음에 들 것이다.

풀바디 레드

묵직하다, 농도가 짙다, 풍부하다, 강렬하다, 강력하다. 이 범주에 있는 와인을 설명하는 표현들이며, 그중에서도 까베르네 소비뇽을 묘사할 때 가장 묵직한 표현들이 쏟아진다. 이 와인들은 색이 짙고 불투명하며, 기름처럼 매끄럽거나 농도가 진하면서 쓴맛이 감돈다. 이렇게 대담하고 선이 굵은 와인들과 비슷하게 호화로운 와인은 사그란티노Sagrantino(이탈리아 움브리아Umbria), 타낫Tannat(우루과이) 등이다. 이 범주에 속하는 와인을 마실 때는 와인만큼 강렬하고 풍부한 음식을 곁들이는 것이 좋다.

강화 와인

유일하게 풀바디 레드보다 더한 강렬함을 자랑하는 강화 와인의 종류는 화이트에서 레드, 드라이한 풍미에서 시럽처럼 단맛까지 다양하다. 이들이 이토록 강력할 수 있는 이유는 완성된 와인에 풍미 없는 브랜디와 비슷한 증류주를 첨가해 알코올 도수를 높이고, 이를 통해 바디와 탄탄함과 풍미를 증폭시켰기 때문이다. 강화 와인의 범주에서 가장 잘 알려진 종류는 포트, 셰리, 마데이라다. 이 와인들이 지닌 또 다른 장점은 첨가된 알코올이 방부제 역할을 해 코르크를 연 뒤에도 일반 테이블 와인에 비해 꽤 오랫동안(종류에 따라 몇 주부터 몇 달까지) 풍미를 유지할 수 있다는 것이다.

스파클링 와인

이 책에 등장하는 모든 거품나는 것들은 신성하다. 스파클링 와인의 스펙트럼은 7달러짜리 앙드레 스푸만테 André Spumante 부터 시작해 수백 달러가 넘는 뀌베 cuvée 샴페인까지 상상 이상으로 넓다. 이 다양한 스파클링 와인의 공통점은 모두 와인 안에 이산화탄소를 가둬 만든 거품이 있다는 것이다. 거품의 크기, 탄산의 강도, 질감의 섬세함은 와인의 품질에 따라 달라진다. 이에 더해 품질 좋은 스파클링 와인에서는 입안에서 마치 면도날처럼 음식을 잘라내는 강철 같이 탄탄한 산미를 느낄 수 있다. 달콤한 스파클링 와인들도 있지만, 대부분은 드라이하다.

스위트 와인

달콤하다고 해서 값싼 와인은 아니다. 세상에서 가장 사랑받는 와인 중에는 무려 허쉬 초콜릿 시럽보다도 당분이 더 많은 스위트 와인도 있다. 저렴한 입문용과 고급 스위트 와인의 차이는 이들을 초콜릿 소스와 구별해 주는 탄탄한 산미다. 이렇게 스위트 와인에는 당분이 아주 많기 때문에 다른 와인보다 더욱 진하고 풍부하게 느껴진다. 스위트 와인으로 가장 유명한 지역은 소테른 Sauternes 이지만, 헝가리의 토카이 Tokaji 나 이탈리아의 파시토 Passitos 같은 라이벌도 있다. 스위트 와인의 종류는 레드부터 화이트까지 다양하며 일반 와인, 스파클링 와인, 강화 와인으로도 생산된다

이제
테루아를 알아보자

테루아Terroir는 아주 보편적인 용어이지만, 다른 나라의 언어로 도저히 번역할 수 없을 것 같은 단어이기도 하다. 테루아란 '어떤 와인에는 그 와인을 만든 곳의 고유한 특성이 담긴다'는 개념이다.

   같은 품종의 포도라도 다른 곳에서 자라면 맛이 달라진다. 품종이 같은 포도가 최종적으로 지니는 맛은 재배되는 땅에 달려 있다. 조금 더 구체적으로 말하면 토양, 고도, 위치, 특정 해에 해당 지역의 기후(빈티지), 해당 지역의 전반적인 기후, 해변이나 로즈메리 밭과 같은 주변 환경, 심지어 하루 일조량과 같은 모든 요소가 합쳐져 1잔에 담기는 것이다. 인간과 마찬가지로 두 포도의 DNA는 거의 같을 수 있지만, 어디에서 어떻게 자라는지가 고유한 특성에 엄청난 영향을 미치기 때문에 그 어떤 두 사람도, 두 포도도 완전히 똑같을 수 없다. 일반적으로 말해 좋은 와인일수록 테루아의 특성이 뚜렷하고, 이런 와인은 소규모로 생산되는 경우가 많다. 대량생산 와인은 다양한 곳에서 재배된 포도들이 너무 많이 섞여 각자의 테루아를 잃어버리기 때문이다. 앞으로도 우리는 테루아에 깃든 기쁨과 미스터리를 더욱 자세히 알아볼 것이다. 테루아란 기쁨과 미스터리 그 자체이자 와인의 본질이니까.

끼리끼리

지역 음식과 와인 문화가 함께 성장한 경우, 이들은 서로가 자란 땅을 비추는 거울이 된다. 자신만의 독특한 음식 문화와 와인 재배 문화 역사가 긴 지역들이 이 예시에 해당한다. 차콜리Txakoli와 정어리, 알바리뇨Albariño와 거북손은 스페인에서 세월에 변함없이 사랑받아온 페어링이다. 피사넬로Pisanello 토마토 파스타와 키안티 와인이 왜 그렇게 잘 어울리는지 생각해 본 적이 있는가? 그 이유는 바로 이 둘이 같은 곳에서 자랐기 때문이다.

풍미의 동산에 어서 오세요

훌륭한 페어링의 비결은 훌륭한 테이스팅

음식과 음료의 과학

맛있는 냄새

와인을 마시기 전 와인 잔에 코를 너무 깊이 집어넣는 바람에 모두가 눈을 굴리다 못해 눈동자가 뒤로 넘어가 버리게 하는 그런 몹쓸 사람을 본 적이 있는가? 이 책을 통해 나는 당신에게 이런 사람이 될 자격을 허락하겠다. 더 솔직히 말하자면, 나는 이런 행동을 고집하는 편이다.

와인을 마시기 전에는 꼭 와인 잔에 코를 밀어 넣어야 한다. 다른 방법은 없다. 사실 이런 행동은 이상하지 않다. 오히려 완벽히 정상이다. 많이 시도해 볼수록 그 이유를 알게 된다. 그리고 마침내 제2의 천성이 될 것이니, 맞서지 말길.

후각은 우리가 태어나기도 전에 발달하는 첫 번째 감각이며, 아이가 제대로 활용할 수 있도록 뱃속에서 완전히 형성되어 나오는 감각이기도 하다. 후각 DNA 계열에는 인간이 지닌 그 어떤 유전자 암호보다 더 많은 유전자가 있다.

누군가가 당신의 눈과 코를 막은 채로 초콜릿 1조각을 주었다고 상상해 보자(아니, 직접 해보는 편이 좋겠다). 이때 당신은 무엇을 먹었는지 알아차리지 못할 확률이 높다. 후각이 차단된 채로 초콜릿을 먹으면 입에서 녹아내리는 질감과 단맛, 쓴맛은 느껴질 수 있지만, 아마 무염버터, 부드러운 리코타 치즈, 통조림 과일처럼 식감이 비슷한 다른 음식과 구별할 수 없을 것이다.

후각 수용기 세포가 우리보다 40배 이상 많은 강아지에 비하면 아무것도 아니지만, 그래도 인간은 평균적으로 고유한 향 1조 개 이상을 감지할 수 있다. 이러한 향들은 취기물질 odorant 이라고 불리는 공기 중 분자들의 서로 다른 조합으로 만들어진다. 와인 잔에 코를 대고 들이마시면, 모여 있던 취기 물질들이 공기를 타고 콧구멍을 따라 후각상피라고 불리는 코 뒤쪽 작은 신경 조각에 닿게 된다. 후각상피에는 향을 감지하는 특수한 뉴런들이 있으며, 이는 코에 있는 미뢰와 같아서 마치 고속도로처럼 후각로를 따라 우리의 뇌에 정보를 전달한다. 그러나 분산되기 전 처리를 위해 중앙 중계소에 직접 전달되는 시각이나 청각과는 달리, 후각 데이터는 한 번에 뇌의 여러 부분에 닿는다. 바로 이 때문에 개인적인 경험에 따라 특정한 냄새가 두려움, 그리움, 우울함과 같은 본능적인 반응을 불러 일으키는 것이다.

우리의 입안 뒤쪽에도 같은 후각 컴퓨터로 향하는 비밀 공기 통로가 있다. 음식을 씹을 때 나오는 공기가 이 후각 통로로 이동하며 향을 느끼게 해준다. 우리는 음식을 맛본다고 생각하지만, 실제로는 향을 맡는 것이다.

냄새의 맛

이제 거울을 보고 혀를 내밀어보자. 돌기라고 불리는 수많은 요철을 볼 수 있을 것이다. 이 돌기에는 미뢰가 있으며, 각 미뢰에 달린 미세융모 microvilli는 맛에 관한 메시지를 감각 처리기관에 전달한다. 보통 사람의 미뢰는 5,000~10,000개 정도이지만, 과학자 대부분은 우리의 혀가 약 20개 정도의 '미각 촉진제 tastant'만을 구별할 수 있고, 그중에서도 실제 음식을 '맛볼 때' 사용하는 것은 일부일 뿐이라는 사실에 동의한다. 우리의 혀는 단맛, 짠맛, 신맛, 쓴맛, 감칠맛까지 대략 5개 정도의 맛만 구별할 수 있지만, 가장 크고 중요한 요소들이다. 인간이 가진 미각 수용기의 수는 후각 수용기보다 훨씬 적기 때문에 향은 우리가 실제로 무엇을 먹고 있는지에 대한 정보를 수없이 많은 경로로 끊임없이 전달한다. 그러니까 코는, 목소리만 크고 모자란 혀가 수천 년 동안 훔쳐보며 따라하는, 뉘앙스 계의 수석 졸업생인 셈이다.

향 + 맛 = 풍미

맛과 향

맛과 향은 자신만의 전자 회로로 고유한 채널을 통해 뇌와 소통하지만, 서로 떼어놓을 수 없는 관계이기도 하다. 이는 우리가 무언가의 냄새를 맡는 것만으로 맛을 상상할 수 있는 이유이기도 하고(늘 정확하지는 않지만), 감기에 걸리면 아무 맛도 느낄 수 없는 이유이기도 하다. '맛taste'이라는 단어는 음식이나 와인을 이야기할 때 꼭 등장하지만, 우리는 맛을 그렇게까지 풍부하게 느끼지 못한다. 딸기, 시나몬, 초콜릿처럼 우리가 실제로 느낀다고 생각하는 음식 맛의 대부분은 혀, 입, 코로부터 동시에 들어오는 날것의 데이터를 뇌가 미친 듯이 계산한 결과다. 최종적으로 맛과 향은 전두엽 피질에 모이고, 이러한 데이터의 집합을 풍미라고 부른다.

풍미란 음식이나 와인의 맛, 향, 온도, 입안에서 느껴지는 질감에서 받는 전반적인 인상이며, 우리 인간은 서로 다른 풍미 약 10만 개를 구분할 수 있는 능력이 있다.

코르크 마개를 뽑아보자

향의 중요성에 관한 내 모든 연설은 제쳐두고, 와인과 음식에 관해서라면 우리의 둔하기 그지없는 미뢰가 나름대로 느끼는 이 5가지 맛이 페어링의 기반이 된다. 그리고 논란의 여지가 있겠지만, 우리의 목적을 위해 나는 이 기본 맛 성분에 매운맛과 지방을 포함하고자 한다. 제대로 된 과학자라면 엄밀히 말했을 때 이 2가지는 맛이 아니라고 하겠지만(매운맛과 지방을 감지하는 수용체는 알칼리, 금속성, 전분, 칼슘, 물을 감지하는 수용체와 마찬가지로 미뢰 바로 옆에 있지만, 자신들만의 규칙에 따라 기능한다).

짠맛

소금은 최고의 풍미 증진제다. 거의 모든 재료의 맛과 향을 끌어내기 때문이다. 짭짤한 음식은 와인의 맛을 부드럽게 하고 과일 향과 단맛을 더욱 뚜렷하게 느끼게 해주기 때문에, 소금기를 버틸 만큼 탄탄한 와인을 준비해야 한다. 높은 산미가 이러한 탄탄함을 지탱할 수 있으니 산미가 풍부한 샴페인이나 리슬링도 좋고, 풍부함과 풍미의 농도가 짙은 까베르네도 좋은 선택이다.

쓴맛

단맛

과일이나 꿀처럼 자연적인 것을 포함해 당분을 섭취하면 우리의 뇌는 엔도르핀을 분비한다. 그리고 진화 과정에서 획득한 어딘가 뒤틀린 안전장치 덕분에 달콤한 음식은 와인의 맛을 더 드라이하고 쓰게 만든다. 언뜻 이해가 잘 안 되지만, 이 때문에 달콤한 음식을 먹을 때 그만큼 달콤하거나 더 달콤한 와인을 곁들이지 않으면 와인에서 신맛이 느껴지거나 과일 향을 모두 잃어버리고 만다. 하지만 여기서 중요한 점은 곁들일 와인에 산미가 충분해야 한다는 것이다. 그렇지 않으면 입안은 사탕 자판기가 될 테니까.

쓴맛을 싫어하는 성향은 우리의 진화 과정에서 기인한다. 쓴맛은 무언가가 먹을 수 없는 것이라거나 독이 있다는 신호일 수 있기 때문이다. 실제로 쓴맛을 감지하는 수용체가 가장 다양해서(25개의 쓴맛을 구분할 수 있지만, 단맛은 3개에 불과하다), 날카롭고 톡 쏘는 맛을 내는 여러 가지 쓴 단백질을 구별해 낼 수 있다. 하지만 동시에 커피, 초콜릿, 케일 등 쓴맛이 나는 수많은 음식이 맛있다는 사실 또한 구별할 수 있다. 쓴맛이 나는 음식은 페어링하기 가장 까다로운데, 같은 쓴맛을 만나면 서로의 쓴맛을 증폭시키기 때문이다. 또한 쓴맛이 나는 음식은 와인의 산미와 타닌을 가리는 동시에 단맛을 이끌어낸다. 그래서 쓴맛이 나는 음식을 먹을 때는 쓴(혹은 타닌이 강한) 와인을 피하고 산미가 높은 와인을 곁들이는 것이 좋다.

감칠맛

우마미umami라고도 불리는 이 독특한 요소는 20세기 초반 일본 과학자들에 의해 발견되었고, 최근이 되어서야 주요 맛 성분으로 널리 인정받게 되었다. 감칠맛은 고기나 치즈처럼 단백질이 풍부한 음식의 아미노산에서 나오며, 이와 같은 음식은 숙성, 건조, 염지 과정에서 글루타민산염을 풍부하게 발생시킨다. 종종 짠맛으로 오해를 받기도 하는 감칠맛은 매우 분명하게 느낄 수 있지만, 설명하기는 쉽지 않다. 분명한 것은 '맛있음'과 가장 빈번하게 연관되는 감각이 바로 감칠맛이라는 사실이다. 그리고 MSG가 들어간 감자칩처럼, 한 번 맛보면 멈출 수 없다(분명히 하자면, 와인에는 MSG가 없다). 감칠맛이 풍부한 음식은 와인을 더욱 강렬하게 느끼게 하면서 쓴맛을 끌어올리기 때문에, 알리고테Aligoté나 보졸레처럼 타닌이 낮고 산미가 높은 품종이 어울린다. 피노 셰리 같은 드라이한 주정 강화 와인도 좋다.

지방

지방이 6번째 맛 요소인가에 관한 문제는 아직도 과학계에서 뜨거운 논쟁거리이며, 정해진 바가 없다. 그렇다 해도 부드러운 치즈, 버터로 튀긴 팝콘, 바삭한 튀김에서 느끼는 묵직하고 부드러운 질감을 부정할 수는 없다. 지방이 풍부한 음식은 산미와 타닌(쓴맛)을 무디게 만들기 때문에, 아무 맛도 나지 않는 액체를 마시고 싶지 않다면 신맛과 타닌 중 하나가 2배는 풍부한 와인을 곁들여야 한다. 와인의 풍미는 강할수록 좋다. 립아이 스테이크와 나파 까베르네가 파트너로 그토록 오랫동안 여러 위장을 널리 기름지게 한 이유도 바로 이것이다.

신맛

쓴맛과 헷갈리지 않기 위해 말하자면, 신맛은 레몬즙, 사워크림, 피클처럼 산이 함유된 용액에서 느낄 수 있는 맛이다. 산미가 있는 음식은 와인을 더욱 달콤하고 부드럽게 만들어주기 때문에, 음식과 산미가 비슷하거나 높은 와인으로 균형을 맞춰주어야 한다. 이런 이유 때문에 달콤함과 신맛이 주가 되는 아시아 요리가 리슬링과 아주 잘 어울리는 것이다. 모든 와인의 풍미를 누르고 부드럽게 만드는 신 음식과 맞서려면 이와 대등한 산미를 지닌 와인을 준비하는 것이 좋다.

매운맛

몇몇 과학자는 매운맛을 인식하게 된 것 자체가 생물학의 교통사고 같은 일이며, 이러한 지각계의 돌연변이는 우리 유전 암호의 실수라고 말한다. 우리는 매움을 '맛보는' 것이 아니다. 우리가 느끼는 것은 매운맛이 주는 열기다. 입안에 있는 감각세포들은 매운 음식에 함유된 신경 펩티드(신경계의 간접 기능 조절 및 직접 신경전달 물질로 작용하는 물질-옮긴이) 물질인 캡사이신capsaicin을 감지한다. 이 때문에 매운 음식을 먹을 때 입이 불타는 듯하고 땀이 난다. 우리의 몸은 매운맛을 온도로 받아들이고, 이론상으로 고스트 페퍼를 일정량 섭취하면 심지어 사망에 이를 수도 있다. 매운 음식은 와인의 드라이함과 쓴맛을 끌어내기 때문에, 이를 완화하려면 당도가 있는 와인을 선택하는 것이 좋다. 알코올 도수가 낮은 와인도 좋다. 알코올이 음식의 매운맛을 증폭시켜 감각에 너무 심한 자극을 줄 수 있어서다.

음식과 와인 페어링의 과학

와인 페어링의 두 종류

고려해야 할 변수가 많아 음식과 와인을 페어링하기 너무 힘들다는 하소연을 많이 듣는다. 맞는 말이지만, 사실 이는 나쁘기보다 좋은 쪽에 가깝다. 답이 하나가 아니라는 의미이기 때문이다. 페어링의 정답은 아주 많다. 심지어 당신이 선택한 것이 '틀린' 페어링이라고 해도, 당신 마음에만 든다면 문제 될 것 없다.

와인을 하나의 재료로 생각하고, 그 특성과 맞는 음식을 고르면 훨씬 편해질 것이다. 초콜릿 케이크 위에 파슬리를 뿌리면 이상하지 않겠는가? 바로 이런 본능을 믿고 와인과 음식을 페어링하면 된다. 레시피 리스트에 적힌 재료처럼 와인도 신맛, 단맛, 쓴맛을 내고, 장미, 복숭아, 초콜릿, 피망 풍미처럼 고유한 개성을 지닌다. 비결은 바로 특정 레시피에 어떤 와인이 재료로 적합할지를 배우는 것이다.

와인을 페어링하는 방법은 수없이 많아 보이지만, 실제로 가장 기본은 2가지 경로로 나뉜다. 일치형(유사한) 페어링을 따를지, 대조형 페어링을 따를지만 결정하면 된다.

일치형 페어링이란 비슷한 특성을 지닌 음식과 와인을 곁들여 2가지가 잘 어우러지면서 서로의 풍미를 증진해 줄 수 있게 하는 방법이다. 이 경우 와인과 음식 모두의 감각 요소가 증폭되고, 유사성에 의해 균형이 맞춰진다.

대조형 페어링이란 감각 요소가 서로 대조되는 음식과 와인을 곁들이는 방법으로, 균형과 긴장감을 만들어 아주 강렬하고 복합적이지만 즐거운 미각 경험을 선사한다.

예를 들어, 프라이드 치킨은 감칠맛과 지방이 풍부하다. 이에 잘 어울리는 대조형 페어링은 산미와 탄산이 있는 샴페인이다. 기름기를 칼같이 잘라주고, 다음 조각을 먹기 전 입안을 깔끔하게 정돈해 주기 때문이다. 반대로 일치형 페어링을 원한다면 뫼르소 Meursault(프랑스 버건디에서 제조한 오크통 숙성 샤르도네)가 좋다. 치킨만큼이나 풍부한 감칠맛, 짭짤함과 크림 같은 부드러움이 치킨의 소금기와 지방에 녹아 들어가며 환상적인 화려함을 만들어낼 것이다. 이유는 완전히 다르지만, 이 둘 모두 완벽하게 어울리는 페어링이다.

페어링을 시작해 보자

TV에 방영되는 블라인드 데이트 프로그램처럼, 페어링도 우세함domination과 강렬함이 전부다. 이 기본 요소만 기억하면 훌륭한 짝을 찾을 수 있다.

음식부터 살펴보자

음식은 각자의 특성이 있는 재료들이 섞이고, 조합과 요리 방법에 따라 맛도 달라지기 때문에 와인보다 고려해야 할 요소가 많다. 와인은 음식보다 훨씬 단순하다. 그저 코르크를 열고 따르기만 하면 되는 데다 마시기 전까지 그 성질이 달라지는 일은 거의 없다. 그렇기에 음식에 와인을 맞추는 편이 그 반대보다 훨씬 쉽다. 어떤 음식에 매치할 수 있는 와인은 늘 여러 개이기 때문에 대부분이 음식을 먼저 결정하고 와인을 고른다. 하드코어 와인 애호가들(나를 포함해서)은 와인부터 시작하겠지만(물론 아무 문제도 없다) 이렇게 하면 선택할 수 있는 음식의 폭이 좁아질 수 있다.

음식에서 두드러지는 요소가 무엇인지 생각해 보기

한 음식에서 두드러지는 요소가 여러 개일 경우가 많기 때문에 가장 눈에 띄는 헤드라인을 설정해 집중해야 한다. 예를 들어, 테이터 탓츠tater tots(잘게 자른 감자를 원통형으로 튀긴 것 - 옮긴 이)에서 가장 두드러지는 요소는 지방과 짠맛이다. 케첩과 함께 먹는 경우에는 톡 쏘는 신맛과 은은한 단맛을 주요 요소에 추가할 수 있다. 여기에 대조형 페어링을 하려면 과일 향이 풍부하면서 산미가 높고, 알코올 도수가 낮고, 타닌이 없고, 탄산이 있는 까바Cava나 프로세코Prosecco가 좋다.

음식에 들어간 재료가 많을수록 페어링도 복잡해진다. 나는 늘 가장 두드러지는 풍미를 찾은 뒤에 추가적인 맛과 질감으로 방향을 결정한다. 나는 토핑 없이 담백한 소고기 패티 버거를 먹을 때면 늘 미디엄 바디 레드를 곁들인다. 패티에 치즈가 올라가거나 케첩을 함께 먹는 경우에는 살짝 풍미가 있는 호주 쉬라즈shiraz가 잘 어울린다. 하지만 생양파의 쓴맛과 피클의 신맛이 추가된다면, 쉬라즈와 비슷하지만 타닌과 산미가 좀 더 강한 론 지방 북부의 쉬라즈를 곁들여 강렬함을 높인다.

이런 방법의 페어링의 미학은 당신도 곧 배우게 될 것이다. 다음 단계는 정도에 관한 질문이다.

음식이 얼마나 무겁고 강렬한가?

뵈프 부르기뇽Beef Bourguignon은 풍미가 아주 풍부한 음식이지만, 주재료는 당근, 양파, 버섯, 소고기로, 스테이크 샐러드와 비슷하다. 하지만 베이컨 지방에 고기와 채소를 굽고, 마늘, 와인, 치킨 스톡을 곁들여 8시간 동안 천천히 끓이면 샐러드와는 아주 거리가 먼 묵직하고 육즙 가득한 스튜가 된다. 음식의 맛이 풍부하고 강렬할수록 페어링할 와인도 풍부하고 강렬해야 한다. 우리가 스테이크 샐러드와 즐겨 마시던 가벼운 와인은 뵈프 부르기뇽에 완전히 묻혀버릴 것이다. 그러므로 어떤 음식의 재료와 두드러지는 맛 요소를 찾는 것도 중요하지만, 페어링을 할 때 반드시 봐야 하는 큰 그림이 있다. 음식의 맛이 진하고, 기름지고, 크리미한가? 가볍거나 시트러스 향이 두드러지는가? 맵고 강렬한가? 부드럽고 달콤한가? 이렇게 단순한 질문을 던지는 것만으로도 적절한 와인에 가까워질 수 있다.

소스, 양념, 요리 과정을 생각하자

어떤 음식의 강렬함을 결정하는 주인공이 단백질이 아니라 그 위에 올라간 재료인 경우가 있다. 신선한 레몬즙을 뿌린 흰살 생선 요리에는 산뜻한 레몬 향이 감돌기 때문에 가볍고, 상쾌하고, 시트러스 향이 있는 와인과 잘 어울린다. 하지만 같은 생선 위에 기름지고 강한 소스를 뿌린다면 더 풍부하고 질감이 부드러운 화이트와인을 곁들이는 것이 좋다. 요리 방법, 양념, 소스는 재료의 풍미, 질감, 강렬함, 무엇보다 페어링할 와인에 큰 영향을 미친다.

자신의 미각을 믿어보자

매운맛을 좋아하는 사람들이 있고, 전혀 견디지 못하는 사람들도 있다. 마찬가지로 누군가에게는 말도 안 되게 신 와인도 누군가에게는 약간 새콤한 정도로만 느껴지기도 한다. 자기 자신의 감각이 가장 중요하다. 더 많이 시도해 볼수록 자신의 취향에 맞는 페어링을 찾을 가능성이 커진다.

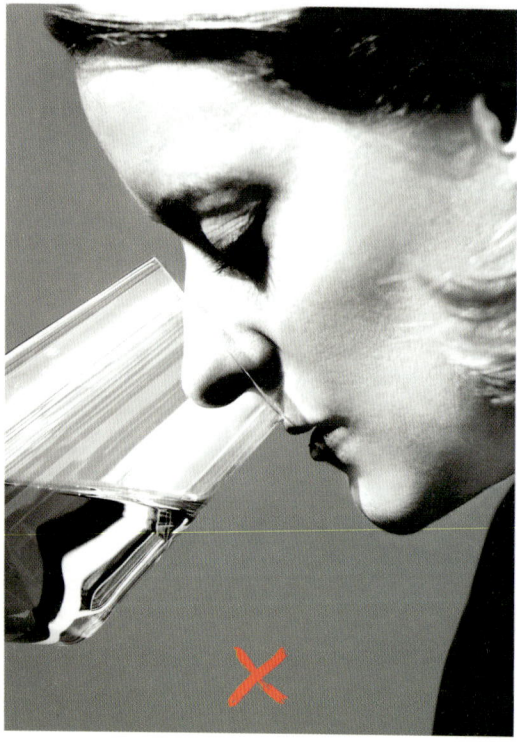

프로처럼 테이스팅하는 3단계

하루아침에 갑자기 와인에서 '향기로운 부케와 야생 블랙베리의 향, 길고 뚜렷한 피니시가 느껴진다'고 말할 수 있는 사람은 없다. 와인을 한 모금 마실 때마다 평가를 내릴 수 있는 경지에 이르려면 수년간의 와인 테이스팅과 비교 연구가 필요하다. 와인을 마시는 궁극적인 목적은 기쁨을 얻는 것이고, 많은 사람이 이 목표 지점에 다다른 뒤 머무르지만, 와인의 뉘앙스를 분별하는 능력을 크게 증진할 수 있는 길도 있다.

1. 눈으로 보기

일단 와인을 눈으로 보자. 색으로 알 수 있는 정보가 많다. 화이트와인의 색이 투명하거나 옅은 노란색이라면, 그 와인은 아마 피노 그리지오나 소비뇽 블랑처럼 라이트 바디에 산뜻함이 두드러져 무더운 여름에 잘 어울릴 것이다. 짙은 노란색에서 황금색에 가깝다면, 바디가 좀 더 풍부하면서 샤르도네처럼 오크통 숙성을 거쳤을 수도 있다. 이런 와인은 질감이 부드럽고 향이 풍부하다. 레드와인의 색이 반투명하다면, 보졸레나 피노 누아처럼 타닌이 적고 바디가 가벼워 신선한 느낌을 줄 것이다. 색이 좀 더 짙다면 바디가 무겁고, 포도나 오크통, 혹은 둘 모두에서 나온 강한 타닌을 느낄 수 있을 것이다. 와인의 색은 안전장치가 아니라 지표라는 사실을 기억하자.

2. 냄새 맡기

만약 잔 안쪽으로 코를 고작 몇 센티미터 걸쳐 놓는 것으로 와인의 향을 충분히 맡을 수 있다고 생각한다면, 잔 안에서 일어나는 일을 전부 놓치고 있는 것이다. 코를 잔 안쪽으로 완전히 밀어 넣고, 코와 와인 사이의 간격을 최대한으로 벌린 뒤, 그 사이 공기 주머니를 채운 향을 맡는다. 와인에 가까이 갈수록 알코올이 강하게 올라와 아무 향도 느끼지 못하기 때문이다.

향을 잘 느낄 수 없다면, 잔을 한쪽으로 기울인 채로 둥글게 돌려 잔 안쪽 벽에 와인을 코팅해 준다. 이렇게 하면 와인과 공기가 만나는 비율이 증가해 더 많은 냄새 입자들이 코에 닿을 수 있게 된다. 향을 제대로 맡기 위해 스월링을 하는 것은 괜찮지만, 과하게 하지는 말 것. 사방에 튈 수도 있다(스월링 방법에 대한 내용은 98쪽 참조).

3. 맛보기

와인을 바로 삼켜버리면 와인이 주는 여러 가지 기분 좋은 감각을 느낄 수 없다. 우리의 입안 구석구석은 다양한 감각 정보를 전달해 준다. 그러니 와인을 삼키기 전에 입안 전체에 닿을 수 있도록 해야 한다. 가글을 하라는 의미가 아니다. 자연스럽게 코팅해 주면 된다. 이렇게 하면 풍미를 더 오래 느낄 수도 있다.

와인을 삼킨 뒤에는 입을 가만히 닫고 생각해 보자. 입안 어디에서 와인을 느꼈는가? 어떤 맛이 났는가? 질감은 어땠나? 풍미는 얼마나 지속되었나? 이러한 질문들을 통해 우리는 와인을 이해하는 동시에 자신이 무엇을 좋아하는지, 또는 좋아하지 않는지 알 수 있다. 여기에 음식이라는 변수를 더할 때는 음식과 와인의 비율을 반반으로 유지해 보자. 음식을 한 입 먹을 때마다 바로 와인을 한 모금 마셔야 두 요소가 상호 작용하며 서로의 풍미를 증진하고, 동시에 다음을 준비하게 해주기 때문이다. 나는 와인만 마실 때보다 음식과 곁들일 때 훨씬 짧은 주기로 마신다.

와인 & 제조사 추천

이 책에는 각 페어링마다 포도 품종과 원산지 정보를 함께 표기해 두었고, 이 2가지 범주에서 나올 수 있는 다양한 와인을 시도해 보는 출발점으로 이 정보가 활용되기를 바란다. 더불어 특정 와인과 제조사의 이름도 표기해 두었다. 그렇다 해도 텍사스와 오하이오에서 만날 수 있는 와인들이 뉴욕이나 미시간의 와인과 같을 수는 없기에, 최대한 폭넓게 선택하려고 노력했다. 너무 좁게 특정해 버리면 그 와인을 준비할 수 없을 때 막막할 수도 있고, 다른 훌륭한 와인들에 눈을 돌리지 않게 되기 때문이다. 게다가 조금만 노력하면 인터넷에서 원하는 모든 와인을 찾을 수 있다.

앞으로 이 책에서 와인과 와인 제조사가 언급될 때마다 다음과 같은 기호를 보게 될 텐데, 새로운 와인을 이해하는 데 도움이 될 것이다. 농업 및 와인 제조 관련 범주에 포함된 와이너리는 실제 해당 방법을 사용하긴 하지만, 모두가 공식 인증을 받은 것은 아니다.

가성비 좋은 와인 (25달러 이하) $
친구들과 나눠 마시기 좋은 와인 (25~75달러) $$
돈을 쓸 만한 가치가 있는 와인 (75달러 이상) $$$
지속 가능한 농업   🌱
유기농 또는 바이오다이나믹 (생체 역학 농업)   ✹
비건 친화 와인   🌿
내추럴 와인   🌀
유명한 와인 또는 와이너리   ✺
수집용 와인   🎖

틀린 페어링은 없다

르 버나딘의 셰프 에릭 리퍼트는 이렇게 말한다. "모든 음식을 보르도와 함께 Bordeaux avec tout." 에릭은 보르도 레드와인과 굴을 같이 내서 사람들을 움찔하게 할 정도로 이 말에 진심이다. 세상에서 가장 유명하고 존경받는 셰프도 자신의 파격적인 페어링을 자랑스럽게 선보이니, 우리도 눈치 볼 필요 없다.

CHAPTER 1

생계 밀착형
페어링

예산이 적은 소믈리에들이여
저렴하다고 형편없을 필요는 없다

누군가 말했다. "저 누군지 모르세요?"
뭐야, 진짜 저런 말을 하는 사람이 있다고?
하지만 이 대사의 주인공은 맷 데이먼이었다.

2003년, 졸업 후 마이애미로 이사한 고등학교 동창과 함께 마이애미의 한 클럽 앞에 있을 때였다. 클럽 바운서는 맷 데이먼이 누군지 진심으로 모르는 눈치였지만, 나와 내 친구의 얼굴은 알았다. 우리가 장장 3주에 걸쳐 사우스 비치의 클럽을 전부 돌아다녔기 때문이었다. "우리랑 같이 온 사람이에요." 우리는 맷 데이먼과 함께 벨벳 밧줄 안으로 들어왔고, 그는 "재밌는 분들이시네요. 들여 보내줘서 고마워요"라고 말하며 웃었다.

그다음에 일어난 일들은 흐릿하지만, 그 일이 있던 주말 나는 〈스틱 온 유 Stuck on You〉라는 끔찍한 영화에 엑스트라로 출연하게 됐고, 내 자동 응답기에는 "안녕하세요! 저 맷인데 기억하실지 모르겠네요"라는 메시지가 와 있었다. 그리고 어느 이른 아침, 나와 내 친구는 전국구 타블로이드 신문에 얼굴을 가린 채 '금발머리 미녀들과 마이애미 맨션에서 밤새 파티를 즐기는 맷 데이먼'이라는 내용의 기사에 실려 있었다.

그 파티를 '광란의 현장'이라고 묘사한 스타 매거진의 기사는 정말 억울했다. 그날 제이슨 본이 직접 사과 속을 파내고 대마초를 넣어 만든 사과 대마초를 함께 피우기는 했지만.

성말 잊지 못할 추억은 그날 맷과 나눴던 연기에 관한 이야기였다. 고등학교 시절 학교 연극 〈성냥팔이 소녀〉에서 열연을 펼쳐 연기자로서 성공을 거둔 이후로 연기는 늘 내 꿈이었으니까. 맷은 〈굿 윌 헌팅 Good Will Hunting〉을 찍기 위해 하버드를 자퇴한다고 했을 때, 모두가 자신에게 미쳤다며 비난했다고 말했다.

켄터키로 돌아왔지만, 나는 그 밤의 사과를 잊을 수가 없었다. 그러던 중 맷이 말했던 뉴욕의 어느 음악 학원이 그 주에 내슈빌에서 공개 오디션을 연다는 사실을 알게 되었다. 나는 아무에게도 말하지 않은 채 혼자 오디션에 참가했고, 1달 뒤 부분 장학생으로 합격했다는 소식이 날아왔다. 부모님은 충격에 휩싸였다. 딸이 자신의 인생을 버리고 뉴욕으로 날아가 그 힘들다는 여배우 생활을 하게 될 상황이었으니까. 두 분은 이 모든 것을 맷 데이먼 탓으로 돌렸다.

뉴욕으로 이사한 뒤 가장 처음으로 깨달은 점은 드라마 〈섹스 앤 더 시티〉는 그저 순진한 젊은 여성들을 뉴욕으로 끌어들이려는 악랄한 거짓말이었다는 사실이다. 현실은 대충 캐리 브래드쇼의 스틸레토 구두 한 짝 반을 살 수 있을 만한 월세 예산뿐이었고, 맨해튼은 구경도 못 한 채 외곽 지역으로 눈을 돌려야 했다.

그 당시 연기학원 동급생이자 내 영원한 룸메이트 사라도 나와 비슷하게 재정 상태도, 집안 사정도 별로 좋지 않았다. 우리는 퀸즈 롱아일랜드 시티의 공업시설 맨 끝에 있는 단독주택의 지하실을 얻을 수 있었다. 지금이야 떠오르는 지역으로 인식되지만, 그 당시에는 단연코 그런 곳이 아니었다. 우리는 지하철로 이전 셋방을 몇 번이나 오가며 모든 짐을 실어 날랐다. 이전에 살던 곳은 내가 헬스 암핏 Hell's Armpit이라고 불리는 지역에서 발견한 곳으로, 버스 터미널과 링컨 터널 사이에 있어 온갖 시끄러운 경적과 마약으로 유명했다. 검은색과 흰색 타일이 붙은 퀸즈의 지하 원룸 2층 침대에서 우리는 두더지처럼 잠을 잤다. 위층에 사는 그리스인 가족은 대출금을 내기 위해 어쩔 수 없이 들인 우리의 존재 자체를 싫어했고, 늘 코를 치켜들며 우리를 경멸한다는 티를 내곤 했다. 그리고 같은 이유로 내킬 때마다 말도 없이 우리 집 문을 열고 들어왔다.

처음 몇 달간 사라와 나는 거의 파산 상태였고, 점심 한 끼로 저녁과 다음 날 아침까지 해결했다. 다행히도 우리의 친구 스티브가 링컨센터 스타벅스에서 마감일을 하고 있었고, 폐기가 임박한 음식을 가져갈 수 있게 해주었다(샬롯과 미란다처럼!).

공교롭게도 스타벅스에서 받은 공짜 빵들은 유통기간이 거의 다 되었어도 맛있었다. 한밤중에 지하철로 1시간을 달려 받으러 가야 했는데도.

물론 늦은 시간에 지하철을 타다 보니 강도를 당할 뻔하기도 했다. 이것도 캔디스 부시넬(섹스 앤 더 시티의 작가 - 옮긴이)이 생략한 많은 부분 중 하나다. 연기 학원에서 들었던 호신술 수업에서는 누군가 자신을 공격할 것 같은 느낌이 들면 집 열쇠를 손가락에 끼우고 주먹을 꽉 쥐라고 가르쳐주었다. 당시에는 그저 성범죄 수사대 드라마에 나올법한 이야기 같다고 생각했다. 그러나 어느 날 역에서 집으로 가던 중 어떤 남자가 지나치게 가까이 붙어 따라오고 있다는 느낌이 들었을 때, 그 수업 내용은 매우 유용한 지식이 되었다. 그 남자가 나를 잡고 벽으로 밀쳤을 때 본능과 함께 20분 남짓 들었던 수업의 효과가 발동했고, 나는 열쇠를 주먹에 꽉 쥐었다. 그대로 팔을 크게 휘둘렀고, 주먹은 남자의 입술에 꽂혔다. 남자가 소리를 질렀고, 나도 소리를 지르며 미친 듯이 도망쳤다. 역과 집의 중간쯤에서 당시 내 최첨단 폴더 폰을 열어 사라에게 전화를 걸었고, 사라는 내가 집에 들어갈 때까지 문을 연 채 기다리고 있었다. 그리고 그날 밤 우리 둘은 값싼 와인을 아주 많이 마셨다.

그 뒤로도 뉴욕에 온 첫해처럼 여전히 무일푼에 비싼 마놀로 구두도 없었지만, 소름 끼치는 집주인, 강도, 폐기 크로와상이 전부는 아니었다. 처음으로 뉴욕 브런치 레스토랑의 종업원으로 취직했기 때문이다. 내가 일한 레스토랑은 어퍼 웨스트 사이드에 있었고, 사만다 같은 유명인들이 일요일마다 모여드는 곳이었다.

일을 시작한 지 3주쯤 됐을 때, 스티브 마틴이 걸어 들어왔다. 켄터키에서 온 갈색 눈의 어린 소녀가 태어나서 두 번째로 보는 실제 연예인이라는 사실은 모른 채였다. 스티브는 카운터로 걸어와 전혀 유명인사가 아닌 것처럼 말했다.

"안녕하세요, 스티브 마틴 이름으로 4명 예약했습니다."

배우 지망생이자 맷 데이먼의 절친이었던 나는 그대로 얼어붙었고, 머릿속에는 한 가지 생각뿐이었다. '내 앞에 스티브 마틴이 있다.'

"어, 스티브 마틴으로 예약했을 텐데요?" 스티브는 친절하게도 다시 물어봐 주었다. 나는 여전히 그를 쳐다보고만 있었다.

"분명 예약을 했을 텐데." 스티브가 세 번째로 물어봤다. "지금 배가 고파서 얼른 뭐라도 먹고 싶거든요."

"스티브 마틴씨 맞죠?" 마침내 입에서 나온 말은 이거였다. 스티브는 정중하게 다음 말을 기다려줬지만, 아무 말도 나오지 않았다.

"맞아요!" 그가 말했다. "그래서 4명 자리는 있는 건가요?"

그 뒤 스티브를 테이블로 안내해 주고 나서, 너무 창피한 나머지 저녁 내내 그가 앉은 쪽은 아예 쳐다보지도 못했고, 집에 돌아와서야 남은 중국 음식과 와인을 마시며 긴장을 풀 수 있었다. 그 당시 나는 8달러짜리 제너럴 쏘 General Tso's 음식을 좋아했다. 저렴하고 푸짐해서 두 끼로 나눠 먹을 수 있어서였다. 지금도 마찬가지다. 나는 여전히 스페인 식료품점에서 사온 값싼 음식으로 즐기는 타락의 밤을 좋아한다. 다만 성숙한 성인답게 곧 무너질 것 같은 지하실의 담요 위가 아니라 2층에 있는 소파 위에서 즐길 뿐이다.

1달러짜리 피자
& 몬텔풀치아노 다부르쪼

지금은 수입의 80%가 월세로 나가지는 않지만, 그래도 여전히 집에 가는 길에 1달러짜리 피자 1조각을 사서 넷플릭스를 보며 다부르쪼의 몬텔풀치아노와 곁들이곤 한다. 저렴한 피자에는 늘 토마토 소스의 산미가 가득해 곁들이는 와인의 산미가 높아야 피자에 비해 밋밋하거나 기묘한 단맛을 느끼지 않을 수 있다. 게다가 기름진 모차렐라 치즈가 올라가기 때문에 더욱 산뜻하고 산미가 쨍한 와인을 골라야 한다. 이탈리아 전역에서 재배되는 몬텔풀치아노Montepulciano는 품종 자체의 산미가 높아 저렴한 피자와 아주 잘 어울린다. 생생하고 통통 튀는 이 미디엄 바디 레드와인은 오레가노와 후추 향이 두드러지는 허브 향으로 유명하며, 그렇기에 저렴한 피자의 비어 있는 풍미를 매끄럽게 채워준다. 이 와인에는 타닌도 풍부해 품질 낮은 재료에서 나오는 기름이 입에 오래 머물지 않게 해준다. 이 와인들은 살짝 서늘하게 마시는 것이 가장 좋으니, 먼저 냉장고에 넣어둘 것.

몬텔풀치아노로 만든 와인 중 가장 유명한 것은 허브 향이 가장 강한 몬텔풀치아노 다부르쪼Montepulciano d'Abruzzo다. 와인을 제조하는 로마 동쪽 지역의 이름이 붙었으며, 다부르쪼의 제조사는 세상에서 가장 아름다운 와인을 만들어낸다. 99센트 피자를 즐기는 사람들에게 좋은 소식은 이 와인이 그렇게까지 비싸지 않다는 것이다. 오히려 몬텔풀치아노는 대부분 아주 저렴한 편이다.

$ 발레 레알레 몬텔풀치아노 다부르쪼 Valle Reale Montepulciano d'Abruzzo ☀ 🌿

$$ 칸틴아르테 "오데" 몬텔풀치아노 다부르쪼 CantinArte "Ode" Montepulciano d'Abruzzo ☀

$$$ 에미디오 페페 몬텔풀치아노 다부르쪼 Emidio Pepe Montepulciano d'Abruzzo 🌿 🌸 🌺

럭키 참스
& 바하우 리슬링 스마라그드

내가 처음 뉴욕으로 왔을 때 럭키 참스Lucky Charms(마시멜로가 들어간 과일 맛 시리얼 – 옮긴이)를 얼마나 많이 먹었는지 아마 상상도 못 할 것이다. 그때 함께 먹은 우유양만해도 어마어마할 정도니까. 지금도 럭키 참스에 들어간 마시멜로를 먹으면 기분이 좋아지고, 가장 좋아하는 무지개색을 늘 마지막까지 아껴두곤 한다. 그때 오스트리아 스마라그드Smaragd 리슬링을 곁들였다면 더 행복했을 텐데. 바하우Wachau는 오스트리아의 아펠라시옹이며, 내부적으로 포도의 성숙도를 정의하는 시스템이 있어 재배자들이 이에 따라 포도를 수확하고, 와인의 스타일과 라벨도 달라진다. 스마라그드는 3개의 범주 중 최상위 레벨이며 드라이하고 알코올 도수는 최소 12.5%다. 실제로 단맛은 하나도 없지만, 씨 있는 과일과 시트러스 향으로 가득해 요정들마저 얼굴을 붉히게 할 관능적인 바디를 자랑한다. 이 와인은 설탕 덮인 귀리와 마시멜로로 만든 시리얼과 잘 어울리는 아주 드라이한 오스트리아의 보물이다.

내가 이곳의 와인들을 좋아하는 이유는 풋풋하고 발랄한 느낌과 성숙하고 세련된 매력을 모두 느낄 수 있기 때문이다. 게다가 럭키 참스와 함께 마시면 늘 마법처럼 맛있게 즐길 수 있다.

$ 도멘 바하우 "바이센키르헨" 리슬링 스마라그드 Domäne Wachau "Weissenkirchen" Riesling Smaragd ❄ ☀

$$ 알징거 "리에드 로이벤베르크" 리슬링 스마라그드 Alzinger "Ried Loibenberg" Riesling Smaragd 🌿 ☀

텍스멕스 퀘사디아
& 레드 리오하

나는 어렸을 때 흔히 멕시코 음식이라고 불리는 것을 자주 먹었다. 그저 살사, 고기, 치즈, 사워크림이 뭉친 음식을 한 범주에 몰아넣은 지극히 미국적이고 오만하고 다채로운 음식 문화지만, 다행히도 나름의 대접을 받을 정도로 오랜 역사가 있다(어른이 되고 나서야 진짜 파르메산 치즈는 플라스틱 통에 담겨 있지 않다는 사실을 알게 되었다). 그럼에도 텍스멕스TexMex(텍사스와 멕시코 요소가 혼합된 음식 - 옮긴 이)라고 불리는 이 미국 버전 멕시코 음식은 늘 내 마음 한구석에 자리 잡고 있으며, 미국에서 탄생한 이 음식이 유럽 식민지의 와인과 잘 어울린다는 사실은 이상하게 조화로워 보인다.

스페인 리오하Rioja는 스페인에서 오크 통에 숙성해 상업적으로 외국에 수출한 첫 현대식 '고급 와인'이다. 스페인 와인 제조의 역사는 800년대까지 거슬러 올라간다. 맞다. 4자리가 아니라 무려 3자리다. 리오하는 스페인에서 와인 제조로 가장 두드러지는 지역이며, 전 세계 와인 업계에서 지금의 자리를 차지할 만한 자격이 있다. 언젠가 한 세기 이상 숙성된 리오하를 마셔본 적이 있는데, 오랜 시간이 지났어도 여전히 생생함과 활기, 날카로움이 살아 있었다. 어린 와인에서 느낄 수 있는 과일 향은 없었지만, 과일 향의 빈자리에는 정신이 혼미해지는 흙, 가죽, 향신료, 스모크 향이 자리 잡고 있었다.

리오하의 4단계 품질 관리 시스템은 우리가 쉽게 알아볼 수 있으면서도 각 단계에서 어떤 와인을 만날 수 있는지를 알려주는 믿을만한 지표다. 어린 와인부터 나열하면 리오하, 크리안자Crianza, 리제르바Reserva, 그랑 리제르바Gran Reserva이며, 단계가 높을수록 시장에 출시되기 전 배럴이나 병에서 숙성하는 시간이 길어진다. 이렇게 오래 숙성하는 이유는 와인을 강화해 판매한 뒤에도 오랫동안 보관할 수 있게 만들기 위해서이며, 와이너리가 와인에 쏟은 시간과 정성만큼 가격도 올라간다. 최고급 리오하의 가격은 최소 75달러 정도이다. 언뜻 비싼 것 같지만 이 와인은 우리보다 수명이 훨씬 긴 데다 매해 품질이 좋아지기까지 하니 그만한 가치가 있다.

텍스멕스 퀘사디아에는 체더치즈, 간 고기, 양파, 할라페뇨, 양념한 콩, 또 체더치즈, 살사, 사워크림까지 재료가 아주 많이 들어간다. 이 재료들은 전부 템프라니요Tempranillo와 가르나차Garnacha로 만드는 모든 등급의 리오하 와인과 잘 어울린다. 각 단계의 리오하 모두 스파이시한 생기와 쓴맛이 도는 타닌을 지니고 있어 입안에 들어왔을 때 퀘사디아에 묻히지 않기 때문에, 원하는 와인의 성숙도에 따라 등급을 고르면 된다. 만약 디너 파티에 간다면, 리제르바를 추천한다. 축하할 일이 있다면 그랑 리제르바가 좋고, 과일 향을 느끼고 싶다면 가져가서 바로 열어도 좋다(디캔팅을 정말 잘 해야겠지만). 농장에서 나는 듯한 풍미가 어디까지 맛있어질 수 있는지 알고 싶다면, 아주 나중에(20년 이상) 열어보는 편을 추천한다.

$ 보데가스 이 비네도스 아르타디 비냐스 데 가인 틴토 Bodegas y Viñedos Artadi Viñas De Gain Tinto ❋ ☀ 🍃

$$ 라 리오하 알타 "비냐 아라나" 그랑 리제르바 La Rioja Alta "Viña Arana" Gran Reservas ☀

$$$ 마르케스 데 무리에타 "카스티요 이가이" 그랑 리제르바 에스페시알 Marqués de Murrieta "Castillo Ygay" Gran Reserva Especial ❋ ☀

냉동 미트로프
& 드라이 크릭 진판델

외할머니와 친할머니는 모두 냉동 미트로프를 먹는 건 신성 모독이라고 말씀하시지만, 가끔은 그저 데우기만 해서 편하게 먹을 음식이 필요하다. 게다가 미트로프는 집밥과 아주 조금은 비슷해서 냉동식품을 먹는다는 생각을 덜 수 있다. 미트로프를 입에 넣으면 온기와 함께 오직 그레이비만이 줄 수 있는 부드럽고 끈적한 짠맛이 느껴진다. 그 무거움을 온전히 감당하기 전에 반으로 줄여줄 와인이 바로 캘리포니아 소노마 북부 드라이 크릭 밸리Dry Creek Valley에서 만드는 진판델Zinfandels이다. 이 와인에는 소가죽 향이 두드러져 마치 땀을 세상에서 가장 맛있게 만들어 놓은 듯한 느낌을 준다. 타닌은 풍부하면서도 두툼해 냉동 미트로프의 묵직한 소고기, 짭짤한 그레이비와 아주 잘 어우러지며 뭔가 부족한 이 음식의 파괴력을 완화해 준다.

진판델의 장점은 원산지에 관계없이 모두 묵직하고, 과즙이 풍부하고, 알코올 도수가 높다는 것이다(알코올 강화 없이도 최소 ABV 17% 이상). 진판델은 뜨겁고 건조한

나무 향을 곁들여볼까?

어떤 와인이 '오크 숙성oaked'되었다는 말은 와이너리에서 와인을 만들 때 일정 시간 오크 통에 넣어 숙성했다는 의미다. 막 증류된 버번은 마치 보드카처럼 투명하고 톡 쏘는 맛이 난다. 그 뒤 오크 통 숙성을 거치며 산화되고, 부드러워지면서 풍부한 풍미를 갖게 되는 것이다. 와인도 똑같다. 와인을 오크 통에 숙성하면 풍미가 부드러워지고, 타닌이 첨가되며 바디가 풍부해지고, 오크의 종류와 숙성 기간에 따라 바닐라, 버터스카치, 딜, 코코넛 등 깊고 다양한 향을 더할 수 있다. 와인을 공기에 최대한 닿지 않게 하기 때문에(오크 통은 밀폐되어 있지만, 공기가 완전히 통하지 않는 것은 아니다) 더욱 부드러운 질감을 만들면서 풍미를 농축할 수 있는 것이다. 더해지는 풍미의 종류와 강도는 오크 통의 크기와 에이지, 통 안쪽을 그을리는 정도, 나무의 원산지, 나무가 자란 특정한 숲까지 다양한 요소에 따라 달라진다. 1가지 공통점은 오크 숙성이 와인의 가격을 높인다는 사실이다. 225L, 즉 와인 300병 정도가 들어가는 오크 통 하나의 가격은 수천 달러에 이른다.

기후에서 잘 자라며, 이 조건이 충족되면 먹음직스럽게 잘 익은 블랙베리, 딸기, 씨 있는 과일 퓌레, 감초, 달콤한 담배 향을 선사한다. 드라이 크릭 밸리는 단연코 미국 48개 주 중에서 진판델을 재배하기에 가장 적합한 곳이다. 그러나 이곳의 진판델을 꼽은 이유는 와인에서 살짝 토마토 같은 향을 느낄 수 있기 때문이다. 그러니까 미트로프에 케첩을 뿌린 듯한 효과를 주면서 진짜 하인즈 케첩보다 훨씬 나은 산미를 선사하는 것이다.

$$ 릿지 빈야드 이스트 벤치 진판델 Ridge Vineyards East Bench Zinfandel ☀

$$ 대쉬 셀러 진판델 리저브 Dashe Cellars Zinfandel Reserve ☀

모차렐라 치즈스틱
& 오스트리아 츠바이겔트

진짜 치즈인지 의심스러운 모차렐라 치즈스틱을 내려주신 음식의 신께 경배함! 물론 마리나라 소스를 곁들이는 것은 취향이고, 모두의 취향을 존중하지만, 곁들이는 쪽으로 가정하려 한다. 모차렐라 치즈스틱을 먹을 때 가장 중요한 것은 보통 튀김옷에 파르메산, 허브, 흑후추가 들어간다는 사실이다. 이 독특한 이탈리아의 풍미가 기름진 튀김옷, 크리미한 치즈, 날카로운 마리나라 소스와 만나면 오스트리아 츠바이겔트 Zweigelt 와 아주 좋은 파트너가 된다.

블라우프랑키쉬 Blaufränkisch 와 생로랑 St. Laurent 을 혼합해 생기가 넘치는 이 보랏빛 포도는 오스트리아에서 가장 널리 재배되는 적포도이며, 튀긴 치즈와 곁들일 때 필요한 모든 특성을 지니고 있다. 이상한 이름에 겁먹지 말자. 1975년 이전 원래 이름이었던 로트버거 Rotburger 보다는 나은 편이니까. 이유는 알 수 없지만 1920년대 이 포도를 발명한 나치 신봉자 프릿츠 츠바이겔트 Fritz Zweigelt 의 이름을 따 명칭이 바뀌었다고 한다.

부드러운 타닌에 미디엄 바디인 츠바이겔트에는 붉은 체리, 시나몬, 제비꽃 향과 함께 과즙 가득한 신선함, 단단한 산미가 있어 발랄하면서도 점잖은 느낌을 준다. 여기에서 나오는 독특한 긴장감이 이 와인의 가장 큰 장점이다. 츠바이겔트는 스파이시한 보졸레 또는 풍부한 피노 누아와 비슷하지만, 결이 완전히 같지는 않다. 이 둘은 우리가 좋아하는 마법 치즈 지팡이 튀김만큼이나 서로 다른 범주에 속한다. 빵가루 튀김옷에 들어 있는 이탈리아 허브는 와인이 지닌 검은 감초와 후추 향을 돋보이게 해준다. 이에 보답하듯 츠바이겔트의 붉은 과실과 달콤한 향신료 향은 싱그러운 가성으로 마리나라의 톡 쏘는 소프라노와 화음을 맞추고, 감칠맛과 달콤함을 아슬아슬하게 넘나들며 멈출 수 없는 조합을 선사한다.

오스트리아 전역에서 츠바이겔트를 만들지만, 라벨에 포도 이름이 나와 있는 부르겐란트 Burgenland, 캄탈 Kamptal, 크렘스탈 Kremstal 을 찾아보는 것을 추천한다.

$ 바인굿 콜벤츠 "아이히코겔" 츠바이겔트, 부르겐란트 Weingut Kollwentz "Eichkogel" Zweigelt, Burgenland ☕🌸☀

$$ 바인굿 레오 힐링어 "힐 1" 부르겐란트 Weingut Leo Hillinger "Hill 1" Burgenland ☀

$$ 바인굿 주디스 벡 "밤불!" 츠바이겔트, 부르겐란트 Weingut Judith Beck "Bambule!" Zweigelt, Burgenland ☀🌸🌱

맥 앤 치즈
& 비오니에 뱅 드 페이

미국인이라면 누구나 맥 앤 치즈를 좋아한다. 시판 제품이든 고급 재료로 만든 버전이든, 맥 앤 치즈는 언제나 위로를 주는 음식이다. 이 기름지고 풍부한 맛을 버틸 만큼 산미가 높거나 기포가 있는 와인을 고르고 싶은 생각이 들긴 하지만, 사실 맥 앤 치즈는 일치형 페어링을 시도하기에 완벽한 음식이다. 우선 맥 앤 드 치즈의 가장 큰 특징이자 장점은 짠맛과 치즈의 크리미함이다. 대조되는 와인도 물론 좋다. 하지만 이런 경우 보통 산미를 찾게 되는데, 맥 앤 치즈처럼 비슷한 맛이 뭉쳐 있는 음식을 먹을 때 대조와 산미가 너무 심하면 오히려 마이너스가 될 수 있다. 반면 프랑스 남부 해안의 비오니에 Viognier처럼 산미가 낮고 크리미한 와인은 이런 맛을 극대화한다.

부드럽고 풍부한 음식에 어울리는 부드럽고 풍부한 비오니에는 백포도 중에서도 특이한 품종이다. 첫 향을 맡으면 장미나 허니서클 같은 꽃향과 함께 베르가못, 오렌지, 귤처럼 산뜻한 시트러스가 느껴진다. 하지만 달콤한 향에 속지 말길. 이 와인은 드라이하다. 비오니에를 한 모금 마시면 입안을 돌아다니는 동안 점점 더 풍부해지며 거의 기름 같은 질감을 선사한다. 우리가 크리미한 소스를 먹을 때 기대하는 바로 그 질감이다. 삼킬 때는 비오니에의 가벼운 쓴맛이 치즈의 강렬한 맛과 함께 느껴진다. 최고급 비오니에는 꽁드리외 Condrieu라는 론 지방의 아펠라시옹에서 생산되는데, 와인 애호가들에게 사랑받는 지역이다(가격도 만만치 않다). 뱅 드 페이 Vin de Pays는 입문 단계인 뱅 드 따블 Vin de table보다 품질 좋은 와인을 생산하는 더 큰 지역 범위를 지칭하는 프랑스의 분류 기준이며, 이 지역들은 프랑스 최고 수준의 비오니에를 만들어낸다. 다음에 언젠가 맥 앤 치즈가 당길 때면 이 중 하나를 찾아 잔에 따르고 크림처럼 부드러운 위로를 받아보길 추천한다.

$ 트리앤느 생뜨 플레르 비오니에 Triennes Sainte Fleur Viognier ☀

$$ 패트릭 & 크리스토프 본퐁 "센세이션 뒤 노르" 뱅 드 페이 비오니에 Patrick & Christophe Bonnefond "Sensation du Nord" Vin de Pays Viognier 🌱🌿

$$$ 도멘 조르쥬 베르네 꽁드리외 Domaine Georges Vernay Condrieu ☀✹

그릴드 치즈
& 카오르

부드럽고, 크리미하고, 짭짤하고, 버터의 풍미와 바삭함이 있는 뜨거운 그릴드 치즈는 모두를 행복하게 한다. 그리고 빵과 치즈를 바삭하게 굽는 이 음식은 달걀 하나 삶지 못하는 사람도 쉽게 만들 수 있다. 이렇게 입안에 남는 지구력이 엄청난 치즈 샌드위치를 먹을 때는 충분한 타닌, 톡톡 터지는 과일 향, 탄탄한 바디가 있는 레드와인을 곁들여 기름진 전분과 유지방을 깨끗이 닦아 주는 것이 좋다.

이 조건에 딱 맞는 와인이 말벡 Malbec이다. 그것도 아르헨티나가 아니라 프랑스 남서쪽의 말벡. 카오르 Cahors는 보르도와 같은 프리미에 아펠라시옹 중에서 5~6번째로 꼽히는 지역이지만, 프랑스산 말벡이 유명해지며 선두로 올라섰다. 카오르의 와인들은 당신이 한 번쯤 마셨을 수도 있는 햄프셔 남부의 와인들과 놀라울 정도로 다르다. 벨벳 같은 질감을 자랑하는 아르헨티나 말벡은 아마 그릴드 치즈에 있는 지방질의 맹공격에 맥을 못 추고 훌쩍이겠지만, 카오르의 강력한 타닌은 지방질을 나뭇조각처럼 씹어 먹을 것이다. 이 무겁고 거친 와인은 자두와 블랙베리가 연상되는 높은 산미를 지니며, 타닌은 팽팽하다. 그릴드 치즈와 말벡이 더해진 이 맛있는 조합은 늘 나를 무릎 꿇게 한다.

$ 끌로 라 꾸딸 카오르 Clos la Coutale Cahors ☀

$$ 파비앙 주브 마스 델 페리에 "라 로끄" 카오르 Fabien Jouves Mas del Périé "La Roque" Cahors ☀🌿

$$$ 샤토 뒤 세드르 "르 세드르" 카오르 Château Du Cèdre "Le Cèdre" Cahors ☀✹

달콤한 속삭임

와인 애호가들과 보통 사람들이 소통에 어려움을 겪을 때가 있었다. 같은 말이 다른 의미로 사용됐기 때문이다. 잘 익은 과일 향이 나는 와인들은 종종 '달콤하다'는 오해를 사곤 한다. 하지만 와인에서 달콤한 맛이 나려면 산의 비율을 넘어설 만큼 당분이 높아야 한다. 대개 산미보다 2g 이상 높아야 하는데, 이 최소량을 넘어야 우리가 물리적으로 단맛을 느낄 수 있다. 그렇지 않은 경우라면 이 풍족한 풍미와 과일 향들은 와인을 만든 포도가 아주 잘 익었을 때 수확되었다는 것을 알려주는 지표가 된다. 이렇게 향이 달콤해도 당분이 없어 아주 드라이할 수도 있다.

'드라이'라는 용어도 번역이 아주 힘들다. 드라이하다는 말은 달지 않다는 의미이며, 와인에 우리가 인지할 만큼 충분한 잔여 당분이 없다는 뜻이다(좀 더 혼란스럽게 해보자면, '오프 드라이off-dry'는 그 와인이 약간 달다는 뜻이다!). 어떤 와인을 마셨을 때 입이 마르는 느낌이 든다면, 이 와인에는 입안을 조이는 듯한 쓴맛을 주는 타닌이 있다는 것을 의미한다. 이때 와인이 드라이한지 달콤한지는 관계없다. '타닌'이라는 용어를 사용하면 된다.

레토르트 라멘
& 알자스 피노 그리

지난 십 년간 미국에 폭발적으로 늘어난 라멘 애호가들 덕분에 면 애호가들이 살기 좋은 세상이다. '라멘'이라는 말이 단순히 전자레인지용 인스턴트 면을 의미하던 시대보다 그 재료와 질은 엄청나게 높아졌지만, 이 음식의 기본 구조는 변하지 않았다. 진한 육수, 다양한 토핑, 타레(간장, 된장, 짭짤한 감칠맛이 있는 소스), 쫄깃한 면이 바로 그 구조다. 이 구조 안에서 만들 수 있는 조합은 끝이 없지만, 어떤 라멘을 선택하든 알자스 피노 그리와 아주 잘 어울릴 것이다.

라멘을 지배하는 맛은 풍부한 지방과 감칠맛이다. 이렇게 고삐가 풀린 듯 날뛰는 감칠맛은 달콤함과 더불어 산미가 한 트럭은 담긴 와인을 곁들여야 균형이 맞는다. 알자스의 피노 그리는 오프 드라이, 즉 '살짝 달콤함' 경우가 많고, 가벼운 설탕 분자들이 함유되어 있어 육수의 짠맛을 완화하면서 라멘의 강렬함을 부드럽게 풀어준다. 육수와 만나 밋밋해지지 않으려면 충분한 바디와 질감이 있어야 하는데, 피노 그리는 산뜻하고 쨍한 산미가 있으면서도 풍부함과 무게감을 자랑하기 때문에 라멘과 가장 잘 어울리는 와인이다(피노그리지오 Pinot Grigio'와 이름이 비슷한데, 품종이 같기 때문이다. 프랑스에서는 이를 피노 그리라고 부르며, 기후가 서늘하면서 일조량이 많은 알자스는 피노 그리를 재배하기에 더할 나위 없이 좋은 곳이다. 더 많은 정보는 159쪽 참조).

피노 그리의 편안한 질감, 높은 산미, 부드러운 달콤함은 고급 라멘에 올라가는 다양한 토핑 대부분의 풍미를 최대로 살려준다. 지방질, 감칠맛, 쓴맛 등을 모두 한 번에 감당할 수 있기 때문이다.

$ 트림바흐 리제르바 피노 그리
Trimbach Réserve Pinot Gris ✿ ✹

$$ 도멘 슐룸베르거 "슈피겔" 그랑 크뤼 피노 그리 Domaine Schlumberger "Spiegel" Grand Cru Pinot Gris ✿ ✹

$$$ 도멘 진트 훔브레히트 "랑정 드 탄 클로 생 위르뱅" 그랑 크뤼 피노 그리 Domaine Zind-Humbrecht "Rangen de Thann Clos Saint Urbain" Grand Cru Pinot Gris ✿ ✹

마리 캘린더의 팟 파이
& 바덴 슈패트부르군더

내게 냉동 팟 파이란 반 조각만 먹어도 일일 권장 칼로리, 탄수화물, 당분, 나트륨을 거의 다 채워버린다는 사실을 무시하고서라도 자주 먹고 싶을 정도로 맛있는 음식이다.

하지만 팟 파이를 마음껏 먹을 때 슈패트부르군더와 함께하면 죄책감까지 좀 더 수월하게 삼킬 수 있다. 슈패트부르군더는 피노 누아를 훨씬 흥미롭게 부르는 독일식 이름이다. 바덴Baden은 독일 와인 생산 지역 중 가장 남쪽에 있지만, 북위 48도이기 때문에 전체적으로 보면 여전히 북쪽에 가까우며, 샹파뉴보다 1도 위에 있어 군더더기 없고 깔끔한 피노 누아를 만들어낸다. 기후 변화 때문에 지금은 독일 와인 생산 지역 13개에서 모두 완전히 익은 적포도를 수확할 수 있지만, 나는 여전히 바덴 버전을 가장 좋아한다. 이곳의 와인들은 대표적인 체리 향과 올스파이스, 흙 향이 토대를 다지고 있어 옅은 색에서 기대하지 못했던 탄탄함을 선사한다. 팟 파이의 크리미하고 꾸덕한 속 재료와 함께 먹으려면 산미가 필요한데, 독일 슈패트부르군더에는 이 무거운 단백질과 채소 범벅을 깔끔하게 씻어줄 충분한 산미가 있다. 또한 슈패트부르군더의 흙 향은 모두가 좋아하는 바삭한 가장자리의 버터 풍미를 오래도록 지속해 주며 훌륭한 배경이 되어준다.

$ 바인굿 치어아이젠 "츄펜" 슈패트부르군더
Weingut Ziereisen "Tschuppen" Spätburgunder ✿ ✹ 🌿

$$ 엔델레 & 몰 "분트잔트슈타인" 슈패트부르군더 Enderle & Moll "Buntsandstein" Spätburgunder ✹ ✿ 🌿

제너럴 쏘
& 보졸레

제너럴 쏘를 먹을 때면 대부분은 리슬링이라는 직선적인 조합을 추천받곤 한다. 물론 매콤하고 달콤한 음식에 잘 어울리는 합리적인 페어링이지만, 당신이 레드를 편애하는 사람이라면 더욱 흥미롭게 시도해 볼 페어링이 있다. 바로 보졸레 Beaujolais, 그중에서도 버건디 최남단에 있는 하부 지역에서 생산한 와인이 가장 좋다.

버건디 와인 대부분은 피노 누아와 샤르도네를 기본으로 사용하지만, 보졸레는 80년대 이 지역의 누보 스타일 와인이 지나치게 상업화되면서 평판이 떨어졌던 가메이 Gamay라는 포도로 만든다. 하지만 사람들의 사고방식과 버건디 와인 제조자들의 철학이 크게 변하자 이 모든 것도 함께 변화했다.

보졸레는 한때 일본의 야외 욕조같이 생긴 데서 대량으로 와인을 생산하는 곳으로 유명했다. 하지만 지금은 막셀 라피에르 Marcel Lapierre, 장 포이야드 Jean Foillard, 장 폴 테베네 Jean-Paul Thévenet, 기 브흐통 Guy Breton으로 구성된 '갱 오브 포 the Gang of Four'라는 진보적인 혁신가들 덕에 내추럴 와인 분야를 이끄는 지역이 되었다. 지난 80년대에 이들은 모든 합성 제초제와 살충제를 포기하고 과일은 적게 열리지만 품질이 좋은 오래된 포도나무에 집중했다. 또 수확 시기를 늦춰 구조가 더욱 탄탄한 와인을 만들고, 표준 이하의 포도를 걸러내기 위해 엄격한 선별 과정을 거쳤다. 당분과 더불어 말도 안 될 만큼 많은 양의 황을 첨가하지도 않았다. 다시 말해, 이들은 자신들이 반대하던 모든 것들을 아무도 신경 쓰지 않던 시기에 더욱 힘들고 비싼 방법을 사용해가며 와인을 적게 생산하기로 결정한 것이다. 이들이 시작한 관행들은 포도원에도, 와인에도 유익한 방법으로 받아들여지며 현재 세계적으로 채택되고 있다.

와인 제조에 있어 더욱 자연적인 접근이자 보졸레에서 종종 사용되는 관행이 있다. 현대 기술이 발생하기 전 이 지역에서 와인을 만들던 방법인 '탄소 침용 carbonic maceration' 기법이다. 먼저 용기 안에 포도를 겹겹이 쌓아 산소가 통하지 않게 두면 자연스럽게 발효가 이루어진다. 이때 발효 과정을 시작하게 만드는 고농축 이산화탄소가 포도 안으로 들어가기 때문에 일반적인 레드와인 제조 과정에 비해 타닌이 적게 생성된다. 동시에 아래쪽에 있는 포도는 위쪽에 있는 포도의 무게를 받아 으깨지며 레드와인에 걸맞은 색과 타닌을 더해준다.

이 기법으로 만든 와인은 피노 누아처럼 바디가 가벼우면서도 과일 향이 아주 풍부하다. 톡 쏘는 맛의 제너럴 쏘를 먹을 때는 입안에 가득 차는 이런 과즙의 느낌이 향신료의 매콤함과 묶이고, 가벼운 바디와 신선한 과일의 풍미가 달콤함과 어우러진다. 이 튀긴 닭고기 요리의 맛은 보졸레의 산미를 만나 더욱 탄탄해진다. 또 이 지역의 가메이는 흙 향도 약간 지니고 있어 가끔 섞여 들어오는 닭 다리 조각도 수월하게 상대해 줄 것이다.

$ 끌로 드 라 로와레트 플뢰리 Clos de la Roilette Fleurie 🌿🐚☀️
$$ 도멘 막셀 라피에르 모르공 Domaine Marcel Lapierre Morgon ☀️🍥🌼
$$$ 장 포이야드 "퀴베 3.14" 모르공 Jean Foillard "Cuvée 3.14" Morgon ☀️🍥🌿☀️

베이글 바이트
& 팔 피노타지

남아프리카의 피노타지Pinotage는 1900년대 초반 피노 누아의 감각적인 매력은 유지하면서도 쌩소Cinsault처럼 재배가 쉬운 품종이 나왔으면 하는 바람으로 둘을 혼합한 품종이다. 안타깝게도 피노타지에서 가장 두드러지는 향은 타르, 불 탄 타이어 같은 고무, 네일 리무버다. 하지만 한 세기가 지나는 동안 많은 것이 바뀌었다. 오늘날에는 웅장한 풍미를 자랑하는 팔 피노타지가 생산되어 이전의 역사를 다시 쓰고 있다. 그러면서 늘 좋지 않은 평판에 시달리는 미니어처 장난감 고무 피자에 대해서도 다시 한번 생각할 기회를 주고 있다.

팔Paarl은 높이 평가되는 와인 제조 지역으로, 특히 역사가 더 오래된 지역이자 훌륭한 피노타지를 생산하는 이웃 스텔렌보스Stellenbosch보다 훨씬 뛰어난 와인을 만들어낸다. 팔이 약간 더 북쪽에 있어서 붉은 과일, 보라색 과일, 검은 과일의 향과 달콤한 담배 향, 베이컨의 향이 가득하기 때문이다. 이 와인은 묘하게 복잡하지만, 베이글 바이트는 오만할 만큼 단순하다. 팔 피노타지는 산미가 그리 높지 않고, 부드러운 타닌에 단맛이 살짝 감돈다. 그러니 살짝 달콤하고, 반쯤 인공적이고, 효소를 첨가한 토마토와 치즈 맛이 감돌며, 우리의 입천장을 전부 긁어내는 베이글 바이트와 아주 적당하게 어우러진다.

$ 니더버그 "더 와인마스터스" 피노타지 Nederburg "The Winemasters" Pinotage ✷

$$ 리블랜드 부시바인 피노타지 Lievland Bushvine Pinotage ✷

PB & J
& 람브루스코 아마빌레

부드럽고 저렴한 피넛 버터를 사용하든 값비싼 유기농 피넛 버터를 사용하든, 달콤함과 짭짤함이 조화를 이루는 피넛 버터 앤드 젤리 샌드위치는 젤리 역할을 하는 람브루스코 와인과 곁들이면 더욱 맛있어진다. 에밀리아 로마냐주Emilia-Romagna와 롬바르디아Lombardy에서 만들어지는 람브루스코는 이탈리아 북부에서 생산되는 가벼운 스파클링 와인이라는 희귀한 범주에 포함되어 있다. 이런 와인은 레드 프리잔테frizzante라고 불리며, 큰 오해를 받고 있기도 하다. 초기에 미국에서 구할 수 있는 람브루스코는 달거나 값이 저렴하거나, 둘 다라는 이미지가 있었지만 현재는 그렇지 않다. 최고급 람브루스코는 드라이(세코secco)하거나 감미로운 단맛(아마빌레amabile)을 자랑한다. 이 와인을 만들 때 주로 사용되는 6가지 적포도의 명칭에는 모두 람브루스코가 들어 있으며, 공통적으로 산뜻한 베리 향, 발가락이 오그라들 것 같은 산미, 기분 좋고 은은한 쓴맛이 있다. 결정적으로 품질 좋은 람브루스코가 지닌 잘 익은 검은 베리 풍미는 젤리의 달콤한 포도 맛과 연결되며, 살짝 감도는 쓴맛은 견과류 향 가득한 피넛 버터의 달콤함과 잘 섞인다. 게다가 가벼운 탄산이 있어 끈적해진 입천장을 청소기처럼 깨끗하게 닦아줄 것이다.

$ 끌레토 끼알리 "베키아 모데나" 람브루스코 디 소르바라 Cleto Chiarli "Vecchia Modena" Lambrusco di Sorbara ✽🍃

$$ 칸티나 델라 볼타 "리모쏘" 메토도 안체스트랄레 람브루스코 디 소르바라 Cantina della Volta "Rimosso" Metodo Ancestrale Lambrusco di Sorbara ☀🍃✷

CHAPTER 2

남부의
힐링 푸드

해변가 엘리트들을 위한 블루그래스 기초

와인 전문가가 되기 오래전,
루이빌의 어느 와이너리에서 서빙 일을 한 적이 있다.

그곳은 내가 처음 포도나무를 갉아 먹는 벌레를 잡아본 곳이기도 하다. 그때 나는 뉴욕에서 1년째 연기학교에 다니며 근근이 살고 있었고, 빚은 점점 늘어갔다. 아버지는 내게 전화해 거부할 수 없는 제안을 했다. 만약 켄터키로 돌아와 학사 학위를 받는다고 한다면, 기꺼이 등록금을 내주겠다고.

아버지는 해군이자 사내 변호사였고, 자신의 딸이 고집하는 연기인가 뭔가 하는 것은 이해력의 한계를 시험하게 했다. 아버지는 배우가 되겠다는 내 의지를 꺾으려 하지는 않았지만, 대학 교육이 필요하다는 신념은 확고했다. 지금까지 다른 백수들과 어울려 배우놀이를 했으니, 이제는 철이 들어야 한다는 말이었다. 인정하기는 어려웠지만, 나조차도 아버지의 말이 맞다는 사실을 알고 있었다.

연기가 너무 좋았지만, 맛있는 음식과 집 안에 있는 화장실도 그에 못지않게 좋았다. 게다가 내 고등학교 친구들은 이미 대학 생활을 마무리하고 세상으로 나갈 준비를 하고 있었다.

고향으로 돌아온 나는 더 이상 파티나 대학 생활에 관심 두지 않았다. 그저 빨리 졸업해서 뉴욕으로 돌아가 연기를 계속하고 싶은 마음뿐이었다. 졸업장은 내 길을 막는 방해물이었기에 엄청난 양의 강의를 들으며 커리큘럼을 빠르게 소화해 냈다. 그렇게 나는 2년 만에 겨우 졸업장을 받았다. 덧붙이자면 내 전공은 커뮤니케이션이 아니었다. 누가 봐도 그보다 훨씬 유용한 철학이었다.

도시에서 독립을 맛본 뒤 다시 집으로 돌아갈 수 없다는 사실을 알았던 나는 집세를 내기 위해 루이빌 시내의 와이너리 겸 식당에서 웨이터로 일하기 시작했다. 놀랍게도 의무로 시작했던 이 일은 금세 가장 기다려지는 시간이 되었다.

처음으로 나는 어떤 분야로써 와인에 흥미를 느끼게 되었다. 어떻게 마셔야 하는지, 어떻게 만드는지, 어떻게 표현해야 하는지 궁금했다. 지금은 그때 그와이너리에서 만들었던 것이 대부분 그저 그런 지역 와인이라는 사실을 알지만, 그렇게 특별할 것 없는 상황에서도 와인이 있는 곳에는 살아 있는 문화가 있었다. 와인을 마시는 사람들의 행동이나 표현 방식은 거의 신비롭게 보일 정도로 내게 큰 자극이었다. 시간이 지나고 가게에서 만드는 와인들에 꽤 익숙해지자, 사장인 데이브는 돈이 더 필요하다면 일요일에 와이너리에 들러 단순 작업 아르바이트를 해도 좋다고 제안했다.

멋진 작업은 아니었다. 나는 바닥을 청소하고 상자를 정리하고 재고를 관리했다. 하지만 그곳만의 독특한 향과 더불어 와이너리의 모든 것이 내게 활기를 주었다. 와이너리의 공기는 서늘하면서도 습했고, 모든 곳에 효모 향이 배어 있었지만, 그것마저 이상하게 마음에 들었다. 오크 통 속에서 와인이 조용히 끈기 있게 숙성되는 모습, 와인을 만드는 사람들이 모든 병에 쏟는 세심함과 자부심을 보는 것은 뭐랄까, 중독성이 있었다.

와인에 대해서 아무것도 몰랐지만, 나는 자각하기도 전에 이미 매료되어 있었다. 발효의 과학, 제조 과정에 숨어 있는 수백 년의 역사와 사랑에 빠졌고, 심지어 와인을 고객들에게 소개할 때 그 뉘앙스를 설명하는 일의 어려움까지 좋았다. 어렸던 나를 스스로 세상 경험이 많고 세련된 사람이라고 느끼게 만들어주는 것도 마음에 들었다. 이런 기분은 앞으로 무엇을 할지 계획조차 없는 연기학원 학생이자 웨이터였던 나를 나 자신에게서 벗어나게 해주었다.

그렇게 나는 아무것도 모르는 상태에서 시작해 메를로를 메를롯이라고 발음하지 않을 수는 있는 수준까지 올 수 있었다. 심지어 처음으로 와인 수집을 시작하기도 했는데, 그때 내가 사 모았던 것은 과일 향이 첨가된 샤르도네와 아르보 미스트 Arbor Mis 라는 액상 과당 덩어리였다(색이 정말 예쁘다). 나는 모든 맛을 모아 값싼 선반에 진열해 두었지만, 마시지는 않았다. 그저 잘 나가는 사람들은 이렇게 하겠지 생각하며 장식용이라고 여겼다(지금 보니 완전히 틀린 생각은 아니었다).

졸업 후, 뉴욕으로 돌아가기 위한 모든 준비를 끝냈을 때, 아버지는 내게 달리기를 하러 나가자고 말했다. 아버지가 내게 삶에 대한 이야기를 하고 싶을 때 꺼내는 그다지 비밀스럽지 않은 비밀카드였다. 아버지는 마침내 내가 브로드웨이나 할리우드의 화려한 조명에 완전히 마음을 두었다는 생각을 하게 된 것 같았다.

"그래서 뉴욕에 돌아가 유명한 여배우가 되려는 거니?" 아버지는 내 진심을 물었다.

나는 단 한 순간도 망설이지 않고 대답했다. "아뇨, 저는 소믈리에가 될 거예요."

아버지는 길가에 우뚝 멈춰섰다. "소 뭐라고?"

켄터키에서 얼마나 멀리 있든 나는 언제나 남부아가씨일 것이고, 켄터키에 대한 애정은 하나의 노래처럼 내 안에 살아 있다. 이는 내가 늘 켄터키의 음식과 늘 함께했기 때문이기도 하다(억양도 가끔 툭 튀어나온다). 핫 브라운부터 비어 치즈, 더트 케이크, 브리스킷까지 어디에 있든 나는 이 음식들로 다시 돌아가고, 단 한 입이면 내 안의 노래는 언제고 다시 흘러나온다.

켄터키 프라이드 치킨
& 브뤼 샴페인

샴페인은 언제나 옳다. 실패 없는 보편적 진실이다. 유일한 문제는 무엇을 곁들이는가다. 블루그래스(미국에서 발생한 컨트리 음악의 하위 장르 - 옮긴이)를 들으며 자란 사람으로서 그 답은 늘 버킷에 가득 담긴 프라이드 치킨이다. 사실 프라이드 치킨과 샴페인, 즉 극강의 기름짐과 단백질, 탄산과 산미의 어우러짐처럼 의외이면서도 잘 어울리는 조합은 흔치 않다.

샴페인을 만들 때는 오톨리시스 autolysis(자기 분해 - 옮긴이)라는 과정을 거치는데, 와인을 쉬르리 sur lie 와 함께 숙성하는 방법이다. 쉬르리는 프랑스식 발음인데, 어쨌든 발효가 끝나고 남은 죽은 효모들과 함께 숙성한다고 말하는 것보다는 훨씬 아름다운 표현 방법이다. 이 과정을 거치면 와인에 효모의 향이 스며들게 되는데, 좋은 샴페인을 마실 때 느껴지는 구운 브리오슈 같은 향을 낸다.

이 빵 같은 향은 치킨의 튀김옷과 잘 어울린다. 개인적으로 이 책에서 흰옷을 입은 대령님이 만든 오리지널 레시피를 칭송할 수 있게 되어 영광으로 생각한다. 감칠맛이 가득한 이 비밀 양념은 치킨의 지방과 만나 샴페인의 산미를 절로 부른다. 동시에 샴페인의 탄산은 껍질의 바삭함과 양념 맛을 선명하게 드러낸다.

곁들일 샴페인으로는 브뤼 멀티 빈티지(브뤼는 드라이, 멀티 빈티지MV는 서로 다른 해에 수확한 포도를 섞는 것을 말하며, 논 빈티지NV라고 부르기도 한다)가 좋다. 거의 모든 샴페인 하우스에서 주력으로 삼고 있으며, 생산량 대다수를 차지하기 때문에 찾기도 쉽다. 브뤼 멀티 빈티지는 매년 같은 맛을 내도록 만들어지기 때문에 늘 비슷한 품질을 기대할 수 있다. 각 샴페인 하우스에는 고유한 풍미를 지닌 샴페인이 있고, 제조자들은 서로 다른 빈티지들을 혼합해 매번 같은 맛을 만들기 위해 노력한다. 브뤼 멀티 빈티지가 그저 샴페인 입문용이라고 생각하는 사람들도 있고 샴페인 라인업 중 가장 저렴한 종류이기도 하지만, 창조적 측면이나 과학적 측면 모두에서 가장 만들기 어려운 와인임은 분명하다.

샴페인은 대부분 브뤼 수준의 드라이함으로 출시되기 때문에 어렵지 않게 찾을 수 있다. 다만 브뤼보다 더 달콤하지는 않아야 한다. 치킨의 감칠맛과 부딪힐 수 있어서다. 이 페어링에서 원하는 복합성을 빈티지 샴페인에서 얻으려면 숙성이 필요하지만, 멀티 빈티지 샴페인은 구매해서 바로 마실 수 있게 나온다. 자기 분해 과정에서 얻은 이 샴페인의 향은 바삭한 껍질에 더해진 11가지 허브와 향신료의 풍미도 전부 감싸 안는다.

$ 니콜라스 푸이야트 리저브 브뤼 MV (375 ml) Nicolas Feuillatte Réserve Brut MV 🌱

$$ 루이 로드레 "브뤼 프리미에" MV Louis Roederer "Brut Premier" MV ☀️❄️

$$$ 에글리 우리에 브뤼 그랑 크뤼 MV Egly-Ouriet Brut Grand Gru MV ☀️🌿

스파클링 와인 제조 방법

나쁜 소식을 전해주고 싶진 않지만, 당신이 마시는 앙드레André 캘리포니아 샴페인은 사실 샴페인이 아니고, 샴페인이랑 같은 방법으로 만들지도 않았다.

 스파클링 와인의 범주는 매우 넓고, 전 세계에서 수많은 방법으로 제조된다. 어떤 제조사들은 전통 방식이라고 알려진 프랑스 상파뉴 지역의 제조 방법을 그대로 따라 와인을 만든다. 이 전통 방식에 따르면 발효 단계가 2가지로 나뉘며, 두 번째 단계는 우리가 구매하는 바로 그 병 안에서 이루어진다. 이 병 안에서 짧게는 15개월, 길게는 10년까지 발효를 거치기 때문에 거품을 만드는 수많은 방법 중 가장 돈이 많이 들고 복잡하다. 게다가 어떤 스파클링 와인이 이와 같은 방법으로 제조된다고 해도 샴페인이라는 이름은 붙일 수 없다. 오직 이 유명한 지방, 상파뉴에서 생산된 와인만 그 영광스러운 이름을 얻는다.

 스파클링 와인을 만드는 다른 방법에는 샤르마Charmat(탱크 메소드Tank Method라고도 불린다)가 있으며, 이탈리아에서 프로세코Prosecco를 만들 때 사용한다. 샤르마도 발효가 2단계로 나뉘지만, 와인을 병입하기 전에 탱크에서 대량으로 발효하기 때문에 숙성 시간이 길지 않다. 그리고 샴페인과 비슷하게 오직 프레스코에서 생산된 스파클링 와인만 프로세코라고 불린다.

 스파클링 와인 제조법 중 가장 오래된 것은 앙세스트랄 방식Ancestral Method이다. 이 방법은 수 세기의 역사를 넘어 오늘날 조금씩 다시 사용되는 중이다. 펫낫pét-nat을 마셔본 적이 있는가? 펫낫은 페티앙 나뚜렐pétillant naturel의 줄임말로, '내추럴 스파클링' 와인이라는 뜻이다. 이 와인을 만드는 제조사는 발효가 끝나지 않았거나 진행 중인 와인을 우리가 구매하는 바로 그 병에 넣은 채로 첫 단계 발효를 마친다. 균일함이라는 관점에서는 러시안 룰렛에 가깝지만, 많은 사람이 기꺼이 이 거친 질주에 뛰어들고 있다.

 인젝션 카보네이션Injection Carbonation이라는 방법으로 스파클링 와인을 만들 수도 있는데, 비평가들 대부분은 이런 와인의 품질이 좋지 않다고 평가한다. 코카콜라에 탄산을 넣는 방법과 정확히 같은 방법으로 만들어진다.

핫 브라운
& 파타고니아 피노 누아

오스틴과 포틀랜드에서 빌려오긴 했지만, 내 고향의 비즈니스 슬로건은 "루이빌을 계속 기묘하게 Keep Louisville Weird"이다. 그리고 나는 루이빌 사람들이 적어도 자신들의 혈관에 관해서는 이 슬로건을 따르는 모습이 아주 흐뭇하다. 핫 브라운은 1920년대에 거창한 댄스파티가 열리곤 했던 루이빌의 상징적인 장소 '브라운 호텔'에서 파티에 놀러 온 난봉꾼들의 야식으로 만든 음식이다. 루이빌에 오면 보통 더비로 가서 화려한 레이스를 보거나 버번을 마시러 가겠지만, 나는 여기에 들러서 호텔의 이름을 딴 이 음식을 꼭 먹어보기를 권한다. 핫 브라운은 오픈 샌드위치로, 텍사스 토스트 위에 칠면조, 베이컨을 올린 뒤 버터, 헤비 크림, 그뤼에르 치즈를 사악할 만큼 집어넣고, 너트메그와 파프리카를 살짝 더한 모르네 소스 Mornay sauce를 듬뿍 끼얹어 만든다. 그리고는 빵이 바삭해지고 소스가 갈색으로 맛있게 익을 때까지 그릴에 굽는다. 이름만큼이나 훌륭하게 기묘한 음식이다.

핫 브라운과 같이 곁들일 파타고니아 피노 누아의 제조사는 헤지 펀드 매니저들이 자주 입는 그 조끼 회사와는 다른 곳이다. 황홀한 자연을 자랑하는 아르헨티나 파타고니아는 미국에서 가장 남쪽에 있는 와인 생산 지역이고, 아주 건조한 이 지역 골짜기에서는 세계 최고 수준의 피노 누아가 만들어진다. 이 지역은 겨울이 혹독하고 여름이 서늘해 포도의 성장 기간이 길고, 이는 피노 재배에 특히 적합하다. 뜨거운 브라운 소스에 지지 않을 만큼 산뜻하고 우아하며, 잔잔히 흐르는 흙 향이 칠면조와 베이컨을 감싼다. 핫 브라운처럼 기름지고 풍부한 음식과 곁들이려면 타닌과 산미를 있는 대로 모아야 하는데, 파타고니아 피노는 이 역할을 하고도 남을 정도다. 가까운 시일 내에 브라운 호텔에 갈 일이 없다면, 빵, 치즈, 고기, 기름진 소스를 그릴에 구운 비슷한 음식을 만들어 시도해 보는 것도 좋다. 퇴폐미 넘치는 크로크무슈도 이 나긋나긋한 아르헨티나 와인과 만나면 나름대로 멋있는 탱고를 보여준다.

$ 보데가 노에미아 드 파타고니아 "에이 리사" Bodega Noemia de Patagonia "A Lisa" ☀
$$ 보데가 차크라 피노 누아 Bodega Chacra Pinot Noir ☀ ☀

비어 치즈
& 브라질리언 버블스

아마 비어 치즈도, 브라질에서 만든 스파클링 와인도 들어본 적이 없을 것이다. 그렇다면 아직 최고의 삶을 살아 보지 못한 것이니, 무언가 변화가 있어야 한다. 비어 치즈는 내 고향의 명물이다. 나는 켄터키 사람들이 그렇듯 모두가 이 트레일러 친화적인 스프레드를 좋아할 것이라고 생각했지만, 켄터키를 제외한 전 세계가 암흑기에 살고 있다는 사실을 알게 되었다. 레시피는 간단하다. 중불에 버터 2큰술을 녹이다가 밀가루, 소금 약간, 후추, 마늘 파우더, 저렴한 맥주 1컵을 넣고 진득해질 때까지 졸인 뒤 체더치즈 1컵을 갈아 넣고 저으면서 녹여주면 된다. 꼭 따뜻할 때 먹어야 하고, 마음에 드는 빵을 찍어 먹으면 좋다(프로들은 프레첼을 고른다). 감사는 나중에 받겠다.

브라질에서는 스파클링 와인이 너무 인기가 많아 LVMH(루이 비통, 모엣, 헤네시. 파리에 본사를 두고 있는 다국적 기업 - 옮긴이)가 브

라질 국내 소비량을 감당하기 위해 도멘 샹동Domaine Chandon의 전초 기지를 세웠을 정도다. 브라질 최남단이자 '남반구의 토스카나'로 유명한 히우 그란지 두 술 Rio Grande do Sul은 브라질 와인의 90%를 생산한다. 더불어 최고의 스파클링 와인을 생산한다. 미국에서는 흔히 볼 수 없지만, 말과 버번으로 유명한 주의 명물인 비어 치즈를 먹어볼 만큼 모험심이 있다면 '에스푸만테 브뤼 Espumante Brut'도 도전해 볼 만하다.

이 와인들은 마치 축제를 액체로 만들어놓은 것 같다. 샤르도네부터 리슬링 이탈리코Riesling Italico(독일 리슬링과는 다르지만 생기 넘치는 질감과 우아한 향을 자랑한다)까지 다양한 품종으로 만들며 화려한 과일 향을 뿜내고, 전통 방법으로 만든 거품이 반짝이는 옷을 입은 삼바 댄서처럼 춤춘다. 탄산이 입안을 정리해 주며 비어 치즈를 더 많이 먹을 수 있게 해주고, 부드러운 산미는 체더 치즈에 스포트라이트를 비춰 빛나게 해준다.

$ 파밀리아 가이세 "까베 게이스" 브뤼 Família Geisse "Cave Geisse" Brut

BBQ 브리스킷
& 코트 로티

내 혈관에는 BBQ가 흐르고 있고, 나는 큰 고깃덩이를 불과 연기로 익히는 것만큼 훌륭한 요리법은 없다고 진심으로 믿는다. 또한 연기 향과 지방을 가득 머금은 완벽한 브리스킷이나 부드러운 갈빗살의 맛을 증폭시켜 줄 와인도 많이 알고 있다. 하지만 그중에서도 프랑스 론 밸리의 코트 로티Côte-Rôtie와 함께 먹는 BBQ는 비교 대상이 없을 정도다.

론 지방은 남쪽과 북쪽으로 120마일 정도 뻗어 있는 다양하고 역동적인 와인 생산 지역으로, 지리와 스타일 측면에서 반으로 나눌 수 있다. 남부는 그르나슈Grenache라는 품종을 기반으로 다른 적포도나 백포도를 혼합한다. 그러나 북부는 쉬라Syrah라는 근사한 적포도 하나로만 와인을 만든다.

론 북부 안에는 각자의 고유한 특성과 제조 방식을 지닌 작은 아펠라시옹 5개가 있으며, 모두 쉬라를 기본으로 사용한다. 이들 사이에서 코트 로티가 유니콘처럼 떠오른 이유는 사실 이름을 보면 알 수 있다. 코트 로티는 '구워진 경사면'이라는 뜻인데, 포도나무가 자라는 가파른 경사면이 남향인 론 강을 향해 있어 일조량이 매우 많기 때문이다. 그래서 이곳의 포도들은 아주 잘 무르익고 강렬한 타닌을 뿜어낼 잠재력을 지니며, 올리브, 백후추, 베이컨, 검은 과일이 연상 되는 탄탄한 풍미와 함께 숯 연기 같은 독특한 향을 선사한다. 어떤 바비큐를 좋아하더라도 이곳의 와인과 함께하면 육즙과 훈연 향을 최상으로 즐길 수 있다. 이 아펠라시옹은 작은 데다 권위 있는 생산 지역이어서 저렴한 축에 속하는 와인도 꽤 비싸다. 하지만 코트 로티는 늘 높은 품질을 자랑하기 때문에 돈을 낸 만큼 맛있는 와인을 마실 수 있다.

$$ 도멘 리오넬 파우리 코트 로티 Domaine Lionel Faury Côte-Rôtie

$$$ 도멘 자메 코트 로티 Domaine Jamet Côte-Rôtie

더트 케이크
& 바니울스

미시시피에서 아이들이 만들던 진흙 파이에서 유래한 것 같은 더트 케이크는 1970년대 미국 남부에서 시작되어 지금까지 이어지고 있다. 사실상 아무것도 굽지 않아도 되기 때문에 만들기 쉽고, 정말 흙dirt처럼 보이기도 한다. 이 케이크는 진짜 화분에 담겨서 나오고, 푸딩과 잘게 부순 오레오로 만든 흙에 젤리 지렁이를 맨 위에 올려 완성한다. 맛이 있을 수밖에 없다.

이 이상한 케이크에는 특별한 와인이 어울리고, 공교롭게도 바니울스Banyuls는 여기에 딱 알맞은 부도덕함을 지니고 있다. 프랑스 남부에서 만든 이 강화 와인에는 주로 적포도인 그르나슈가 들어가며, '바니울스 트라디시오넬Banyuls traditionnel'이라는 방법으로 제조된다. 발효가 반쯤 진행되어 아직 당분이 남아 있을 때 포도 증류주를 넣어 발효를 중단시켜 당분을 보존하는 방법이다. 내가 추천하는 제조사는 와인을 크기와 에이지가 다양한 오크 통에 옮겨 부글부글 끓이는 정신 나간 방법을 사용한다. 어떤 경우에는 '데미존스demijohns'라고 불리는 커다란 유리병에 와인을 넣고 햇볕 아래 두기도 한다(이 그랑 크뤼 와인들은 2년 반에서 그 이상 이런 식으로 숙성된다). 더트 케이크와 달리, 이 와인들은 진짜로 구워지는 것이다.

이렇게 만들어진 와인에서는 랑시오rancio라고 불리는 독특한 향이 난다. 발음이 란시드(rancid, 산패한, 변질된이라는 뜻 – 옮긴이)와 비슷한데, 의미도 그렇다(말했듯이, 이 둘은 기묘한 커플이다). 다행히도 누군가 라커룸에 숨겨놓은 오래된 고기 냄새 같지는 않다. 일부러 산소에 노출시켜 만들어낸 이 와인은 설탕을 바른 과일, 견과류의 향과 함께 약간의 초콜릿 향과 허브 향을 선사한다.

바니울스의 랑시오는 쿠키와 푸딩으로 만들어진 흙을 긁어모으는 갈퀴가 되어 이 모든 풍부한 맛을 땅 위로 끌고 와 과즙 가득한 젤리 지렁이의 맛을 돋보이게 한다. 알코올 도수도 다른 강화 와인만큼 높지 않아 부드럽기 때문에 더트 케이크의 맛이 묻히지 않는다. 과일 맛이 나는 젤리와 크리미한 푸딩의 방해 없이 오레오를 단독으로 먹을 때는 크림 셰리와 곁들여보는 것도 좋다. 오레오의 짠맛과 쓴맛을 돋보이게 해준다(84쪽 참조).

$ 메종 M. 샤푸티에 바니울스 리마주 Maison M. Chapoutier Banyuls Rimage

$$ 레투알 바니울스 그랑 크뤼 퀴베 레제호베 L'Étoile Banyuls Grand Cru Cuvée Reservée

$$ 도멘 뒤 트라지너 바니울스 앙브레 MV Domaine du Traginer Banyuls Ambré MV

CHAPTER 3

세트
메뉴

맥도날드, 제대로 LOVIN' IT!

나는 해동한 해피밀을 먹으며 중학교 1학년 시기를 보냈다. 해피밀을 최대한 맛있게 즐기려면 이런 행동은 하지 않는 것을 추천한다.

하지만 1997년의 나는 당시 빠져 있던 무언가를 얻기 위해 기꺼이 희생을 감행했다. 다른 아이들 그리고 이상하게도 더 많은 어른과 마찬가지로, 나는 플라스틱 알갱이가 가득한 '비니 베이비스'라는 인형에 완전히 사로잡혀 있었다.

특히 그해 맥도날드 해피밀과 함께 나왔던 미니 '비니 베이비스'를 전부 모으기로 마음먹었다. 소박한 소망으로 보이지만, 사실 성배를 찾아 떠나는 대서사시에 가까웠다. 모든 세트를 모은다는 것은 어머니가 무려 켄터키주에서 동생 포레스트와 나를 매일 맥도날드로 데려다줘야 하는 꽤 판이 큰 게임이었기 때문이다. 그리고 부모님은 우리가 만족할 때까지 그만두지 않을 것이라는 사실을 알고 계셨다.

당연한 말이지만 우리는 각자 한 세트가 필요했다. 남매에게 공유 따위는 없다. 아버지는 모든 세트가 뜯지 않은 새 상품으로 유지되어야 이후에 인생을 바꿔줄 비싼 값으로 되팔 수 있다는 우리의 설명을 이해하지 못하셨다. 내가 예상한 바 수집품 재판매 시장에서 이 미니 '비니 베이비스'의 잠재 가치는 엄청날 것이고, 이 컬렉션을 모두 사지 않는 것은 미친 짓이었다.

물론 맥도날드는 영리했고, 그냥 눈에 보이는 드라이브스루 매장에 들어가 원하는 인형이 들어 있는 해피밀을 달라고 할 수 없었다. 속으로 기도하며 상자를 열고, 나온 것을 그냥 가져가야 했다. 찾아간 매장에 이 작고 통통한 다이아몬드 원석이 남아 있기만 해도 다행이었기 때문이다.

몇 개월 동안이나 어머니는 학교가 끝난 뒤 우리를 데리러 오셨고, 동생과 나는 듣지도 보지도 못한 시골에 있는 맥도날드 매장까지 들러 힘겹게 컬렉션에 들어갈 미니 세트를 사냥하러 다녔다. 아주 희귀한 랍스터 인형이 서드 스트리트에 출몰했다는 소식을 듣기도 했고, 구하기가 거의 불가능한 애벌레 인형이 이스트 루이빌에서 발견됐다는 전설에 홀리기도 했다.

어머니는 매번 우리를 보라색 미니밴에 태우고 길을 나섰고, 나는 크고 나서야 이 맹목적인 헌신에 감사를 느꼈다. 행동뿐만 아니라 변함없이 진심으로 우리의 미션을 지지해 주셨다. 어머니가 맥도날드 드라이브스루 인터폰 앞에서 사기꾼의 소질을 마음껏 발휘하는 아름다운 광경을 보여주지 못하는 것이 아쉬울 따름이다. 어머니는 종종 유쾌하고 참을성 있는 직원들에게 속임수를 써가며 지금 매장에 어떤 비니가 있는지, 그 비니를 얻으려면 어떻게 해야 하는지와 같은 기밀 정보를 캐내곤 했다.

우리는 매일 할당량을 채웠고, 아버지는 뭔지 모를 광기와 사악함이 자신의 가정을 뒤덮고 있다는 사실을 깨닫고는 우리의 행복 추구권에 제동을 걸었다. 물론, 이 반역은 오래가지 못했다. 그 누구도 우리 가족의 미래가 걸린 이 중대한 일을 방해할 수는 없었기 때문이다.

그 당시 아버지는 집안에 냉동 해피밀이 쌓여가는 사태를 생각보다 훨씬 심각하게 받아들이셨다. 우리는 먹을 수 있는 양보다 더 많은 양을 사들였고, 우리 집에서 음식을 버리는 일이란 있을 수 없었다. 그래서 남는 햄버거와 감자튀김은 전부 냉동실로 들어갔다. 그리고 몇 달 동안이나 얼린 해피밀을 해동해 먹었다.

어머니의 영웅적인 희생 덕에 우리는 마침내 각자 한 세트를 완성할 수 있었다. 그리고 지금은 그 인형들이 어디 있는지 알 수 없다. 아버지는 언젠가 지하실을 청소하면서 쓰레기봉투에 들어 있는 것을 본 것 같기도 하고 그것을 버린 것 같기도 하다고 말씀하셨다.

비록 수백만 달러를 날리긴 했지만, 그 봉투 안에 가득 들어 있던 추억은 무엇과도 바꿀 수 없다(그리고 실제로 현재 그 인형들의 가치는 '돈을 아무리 많이 줘도' 살 수 없을 정도다). 게다가, 정신 나간 아이들을 위해 극한까지 달려가는 엄마의 마음은 경매에 붙일 수 없을 정도로 값지다. 그 마음에 누가 값을 매길 수 있을까?

미국인이라면 대부분 한 입 물자마자 단순한 행복을 알았던 어린 시절로 되돌려 주는 맥도날드 메뉴가 하나쯤 있다. 아무리 잠깐이라도 후각을 통해 향수 어린 기억을 불러오는 특정한 풍미의 조합이다. 어른이 된 우리가 이런 감정을 되찾기는 힘들지만, 그렇다고 이 마약 같은 음식들을 끊어버릴 수 있게 된 것은 아니다. 어떤 원초적인 열망에 가깝기 때문이다. 맥도날드의 캐릭터 햄버글러는 어린 우리를 손아귀에 쥐고 있었고, 심지어 지금도 그 손을 벗어날 수 없다. 좋은 소식이라면 이제는 우리가 이 약점을 강점으로, 아니 최소한 고상한 와인 테이스팅이라는 그럴듯한 변명으로 바꿀 수는 있다는 것이다.

빅맥
& 레드 버건디

역사상 가장 유명한 버거에 들어가는 재료들은 우리의 기억에 마치 국기에 대한 맹세처럼 익숙한 리듬으로 남아 있다. 참깨 빵 위에 순 쇠고기 패티 2장, 특별한 소스, 양상추, 치즈, 피클, 양파가 올라간 이 버거의 역사는 무려 50년이 넘고, 지금까지도 미국에서만 매년 5억 5천만 개가 팔려나간다. 우리는 톡 쏘는 소스가 뿌려진 쌍둥이 패티와 패티를 감싼 중간 번 앞에서 무력해진다. 이 번은 버거 역사상 가장 위대한 발명으로, 원래 2단 버거가 너무 지저분해지는 것을 막기 위해 추가되었다.

그동안 이 특별한 소스의 비밀을 밝히기 위해 수많은 사람이 도전해 왔다. 맥도날드는 이 레시피의 비밀을 철저하게 지키지만 기본적으로 마요네즈, 스위트 피클 렐리시, 옐로우 머스터드, 화이트와인 비네거, 파프리카, 마늘, 양파가 특정한 비율로 들어 있을 것이라는 사실은 대부분 알고 있다. 재료들이 모두 합쳐지면 크리미하면서도 살짝 입안을 조이는 듯한 산미, 약간의 달콤함을 지닌다. 여기에 소고기 지방과 참깨 빵의 은은한 풍미를 곁들인 빅맥의 강력한 발라드에는 높은 산미에 약간의 타닌이 있는 솔리스트가 어울린다.

이 조건에 딱 들어맞는 탄탄한 프랑스 와인은 바로 부르고뉴 루즈 Bourgogne Rouge, 즉 레드 버건디이며 내가 세상에서 가장 좋아하는 와인이다. 버건디는 파리 남동부의 와인 생산 지역 이름이며, 레드 버건디의 주재료는 피노 누아이다(화이트 버건디도 있는데, 같은 지역에서 재배되는 샤르도네가 주로 들어간다). 버건디 지역은 토양, 일조량, 경사의 비율이 거의 완벽에 가까워 수 세기 동안 풍만한 흙 향과 가장 복합적인 풍미를 지닌 피노 누아 와인을 만드는 곳으로 이름을 알려 왔다. 동시에 세계에서 가장 비싼 와인들이 탄생한 것으로 유명한 지역이기도 하다. 최근 열린 경매에서 낙찰된 1945년 로마네 꽁티 Romanée Conti  1병의 가격은 무려 55만 8천 달러에 달한다. 하지만 이 지역에서 생산하는 뛰어난 와인을 마시려고 꼭 집을 팔아야 할 필요는 없다.

버건디에는 맛없는 와인이 없고, 품질과 가격도 다양하다. 하지만 입문하는 사람들이 가장 많이 접하는 것은 레지오날 버건디 Regional Burgundies라고 불리는 와인이다(이 레벨 와인에 대한 자세한 설명은 70쪽 참조). 가볍고, 산뜻하고, 맛있는 레지오날 와인들은 25달러 이하로도 구매할 수 있다.

레드 버건디의 특징 중 하나는 마치 버섯 향 같은 흙 향인데, 레지오날 와인에서는 주로 과일 향이 두드러지기 때문에 이런 향은 느끼기 어렵다. 레드 버건디는 첫 모금에 독특한 붉은 체리 향을 느낄 수 있고, 히비스커스와 라즈베리의 풍미가 그 뒤를 따른다. 이 독특한 톡 쏘는 풍미는 빅맥의 특별한 소스를 돋보이게 하고, 버섯 향의 낮은 흥얼거림은 참깨 빵과 함께 이 페어링의 기본 비트가 된다. 은은한 타닌 킥이 소고기와 치즈의 기름기를 씻어주고, 피클은 버건디의 과즙가 득한 오토튠을 증폭시켜 준다.

$ 도멘 테브네 에 피스 부르고뉴 루즈 "뷔시에르 레 끌로" Domaine Thévenet et Fils Bourgogne Rouge "Bussières Les Clos" 🌱🌿

$$ 도멘 메오 까뮈제 부르고뉴 루즈 Domaine Méo-Camuzet Bourgogne Rouge ☀️☀️

$$$ 메종 르로이 부르고뉴 루즈 Maison Leroy Bourgogne Rouge ☀️☀️🧋

단숨에 마시고, 감탄하고, 취하고
버건디 파워 랭킹

버건디 유니버스의 품질은 4단계로 나뉜다. 상위 단계를 구분하는 기준은 희귀성, 숙성할 수 있는 기간, 생산 지역이다. 일부 지역은 토양의 질, 배수, 방향 등의 테루아 때문에 다른 지역보다 월등하게 우수한 포도를 재배해 낸다. 와이너리의 명성(포도를 직접 재배하면 도멘 domaine이라 불리고, 다른 곳에서 구매하면 네고시앙 négociant이나 메종 maison이라고 불린다)이 품질에 큰 차이를 만들 수도 있지만, 랭킹에는 반영되지 않는다. 그래서 이 랭킹의 유일한 근거는 바로 땅이다. 품질이 낮은 순서부터 나열하면 다음과 같다.

레지오날 REGIONAL **부르고뉴** 입문에 속하는 레지오날은 버건디 와인 생산의 반 이상을 차지하며, 지역 전체에서 생산된다. 버건디에서 재배되는 샤르도네와 피노 누아라면 모두 이 단계의 와인을 만들 수 있으며, 라벨에 부르고뉴라는 이름이 붙는다.

빌라주 VILLAGE 버건디라는 큰 원안에 속해 있는 작은 원들인 빌라주는 마을 정도 크기인 아펠라시옹으로, 퓔리니 몽라셰 Puligny-Montrachet나 샹볼 뮈지니 Chambolle-Musigny처럼 와인의 이름이 되는 곳이다. 버건디에는 북부부터 남부까지 총 44개의 빌라주가 있다.

프리미에 크뤼 PREMIER CRU '1er Cru'라고도 쓰이는 (원 에어 크루라고 읽으면안 된다) 프리미에 크뤼 와인은 끌리마 climat라는 더 특정한 지역에서 생산되며, 이 지역들은 빌라주안에 있다. 이 와인들은 라벨링을 할 때 '퓔리니 몽라셰 프리미에 크뤼 샹갱 Champ Gain'이나 '샹볼 뮈지니 1er Cru 레성티에 Les Sentiers'와 같이 빌리지 이름 뒤에 프리미에 크뤼 끌리마의 이름을 붙인다. 이 끌리마들은 빌라주 내의 다른 지역보다 품질이 좋은 와인을 생산한다는 것을 증명한 곳이다.

그랑 크뤼 GRAND CRU 이름에서 느껴지는 것처럼 버건디에서 생산되는 최고의 와인이다. 생산량은 전체의 1%밖에 되지 않고, 희귀한 만큼 값도 비싸다. 그랑 크뤼는 총 33곳이며, 이 단계 와인들의 라벨에는 단순하게 끌리마의 이름만 들어간다. 예를 들어, '몽라셰'는 퓔리니 몽라셰 안에 있는 그랑 크뤼, '뮈지니'는 샹볼 뮈지니 안에 있는 그랑 크뤼이다. 조금 헷갈릴 수도 있는데, 이건 다 오래전 빌리지 와인 뒤에 끌리마 이름을 넣어 위상을 올리려던 제조자들 때문이다. 그러니 이 완벽하게 정확하고 논리적인 이름이 마음에 안 든다면 이들을 탓하길. 명칭을 정리하면 다음과 같다.

몽라셰 그랑 크뤼 > 퓔리니 몽라셰 1er 샹갱 > 퓔리니 몽라셰 빌라주 > 부르고뉴 블랑

뮈지니 그랑 크뤼 > 샹볼 뮈지니 1er 레성티에 > 샹볼 뮈지니 빌라주 > 부르고뉴 루즈

필렛 오 피시
& 오스트리아 블라우프랑키시

맥도날드는 1960년대 성금요일Good Friday을 맞은 가톨릭 신도들을 위한 메뉴로 필렛 오 피시를 선보이며 처음으로 신의 축복을 받았다. 비록 이 메뉴의 매력은 틈새시장에서만 빛을 발하고 있지만, 바다 향 가득한 필렛 오 피시 팬들의 신앙은 헌신적이다. 폭신하게 찐 번이 바삭한 명태 필렛에게 길을 터주고, 따뜻하고 크리미한 타르타르가 슬쩍 합류하는 그 첫입은 늘 황홀하다. 이 기쁨은 오직 필렛 오 피시를 먹는다며 불공평한 비난을 받는 이단아들만이 느낄 수 있다. 그리고 이 용감무쌍한 영혼들에게 나는 화이트가 아닌 레드와인을 권한다. 생선에는 화이트만, 고기에는 레드만 마신다는 가정은 이미 유행 지난 시건방일 뿐이다. 이제 이런 규칙은 깨질 때가 됐다.

튀긴 생선을 먹을 때는 마치 화이트처럼 냉장고에 차갑게 식힌 레드가 좋다. 그리고 특히 필렛 오 피시에 곁들이는 새콤한 오스트리아 블라우프랑키시Blaufränkisch는 절대 실패할 수 없다. 블라우프랑키시는 오래전부터 사용된 품종이지만, 최근 매우 유명해지며 일부는 동부의 피노 누아라고 불리기도 한다. 와인을 공부할 때 어려운 것 중 하나는 가끔 같은 포도가 재배 지역에 따라 다른 이름으로 불리기도 한다는 사실이다. 동유럽 전역에서 재배되는 블라우프랑키시가 그렇다. 오스트리아에서는 블라우프랑키시라고 부르지만, 독일에서는 블라우어 림버거Blauer Limberger, 체코 공화국과 세르비아에서는 프랑코브카Frankovka, 슬로베니아에서는 프랑코브카 모드라Frankovka modrá, 헝가리에서는 켁프랑코시Kékfrankos, 이탈리아에서는 프랑코니아Franconia로 불린다. 이 품종으로 만들 수 있는 와인 스타일은 매우 다양하지만, 지금 우리에게는 산뜻한 미디엄 바디에 타닌이 너무 강하지 않아 바삭한 필렛의 맛을 누르지않으면서도 풍부한 타르타르 소스와 함께 어우러질 수 있을 정도로 탄탄한 와인이 필요하다. 또 블라우프랑키시의 특징 중 하나는 엄청난 스파이시함인데, 베개처럼 폭신한 번과 아름다울 정도로 잘 어울린다. 이렇게 이름이 미친 듯이 어려운 아펠라시옹에서 가장 맛있는 와인을 만드나 보다. 미텔부르겐란트Mittelburgenland도 매운 고추와 맛 먹는 스파이시함에 감초에서 과일 젤리까지 다양하고 농축된 과일 향을 자랑하는 와인을 생산하니 말이다.

$ 마르쿠스 알텐부르거 "폼 칼크" 블라우프랑키시, 부르겐란트 Markus Altenburger "vom Kalk" Blaufränkisch, Burgenland 🍬☀️🌿

$$ 바인굿 모릭 블라우프랑키시 리저브, 부르겐란트 Weingut Moric Blaufränkisch Reserve, Burgenland ☀️

$$$ 크리스티안 치다 "펠슨 I" 블라우프랑키시, 부르겐란트 Christian Tschida "Felsen I" Blaufränkisch, Burgenland 🍬🌿

쿼터 파운더
& 레드 슈퍼 토스카나

빅맥과 쿼터 파운더의 가장 큰 차이점이 뭘까? 쿼터 파운더에는 특별한 소스 대신 케첩과 머스터드가 들어가고, 아메리칸 치즈가 1장 더, 고기도 더 많이 들어가고, 중간 번은 없다. 이 번과 고기의 비율이 이 맥도날드의 기둥을 받치는 버거들과 어울리는 와인을 고를 때 가장 중요한 요소이다. 치즈와 고기가 더 많이 들어갔으니 더 묵직하고 풍부한 와인을 골라야겠지만, 빅맥과 버건디 페어링에서 느꼈던 산미와 지방의 엄청난 시너지를 놓쳐서는 안 된다. 우리에게 필요한 것은 딱 한 단계 업그레이드 된 타닌감이 있는 와인이다. 그리고 이런 와인은 이탈리아, 그중에서도 토스카나에서 찾을 수 있으며, 이곳은 자주 오해받곤 하는 슈퍼 토스카나의 고장이다.

혼란스럽게도, '슈퍼 토스카나'라는 이름은 기술이나 합법적 정의가 아닌 신조어다. 의미라고는 그저 토스카나에서 재배되었지만 이탈리아 토종 품종은 아닌 까베르네 소비뇽, 메를로, 쉬라 등을 1가지나 그 이상 혼합해 만들었다는 것뿐이다(또는 산지오베제나 몬테풀치아노와 같은 토착종이 제조사가 위치한 아펠라시옹의 규정에 예외적으로 사용되는 경우도 있다).

슈퍼 토스카나 안에서도 스타일이 다양하지만, 모든 와인이 공유하는 특징은 독특하게 치고 들어오는 산뜻함과 탄탄함, 케첩, 머스터드, 피클같이 단번에 주의를 집중시키는 과즙 가득한 풍미다.

슈퍼 토스카나의 보장된 산미는 입안을 꽉 조이게 하는 감각을 중폭시키고, 껍질이 두꺼운 포도에서 나온 두툼한 타닌은 쿼터 파운드 패티와 추가된 치즈를 상대로 초과근무까지 깔끔하게 해낸다.

$ 테누타 프리마 피에트라 "다이네로" 토스카나 Tenuta Prima Pietra "Dainero" Toscana

$$ 우첼리에라 라파체 토스카나 Uccelliera "Rapace" Toscana

$$$ 테누타 산 귀도 "사시카이아" 볼게리 사시카이아 Tenuta San Guido "Sassicaia" Bolgheri Sassicaia

핫 캐러멜 선데
& 20년 숙성 토니

와인을 잘 아는 몇 안 되는 사람들 사이에서조차도 포트Port는 너무 달다거나 너무 저렴하다는 식으로 평가절하되곤 한다. 하지만 포트는 세계에서 가장 오래된 아펠라시옹 중 세 손가락 안에 드는 곳인 만큼 지금보다 훨씬 더 존중받아야 한다. 강화 와인은 포도 증류주, 보통 브랜디 종류를 첨가한 와인이며, 이렇게 더해진 알코올 도수 덕분에 때로는 수 세기까지 부패와 싸울 힘이 생긴다. 그러므로 이런 와인들은 제조 과정에서 여러 단계씩 강화된다.

전통적으로 포트와인은 포르투갈의 북서쪽 해안가에 있는 항구 마을인 오포르토Oporto에서 수출되었다. 하지만 실제로 포도를 재배하고 수확하고 발효하는 곳은 더 먼 내륙에 있는 도우로 밸리Douro Valley이다.

예외도 있지만, 거의 모든 와인은 그다음에 오포르토로 들어와 숙성을 거친 뒤 전 세계로 수출된다(수 세기 동안 수출량 대부분은, 지금까지도 포트와인의 인기가 큰 영국으로 수입되었다).

포트와인은 대부분 색과 숙성 과정에 따라 루비 또는 토니 종류로 분류된다. 루비 포트는 피 같은 붉은 색에 산뜻한 과일 향이 나며, 아주 살짝 쓴맛이 난다. 토니는 숙성 과정에서 산소에 노출되기 때문에 갈색을 띠며 숙성될수록 복합성, 풍부함, 기름 같은 질감이 더해져 품질이 좋아진다. 색이 질을수록 더 감미로운 와인을 기대할 수 있다. 품질 명칭은 엔트리부터 리저브까지 올라가고, 그 뒤에 10년, 20년, 30년, 그리고 정말 운이 좋으면 40년 숙성된 토니를 만날 수도 있다. 시장에 나오는 엔트리 토니는 숙성도 많이 되지 않고 깔끔한 상태로(그래도 아주 맛있다) 출시되는데, 소비자에게 가장 많이 노출되는 것이 바로 이 종류다. 숙성이 길게 될수록 말린 과일부터 시작해 아몬드, 구운 과일, 발사믹 향을 느낄 수 있고, 30~40년 숙성 토니는 너무 희귀해서 부르는 게 값일 정도다.

오포르토의 와이너리에 가면 수 세기 전에 만들어진 오크통을 흔하게 볼 수 있다. 토니 포트는 싱글 빈티지가 아니라 늘 여러 개를 혼합해 만들기 때문이고, 그 때문에 병에 적히는 숙성 명칭은 혼합한 빈티지의 평균으로 계산한다. 그러니까 우리가 장식용으로 걸어놓는 20년 숙성 포트에는 5년에서 50년 사이 그 어딘가의 와인이 섞여 있을 수 있다. 바로 이 20년 숙성 단계의 포트에는 맥도날드의 핫 캐러멜 선데와 잘 어울리는 무언가가 있다. 둘 다 크리미한 부드러움, 구운 버터와 설탕이 내는 사치스러운 풍미를 지니고 있으며, 20년 동안 층층이 쌓인 말린 과일, 달콤한 베이킹 스파이스 향이 뜨거운 캐러멜에 매끄럽게 녹아들어 무엇이 와인이고 무엇이 캐러멜인지 구분할 수 없을 것이다. 포트에 지독하게 집착할 준비가 된 후에 이 페어링을 시도해 보길 권한다.

$$ 라모스 핀토 "퀸타 두 봄 헤티로" 20년 숙성 토니 포트 Ramos Pinto "Quinta do Bom Retiro" 20 Year Tawny Port

$$$ 퀸타 두 노발 20년 숙성 토니 포트 Quinta Do Noval 20 Year Tawny Port

마르케제의 금단의 열매

오리지널 슈퍼 토스카나인 사시카이야Sassicaia는 현재 이탈리아에서 가장 훌륭한 와인중 하나로 꼽히지만 역사는 그리 오래되지 않았고, 논란이 아주 많았던 실험에서 탄생했다. 시작은 1940년으로 거슬러 올라간다. 이름이 엄청 어려운 마르케제 마리오 인치자 델라 로케타Marchese Mario Incisa della Rochetta라는 남자는 토스카나 북부 해안에 있는 볼게리Bolgherian의 기후와 토양이 토스카나 내륙보다 프랑스 보르도에 훨씬 가깝다는 사실을 깨달았다. 그 당시 보르도 품종인 까베르네 소비뇽이나 메를로를 이탈리아에서 재배하는 것은 불법이었기 때문에, 이 지역에서는 수백 년 동안 산지오베제나 몬텔풀치아노 같은 토착종이 지배적이었다.

하지만 토스카나 북부 해안은 유명한 경쟁자인 내륙 와인의 발끝이라도 따라갈 수준이 되는 와인을 생산하기 위해 늘 고군분투하고 있었기에, 마르케제는 불한당이 되어보기로 결심했다. 처음에는 볼게리의 토양과 기후에 더 잘 맞는 불법 프랑스 품종을 재배해 가족끼리 마실 정도의 양만 만들었다. 상업적으로 판매되지 않는다면 문제없을 테니까. 마르케제의 아들이 1968년 빈티지를 판매하자고 그를 설득하기 전까지는 실제로 그랬고, 1971년이 되어서야 세상은 그동안 소문으로만 들었던 와인을 만날 수 있었다.

이탈리아인들은 와인에 있어 미친 듯이 진지하지만, 진짜 미치지는 않았다. 불법 품종을 키웠다고 해서 헌병대가 포도밭에 들이닥치거나 마르케제에게 수갑을 채우지는 않았다는 얘기다. 하지만 금지된 프랑스 품종을 사용했기 때문에 마르케제의 와이너리에서 생산된 와인은 라벨에 품질 명칭을 표시할 수 없었고, 이탈리아에서 이것은 거의 낙인과도 마찬가지였다. 공식적으로 비노 다 타볼라Vino da Tavola, 즉 품질이 낮은 테이블 와인으로 분류되기 때문이다.

비노 다 타볼라는 대부분 국내에서 소비되기 때문에 숙성용이 아니고, 유통도 잘 안 된다. 그럼에도 마르케제가 만든 불법 와인 사시카이야는 이내 전 세계의 주목을 받으며 엄청난 가격으로 팔려나가게 되었다.

결국 마르케제를 앞세워 들고 일어난 와이너리들로 인해 이탈리아 정부는 와인 제조사들이 조금 더 다양한 품종을 사용할 수 있는 단계인 인디카치오네 제오그라피카 티피카Indicazione Geografica Tipica designation, IGT를 만들 수밖에 없었다. 현재 슈퍼 토스카나 대부분은 이 범주에 뭉뚱그려져 들어가며, 여전히 의미 있는 품질 명칭은 표기하지 못한다. 1994년, 사시카이야는 마침내 독자적인 아펠라시옹으로 인정받았지만, 이러한 특권을 얻은 이탈리아 와인이자 슈퍼 토스카나는 사시카이야가 유일하다.

맥너겟 & 미국 와인

세상 둘도 없이 합리적인 사람들이라 해도 모두 동의할 것이다. 작고 통통한 맥너겟의 가장 큰 역할은 디핑 소스를 실어 나르는 바삭한 전달자라는 사실을. 그리고 누군가의 소스 취향은 영혼의 창이자 다지선다형 문제가 있는 심리 검사와 같다. 완전히 개인의 취향이기에 여기서 판단하지는 않겠지만, 리뉴얼된 허니 머스터드나 클래식 핫 머스터드를 좋아하는 사람들은 어딘가 문제가 있을 가능성이 크다. 맥너겟은 맥도날드의 노란색 아치만큼이나 아주 미국적이기 때문에, 이 애국심 넘치는 페어링을 완성하려면 미국 와인이 제격이다. 좋은 소식은 디핑 소스 종류가 아무리 다양하다 해도, 그에 못지않게 독특하고 다채로운 미국 와인이 존재한다는 것이다.

톡 쏘는 BBQ 소스
& 켄터키 샴부르생

중심을 잡는 토마토 페이스트에 달콤한 히코리 훈연 향, 감칠맛 풍부한 향신료가 가득한 이 BBQ 소스는 샴부르생 Chambourcin 과 잘 어울린다. 샴부르생은 미국 동부 전역에서 자라며 후추, 자갈, 초콜릿 향 피니시로 유명한 하이브리드 포도로 만든 시큼한 와인이다(내 고향 켄터키에서 이 와인 제조과정에 참여해 본 적도 있다). 샴부르생의 높은 산미와 낮은 타닌은 고유의 탄탄하고 산뜻한 붉은 과일 향을 두드러지게 해 새콤한 BBQ 비네거 소스와 조화를 이룬다.

$ 프로디지 바인야드 & 와이너리 Prodigy Vineyards & Winery

핫 머스터드
& 사우던 오리건 바코 누아

패스트푸드계의 미친 왕이자 식품 공학의 빛나는 승리인 핫 머스터드는 정말 부자연스러운 체르노빌톤 오렌지 빛을 띠고 있어 먹으면 안 될 것처럼 보이기도 한다. 이보다 더한 소스가 있다면, 정부 시설 안에만 존재할 것이다. 이 소스만큼이나 이상하고 유쾌한 와인이 바코 누아 Baco Noir다. 미국 북부에서 재배되는 하이브리드 적포도로 만들며, 가볍고 반투명한 와인부터 독특한 연기 향, 날카로운 산미, 특히 '폭시 foxy(야생 포도의 풍미를 묘사하는 표현 - 옮긴 이)'한 풍미가 두드러지는 잉크처럼 풍부하고 어두운 색의 와인까지 스타일이 다양하다. 하지만 핫 머스터드의 미친 듯한 강렬함과 물 흐르듯 어울리는 스타일은 블랙베리와 블랙 체리의 향이 폭발하는 오리건 남부의 가벼운 와인이다. 이곳의 바코 누아는 풍부한 클로버, 담배, 허브 향과 검은 과일의 풍미가 가득해 맥도날드의 야수 옆 미녀가 되어준다. 약간 묘한 향이 섞인 피노라고 생각하면 된다.

$$ 지라데 빈야드 바코 누아 S. 오리건 Girardet Vineyards Baco Noir S. Oregon

허니 머스터드
& 텍사스 무르베드르

핫한 사촌보다 달콤하고 부드러운 허니 머스터드를 좋아한다면, 텍사스만큼 묵직하고 풍부한 레드와인을 곁들여보길. 무르베드르 Mourvèdre 속 층층이 쌓인 풍부함과 씁쓸한 타닌이 기묘하게 어우러지는 것을 느낄 수 있다. 무르베드르는 프랑스의 프로방스처럼 따뜻한 유럽 지역에 자라는 전형적인 비티스 비니페라 Vitis vinifera 종이다. 하지만 과일 향이 풍부한 텍사스의 무르베드르는 점점 맛있어지고 있으며, 맥도날드 허니 머스터드의 쨍한 단맛과 잘 어울린다.

$$ 윌리엄 크리스 빈야드 무르베드르, 텍사스 하이 플레인스 William Chris Vineyards Mourvèdre, Texas High Plains

스파이시 버팔로
& 버몬트 라 크레센트

카엔 페퍼, 버터 향이 느껴지는 라 크레센트 La Crescent는 미국 동부 전역에서 재배되는 하이브리드종으로, 버몬트에서 특히 품질이 좋다. 리슬링과는 만나면 알아보지도 못할 정도로 먼 친척이지만, 비슷한 정도로 타는 듯한 산미가 있어 아주 맵거나 크리미한 소스와 대등하게 싸워낸다. 맥도날드의 버팔로 비네거는 이곳에서 만든 오프 드라이 와인들에게 쉽게 무릎 꿇을 것이다.

$ 라 가라지스타 "비뉴 얀쿠" 라 크레센트 La garagista "Vinu Jancu" La Crescent

하바네로 랜치
& 버지니아 비오니에

풍부한 버터밀크 베이스에 하바네로 고추로 불을 붙인 하바네로 랜치는 맥도날드 소스 중 가장 매운 편에 속한다. 이렇게 매운 음식을 먹을 때는 산미가 너무 강하지 않은 와인이 좋다. 산은 이 공격적인 매운맛을 더 증폭시키기 때문이다. 하지만 하바네로 랜치에는 매운 고추부터 허브, 크림까지 다양한 풍미가 담겨 있어 이에 맞서려면 풍미가 강렬한 와인을 곁들여야 한다. 버지니아의 상징과도 같은 백포도 비오니에는 산미가 낮아 부드러운 질감과 함께 향수 같은 부케, 크리미한 바디를 선사해 이 하이브리드 소스와 만나 기분 좋은 조화를 만들어낸다.

$ 호턴 빈야드 비오니에 Horton Vineyards Viognier

스윗 앤드 사워
& 아이다호 리슬링

매실이나 복숭아처럼 큰 씨앗이 있는 과일 풍미를 지닌 맥도날드의 스윗 앤드 사워 소스는 달기도 하고 새콤하기도 하지만 딱히 어느 쪽에 가깝지는 않으며, 감칠맛 나는 향신료들과 함께 살짝 고개를 갸웃할 만큼 아주 약한 매운맛이 감돈다. 이 소스의 베이스는 살구와 복숭아 퓌레인데, 산미가 가득하고 희미한 단맛이 있는 아이다호 리슬링을 한 모금 마셨을 때도 이 과일 향이 바로 느껴진다. 로키산맥 기슭, 해발고도 약 500m의 고지대에서 생산되는 이 와인들은 서리와 혹독한 겨울이 조금씩 누그러지는 기후 변화의 혜택을 받고 있다.

$ 생 샤펠 "샤토 시리즈" 리슬링 Ste. Chapelle "Chateau Series" Riesling

크리미 랜치
& 미시건 마켓

양파와 마늘이 들어간 이 부드럽고 미국적인 소스는 안장에 올라타는 카우보이처럼 알아채지도 못하는 사이에 슬그머니 다가온다. 미시건 전역에서 재배되며 신맛이 두드러지는 하이브리드 품종 마켓 Marquette 도 그렇다. 이 와인의 새콤한 체리 향과 흑후추 향, 자몽 같은 산미는 랜치 소스의 크리미함을 깔끔하게 다듬어준다. 또 레드와인이지만 타닌이 적은 편이라 소스의 가벼움을 해치지도 않는다.

$ 맥키노 트레일 와이너리 이스테이트 마켓 Mackinaw Trail Winery Estate Marquette

허니
& 하와이 파인애플 와인

나는 차를 마실 때 너겟에 허니 소스를 찍듯 꿀을 듬뿍 넣는 것을 좋아한다. 이런 달콤함에 대응하기 위해 나는 파인애플 와인이라는 드물지만 멋진 예외를 선택한다. 파인애플 와인이 만들어지는 방법은 일반 와인과 같다. 과일을 으깨 발효하고, 병입한 뒤 마신다. 하와이에서는 산미와 당분이 말도 안 되게 높은 파인애플 와인을 만든다. 대개 오프 드라이에 산미가 아주 강하며, 최고급 버전에서는 스파클링과 강렬한 시트러스 노트를 느낄 수 있다. 하와이의 파인애플 와인들은 늘 허니 소스와 맥너겟에 알로하를 외친다.

$ 테데스키 빈야드 "훌라 오 마우이" 스파클링 파인애플 Tedeschi Vineyards "Hula o Maui" Sparkling Pineapple

하이브리드 vs 이종 교배

어떤 포도 품종의 꽃이 다른 품종의 꽃가루로 수정되면 하이브리드 포도가 된다. 비티스 라브라스카Vitis labrusca나 비티스 리파리아riparia와 같은 미국 품종은 처음에 흰 가루 병이나 포도나무뿌리진디 같은 질병에 대한 저항성을 키우기 위해 유럽 품종인 비티스 비니페라와 교배된 것이다. 초기에 나온 결과물은 그저 밋밋하기만 했고, 많은 사람이 손을 놓았다. 하지만 횃불을 치켜든 미국의 몇몇 열의 있고 젊은 와인 제조자 덕에 하이브리드가 다시 돌아올 수 있었다. 현재 세이블 블랑Seyval Blanc, 샴부르생, 바코 누아, 비달 블랑Vidal Blanc과 같은 하이브리드종은 미국 전역에서 재배되고 있으며, 그 어느 때보다 좋은 품질을 자랑한다.

이종 교배cross도 하이브리드와 비슷하지만, 서로 다른 두 종이 혼합되어 탄생하는 하이브리드와 달리 이종 교배란 같은 품종 사이에서 의도적으로, 혹은 자연적으로 상호 수정이 이루어진 것을 말한다. 우리가 마시는 와인은 대부분 이종 교배된 포도로 만들어진다. 예를 들어, 까베르네 소비뇽은 까베르네 프랑과 소비뇽 블랑이 자연적으로 이종 교배된 훌륭한 결과물이고, 남아프리카에서 비교적 최근에 등장한 피노타지Pinotage도 피노 누아와 쌩소를 의도적으로 이종 교배한 품종이다.

CHAPTER 4

길거리
음식

스낵 코너 옆 '시스터 액트', 근처 주유소에서 구매 가능!

내 여동생 브리아나는 나보다 9살이나 어리다.
그래서 남자나 옷을 두고 싸울 일이 없다.

브리아나가 이 2가지에 흥미를 보일 때쯤, 나는 이미 집을 나와 있었다. 어릴 때 우리 둘의 성격은 완전히 달랐다. 브리아나는 16살에 고등학교를 졸업했고, 나는 그 애가 순전히 나에게 자랑하기 위해서 그랬다고 확신했다. 하지만 둘 다 어른이 되면서 이런 차이들은 흐릿해지기 시작했다.

몇 년 전 너무 추웠던 1월 어느 날, 브리아나는 내게 전화해 켄터키로 다시 돌아간다고 말했다. 동생은 산타 바바라에서 오래 만난 남자친구와 살고 있었고, 꽤 오랜 시간 여러 도시로 옮겨가며 함께하다 헤어지게 된 것이다. 전형적인 브리지 Breezie (남자에게 연연하지 않는 매력적인 여성 - 옮긴이)답게 (실제 동생의 별명이다) 동생은 이미 계획을 끝냈고, 당장 실행하고 싶어했다. 한겨울에 홀로 차를 운전해 그 먼 거리를 오겠다는 계획을. 그래서 하는 수 없이 동생의 옆자리를 자청했다.

그날 날씨는 정말 음울했고, 나는 친구들에게 우리가 혹시 잘못되면 무덤에 술이라도 한잔 올려 달라고 부탁했다. 좋은 와인이면 기쁠 거라고.

동생과 함께 보낸 며칠은 자연스럽게 흘러갔다. 처음에는 반가웠고, 다음에는 슬슬 서로 잽을 넣기 시작했다. 그리고 얼마 지나지 않아 둘 다 머리끝까지 화가 났다. 4~5일째쯤엔 거의 전면전이었다. 우리의 로드 트립은 사우스다코타에 들어서기 전까지 완벽했다. 하지만 그곳에 들어서자마자 눈 폭풍이 몰려왔고, 한 치 앞을 볼 수 없을 정도였다. 1시간에 5마일의 속도로 느릿하게 나아가는 상황과 수막현상에 미끄러지는 상황이 반복됐다.

다코타의 경계를 가르는 블랙 포레스트는 산

의 옆면을 가르는 긴 도로와 그 옆으로 가드레일 없이 펼쳐진 절벽이 장관이다. 그리고 차를 제대로 몰 수 없을 때 이 도로의 스릴은 평소보다 훨씬 강렬해진다. 죽음의 고비를 몇 번이나 넘긴 뒤, 우리는 마침내 포기하고 가만히 멈춰 있기로 했다. 그리고 당연하게도 시간, 밀폐된 공간, 침묵만큼 긴장을 풀어주는 요소도 없다.

어딘지 알 수 없는 도로 한켠, 눈처럼 하얀 SUV 안에는 나, 동생, 동생의 아메리칸 에스키모 도그 루나 뿐이었다. 앞이 보이지 않을 정도로 심한 눈 폭풍 속에서 우리가 몰던 흰 차는 배경에 묻혔고, 그래서 이따금 지나가던 대형 트레일러 트럭이나 눈을 헤치며 나아가는 거대한 소금 트럭은 우리를 발견하지 못했다. 차 속에는 동생이 전 세계에서 모은 소지품들로 가득했고, 전등갓 하나는 11개 주를 지나오는 동안 계속해서 내 뒤통수를 찌르고 있었다. 나는 전 남자친구 얘기를 꺼냈다. 안 좋은 선택이었다. 그 다음은 미래 계획에 대한 얘기를 꺼냈다. 더 안 좋은 선택이었다. 마침내 부모님의 이혼 얘기까지 나왔을 때, 우리는 눈 폭풍 속 차 안에 갇혀 서로에게 소리를 지르고 있었다. "내 말은 항상 틀리지?", "왜 맨날 그렇게 감정적으로 굴어?" 같은 말이 오갔고, 눈물이 터져 나왔고, 대시보드를 두드려댔다. 어느 순간, 불쌍한 루나는 아까 그 전등갓 밑에 머리를 묻고 숨어 있었다.

마침내 싸움이 끝나고 나와 동생은 미칠 듯한 어색함 속에 침묵을 지키며 창밖만 바라보고 있었다. 물론 아무것도 보이지 않았고, 밖으로 나갈 수도 없었다(우리 둘 다 나가고 싶었지만). 나는 눈물을 닦은 뒤 어딘가에서 찾아낸 팩에 담긴 치즈와 차 시트 밑에 있던 레드와인 1병을 꺼냈다.

브리지는 나를 보더니 말 한마디 없이 가방을 뒤져 와인따개를 꺼냈다. 어차피 폭풍이 지나가길 기다릴 거라면, 제대로 기다릴 작정이었다. 우리는 맛있는 브루넬로Brunello (카스틸리온 델 보스코 Castiglion del Bosco라는 지역에서 만든 와인)를 커피 컵에 따르고, 양파 맛 과자와 형편없는 치즈를 먹었다. 얼마 뒤 루나는 전등갓 밑에서 나왔다. 잠시 후 우리는 양파 맛 과자 냄새를 풍기며 미친 사람들처럼 웃었다. 그리고는 차 밖으로 나가 아무도 우리를 보지 않는 눈밭을 뛰어 다녔다. 마침내 추위에 지치자, 우리는 차로 돌아와 잠들었다. 몇 시간 뒤 일어났을 때, 폭풍은 그쳐 있었고, 길은 서서히 밝아지기 시작했다.

"준비됐어?" 동생이 물었다. "그럼." 나는 대답했다.

이 책을 쓰는 동안, 아름다운 내 동생이 너무 빨리 세상을 떠났다. 아직 슬픔에 잠겨 있지만, 그래도 26년 동안 브리아나의 언니로 살아갈 수 있어서, 특히 이 이야기와 같은 추억들을 간직할 수 있어서 감사하다.

카디비 체더 바비큐 칩스
& 센트럴 코스트 피노 누아

카디비의 광적인 팬으로서, 솔직히 카디비가 랩 스낵을 출시했을 때 꽤 떨었다. 카디비 하바네로 핫 치즈 팝콘을 포함해 4가지 맛이 있는데, 내가 제일 좋아하는 맛은 체더 바비큐 칩스다.

바비큐 칩스의 풍미는 히코리 스모크 파우더, 보리 맥아 파우더, 꿀 파우더, 양파 파우더 등의 과립형 재료로 만들어진다. 여기에 효소 추출물도 들어가는데, 한 번 손을 대면 끊임없이 먹게 만드는 감칠맛의 정수다. 카디 버전에서는 체더치즈의 맛 외에도 생기 넘치는 향신료들의 풍미를 느낄 수 있다.

이와 비슷하게 중독성 있는 감칠맛이 있어 한 모금으로 끝낼 수 없는 와인이 바로 캘리포니아 센트럴 코스트에서 생산되는 피노 누아다. 센트럴 코스트는 드넓은 미국 포도 재배 지역 American Viticulture Area, AVA 이면서 아로요 그란데 밸리, 산 베니토, 산타 마리아 밸리, 산타 리타 힐즈처럼 유명한 하위 AVA들이 있는 곳이다(AVA의 기능은 유럽의 아펠라시옹과 비슷하지만, 프랑스의 AOC[Appellation d'Origine Contrôlée, 원산지 통제 명칭], 이탈리아의 DOC[Denominazione d'Origine Controllata, 원산지 명칭에 대한 규제]보다는 훨씬 규제가 덜하다. 더 많은 정보는 229쪽 참조). 해안가에서 포도를 재배하면 확실한 이득이 있다. 바다에서 습하고 차가운 바람이 불어오고, 오전에 구름이 형성되어 포도를 감싸면서 지나치게 무르익는 것을 막아주기 때문이다. 그래서 해안 지역에서 만들어진 와인은 늘 산뜻하고 깔끔하다.

카디는 이스트 코스트 사람이지만, 피노 누아만은 웨스트 코스트에 양보해야 한다. 이 지역은 뭘 좀 알고 피노 누아를 만들며, 아주 잘 만드니까. 감칠맛이 나는 이 지역 피노 누아에는 시원한 붉은 체리 향, 흙 향, 스파이시 등 우리가 피노 누아에 원하는 모든 풍미가 들어 있다.

$ 래티샤 에스테이트 피노 누아, 아로요 그란데 밸리 Laetitia Estate Pinot Noir, Arroyo Grande Valley 🌱🌿☀

$$ 산디 산타 리타 힐즈 Sandhi Sta. Rita Hills 🌸☀🌿

$$$ 씨 스모크 "사우싱" 피노 누아 산타 리타 힐즈(모노폴) Sea Smoke "Southing" Pinot Noir Sta. Rita Hills (Monopole) ☀🏅🌿

치즈 잇츠
& 화이트 프리오랏

미국에 있는 많은 치즈 과자 중 치즈 잇츠Cheez-Its가 두각을 나타내게 된 이유가 있다. 크래커가 갖춰야 할 짭짤함과 바삭함에 더불어 대체 이게 뭔가 싶을 만큼 독특한 싸한 맛이 있기 때문이다. 게다가 진짜 치즈 같은 풍미도 지니고 있어서 와인과 아주 잘 어울린다. 그중에서도 화이트 프리오랏은 치즈와 곁들이면 특히 맛있다.

스페인에서 만든 프리오랏 와인은 찾기 어렵지 않지만, 우리가 만나는 프리오랏 대부분은 레드 버전이다. 이 지역 화이트와인의 역사도 레드 못지않게 길지만, 레드의 인기가 많아지면서 백포도가 있던 자리에 적포도가 재배되었기 때문이다. 현재 이곳의 화이트 와인 생산량은 전체의 10%밖에 되지 않는데, 생산되는 와인의 특별한 맛을 생각하면 아주 놀라운 사실이다. 화이트 프리오랏의 주재료는 가르나차 블랑카로, 더 유명한 검은 포도 가르나차의 화이트 버전이다. 화이트 프리오랏은 숙성해서 마시는 와인인가, 그렇지 않은가에 따라 라이트에서 풀바디까지 다양한 스타일로 출시된다. 최고급 버전은 10년 이상도 숙성할 수 있고, 숙성이 오래된 프리오랏일수록 치즈 잇츠와 잘 어울린다. 숙성은 대개 오크통을 사용하며, 와인이 얼마나 숙성되는가에 따라 짭짤한 맛, 오일 같은 질감, 미네랄의 풍미는 아주 크게 달라진다. 이러한 풍미들은 치즈 잇츠에서도 느낄 수 있는 것들이며, 와인 속 그을린 과일 향은 이 과자의 불가사의한 쨍함을 부각한다. 이 둘이 만나면 감칠맛의 도원경이 펼쳐진다.

$ 콘레리아 데스칼라 데이 "블랙 슬레이트 라 모레라" Conreria d'Scala Dei "Black Slate La Morera" ☀

$$ 발 야치 "아구아 데 윰" Vall Llach "Aigua de Llum" 🌱☀🌿

$$$ 테루아르 알 리미트 페드라 데 기스 Terroir al Limit Pedra de Guix ☀🌱🌿

트윙키
& 소테른

와인 애호가들 사이에서 절대 비난받지 않는 확실한 페어링들이 몇 개 있다. 서로의 맛을 아주 특별하게 만들어줘서 다시는 따로 즐길 수 없을 것 같다는 생각이 들 정도도. 이런 페어링의 예시로는 풍부한 나파 캡과 스테이크, 굴과 샤블리, 기름진 푸아그라와 프랑스 소테른의 달콤한 와인이 있다. 소테른 Sauternes은 보르도의 작은 아펠라시옹으로, 몇 세기씩 숙성이 가능한 와인을 만드는 전설적인 지역이며, 그러므로 세계에서 가장 선망받는 곳이다. 하지만 프랑스 사람들도 모르는, 소테른을 더욱 맛있게 만드는 방법이 하나 있다. 바로 트윙키와 함께 먹는 것이다.

세미용 Sémillon, 소비뇽 블랑, 뮈스카데를 이용해 와인을 만드는 소테른 최고의 와인들은 와인 제조를 처음 접하는 사람들이 예상치 못하는 방법으로 만들어진다. 와인 제조자 대부분은 부패하거나 질병에 걸리지 않은 깨끗하고 건강한 포도를 수확하고 싶어 한다. 그래야 가장 좋은 포도로 가능한 최고의 와인을 만들 수 있기 때문이다. 하지만 소테른의 제조자들은 부패한 포도, 그중에서도 '귀부병 noble rot'이라고 불리는 보트리티스 시네레아 Botrytis cinerea병에 걸린 포도를 간절히 바란다. 매우 특별한 이 균은 포도의 수분을 뺏어 당분과 산미가 농축되게 만든다. 이런 포도로 만들어진 와인은 그저 달기만 한 것이 아니라 상당한 복합성과 감칠맛을 지니고 있어 풍미를 천상까지 끌어 올려주고, 포도 아이스크림같이 단순한 맛이 나지 않게 해준다.

이와 같은 방식으로 디저트 와인을 만드는 지역들도 있지만, 소테른 와인의 생기를 따라잡은 곳은 없다. 게다가 프랑스 내에서도 이런 제조 방식은 복불복에 가깝다. 수확기에 귀부병에 걸린 포도를 얻는 일은 운에 맡겨야 하기 때문이다. 복잡한 제조 과정과 일관적이지 않은 공급 덕에 이곳 와인의 가격은 상당하다.

그렇다면 이렇게 비싸고 귀한 와인을 왜 트윙키랑 같이 먹는 걸까? 소테른과 트윙키를 같이 먹는 날이 바로 주중 가장 행복한 날이 될 것이고, 자기 자신에게 선물을 주는 날이 될 것이기 때문이다. 트윙키가 푸아그라는 아니지만, 소테른의 구운 베이킹 스파이스 향, 꿀에 절인 살구 향, 밀도 높은 시트러스, 층층이 쌓인 미네랄리티는 이 밝은 노란색 케이크의 특징인 크림, 인공적이지만 익숙한 바닐라와 버터 풍미를 강하게 끌어당긴다. 트윙키는 산업 공학의 힘으로 촉촉함과 가벼운 질감이 완벽한 균형을 이루도록 만들어졌고, 소테른 와인은 자연적인 방법을 통해 깊은 풍부함과 타는 듯한 산미라는 말도 안 되는 두 매력을 동시에 지니게 되었다.

$ 샤토 끌로 오 페라게 Château Clos Haut-Peyraguey (375 ml) 🍷
$$ 샤토 리외세 소테른 프리미에 크뤼 클라세 Château Rieussec Sauternes Premier Cru Classé ✹
$$$ 샤토 디켐 소테른 프리미에 크뤼 쉬페리외르 Château d'Yquem Sauternes Premier Cru Supérieur ✹♛✹

치토스
& 상세르 블랑

치토스는 절대 자연에서 나올 수 없는 눈이 멀 듯한 오렌지 빛을 띤다. 어떻게든 치즈와 비슷한 맛을 느꼈다면, 그냥 기분 탓이다. '위험할 정도로 풍부한 치즈 맛 Dangerously Cheesy'이라는 오랜 슬로건은 자랑이 아니라 협박처럼 들린다. 그런데도 우리는 이 과자를 거부할 수 없다. 치토스는 어째서인지 바삭하면서도 폭신하고, 한 봉지를 다 먹어치우게 만들어 손가락에 기름진 부스러기가 코팅되어 버리곤 한다. 죄책감이 들긴 하지

만, 또다시 이런 짓을 반복하게 될 것이란 사실을 우리 모두 안다. 이렇게 치토스와 함께하는 삶의 어느 순간, 이런 생각이 들 것이다. 치토스에 와인을 곁들이면 어떨까?

힘든 연구 끝에 나는 상세르Sancerre가 답이라는 결론을 내렸다. 프랑스 북부의 아펠라시옹인 이곳은 레드와인과 로제 와인도 만들지만, 치토스와 곁들이기에는 화이트가 제격이다. 음식에 소금이 중요한 만큼, 와인은 산미가 중요하다. 이 요소들이 없으면 음식과 와인은 밋밋하고 단조로워진다. 치토스는 인간이 먹는 것 중 가장 짠 음식이니, 이 치즈 소금 범벅 아포칼립스에 대항할 유일한 와인은 소비뇽 블랑으로 만든 산미의 여왕 화이트 상세르뿐이다. 댈러스에서 발명된 치즈 과자와 파리에서 남쪽으로 몇 시간 거리에서 만들어진 와인을 함께 먹는다는 사실이 이상하게 느껴질 수도 있지만, 화이트 상세르의 산미는 치토스의 옥수수 맛, 치즈 맛, 짭짤함과 아주 자연스럽게 어우러진다.

게다가 화이트 상세르는 질감도 묵직해서 한 모금 마시면 입안을 감싸며 진득한 오렌지빛 독재자로부터 우리의 영토를 되찾아준다. 또 험준한 지역에서 재배되는 만큼 강인한 석회암의 풍미가 치토스의 인공적인 맛에 대항하는 훌륭한 요새가 되어준다.

상세르는 루아르 밸리에 있는 곳으로, 파리 외곽에서 대서양을 향해 서쪽으로 구불구불 멀리 떨어진 지역이다. 세계적으로 유명하면서도 특징이 다양한 화이트 와인을 생산하지만, 이 모든 와인에서 두드러지는 점은 부싯돌 같은 풍미다. 석회질 암석이 서로 부딪힐 때 생기는 풍미와 강렬한 시트러스가 서로 몸싸움을 하는 것을 느낄 수 있으며, 그 뒤에는 잔디, 타임, 캐모마일 같은 허브 향이 힘을 실어준다. 이런 풍미들과 산미가 합쳐지며 상세르는 선글라스를 낀 치타를 손쉽게 조연으로 밀어내고 당당히 주연을 차지한다.

$ 푸셰 르브롱 "르 몽" 상세르 Foucher-Lebrun "Le Mont" Sancerre 🌱🌿

$$ 파스칼 코타 "라 그란데 코트" 상세르 Pascal Cotat "La Grande Côte" Sancerre ☀️🌱🌿

$$$ 프랑수아 코타 "퀴베 폴" 상세르 François Cotat "Cuvée Paul" Sancerre ☀️🌱🌿

사워 패치 키즈
& 세미 드라이 핑거 레이크 리슬링

이 방법을 써도 좋을 때와 그렇지 않을 때가 있으니, 내 말을 잘 들어주길 바란다. 지금쯤이면 눈치챘겠지만,

'좋아하는 것 옆에 좋아하는 것'은 내가 가장 좋아하는 규칙이다. 그리고 이 달콤하고 새콤한 젤리에 어울리는 와인은 단 하나, 뉴욕 핑거레이크에서 만든 세미 드라이 리슬링뿐이다.

오프 드라이 off-dry 라고도 불리는 세미 드라이 와인은 리슬링에서 매우 독특한 범주에 속하며, 다양한 음식과 잘 어울리기 때문에 주정뱅이들이 사랑하는 와인이다. 와인의 새콤함을 받쳐줄 정도의 적당한 잔당감이 있어 복숭아나 살구 같은 풍부한 과일 향을 자랑하면서도 청량함과 산뜻함을 담당하는 레몬 라임 시트러스 풍미를 잃지 않는다. 사워 패치 키즈는 스테레오로 볼륨을 높인 세미 드라이 리슬링이라고 할 수 있다. 한입 물면 요란하고 날카로운 신맛이 느껴지고, 그 후 부드러운 단맛이 입안을 채운다. 리슬링과 함께 먹으면 우리의 미각은 머리카락이 쭈뼛 서는 듯한 음파를 경험하게 된다.

게다가 핑거레이크의 기후는 세계 최고 리슬링의 기준이 되는 독일 모젤 Mosel 과 아주 비슷하기 때문에 전형적인 암석의 풍미와 함께 휘몰아치는 신세계의 과일 향을 느낄 수 있다.

$ 헤르만 J. 위머 빈야드 리슬링 세미 드라이 Hermann J. Wiemer Vineyard Riesling Semi-Dry ❋ 🍃 ❋

오레오
& 크림 셰리

편견을 좀 깨보자. 아마 오레오와 곁들일 수 있는 음료는 우유뿐이라고 생각할 것이다. 나도 그렇게 생각했다. 오레오와 셰리를 함께 먹어보기 전까지는. 나를 변절자라고 불러도 좋다.

나도 안다. 오레오 마케팅팀은 수십 년 동안 일 처리를 기막히게 해냈지만, 스페인 남부에서 이 강화 와인을 만드는 사람들은 딱히 그렇지 못했다. 게다가 오레오와 가장 잘 어울리는 크림 셰리는 할머니가 먹는 기침약이라고 불리곤 하니 상황이 꽤 심각하다.

하지만 나도 할 말이 있다. 셰리 중에서도 피노 fino 나 아몬티야도 amontillado 라고 불리는 드라이 셰리는 이미 다시 유행하고 있다. 크림 셰리는 이 흐름에 올라타기까지 애를 먹었지만, 그래도 안착에 성공했다. 분명히 말하지만, 진짜 크림이 들어가 있는 와인이 아니라 드라이와 스위트 셰리를 혼합한 것이다. 그저 일반 셰리보다 더 진하기 때문에 이런 이름이 붙었다. 크림 셰리는 짙은 마호가니 색을 띠고, 단맛이 나지만 끈적한 달콤함은 아니다. 호두, 캐러멜, 토피, 말린 무화과, 대추 등 디저트에 넣을 만한 풍미와 향도 느낄 수 있다. 이 와인은 아찔하게 단 오레오의 크림, 쿠키와 마법처럼 잘 어울린다. 중요한 점은 첨가제를 사용하는 대량 제조사가 아니라 품질 높은 셰리를 블렌드하는 최고의 제조사를 찾아야 한다는 것이다. 그래야 무겁고 달고 균형이 안 맞는 와인과 감미로우면서도 끝에 감칠맛과 드라이함이 남는 와인을 구별할 수 있다. 그리고 물론 쿠키를 와인에 찍어 먹어도 좋다. 오히려 추천한다.

$ 하베이스 브리스톨 크림 셰리 Harveys Bristol Cream Sherrys ❋
$$ 에밀리오 루스토 "솔레라 리제르바" 레어 크림 슈페리어 Emilio Lustau "Solera Reserva" Rare Cream Superior ❋
$$$ 곤잘레스 비야스 마투살렘 "비눔 옵티멈 레어 시그나툼 30 아노스" González Byass Matusalem "Vinum Optimum Rare Signatum 30 Anos" ❋

화이트 체더 팝콘
& 화이트 버건디

화이트 체더 팝콘을 좋아하지 않는 사람은 멍청이다. 그래서 이 회사 이름이 스마트푸드Smartfood인 것이다. 화이트 체더 팝콘은 대표적인 미국 간식에 절대 빠지지 않는 과자다(도리토스보다는 아니지만, 콘 넛츠는 확실히 이긴다). 그리고 이 간식과 가장 잘 어울리는 와인은 화이트 버건디다.

버건디는 피노 누아와 샤르도네를 재배하는 지역 중 가장 유명한 곳이고, 이 두 품종을 재배하는 모든 곳의 기준이 되는 와인 생산 지역이기도 하다. 슬프게도 버건디 와인은 이렇게 명성이 높은 만큼 가격이 성층권을 뚫고 나갈 지경이라 최고 수준 생산자들이 만든 와인은 입문용조차도 아주 비싸다.

버건디에서 생산되는 와인들에는 계층이 있는데, 높은 순으로 나열하면 그랑 크뤼, 프리미에 크뤼, 빌라주, 부르고뉴로 이어진다(더 자세한 정보는 70쪽 참조). 부르고뉴는 레지오날과 같은 수준인데, 사서 바로 마실 수 있는 단순한 와인을 말한다. 부르고뉴 블랑은 입문 수준 화이트로, 대개 스테인리스 스틸이나 오크 통에 숙성하기 때문에 짭짤한 풍미와 사과 같은 산미, 약간의 버터 향이 있고 절대 무겁지 않다.

이 와인과 스마트푸드를 곁들이면, 우리 안에 있는 극락의 작은 구석을 찾을 수 있다. 팝콘의 가벼움과 부르고뉴 화이트의 가벼운 바디가 자연스럽게 어우러진다. 또 은은히 깔린 치즈 껍질 향이 나는데, 이상하게 들릴 수 있지만, 약속하건대, 화이트 체더와 곁들이면 아주 매력적이다. 사실, 미국에서 가장 잘 팔리는 이 팝콘은 그뤼에르나 콩테 치즈로 만드는 구제르라는 폭신한 과자의 하위 보급형에 가깝고, 구제르와 부르고뉴 블랑은 버건디에서 애피타이저로 자주 먹는 조합이다. 수백 년 동안 사랑받아 온 페어링에서 단서를 찾았으니, 이 둘은 더욱 스마트한 페어링이 아닐 수 없다.

$ 조셉 드루앙 부르고뉴 블랑 Joseph Drouhin Bourgogne Blanc ❄️☀️

$$ 도멘 삐에르 모레 부르고뉴 블랑 Domaine Pierre Morey Bourgogne Blanc ☀️☀️

$$$ 도멘 르플레이브 부르고뉴 블랑 Domaine Leflaive Bourgogne Blanc ☀️🌱🍀☀️

차가운 위로

와인과 페어링하기 정말 어려운 음식들도 있지만, 아스파라거스나 방울양배추 때문에 밤잠을 설치며 고민하는 사람은 없다. 하지만 아이스크림 뒤에 따라오는 '와인과 페어링하지 말 것'이라는 규칙은 다시 생각해 볼 필요가 있다.

    셰프들이 아이스크림에 대해 불평을 늘어놓는 이유는 아이스크림이 차갑기 때문이고, 차가운 음식은 입을 마비시키기 때문이다. 와인의 풍미는 와인을 삼킨 뒤 입안이 따뜻해졌을 때 느낄 수 있다. 그래서 아이스크림을 먹은 뒤 와인을 너무 빨리 마시면 섬세한 풍미를 놓쳐버리게 된다. 게다가 유지방이 미뢰를 전부 코팅하는 바람에 와인의 풍미가 약해지고, 최악의 경우 아예 느껴지지 않기도 한다. 또 와인의 산미는 유제품과 맞지 않는다. 크리미한 간식에 레몬즙을 짜 먹는 것이 별로 내키지 않는 이유와 같다. 마지막으로 아이스크림에는 당분이 너무 많아 다른 모든 풍미와 질감을 가둬버린다. 하지만 내게는 이 문제를 해결할 단순한 방법이 있다. 아이스크림을 삼킨 뒤 정확히 8초를 기다리면 된다. 그동안 우리의 미각은 그 맛에 적응하고, 그렇게 되면 아이스크림이 입안에 남긴 맛과 와인 풍미의 어우러짐을 느낄 수 있다. 다만 '벤 앤드 제리'라는 골리앗과 싸우는 다윗이 될 당신의 와인은 풍미가 충분히 탄탄하고 선명해야 한다.

체리 가르시아
& 아마로네 델라 발폴리첼라

바닐라 베이스에 새콤달콤한 과육, 퍼지가 들어간 아이스크림 체리 가르시아가 음악이라면, 아마로네 델라 발폴리첼라는 그 멜로디에 붙는 가사이다. 코르비나 베로네제Corvina Veronese라는 품종이 주재료이며 론디넬라Rondinella, 몰리나라Molinara를 백업으로 사용하는 이 와인은 이탈리아 북부 베네토 레이크 가르다의 북동쪽, 자갈이 많은 지역 발폴리첼라Valpolicella에서 생산된다. '셀라celar(와인을 제조, 저장하는 곳 - 옮긴 이)들이 모인 계곡'이라고 불리는 이곳은 품질 좋은 와인을 생산하는 이탈리아 최대의 DOC다.

대다수의 드라이 레드와인과 달리, 아마로네 델라 발폴리첼라를 만드는 포도들은 디저트 와인을 만들 때처럼 포도가 더 무르익을 수 있도록 조금 늦게 수확해 사용한다. 수확한 다음에는 짚 위에 포도를 놓고 겨울 동안 건조하는 아파시멘토appassimento 과정을 거치는데, 이때 포도가 가지고 있던 액체 부피 중 40%가 날아가기 때문에 사실상 건포도가 된다. 이 포도에는 당분과 풍미가 기묘할 만큼 강렬하게 농축되어 퇴폐적인 매력을 느낄 수 있다. 하지만 달콤함은 발효 과정을 거치며 모두 날아가기 때문에, 입안에서 느껴지는 묵직함이나 풍부함과 달리 맛은 드라이하고 씁쓸하다. 제조자들은 최상급 포도만 골라 이 와인을 만들며, 나머지 '노르말레normale (보통)' 레드와인은 그냥 발폴리첼라라고 불리기 때문에 구별을 잘 해야 한다. 아마로네Amarone('훌륭한 쓴맛'이라는 의미)는 알코올 도수가 높고 바디가 무거우며, 최소 10년에서 20년 정도 숙성이 필요하다.

건조 작업이 끝나면 포도를 압착해 즙을 낸 뒤 2달 정도 발효한다. 이렇게 긴 시간을 들여 독특한 방법으로 생산한 와인은 밀도가 아주 높으며, 밤나무나 체리나무, 오크까지 다양한 통에 숙성된다.

제조 스타일은 전통과 현대 2가지로 나뉘고, 이는 라벨에 표기되지 않기 때문에 제조사를 알아두면 도움이 된다. 베르타니Bertani, 부솔라Bussola, 퀸타렐리Quintarelli 같은 전통 제조사들은 강한 산미, 풍부한 레드 체리 향과 후추 향, 역동적인 에너지가 있는 와인으로 유명하고, 판매되기까지 약 20년 정도 숙성을 거친다. 알레그리니Allegrini, 달 포르노Dal Forno, 마시Masi와 같은 현대 제조사들은 포도를 조금 더 일찍 수확하며 오래되지 않은 오크 통을 사용해 바닐라와 코코아 풍미를 느낄 수 있다.

둘 중 어떤 스타일을 택하든 새빨갛게 타오르는 체리의 풍미를 기대할 수 있고, 그렇기에 가르시아의 체리 맛, 자두 맛 초콜릿 퍼지와 만나 물결치는 과일 향을 느낄 수 있다. 거기에 폭신한 타닌, 씁쓸함, 높은 알코올 도수가 더해져 이 드라이한 레드와인과 악마처럼 달콤한 체리 아이스크림은 둘도 없는 친구가 된다.

팁: 가격이 조금 더 합리적인 '베이비 아마로네'를 찾는다면, 발폴리첼라 리파소Ripasso도 좋다. 이전에 아마로네를 만들고 남은 포도 껍질과 함께 숙성한 발폴리첼라 와인이다.

$$ 마시 "코스타세라" 아마로네 델라 발폴리첼라 클라시코
Masi "Costasera" Amarone della Valpolicella Classico 🍷☀️

딸기 치즈케이크
& 나파 메를로

그레이엄 크래커(통밀 비스킷 - 옮긴 이)가 들어가 있는 딸기 치즈케이크 아이스크림은 바삭함과 달콤함을 한 번에 즐길 수 있는 가장 매력적인 디저트다. 아이스크림이 다 그렇듯 그 자체로도 완벽하지만, 다른 사람들이 수군대는 소리는 못 들어봤을 거다. 벤 앤드 제리의 베스트셀러 중에 이 딸기 치즈케이크가 빨간 머리 입양아 취급을 받고 있다는 소문 말이다. 슬프게도 메를로 역시 까베르네 소비뇽이 지배적인 나파 밸리에서 이류로 취급되고 있다. 한때 사랑받았던 메를로는 90년대 과잉생산으로 인해 인기를 잃어버리고 말았다. 그리고 2004년 영화 〈사이드웨이스Sideways〉의 영향으로 메를로의 평판은 더욱 떨어졌다(191쪽 참조). 하지만 현재 몇몇 제조사들은 과거 메를로의 영광을 재현하려 노력하고 있다. 이들은 크고, 붉고, 음료수 같은 향을 선호하는 와인 제조 트렌드를 앞서나가며 이렇게 찌르는 듯한 자두 향을 누그러뜨리면서 조금 더 세련되고 깊이 있는 풍미를 만들어내고 있다. 나파의 메를로가 특별한 이유는 그 절제된 아로마와 고급스러움 때문이다. 이 품종을 진

지하게 생각하는 몇 안 되는 제조자들은 최고의 테루아에서 포도를 재배하며 잠재력을 최대한으로 끌어올릴 모든 환경을 조성해 준다. 이렇게 하나의 품종으로 만든 와인은 스타일이나 품질 모두에서 이류 메를로보다 훨씬 뛰어나며, 이따금 같은 지역에서 생산된 까베르네 소비뇽을 뛰어넘기도 한다. 제대로 만든 나파 메를로에서는 산뜻한 붉은 자두의 풍미와 이를 뒤따르는 월계수 잎, 바닐라, 다크 레드 체리 향, 그리고 달콤 쌉쌀한 약간의 초콜릿 향을 느낄 수 있다. 이 와인은 존재도 몰랐던 입양아인 벤 앤드 제리 딸기 치즈케이크를 따뜻하게 끌어안는 의붓언니가 되어 준다.

$$ 콜레트 메를로 나파 밸리 Colète Merlot Napa Valley ☀✹

더 투나잇 도우
& 몬티야 모릴레스 페드로 히메네즈 올로로소

언젠가 소믈리에 친구가 있는 미드타운의 식당 까사 레버Casa Lever에서 나와 생일이 같은 친구들과 화려한 저녁 식사를 한 적이 있었다. 디저트를 먹는 중, 갑자기 식탁에 있던 모두가 조용해지더니 내 어깨 뒤쪽을 바라봤다. 누군가 내 어깨를 툭 쳤고, 뒤를 보니 바로 앞에 지미 팰런이 있었다. 팰런의 바로 뒤에는 믹 재거가 서 있었다.

"생일인가 봐요! 축하해요!" 팰런이 눈부시게 웃었다. "즐거운 저녁 보내세요!" 팰런에 이어 재거는 "생일 ㅊㅁㅈㅑ ㄷㄴㅓ;ㄴㅁ"라고 말했다. 대충 비슷한 뜻인 것 같았다. 시끄럽게 떠들며 먹고 마시던 우리 테이블을 보고 식당에 우리의 상황을 물어본 듯했다. 이 한순간으로 나는 그동안 뉴욕에서 값싼 피자집만 전전하던 모든 시간을 보상받은 것 같았다.

캐러멜과 초콜릿이 섞인 아이스크림 투나잇 도우는 그 다정하고 세련된 MC를 떠올리게 한다. 초콜릿 쿠키, 초콜릿 칩 쿠키 도우, 피넛 버터 쿠키 도우가 섞인 이 맛을 와인으로 번역하면 그대로 몬티야 모릴레스 페드로 히메네즈가 된다. 스페인 남부에서 셰리와 비슷한

방법으로 만들어진 이 강화 와인에서는 땅콩사탕, 초콜릿, 커피, 스위트 베이킹 스파이스는 물론이고 토피toffee(설탕, 버터, 물을 끓여 만든 캔디 - 옮긴 이), 땅콩, 그을린 솔티 캐러멜의 풍미까지 느낄 수 있다.

페드로 히메네즈Pedro Ximénez는 실제 품종과 와인의 이름이며, 업계 사람들은 그냥 PX라고 부르기도 한다. 드라이부터 스위트까지(이 중 세계에서 가장 달콤한 와인도 있다) 다양한 와인을 만드는 백포도지만, 지미의 쇼와 함께할 때 끝내주는 와인은 드라이 올로로소다. 아주 잘 무르익었을 때 수확한 포도로 만든 이 와인은 엄청난 바디에 높은 알코올 도수, 터질 듯한 아로마와 풍미를 자랑하며, 질감이 아주 매끄럽고 풍미가 강렬해 드라이하지만 달콤하다는 인상을 남긴다.

$ 보데가스 페레즈 "그랑 바르케로 올로로소" 몬티야 모릴레스
Bodegas Pérez "Gran Barquero Oloroso" Montilla-Moriles ✹🌿

하프 베이크드
& 리브잘트

벤 앤드 제리에서 가장 인기 많은 제품은 단연 초콜릿 반, 바닐라 반에 쿠키 도우와 퍼지 브라우니가 잔뜩 들어간 하프 베이크드다. 페어링할 와인과 마찬가지로 보통 패키지 안에서 한꺼번에 찾아보기 힘든 요소들이 조합되어 있다. 뱅 두 나뛰렐Vin Doux Naturel은 프랑스에서 만들어진 역사 깊은 와인이며, 그 역사는 왕의 주치의가 뮈타주mutage라는 방법을 만들어낸 1285년까지 거슬러 올라간다. 뮈타주란 발효가 진행 중인 와인에 향이 없는 알코올을 넣어 효소가 당분을 먹지 못하게 해 자연적인 당분을 지닌 와인, 즉 두 나뛰렐Doux Naturel을 만드는 방법이다.

프랑스 루시옹Roussillion에 있는 리브잘트Rivesaltes는 뱅 두 나뛰렐을 생산하는 가장 큰 아펠라시옹이며, 대개 그르나슈로 만들어진다. 이곳에서 생산되는 다양한 뱅 두 나뛰렐은 모두 영혼을 위로하는 풍미를 자랑하지만, 하프 베이크드와 곁들이기에는 산화 숙성된 레드와인인 튈레tuilé가 가장 좋다. 알코올 도수 최소 15%에 리

터당 천연 당분 45g이 함유된 이 와인은 알코올이 들어간 블랙베리나 건포도 소다 같은 풍미를 내며, 산뜻한 자두 향, 코코아, 헤이즐넛 향과 함께 설탕을 씌운 듯 톡 쏘는 꽃 향도 느낄 수 있다. 튈레 와인의 라벨에는 오다주 Hors d'Age라는 문구가 들어가 있는데, 출시되기 전 최소 5년 이상 숙성되었다는 의미이며, 구운 과일과 견과류 향이 훨씬 강하다. 숙성 과정에서 타닌이 부드러워져 벨벳 같은 질감을 자랑하기도 한다. 튈레는 아주 드물게도 50~80년 정도로 오래된 나무에서 수확한 포도로 만든다. 포도나무들은 마치 우리처럼 나이 들수록 세련된 열매를 맺으며, 열매의 양이 줄어든다. 그래서 생산되는 포도는 매혹적인 복합성을 띠지만, 나무 하나에서 나오는 포도 양은 와인 1병을 겨우 만들 정도다(보통 나무 하나를 수확하면 약 5~10병을 생산할 수 있다).

희귀함과 풍부함에 비해 미국에서 잘 알려지지 않은 와인이지만, 하프 베이크드의 반쪽이라는 사실이 알려지면 상황이 달라질지 모른다. 졸인 자두, 따뜻한 베이킹 스파이스, 건포도, 베리, 코코아 향이 나는 이 와인에 하프 베이크드 아이스크림을 던져 넣으면 곧 또 다른 구움 과자의 풍미를 느낄 수 있을 것이다.

$$ 도멘 카즈 리브잘트 Domaine Cazes Rivesaltes ☀☀

아메리콘 드림
& 모스카텔 드 세투발

설탕을 바른 듯한 풍미가 겹겹이 쌓여 있어 토니 포트와도 약간 비슷한 모스카텔 드 세투발 Moscatel de Setúbal은 포르투갈 남부에서 만드는 강화 화이트와인이며, 현존하는 유전자 변형을 하지 않은 품종 중 가장 오래된 머스캣 오브 알렉산드리아 Muscat of Alexandria를 사용한다. 이집트에서 태어난 이 백포도는 가혹할 정도로 뜨거운 기후를 좋아한다. 게다가 잘 알려져 있지 않아 품질이 아주 좋고 꽤 숙성된 와인도 25달러 이하에 살 수 있다.

모스카텔 드 세투발은 베이킹 스파이스 풍미를 지니고 있어 아이스크림의 바닐라 베이스와 꿀, 퍼지로 덮인 와플 콘, 듬뿍 뿌린 구운 견과류, 캐러멜과 아주 잘 어울리면서도 무화과, 대추, 살구 같은 과일 향도 있어 마치 꿈이 현실이 된 듯한 조화를 느낄 수 있다.

$ 호세 마리아 다 폰세카 "알람브레 20 아노스" 모스카텔 드 세투발 Jose Maria da Fonseca "Alambre 20 Anos" Moscatel de Setúbal ☀☀

CHAPTER 5

패스트 푸드

해장 핫도그

지난 10년 동안 뉴욕은 많이 변했고, 사교계도 브루클린의 부쉬웍Bushwick, 크라운 하이츠Crown Heights, 베드 스터이Bed Stuy, 그린포인트Greenpoint, 고와누스Gowanus처럼 대학교 졸업생들이나 예술가들이 실제로 거주할 수 있는(적어도 지금은) 곳까지 밀려 들어왔다.

하지만 그중에서도 20대에 처음 맨해튼에 들어와 30대까지 머무르는 세대들의 외출은 꽤 표준화된 궤도를 따르며, 그 이론은 지금까지도 적용된다.

20대에는 기준이라고 할 만한 것이 거의 없기 때문에 그냥 친구들을 우연히 만났다는 이유로 '머레이 힐' 같은 한심한 바에 가곤 한다. 당시에는 잘 모르겠지만, 이런 곳보다는 더 나은 바를 선택해야 한다.

그다음에는 중력에 끌리듯 시내로 내려가 대학생이 많은 이스트 빌리지의 허름한 바나 남자들이 덜 북적이는 로어 이스트 사이드로 향하게 된다. 어느 순간부터는 클럽에 더 흥미가 생기게 되는데, 경호원들이 있어 남녀 비율 문제로 곤란해지는 상황을 겪지 않아도 되기 때문이다.

그러다가 이런 바보 같은 클럽보다는 더 있어 보이는 사람들이 다니고 보안도 좋은 다른 클럽들이 눈에 들어온다. 당신만큼 쿨하지 않은 사람들은 들여보내지 않는 바로 그런 곳에 가고 싶어져서다. 고등학교 시절에 인기 많은 애들이 앉던 테이블처럼(예쁜 애들이 진짜 모델이라는 사실만 빼면), 이곳에서 포에버21에서 파는 옷 같은 건 중학생 취급을 받는다.

클럽 문 앞 경호원과 얼굴을 알 정도가 되어 핫한 클럽에 드나들기 시작하면, 자연히 VIP 구역에 들어가고 싶어진다. 그리고 VIP 구역에 있는 사람들은 아래층에 있는 진짜 VIP 구역으로 가고 싶어한다. 하지만 그 VIP 구역에 있는 사람들은 '예전엔 괜찮았는데, 요즘 물이 왜 이래?'라고 생각하며 아예 다른 곳으로 가려고 한다. 어느 순간이 되면 당신은 클럽 프로모터와 사귀기 시작한다. 공짜 술을 줘서 모든 사람에게 인기가 많아 보이고, 릴 웨인과 하이파이브하는 장면을 보기도 했으니까. 머릿속에서 뭔가 빨간불이 켜지는 것 같긴 하지만, 일단 춤추는 게 너무 재밌고, 잠깐만, 저기 저스틴 팀버레이크잖아! 여기 공짜 술 한 잔 더! 그다음에는 초대된 사람만 갈 수 있는 프라이빗 파티에 매일 참석한다. 물론 실제로 초대받은 곳은 거의 없지만. 그리고 그 파티에서 어물쩍 리스트에 올라 새벽 4시에 로프트에서 열리는, 어떻게 이렇게 돈을 쓸 수 있는지 상상도 안 되는 애프터 파티에 가게 된다. 그러다 어느 순간 이 도시에는 어른이 될 필요가 없는(출근도 할 필요 없는) 피터팬이 아주 많다는 것과, 이들이 서로서로 어울리며 매일 파티를 연다는 사실을 깨닫게 된다. 그리고 미처 알아차리기도 전에 패션쇼, 자선 행사, 폐 정신병원 같은 곳에서 열리는 예술 행사, 바지선을 타야만 들어갈 수 있는 연필 깎이 공장들, 그곳에서 열리는 제이지의 공연과 다리아 주코바의 시 낭송, 마무리로 사파이어로 덮인 수프림 아이패드 스케이트 보드를 모두에게 선물로 주는 파티에서 이 피터팬들을 우연히 마주치는 자신을 발견한다. 이렇게 멋진 파티들과 즐거움을 좇아다니다가 점점 흥미가 줄어들고, 마침내 완전히 시들해진다.

축하한다. 당신은 스스로를 서서히 잠식시키는 이런 생활에서 벗어났고, 이제는 아파트나 사무실에서 다섯 블록 이내에 있는 4~5개의 식당이나 바만 가게 된다. 인간관계도 이전보다 훨씬 편안하고 단순하며, 싸울 일도 없다. 이제 철이 든 것이다. 누군가는 이 지점에 도달하기까지 시간이 훨씬 많이 걸리기도, 영영 철이 들지 못하기도 한다. 어찌 되었든 누구라도 한 번은 겪게 될 일이다. 그러니 이 도시에 온 지 얼마 안 되었다면, 비록 첫 단계에 사람들이 덜 북적이는 브루클린 바깥쪽에 산다고 하더라도, 여기 나이트라이프를 좀 더 쾌적하게 해줄 조언이 있으니 들어주길 바란다(아마 모든 도시에 해당할 것이다). 귀담아듣지 않을 것을 알지만(나라도 그럴 테니까), 나중에 힘들게 깨닫고 나서 돌아와 확인해 보는 것도 나쁘지 않다.

- 이름이 'O'로 시작되는 바는 피하자. 아니, 그냥 아일랜드식 아포스트로피가 이름에 들어가는 곳은 다 거르는 게 좋다. 전직 야구선수가 운영하는 바도 포함이다.
- 공중전화 부스에 달린 가짜 문이나 위장용 가게 프론트를 거쳐 들어가야 하는 '스피크이지' 바는 거의 백이면 백 별로다.
- 생각한 것만큼 재미있지 않은 파티들. 순서는 관계없다.
  - '곧 매진!'이라는 말이 붙은 티켓을 파는 파티나 할로윈, 스웨디시 미드서머 Swedish Midsummer, 서머 솔스티스 Summer Solstice 와 관련된 파티들.
  - 10시부터 11시까지 1시간 동안 열리고, 참여 여부 회신이 필요 없고, 듣도 보도 못한 보드카 회사에서 후원하는 파티.

- 핸드폰 제조사, 게임 콘솔, 콤부차 브랜드, 방금 지어낸 듯한 이름이 붙은 기계 관련 회사들이 주최하고, 공동 주최자들을 자랑하듯 나열해 두고, 에너지 드링크가 있거나 이름이 이상한 DJ가 있는 파티.
- 백화점에서 6~7시에 열리는 파티.
- 도착했더니 '일반 손님'이 반 블록을 채울 정도로 줄을 서 있고, 아이패드를 든 PR팀 여자가 줄을 서지 않고 바로 들여보낼 사람이 적힌 다른 리스트를 들고 있으며, 당신이 그 '다른' 리스트에 올라 있지 않은 파티.
- 다음과 같은 문구가 보이는 파티. '안쪽에서 촬영이 진행 중이며, 귀하의 모습이 담긴 사진이 홍보 목적으로 사용될 수 있습니다…'

당신이 어떤 패턴으로 사회생활을 하든, 어느 단계가 되면 너무 깊이 빠져 잠이 부족해지는 때가 온다. 하지만 나처럼 직업으로 술을 마시는 사람에게는 숙취가 근무 시간의 일부가 된다. 수년간의 연구 끝에, 가끔은 해장술과 곁들인 아주 미국적이고 기름진 음식만이 이 숙취를 끝낼 유일한 방법이 된다는 사실을 알게 되었다.

파파이스 스파이시 치킨 샌드위치
& 슈냉 블랑 펫낫

지금은 오래전 이야기가 됐지만, 이 샌드위치가 출시됐을 때 그 전례 없는 광란은 선을 넘을 정도였다. 엄청난 광고 공세로 파파이스의 모든 치킨이 동났고, 〈뉴요커 New Yorker〉마저도 이 열기에 동참하며 '미국을 구할 파파이스 치킨 샌드위치'라는 헤드라인을 내보냈다. 나도 용감하게 뛰어들어 기나긴 2번의 대기 끝에 1개를 손에 넣었고, 힘은 들었지만 실망스럽지 않았다. 치킨은 촉촉하고 부드러웠고, 짭짤한 닭 껍질은 완벽하게 바삭해서 부스러기를 손으로 받아야 할 정도였다. 그 다음 은은한 매콤함이 지나가며 브리오슈 번의 달콤함과 피클의 새콤함이 어우러졌다.

이 맛을 최대한으로 즐기려면 와인 세계에 화려하게 컴백한 스파클링 와인 펫낫 pét-nat이 필요하다. 펫낫은 간결성과 애정이 모두 담긴 페티앙 나뚜렐의 줄임말이다. 펫낫의 제조 방법은 알려진 중 가장 역사가 긴 편에 속하며, 다른 스파클링 와인의 제조 방법보다 더 자연적인 방법으로 여겨진다(스파클링 와인 제조법에 대한 더 자세한 내용은 62쪽 참조). 역사가 하도 길어 프랑스에서는 이를 메소드 앙세스트랄 Méthode Ancestrale(조상의 방법 - 옮긴 이)이라고 부를 정도다. 그러니 펫낫을 만드는 제조자들이 포도 재배와 와인 제조 과정에 최대한 간섭하지 않는 방식을 추구한다는 사실도 그리 놀랍지 않다. 펫낫은 샴페인과 달리 과즙이 개별 병에 담기기 전에 발효가 시작되기 때문에 포도즙을 와인으로 바꾸기 위해 아무것도 첨가하지 않아도 된다. 이렇게 만들어지는 와인의 스타일은 아주 다양하지만, 대개 완전히 맑지 않고 약간 탁하며, 샴페인보다 기포가 적다. 또 시큼한 맛이 나고 드라이한 경우가 대부분이지만, 달콤한 펫낫도 있다.

파파이스의 스파이시 프라이드 치킨 샌드위치에는 루아르 밸리에서 만든 펫낫이 잘 어울린다. 루아르는 이 와인을 다시 주류로 되돌리는 데 앞장선 지역이다. 특히 슈냉 블랑 품종은 산미가 높아 튀긴 음식과 페어링하기 좋다. 펫낫 와인에는 효소의 구수한 풍미가 있어 치킨의 바삭한 튀김옷과 어우러지고, 그중에서도 슈냉 블랑 펫낫은 시트러스 풍미가 더 강해 매콤한 케이준 소스와 훌륭하게 어울린다.

펫낫에 특유의 냄새가 있다고 말하는 사람이 많다. 사실이며 그리 유쾌한 향은 아니다. 펫낫에서 풍기는 강렬한 냄새는 휘발성 산, 또는 브레타노미세스 Brettanomyces라는 어려운 용어로 불리는데(와인 업계 사람들은 'VA'나 '브렛'이라고 줄여서 부른다), 개입을 많이 하지 않고 만든 와인에서 흔하게 발생한다. 이 냄새가 긍정적으로 작용할 때는 농장에 온 듯한 흥미로운 풍미와 함께 날카로운 과일 향을 선사한다. 반대쪽 끝으로 가면 식초나 네일 리무버처럼 누군가는 너무 심하다고 느낄 정도로 선을 벗어난 듯한 향이 난다. 하지만 이 독특한 음색들이 적절히 어우러지면 당신만을 위한 격렬하고도 도회적인 음악이 된다.

$$ 라 그라페리 "뷔에아즈" 펫낫 La Grapperie "La Bueilloise" Pét-Nat ☀🌀

$$ 레 카프리아데스 펫 섹 메소드 앙세스트랄 Les Capriades Pet'Sec Methode Ancestrale ☀🌀

다리는 생각하지 마!

많은 사람이 다리에 집착한다. 사람의 다리는 아름답지만, 와인 잔 안쪽을 타고 흘러내리는 다리들은 블라인드 테이스팅을 제외하면 별로 쓸 데가 없다. 이론적으로는 이런 와인 레그leg를 보면 알코올 도수의 정도나 당분 함유량을 알 수 있다. 도수나 당분이 높으면 와인이 잔 안에서 조금 더 느리게 움직이며 굵은 선을 만들기 때문이다. 하지만 이런 이론은 좋게 말해도 낡은 관습이고, 나쁘게 말하면 무의미하고 터무니없는 방법이다. 와인 레그를 정확히 해석하는 것은 거의 불가능한 데다, 개인적으로 와인을 마셔보고 알 수 없는 것을 읽어낼 만큼 기술적으로 이 방법을 활용할 수 있는 사람은 한 번도 본 적 없다. 현실적으로는 그냥 라벨을 읽어 보면 알코올 도수를 알 수 있고, 당분 함유량이나 라벨에 나오지 않는 궁금증은 구글 검색으로 모두 해결된다.

캇츠 델리 파스트라미 샌드위치
& 칠레 까르미네르

뉴욕에서 캇츠Katz's만큼 상징적인 샌드위치 가게는 또 없을 거다. 안에 들어가는 고기만 해도 만드는 데 몇 주나 걸린다. 고기를 재우는 과정, 양념, 훈제 과정을 거치며 풍미가 층층이 쌓이고, 사람들은 클래식한 파스트라미 페어링인 닥터 브라운 셀레이 소다 Dr. Brown's Cel-Ray soda(셀러리 향 탄산음료 - 옮긴 이)만이 이 샌드위치에 어울린다고 말하곤 한다. 그래서 이 교리에 반기를 드는 내 말을 듣지 않을지도 모른다. 하지만 칠레 까르미네르는 셀레이 소다라는 주연을 대체할 아주 괜찮은 대체 배우다.

까르미네르Carménère는 보르도에서 잊힌 품종 중 하나지만, 블렌딩용으로 조금씩 재배되던 이 포도는 칠레에서 스타로 다시 태어났다. 하지만 까르미네르가 프랑스에서 남아메리카로 넘어간 것은 한 세기도 더 전의 일이기 때문에 하루아침에 이루어진 성공도 아니고, 전 세계적인 것도 아니다. 1990년대 중반 칠레의 와인 제조사들이 DNA 검사를 진행했을 때, 자신들이 지난 백 년 동안 메를로인 줄 알고 포도원 반절을 할애해 재배했던 포도가 사실은 까르미네르였다는 사실을 깨닫고 나서야 유명세를 얻기 시작한 것이다. 다행히도 이 오해 덕에 호밀빵 파스트라미 샌드위치에 완벽하게 어울리는 독특한 감칠맛이 있는 레드와인이 탄생했다. 풍부한 과일 향이 만든 틀 안에 선명한 후추, 허브, 유칼립투스, 청피망 향이 돋보이는 이 와인은 한 모금 마시자마자 캇츠의 클래식 파스트라미 스파이스 블렌드와 편안하게 녹아든다.

$ 까사 라포스톨 뀌베 알렉상드로 아팔타 빈야드 까르미네르, 아팔타스 Casa Lapostolle Cuvée Alexandre Apalta Vineyard Carménère, Apaltas ✺

$$ 뷰 마넨 "엘 인시덴테" 까르미네르, 콜차구아 Viu Manent "El Incidente" Carménère, Colchagua ⚜✺

$$$ 에라주리즈 "카이" 까르미네르, 아콩카과 밸리 Errazuriz "Kai" Carménère, Aconcagua Valley ✺

도리토스 치지 고르디타 크런치
& 도이처 젝트

독일 사람들은 젝트Sekt를 정말 많이 마신다. 젝트는 '스파클링'을 뜻하는 독일어다. 전 세계에서 매년 생산되는 스파클링 와인은 대략 20억 병 정도인데, 그중 4분의 1이 독일에서 소비되고, 독일에서 생산되는 스파클링 와인 중 80%가 독일 내에서 소비된다. 그래서 젝트가 미국에서 샴페인이나 프로세코만큼 흔하지 않은 것이다.

독일 스파클링 와인을 보면 라벨에 '도이처 젝트 베쉬팀터 안바우게비테Deutscher Sekt bestimmter Anbaugebiete'나 '빈처젝트Winzersekt'라고 쓰여 있는지 확인해 볼 것. 첫 번째 명칭은 그 와인이 독일의 지정 와인 생산 지역 13곳 중 하나에서 만들어진 고품질 스파클링 와인이라는 것을 의미한다. 그냥 '젝트'라고만 명시되어 있는 와인은 품질이 좋지 않다. 빈처젝트는 최상급 품질 명칭으로, 이 와인이 단일 품종으로 만들어졌고 와이너리에서 직접 재배한 포도를 사용했음 estate grown (에스테이트 그로운)을 의미한다. 이런 와인들은 보통 리슬링으로 만들지만, 샤르도네, 피노 그리, 피노 블랑도 사용하고, 피노 누아로 핑크색 스파클링 와인을 만들기도 한다. 드라이한 정도를 나타내는 단계들은 샴페인과 비슷하다. 브뤼 Brut 까지는 드라이하다는 뜻이고, 가장 대중적으로 마시는 단계이자 꼭 한 번 마셔봐야 하는 와인이다.

이 독특한 스파클링 와인은 마치 포크와 나이프로 식사를 하는 태즈메이니아데빌(작은 곰과 비슷하게 생긴 주머니고양이과 포유류 - 옮긴 이)을 보는 듯 활기가 넘치면서도 교양 있는 풍미를 자랑한다. 도리토스에 매운 소스, 나초 치즈, 랜치 등 어떤 소스를 곁들이더라도 젝트의 싱그러운 과일 향과 생기 있는 산미는 치즈와 고기 가득한 타코벨의 고르디타를 빈틈없이 감싸 안는다.

$ 젝트켈러라이 올리히 젝트 "50 디그리스 N" 브뤼 바이스, 라인가우 Sektkellerei Ohlig Sekt "50 Degrees N" Brut Weiss, Rheingau 🌸

$$ 바인굿 로버트 바일 리슬링 젝트 브뤼, 라인가우 Weingut Robert Weil Riesling Sekt Brut, Rheingau 🌸 ☀️

$$$ 페터 라우어 리제르바 리슬링 젝트 빈티지 브뤼, 모젤 Peter Lauer Reserve Riesling Sekt Vintage Brut, Mosel ❄️ ☀️

핫도그
& 이탈리안 로사토

누구에게나 늘 고집하는 핫도그 토핑이 있을 것이다. 각자 취향이 다양하니 그 모든 소스에 어울리는 와인을 찾기는 쉽지 않지만, 사람들의 눈길이 잘 닿지 않는 이탈리안 로사토라는 범주에 이 많은 취향을 만족시킬 후보가 있다.

로사토는 이탈리아에서 로제 와인을 부르는 말이긴 하지만, 햄프턴 같은 곳에서 여름을 보내며 마시는 전형적인 로제와는 다르다. 이 와인들, 특히 남부 이탈리아에서 만드는 로제 와인에는 아말피 해안만의 세련된 매력이 담겨 있으며, 통통 튀는 활기와 함께 딸기, 수박, 선인장 열매의 풍미가 가득하다. 석류 같은 분홍색부터 루비처럼 짙은 붉은색을 띠는데, 포도의 재배 장소나 와인 제조 과정에서 포도 껍질과 함께 숙성되는 기간에 따라 달라진다. 알리아니코 Aglianico 나 체라수올로 Cerasuolo 처럼 제멋대로 날뛰는 매력이 가득한 포도로 만드는 이 와인들은 '잔에 담긴 여름'이라는 수식어가 가장 잘 어울린다. 한 모금 마실 때마다 옥색 해안과 햇살이 느껴지고, 밀도 있게 들어찬 과일 향과 함께 은은한 바다 향기가 넘실거린다. 내가 좋아하는 핫도그와 함께 곁들이면 이 와인의 톡 쏘는 풍미가 사우어크라우트의 맛을 누그러뜨리고, 약간의 소금기는 케첩에 풍성함을 더한다. 거기에 지중해에서 만들어진 이 와인들은 강한 타닌과 산미를 자랑해 소시지의 기름기를 완화하며 입안을 말끔히 씻어줄 것이다.

$ 페우디 디 산 그레고리오 로사우라, 캄파니아 Feudi di San Gregorio Ros'Aura, Campania 🌸

$$ 디 페르모 "레 친체" 체라수올로 다브루쪼 De Fermo "Le Cince" Cerasuolo d'Abruzzo ❄️ 🌸

아비스 로스트 비프
& 루아르 밸리 까베르네 프랑

제일 좋아하는 적포도 품종이 무엇이냐는 질문을 받으면, 까베르네 프랑은 늘 최종 후보에 오른다. 아니, '캡 Cab'이 아니라 오리지널 갱스터 까베르네를 말하는 거다. 재배지가 어디든 이 품종은 늘 가장 흥미롭다. 숙성 기간이 긴 것, 길지 않은 것, 화려한 것, 단순한 것, 탱크에서 숙성한 것, 오크에서 숙성한 것 모두. 이 전설적인 품종을 대표적으로 사용하는 프랑스 루아르 밸리의 아펠라시옹 2곳은 부르괴이유 Bourgueil 와 소뮈르 샹피니 Saumur-Champigny 다.

괜찮은 까베르네 프랑을 모른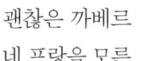

스월링 연마하기

와인에 공기를 닿게 하는 스월링의 목적은 향을 끌어내는 것이다. 이를 두고 와인이 '열린다'라고 말한다. 하지만 스월링은 미끄러운 경사 길과 같다. 공기가 적당히 들어가면 와인이 지닌 특성이 깨어나지만, 너무 많이 들어가면 와인이 완전히 산화되어 향이 다 날아가기 때문이다. 그래서 스월링이나 디캔팅을 하기 전에 꼭 향을 먼저 맡아보고 와인이 얼마나 열려 있는지 확인해야 한다. 만약 잔에 따른 와인이 전력으로 향을 내뿜고 있다면, 섣불리 스월링해서 향을 내보내지 말 것. 하지만 향이 잘 느껴지지 않는다면 스월링을 하거나 코팅하듯 잔을 한 번쯤 돌려봐도 좋다.

향을 맡을 때는 입을 살짝 열어야 한다. 이비인후과 의사가 귀, 코, 목을 모두 진료하는 데에는 이유가 있다. 모두 연결되어 있기 때문이다. 그래서 입을 통해 통로를 살짝 열어두면 와인을 마시지 않아도 우리의 미각은 코로 들어온 향을 함께 감지한다.

잔 안에 있는 모든 것을 빨아들이겠다는 패기로 힘차게 숨을 들이마실 필요는 없다. 이렇게 하면 오히려 감각기관의 기능이 둔해져 아무것도 느끼지 못한다. 천천히, 조금씩 공기를 들이마시고 내쉬며 향에 집중하면 된다.

다면 귀 기울여 들어주길 바란다. 이 2곳의 까베르네 프랑은 모두 까베르네 소비뇽에서 느낄 수 있는 딸기, 커런트, 라즈베리 같은 붉은 과일 향을 지니고 있지만, 연필 같은 풍미, 피망, 말린 담뱃잎과 같은 풍미가 입체감을 더해준다. 이런 와인들은 중독성이 아주 강하고 매혹적이어서 한 번 향을 맡으면 바로 두 번, 세 번 맡고 싶은 충동이 든다. 진짜 프로처럼 보이고 싶다면, 이 와인을 브르통 Breton 이라고 부르면 된다. 이 지역 사람들이 이렇게 부른다.

단순하고 깔끔한 스타일이든 복합적이고 밀도 있는 스타일이든 까베르네 프랑의 스파이시함과 미디엄 바디는 아비스 Arby's 의 미디엄 레어 로스트 비프와 참깨가 올라간 번에 퍼즐 조각처럼 꼭 들어맞는다. 하지만 제일 중요한 요소는 달콤하고 톡 쏘는 아비스의 소스와 사악하게 맛있는 홀스래디쉬 소스를 섞는 것이며, 이렇게 해야만 진정한 경험을 할 수 있다. 물론 냅킨 반 통은 필수다. 톡 쏘는 맛과 스파이시함은 까베르네 프랑의 천성이고, 복잡하지 않으면서도 우리가 던지는 모든 풍미를 멋지게 받아낸다.

$ 고티에 페호 에 피스, 도멘 두 벨 에어 부르괴이유 "주르 드 수와프" Gauthier Père et Fils, Domaine du Bel Air Bourgueil "Jour de Soif" ☀🌿

$$ 카트린느 에 피에흐 브르통 "레 페이에흐" 부르괴이유 Catherine et Pierre Breton "Les Perrières" Bourgueil ☀🌿✹

$$$ 끌로 루자르 "레 끌로" 소뮈르 샴피니 Clos Rougeard "Les Clos" Saumur-Champigny ☀🌱✹

셰이크 쉑 버거
& 오스트레일리안 쉬라즈

셰이크 쉑은 아무리 먹어도 안 질린다. 호르몬이나 항생제를 먹이지 않은 소고기를 사용하고, 완벽한 크링클 감자튀김을 만드는 등 여러 이유가 있지만, 가장 중요한 요소인 그리들에 구운 패티와 독특한 소스, 감자가 들어간 번이 모여 최고의 햄버거를 만들어내기 때문이다. 여러모로 셰이크 쉑은 패스트푸드인 햄버거도 존중받을 수 있는 새

로운 시대를 열었다. 호주 쉬라즈 Shiraz 도 이와 비슷하게 이미지 재설정이 필요한 와인이다. 특징도 없이 대량으로 생산된 버전이 여기저기 유통되며 이름값이 떨어졌기 때문이다. 하지만 정말 괜찮은 호주 쉬라즈를 마셔보면 왜 그렇게 모조품이 많은지 알게 된다.

쉬라즈는 프랑스 쉬라의 호주 버전으로 같은 품종인데 이름만 다른 것이다. 기후가 따뜻한 아래쪽 지역에서는 화려한 풍미에 후추 향이 감돌고, 밀도 짙은 타닌이 있어 셰이크 쉑의 그을린 패티와 아주 잘 어울린다. 또 무르익은 과일 향과 섬세한 흙 향은 달콤한 감자 번 '마틴스 롤 Martin's roll' 과 조화를 이룬다.

바로사 밸리 Barossa Valley 나 맥라렌 베일 McLaren Vale 처럼 호주 남쪽 지역에서 생산되는 전통 스타일 와인은 바디와 알코올이 묵직하고, 신세계 고품질 와인의 정수인 과일 향과 타닌을 자랑한다. 남부보다 기후가 약간 서늘한 야라 밸리 Yarra Valley 나 절롱 Geelong 같은 지역의 와인은 중간 정도의 바디에 우아한 풍미를 지닌다 (스타일이론 밸리 버전과 비슷하기 때문에 이따금 라벨에 쉬라고 명시하기도 한다). 그 외 쿠나와라 Coonawarra 나 에덴 밸리 Eden Valley 의 와인은 이 둘 사이쯤 어딘가에서 유쾌한 풍미를 선사한다. 그러니 다음번에 셰이크 쉑을 먹을 때는 흔히 보이는 값싼 쉬라즈가 아니라 이 포도를 제대로 대우하는 제조사들의 고품질 쉬라즈를 곁들여 보길.

$ 토브렉 "우드커터스" 쉬라즈, 바로사 밸리 Torbreck "Woodcutter's" Shiraz, Barossa Valley ❄✹

$$ 클라렌던 힐스 "히킨보탐" 쉬라, 맥라렌 베일 Clarendon Hills "Hickinbotham" Syrah, McLaren Vale ✹

$$$ 펜폴즈 세인트 헨리 쉬라즈, 사우스 호주 Penfolds St. Henri Shiraz, South Australia ❄✹

CHAPTER 6

와인과 함께하는
아침 식사

최고의 아침을 만들어주는 와인 한 잔

"인쇄해서 보세요"라는 제목의 이메일을 받았다. 나는 메일을 따라 첨부 파일을 열어 문서를 인쇄했다.

새로운 상사가 너무 바빠 보여서, 최대한 방해하지 않으려 노력하며 책상 위에 문서를 놓고 나왔다. 상사는 내가 나가자마자 문서를 집어 들었다. "이 멍청아, 이게 뭐야?" 그는 이렇게 말했다. "단면으로 인쇄됐잖아! 낭비한 종잇값은 네 월급으로 채워." 상사는 문서를 내 얼굴에 던졌고, 종이들은 온 바닥에 흩뿌려졌다. "다 주워서 나가."

웨이트리스를 그만두고 와인 업계에서 제대로 된 일을 잡았을 때 내가 받은 취급이다. 아니, 적어도 그당시에는 제대로 된 일이라고 생각했다.

이 분노 조절 장애 와인 덕후는 추레한 사무실에서 와인 교육 사업을 운영하는 사장이자 강사였다. 그리고 바깥 세상에서 내 상사는 마치 자석처럼 사람을 끌어들이는 매력적인 사람이었다. 수업은 보통 영업이 끝난 식당에서 진행됐고, 와인에 대한 열정으로 불타는 수집가들에게 과한 비용을 받았다. 늘 활짝 웃었고, 농담을 던지는 타이밍은 완벽했으며, 와인에 관해서라면 뭐든 아는 것처럼 보였다. 그래서 그가 조수 자리를 제안했을 때, 나는 이 사람이 내뿜는 광채에 몸을 녹일 행운아가 되었다고 생각했다.

처음부터 머릿속에 경고음이 몇 번이나 울렸었지만, 나는 그 후광이 사실 독가스였다는 사실을 너무 늦게 알아차렸다. 내 상사는 사무실에서 오고가는 모든 이메일을 숨은 참조로 받아 확인했다. 그리고 직원들의 컴퓨터에는 변경할 수 없는 설정이 되어 있었는데, 이 미친 와인 덕후가 우리 중 누구에게 이메일을 보낼 때마다 구역질이 날 정도로 요란한 알림이 "핑PING" 하고 울렸다. 자기가 급한 메시지를 보냈으니 빨리 확인하라는 뜻이었다.

핑 : "그 사람한테 전화했어?" (이런 지시를 내린 적이 없다.)

핑 : "대체 왜 이 사람들한테 우리가 저녁 식사 비용을 낸다고 말한 거야?" (이전에 이메일로 우리가 낸다고 직접 말했다.)

핑 : "너무 늙어서 머리가 안 돌아가는 겁니까?" (내 동료였던 50대 여성분에게.)

그나마 나왔던 2년 동안에도 늦은 밤 내가 얼마나 멍청한지를 다양하게도 표현한 문자들에 시달렸고, 아침에 몇 분 지각하거나 책상에서 점심을 먹었다는 이유로 엄청난 언어폭력을 당해야 했으며, 예측하지 못한 이유로 일어난 일들로 일상처럼 해고 협박을 받았다. 상사는 다른 사람의 행복을 산산이 부술 때 가장 행복해 보였다. 어머니를 이름으로 부르는 그런 작자이기도 했다(엄청 큰 경고음이었다). 그리고 종종 아들을 도우러 사무실에 들렀던 그 다정한 어머니가 집에 돌아가시면 "그 사람은 쓸모없는 늙은 개야" 같은 말을 서슴없이 했다. 자신의 어머니에게.

언젠가 뉴욕에서 가장 사랑받는 프렌치 레스토랑 중 한 곳에서 행사가 열렸고, 상사는 셰프이자 소믈리에와 바에 앉아 있었다. 내가 체크인을 하려고 걸어나가자, 술에 취한 상사는 내가 누군가에게 선물을 주는 일을 잊어버렸다며 잔소리를 시작했다.

"얼마나 멍청하면 그런 간단한 일도 잊어버리는 거야?" 상사는 얼굴이 붉어질 정도로 화를 냈다. "그만하면 된 것 같네요." 친절하게도 눈을 다른 곳에 두고 있던 소믈리에가 보다 못해 말릴 정도였다.

그러다 어느 금요일 저녁, 샴페인을 마시다 사태는 정점에 이르렀다. 물론 당신이 생각하는 그런 식은 아니다. 나는 재고 점검을 위해 남아 있었고, 사무실에는 금방이라도 무너질 듯한 거대한 선반이 있었다(위험하다고 몇 번이나 얘기했다). 정확하게 세려고 병을 살짝 짚으며 개수를 확인하고 있었는데, 순간 선반이 크게 흔들리더니 와인 몇 병이 선반에서 떨어졌다. 그중 하나는 내 머리 위에 떨어졌고, 나는 그대로 기절했다. 다행히도 늦게까지 일하던 동료가 나를 발견해 무사할 수 있었다.

이 미친 상사는 처음에 내 탓을 하다가, 다음에는 자신의 아내를 보내 나를 달랬다. 소송이 무서워서 그랬던 것 같다. 머리를 다쳐서 그랬는지, 아니면 상사만큼 그의 아내를 무서워하지 않아서 그랬는지 모르겠지만, 나는 마침내 목소리를 내 그녀의 남편이 한 행동을 지적했다.

다음날 출근길, 나는 아버지에게 전화해 싸울 용기도 없지만 그만둘 용기도 없다고 시인했다. "지금 너한테 최선의 상황은 해고뿐인 것 같다." 아버지는 이렇게 말했다. 나는 마치 이미 결정된 것처럼 회사로 걸어 들어가 그 자리에서 잘렸다.

충격에 휩싸인 나는 사무실을 나와 밖을 정처 없이 돌아다니다 내 친구 모건이 운영하는 서평 샵 새러데이 NYC를 발견했다.

"무슨 일 있어? 괜찮아?" 내 표정을 본 모건이 이렇게 물었다. 얘기를 듣고 난 모건은 이내 내 노트북을 가지고 돌아왔다. 그리고는 지난 몇 년간 함께 일했던 모두에게 내가 이직하게 되었으며, 일할 곳을 찾으면 연락하겠다는 말과 함께 감사를 전하는 메일을 쓰도록 도와주었다. 종이컵에 와인을 따라 도넛과 함께 먹으며 메일을 작성한 뒤, 우리는 내가 알던 모두에게 그 메일을 전송했다. "나쁜 말은 절대 쓰지 마." 모건은 말했다. "네가 말하지 않아도 결국 알게 될 테니까."

몇 시간 뒤, 나는 캘리포니아에서 온 메일 한 통을 받았다. 행사와 세미나에서 여러 번 마주쳤던, 나와 최고의 와이너리에서 일하는 매니저가 보낸 것이었다. "예상은 했어요." 그녀는 이렇게 말했다. "지난번에 봤을 때 얼굴이 너무 안 좋았거든요." 그 편지에는 따뜻함과 응원이 넘쳤고, 자신이 뉴욕에 돌아가면 꼭 전화하겠다는 말도 적혀 있었다. "질문이 있는데 혹시 영업직을 해볼 생각 있어요?" 그녀가 물었다.

며칠 지나지 않아 그녀는 뉴욕에서 가장 큰 와인 유통 회사의 사장에게 전화해 면접을 주선해주었다. 그리고 몇 주 지나지 않아 나는 와인 영업부에서 새로운 일을 얻었다.

진부한 말이지만, 이렇게 많은 정크 푸드를 먹으면서 배운 점은 내가 단단히 서 있었다면 나쁜 상사도 나를 힘들게 할 수 없었을 것이라는 사실이었다. 다시는 누군가가 나를 함부로 대할 수 없게 할 것이라고 다짐하게 되었다. 더 중요하게는 나를 사랑하는 사람들의 말에 귀 기울이는 법을 배웠다. 당신은 아니라고 생각할지 몰라도, 친구와 가족들은 알고 있다.

당신의 길을 막고 있는 모든 미친 상사 옆에는 크나큰 기회가 있다. 이 기회를 보기 위해 필요한 것은 이따금 아침 식사와 곁들이는 와인일지도 모른다.

허니 너트 치리오스
& 멘도자 샤르도네

믿기 힘든 사실이지만, 아르헨티나 바깥에 있는 사람들이 아르헨티나 와인에 대해 알거나 마시기 시작한 것은 채 50년이 되지 않았다. 지금은 우리가 가는 거의 모든 곳의 와인 리스트나 선반에서 멘도자 말벡Mendoza Malbec이라는 이름이 붙은 아르헨티나 와인을 볼 수 있다. 캘리포니아 메를로가 90년대에 밟았던 길을 뒤따라오고 있는 것이다.

하지만 말벡이 아닌 품종으로도 멘도자를 만들고, 이 와인들의 품질이 엄청나게 좋으면서도 말도 안 되게 저렴하다는 사실은 잘 알려지지 않았다. 내가 가장 좋아하는 멘도자는 샤르도네다. 늘 와인 예산을 아끼고 싶으면 덜 알려진 품종을 찾으라고 계속 말하긴 했지만(더 많은 정보는 121~122쪽 참조), 이렇게 다른 방법도 있다. 사랑하는 샤르도네를 포기하고 싶지는 않지만, 그렇다고 나파나 버건디 와인에 늘 어마어마한 가격을 지불하는 것은 원치 않는다면, 품질 좋은 와인 생산지로 알려진 곳을 잘 찾아보자.

산악 기후 지역 중에서도 서늘한 곳에서 재배되는 멘도자 샤르도네는 신세계 와인 치고 미네랄 풍미가 놀랍도록 강렬하다. 흔히 미국 와인에 기대하는 구운 듯한 오크 향도 있지만, 다른 신세계나 캘리포니아보다는 버건디 샤르도네에 가까운 산뜻한 사과 향, 멜론 향과 함께 조개껍데기가 연상되는 짭짤함을 자랑한다.

반면, 세속적인 단짠단짠이 가득한 허니 너트 치리오스Honey Nut Cheerios는 설명이 필요 없다. 흥미롭게도 허니 너트 바깥에 코팅된 아몬드 맛 에센스는 복숭아와 살구씨의 자연 풍미를 활용해 만든다. 그리고 아몬드, 귀리, 코코넛, 일반 우유 등 우리가 좋아하는 어떤 우유를 넣어도 이 크리미하고 달콤한 맛은 그대로다. 훈연 향과 매끄러움을 지닌 멘도자 샤르도네도 이와 비슷하게 크리미한 점도를 자랑하며, 그릇 밑바닥에 남은 달콤한 견과류 맛은 와인에 있는 과일 향과 미네랄 풍미, 짭짤함을 끌어낸다. 왜 더 일찍 아르헨티나 와인과 시리얼을 함께 먹지 않는지 궁금해질 정도일 것이다.

$ 알타 비스타 "클래식" 리제르바 샤르도네 Alta Vista "Classic" Reserva Chardonnay ☀

$$ 루카 "G 롯" 샤르도네 Luca "G Lot" Chardonnay ☀

$$$ 카테나 자파타 아드리아나 빈야드 "화이트 본즈" 샤르도네, 괄타라리 Catena Zapata Adrianna Vineyard "White Bones" Chardonnay, Gualtallary ☀☀❆

럼버잭 브렉퍼스트
& 모스카토 다스티

럼버잭 브렉퍼스트Lumberjack Breakfast는 달걀, 햄, 베이컨, 소시지, 버터와 메이플 시럽을 뿌린 팬케이크를 함께 먹는 든든한 식사다. 편안하고 위안을 주는 풍미와 질감이 가득하며, 아주 미국적인 음식이 한 접시에 모두 담겨 있다. 게다가 하루 중 어느 때나 먹을 수 있는 음식이기도 하다.

하지만 럼버잭과 곁들이는 음료로 미모사를 선택하지는 말자. 당신은 그보다 괜찮은 걸 마실 자격이 있다. 럼버잭도 마찬가지다. 그보다는 더 나은 취급을 받아야 한다. 달콤한 단백질과 탄수화물 폭탄인 럼버잭을 먹을 때는 가볍고 산뜻하고 달콤한 음료가 필요한데, 이 기준에 완벽하게 맞는 와인은 모스카토 다스티 Moscato d'Asti다. 모스카토 다스티는 이탈리아 북부 아스티Asti에서 모스카토 품종으로 만든 와인이며, 그중에서도 시트러스와 우아한 꽃향이 가득한 모스카토 비앙코 Moscato Bianco는 특히 품질이 좋다. 이 와인들은 숙성 과정을 거치며 약한 탄산을 지니게 되고, 알코올 도수도 약 5.5%로 낮아 낮술로 아주 적합하다.

럼버잭을 먹을 때는 미각이 시럽 속에서 헤엄치고 있을 것이기 때문에, 가장 중요하게 생각해야 할 요소는 달콤함이다. 당분이 높은 음식을 먹으면 와인이 쓰게 느껴진다. 이 단맛을 중화하려면 딱 그만큼 달콤한 와인을 곁들여야 한다. 달콤한 화이트와인은 감칠맛이 풍부한 음식, 특히 돼지고기와 늘 잘 어울린다. 멈출 수 없는 달콤함과 짭짤함의 조화를 만들어내기 때문이다. 게다가 모스카토의 탄산은 한 모금 마실 때마다 달걀노른자의 묵직함을 가볍게 닦아낸다. 팬케이크의 폭신함은 와인의 산뜻함으로 부각되고, 고소한 반죽 풍미는 싱그러운 과일 향으로 가벼워진다. 주의할 점은 대량 제조로 만든 것과 섬세하게 생산한 모스카토 다스티는 품질 차이가 크다는 것이다. 다행히 가격은 그렇게 비싸지 않아 간단하지만 늘 만족스럽고, 원할 때 언제나 즐길 수 있으니 당신만의 작은 축제에 곁들여보길 바란다.

$ 미켈레 끼아를로 "니볼레" 모스카토 다스티Michele Chiarlo "Nivole" Moscato d'Asti ☀
$ 라 스피네타 "비앙코스피노" 모스카토 다스티La Spinetta "Biancospino," Moscato d'Asti 🌱🍃

크리스피 크림 글레이즈 도넛
& 끄레망 드 부르고뉴

샴페인처럼 비싸지는 않으면서도 꽤 괜찮은 스파클링 와인을 찾는다면, 끄레망을 돌아보자. 끄레망은 샴페인과 제조 방법은 비슷하지만 숙성 요건이 다르고, 프랑스 내 9개 지역에서 만들어진다(룩셈부르크에서도). 각 끄레망은 제조 지역에 따라 이름이 정해지고, 그 지역 스틸 와인 still wine (발포성이 아닌 일반 와인 - 옮긴 이)과 같은 품종으로 만들어진다. 그래서 끄레망 달자스 Crémant d'Alsace와 끄레망 드 보르도 Crémant de Bordeaux는 서로 다른 두 지역에서 다른 품종을 사용해 같은 방법으로 만든 스파클링 와인이다.

'핫 나우 Hot Now' 사인에 불이 들어오면, 클래식한 크리스피 크림 도넛이 끄레망 드 부르고뉴를 부른다. 강한 풍미와 산미, 산뜻함을 자랑하는 이 와인은 샤르도네와 피노 누아, 가메이, 피노 블랑, 피노 그리, 알리고테, 믈롱 드 부르고뉴 Melon de Bourgogne를 사용해 만든다. 그리고 버건디와 샴파뉴는 지리적으로 매우 가까워 이 두 지역의 스파클링 와인은 꽤 비슷한 풍미를 낸다. 비록 버건디는 숙성 기간이 짧고 위도가 낮아 샴페인의 복합적인 풍미를 따라올 수는 없지만, 하지만 달콤하고 폭신한 글레이즈 도넛을 한 입 베어 물면 깔끔하면서도 가격이 비싸지 않은 와인을 찾게 된다. 끄레망 드 부르고뉴는 숙성 요건이 까다롭지 않아 지갑 사정에 알맞으면서도 단순하고 직선적인 즐거움을 선사해 줄 것이다.

$ 루이 부이요 끄레망 드 부르고뉴 펄 드 비뉴 그란데 리제르바 브뤼 Louis Bouillot Crémant de Bourgogne Perle de Vigne Grande Reserve Bruts ✹

$ 도멘 셀린 에 로랑 트리포 끄레망 드 부르고뉴 나뛰르 Domaine Celine et Laurent Tripoz Crémant de Bourgogne Nature ❋🍬

$$ 바이 라피에르 "비브 라 주아" 브뤼 끄레망 드 부르고뉴 Bailly-Lapierre "Vive-la-Joie" Brut Crémant de Bourgogne ✹

초콜릿 칩 팬케이크
& 스파클링 쉬라즈

아마 '스파클링'과 '쉬라즈'가 함께 붙어 있는 와인은 본 적이 없을 것이다. 만약 본 적이 있다면, 마음껏 잘난 체해도 좋다. 탄산이 들어 있는 호주산 레드와인이 이상하게 느껴질 수는 있지만, 사실 이 와인들은 1881년부터 멜버른 빅토리안 샴페인 컴퍼니 Victorian Champagne Company에서 만들어졌다. 그러니 이 와인을 한 번도 접해보지 않았다면, 지금이 아주 좋은 기회다.

호주 남부라고 불리는 대륙 끝자락의 와인 생산 지역에서 만들어지는 스파클링 쉬라즈는 매우 넓은 지역에 흩어진 아주 많은 하부 지역에서 생산된다. 현재까지는 대부분 호주 국내에서 소비되고 있으며, 유행의 중심은 아니지만 점점 인기를 얻으며 수출량도 증가하고 있다. 일반 쉬라즈와 마찬가지로 스파클링 쉬라즈도 잉크처럼 짙고 싱그러운 블랙베리 향과 제비꽃 향으로 가득하지만, 팬케이크에 초콜릿 칩을 추가하는 바로 그런 사람들이 끌릴만한 톡톡 튀는 열정이 담겨 있다.

당도는 오프 드라이에서 완전히 달콤한 종류까지 있으며, 성가시게도 제조사들을 하나하나 찾아보거나 와인 담당 직원의 도움을 받지 않으면 혼자 알아내기 쉽지 않다. 하지만 이 페어링을 할 때는 별로 중요하지 않다. 시럽과 팬케이크의 달콤함이 그 어떤 품종의 달콤

함도 누그러뜨릴 것이기 때문이다(단것에 단것이 더해져 넘쳐흐르는 상황에서 우리의 입은 오히려 더 많은 감각을 받아들일 수 있게 된다). 거기에 균형을 맞춰주는 은은한 산미는 자칫 더부룩하게 느껴질 수 있는 초콜릿 팬케이크의 소화를 도와준다. 하지만 이 페어링의 진짜 비밀은 적포도가 지닌 약간의 타닌으로, 초콜릿 칩의 씁쓸한 맛을 은근히 강조해 이 달콤한 아침 식사에 아주 약간의 절제미를 더해준다.

팁: 스파클링 레드는 핑크나 화이트처럼 차갑게 마시면 안 된다. 너무 차가우면 와인에 함유된 타닌의 질감이 이상해지기 때문이다. 마시기 전에 살짝만 서늘하게 식혀주면(10~13°C) 완벽하다.

$ 브리스데일 스파클링 쉬라즈, 랑혼 크릭 Bleasdale Sparkling Shiraz, Langhorne Creek

$$ 몰리두커 "미스 몰리" 스파클링 쉬라즈, 맥라렌 베일 Molly-dooker "Miss Molly" Sparkling Shiraz, McLaren Vale ☀️🌿

$$$ 락포드 스파클링 블랙 쉬라즈, 바로사 밸리 Rockford Sparkling Black Shiraz, Barossa Valley ☀️

베이컨 에그 치즈 샌드위치
& 산토리니 아시리티코

뉴욕 시민으로서 가장 좋은 점은 아마 최고의 아침 샌드위치를 먹을 수 있다는 것이 아닐까? 뉴욕에 있는 스페인 식료품점들은 세계 최고의 베이컨 에그 치즈, BEC 샌드위치를 만드니까. BEC를 하루의 연료로 사용하는 누군가는 아침에 먹지만, 우리 중 다수는 긴 밤의 끝자락에 BEC를 주문한다. 그러니 BEC를 와인과 페어링하지 않을 이유도 없다. 산토리니 아시리티코 Assyrtiko라면 특히 더.

그리스인들은 와인을 현대에 선물했다. 그중에서도 잘 알려진 그리스의 섬 산토리니에서는 섬만큼이나 아름다운 품종 아시리티코로 와인을 만든다.

산토리니는 특별한 와인 생산 지역이다. 토양이 화산재와 화산암으로 구성되어 포도나무뿌리진다나 진딧물이 절대 뿌리까지 닿지 못하기 때문이다. 그래서 포도나무의 뿌리에 기생하는 이 날개 없는 해충들은 1860년대에 히치하이킹을 하며 유럽으로 넘어간다. 미국에 있는 사촌들과 달리 구세계의 포도나무들은 이 작은 암살자를 막아낼 방어체계를 구축하지 못했고, 절망적인 속도로 함락되었다. 그러나 과학자들은 마침내 접목에서 구원을 찾아냈다. 미국 포도나무의 뿌리에 유럽 포도 품종을 이어붙인 것이다. 현재 세계 와인 생산량의 85%는 접목 품종으로 제조된다. 하지만 산토리니에서 자라는 이 작고 뛰어난 녀석은 섬 밖으로 한 발짝도 나가지 않기 때문에 오늘날 세계에서 가장 오래된 비 접목 포도나무의 자리를 차지하고 있다. 이 품종의 풍미는 농축되고 복합적이고 순수하다고 묘사되곤 한다. 한 번쯤 마셔보고 싶지 않은가?

산토리니의 주요 품종 아시리티코는 둥글고 풍부한 바디를 타고난 와인으로, BEC를 포근하게 감싸 안는다. 산토리니에서 만든 아시리티코 와인은 잘 익은 시트러스와 과일 향이 있어 흘러나오는 치즈의 기름기를 씻어주고, 이 와인의 전통적인 특징인 짭짤한 미네랄리티는 베이컨을 만나 더욱 선명해진다.

$ 산토 와인 산토리니 아시리티코 Santo Wines Santorini Assyrtiko ☀️

$$ 도멘 시갈라스 산토리니 Domaine Sigalas Santorini ☀️

$$ 하지다키스 와이너리 "파밀리아" 산토리니 Hatzidakis Winery "Familia" Santorini ☀️🌿

에그 베네딕트
& 마케도니아 말라구시아

마케도니아는 2천 년도 더 전 로마와 비잔틴 제국 시대로 거슬러 올라가야 할 만큼 와인 제조 역사가 길지만, 아직 많은 부분이 서양에 드러나지 않은 곳이기도 하다. 자신들의 뿌리를 고수하는(실제 포도나무 뿌리) 마케도니아는 계속해서 토착 품종에 집중하며, 이 품종 대부분에는 낯선 애칭이 붙어 있다. 하지만 이 낯섦에 속지 말 것. 점점 더 많은 사람이 와인 세계의 구석구석을 탐험하면서 이 와인들의 수출량도 증가하고 있다.

그리스 마케도니아의 산간 지대에서는 말라구시아 Malagousia와 같은 품종으로 만든 흥미로운 화이트와인들이 생산되는데, 말라구시아는 포도 재배 초기부터 그 긴 역사를 이어오며 지금까지도 재배되고 있는 품종이다. 한때 멸종될 뻔했지만, 말라구시아의 부활을 과업으로 삼은 어느 농부의 노력으로 70년대에 되살아났다. 거의 20세대 동안 실종되었던 품종을 어떻게 뒷마당에서 찾아냈는지는 모르겠지만, 그 농부가 말라구시아를 찾아낼 수 있어서 진심으로 기쁘다.

말라구시아로 만드는 와인은 옅은 색부터 짙이 연상되는 짙은 색까지 다양하며(오크 통 숙성 여부에 따라), 늘 강렬한 아로마를 자랑한다. 잘 익은 복숭아와 꿀 향 사이사이에 청 피망과 바질과 같은 피라진 향 pyrazine(와인을 묘사할 때 사용하는 말로, 풀부터 허브, 매운 고추 같은 향을 의미한다)이 감돌며, 피니시에는 소금 한 꼬집을 넣은 듯한 짭짤함이 느껴져 에그 베네딕트와 환상적으로 어울린다. 말라구시아는 단독으로 와인을 만들기도 하고, 다른 그리스 토착 품종인 아시리티코과 혼합해 만들기도 한다(두 버전 모두 이 페어링과 잘 어울린다).

말라구시아는 약간 높은 알코올 도수에 적절한 밀도와 질감이 있어 풀바디에 가까운 화이트와인이기 때문에 홀랜다이즈 소스의 풍부함과 조화를 이룬다. 오크 통에 숙성된 버전은 크리미한 질감이 더해져 완벽하게 조리된 수란의 감칠맛 넘치는 노른자와 잘 어울린다. 거의 지중해 스타일에 가까운 산뜻함은 잉글리시 머핀과 캐나다 베이컨의 풍미를 받쳐주고, 층층이 쌓인 향과 풍미로 당신이 가장 좋아하는 브런치 친구가 되어줄 것이다.

$ 와인 아트 에스테이트 "플라노" 말라구시아 Wine Art Estate "Plano" Malagousia

크로크무슈
& 샤토뇌프 뒤 파프

샤토뇌프 뒤 파프 Châteauneuf-du-Pape, 즉 '교황의 새로운 성'이라는 뜻의 이 지역은 프랑스 론 남부에 있는 와인 생산 지역으로, 와인으로도 유명하지만 14세기 대부분에 걸쳐 이전된 교황청 소재지로도 잘 알려져 있다. 이름만 들어도 비싸 보이는 와인이다. 실제로 이곳의 와인 가격은 50달러 중반부터 시작해 계속 올라가기만 하지만, 돈이 전혀 아깝지 않은 와인을 만드는 지역 중 하나다. 캘리포니아 와인을 좋아하는 사람이지만 깊고 넓은 프랑스 와인에 발가락이라도 한번 담가볼까 생각하고 있다면, 좋은 시작점이 되어줄 것이다.

이 아펠라시옹에서 사용이 승인된 품종은 13개다. 이대로도 충분히 많지만, 같은 품종의 화이트, 그레이, 블랙 같은 돌연변이까지 더하면 20개까지 늘어난다. 사실 와인 덕후들은 이렇게 많은 종류에 희열을 느끼며, 샤토뇌프 뒤 파프를 가장 순수하게 표현해 내려면 이 아펠라시옹의 근간인 그르나슈 누아 Grenache Noir 100%를 사용해야 하는지, 아니면 형식적이더라도 13개 품종을 전부 사용해야 하는지 열띤 토론을 벌인다. 샤토뇌프 뒤 파프 블랑도 아주 희귀한 양만큼 생산되긴 하지만 (이 왕국을 탐험하려 한다면 나도 꼭 초대해 주길), 4분의 3 이상은 검은 포도로 만들어진다.

만약 디오니소스가 프랑스 남부에 왔다면, 분명 화려함과 관능, 숙성 가능성, 복합성, 당당한 쾌락의 화신인 샤토뇌프 뒤 파프 루즈를 주문했을 것이다. 늘 풍부한 바디에 딸기, 라즈베리의 진홍빛 과일 향이 가득한 보르지아 가문 Borgia (교황들을 배출한 스페인의 귀족 가문 - 옮긴이)의 사치품 샤토뇌프는 우리 모두를 죄인으로 만든다. 자두와 가죽 향 다음에는 코를 찌르는 야생 동물의 풍미와 허브 향(프랑스에서는 이 향을 세이지, 로즈메리, 라벤더 덤불을 끓인 것 같다고 표현한다)이 쏟아진다. 듣기에는 이상할 수 있지만, 거부하기 어려운 매력이 있다. 아주 풍부하면서 묵직하고, 알코올과 타닌도 만만치 않다.

'크로크무슈 croque monsieur'는 뭔가 금지된 던전으로 들어가기 위한 암호처럼 들리지만, 하루 중 어느 때라도 먹을 수 있는 최고의 아침 식사 메뉴다. 버터에 튀긴 햄과 바삭한 빵, 지글거리며 녹아내리는 그뤼에르 치즈와 베샤멜 소스를 곁들이는 클래식한 크로크무슈와 샤토뇌프 뒤 파프는 정말 위험한 조합이다. 햇볕 따스한 프랑스 남부에서 태어나 알코올 도수가 높고 바디가 묵직한 이 와인은 모든 단백질과 치즈를 먹어치우고, 과일 향은 우리를 기절할 정도로 황홀하게 만든다. 전통적인 제조자들은 와인을 더 짙고 스파이시하게 만드는 새로운 오크통을 거의 사용하지 않고, 좀 더 현대적인 제조자들은 보다 부드럽고 무르익은 과일 향이 더한 샤토뇌프 뒤 파프 루즈를 만들어낸다. 둘 다 크로크무슈와 잘 어울리니, 기분에 따라 선택해 보자.

$ 도맨 두 뷰 라자렛 샤토뇌프 뒤 파프 (375 ml) Domaine du Vieux Lazaret Châteauneuf-du-Pape

$$ 도맨 드 크리스티아 샤토뇌프 뒤 파프 Domaine de Cristia Châteauneuf-du-Pape

$$$ 샤토 하야스 샤토뇌프 뒤 파프 Château Rayas Châteauneuf-du-Pape

프렌치 토스트
& 데미섹 샴페인

프렌치 토스트처럼 타락한 음식을 먹을 때는 그만큼 방탕한 프랑스 샴페인이 알맞다. 자른 빵을 달걀과 우유에 적셔 굽고 그 위에 시럽, 과일, 휘핑크림을 잔뜩 뿌리기로 했다면, 당신에게는 데미섹 샴페인 1병을 열어야 할 의무가 있다. 데미섹 샴페인은 당도가 중간 정도인 샴페인을 말하는데, 마치 태양의 서커스처럼 산뜻함과 지나친 달콤함 사이에서 외줄을 타기 때문에 과소평가되기도 하는 와인이다. 구운 크로와상 풍미, 강렬한 시트러스, 미세한 탄산 등 더 드라이한 브뤼 샴페인의 특징을 지니면서도 당도가 높아 혼이 나갈 정도로 황홀한 꽃향, 풍부한 과일 콩포트 풍미에 더해 깃털처럼 가벼운 질감을 자랑한다. 샴페인의 탄산은 이 칼로리 파티를 이끄는 활기찬 안내원이 되어 설탕과 달걀을 가득 머금고 녹진해진 토스트를 조금은 가볍게 만들어준다.

$ 뵈브 클리코 데미섹 (375 mL) Veuve Clicquot Demi-Sec

$$ 로랑 페리에 "하모니" 데미섹 Laurent-Perrier "Harmony" Demi-Sec

$$$ 아르망 드 브리냑 데미섹 Armand de Brignac Demi-Sec

샴페인의 당도

모든 샴페인의 앞이나 뒤에 붙은 라벨에는 당도를 알려주는 설명이 항상 명시되어 있다. 특수한 제조 방법 덕에 모든 샴페인의 당분은 와인 제조의 마지막 단계, 즉 코르크를 닫기 전에 첨가되기 때문이다. 샴페인은 산미가 매우 높아 드라이한 브뤼 샴페인을 만들 때도 소량의 당분을 넣어 날카로운 산미를 완화해 주어야 한다. 조금 복잡한 이야기긴 하지만, 샴페인처럼 산이 미친 듯이 강한 와인을 마실 때는 우리 입이 드라이함을 얼마나 느끼는지가 매우 중요하다. 와인 안에 당분과 산의 비율이 비슷한 경우, 당분은 와인을 실제로 달게 하지 않으면서 산미를 누그러뜨린다. 레몬과 코카콜라를 생각해 보자. 이 둘은 산 측정 기준인 pH가 비슷하지만, 콜라에는 당분이 아주 많기 때문에 신맛이 두드러지지 않는다. 당분의 함유량이 산보다 훨씬 많아야 우리는 단맛을 인지할 수 있다. 그러니 달콤한 향이 나는 와인에 속지 말 것. 잘 익은 과일 향이 나지만 잔당이 없으므로 실제로는 드라이하다. 그러니까 코와 입이 우리를 동시에 속이는 것이다. 샴페인 라벨에서 확인할 수 있는 당도 관련 용어들은 다음과 같다. 참고로, g/L은 리터 당 그램 수이고, 평균적으로 와인 1병은 750mL, 즉 4분의 3L다. 아래에 나오는 범주는 샴페인에 한정적으로 사용되지만, 완전히 같지는 않더라도 전 세계 스파클링 와인의 당도를 설명할 때 사용하는 용어와 거의 비슷하다.

스파클링 와인의 당도

드라이함	0-3 g/L	브뤼 나뛰르 Brut Nature / 브뤼 제로 Brut Zero
↑	0-6 g/L	엑스트라 브뤼 Extra Brut
	0-12 g/L	브뤼 Brut
	12-17 g/L	엑스트라 드라이 Extra Dry
↓	17-32 g/L	드라이 Dry
	32-50 g/L	데미섹 Demi-Sec
달콤함	50+ g/L	두 Doux

CHAPTER 7

트레이더 조스

이상하게 마음이 가는 식료품 체인점 음식과 잘 맞는 소울메이트

나처럼 집에 돌아오는 길에 와인 1병을 사며 '가게에서 시켰으면 얼마였을까?' 생각하는 사람은 많지 않을 것이다.

하지만 금주법이 남긴 구식 규제인 3단계 시스템the three-tier system 때문에 이 질문의 답을 찾는 과정은 생각보다 훨씬 복잡하다. 미국의 와이너리는 자신들이 만든 와인을 해당 주 밖에 있는 가게, 바, 식당에 직접 판매할 수 없다. 와이너리는 오직 납품 업자에게만 와인을 판매할 수 있고, 납품 업자 역시 이런 소매점에 직접 와인을 판매할 수 없다. 이들도 와인을 가게나 식당에 판매하는 유통 업자에게만 판매 가능하고, 이 유통 업자들은 실제로 우리가 와인을 사는 가게나 식당에 와인을 배달할 수 있는 유일한 사업자다.

이 시스템을 비판하는 사람들은 각 단계를 지나면서 도중에 유통 흐름이 끊기는 상황을 달갑지 않게 생각한다. 반면에 찬성하는 사람들은 이 시스템 덕에 희귀하고 수요가 많은 와인들이 몇몇 창고에만 쌓여 있지 않고 전국으로 고르게 분포될 수 있다고 주장한다.

유통 회사의 영업사원이 되면 제일 먼저, 담당해야 할 재고가 적힌 장부와 할당된 지역의 배달 관련 장부를 받는다. 그렇게 특정 지역의 식당과 호텔들을 맡는다. 내 일은 배달 장부를 보며 구매자들을 찾아가 재고 장부에 적힌 와인들을 다른 누군가로부터 구매하라고 설득하는 것이었다.

내가 현재까지 일하고 있는 이 회사는 뉴욕에서 가장 크고 영향력 있는 유통 회사다. 이 회사는 당신이 들어봤을 법한 거의 모든 보드카, 진, 버번, 럼, 테킬라 브랜드를 담당하고 있는 알코올계의 아마존 같은 곳이다. 그래서 납품 기간이나 수수료를 마음대로 결정해도 식당이나 소매점들은 별말 없이 따를 수밖에 없다. 내가 다니는 회사는 바로 이런 식으로 '죽음의 별'이라는 꼬리표를 얻게 된 것이다.

맨 처음 이 죽음의 별에 입사해 젊고 열의 넘치는 영업사원으로 일하기 시작했을 때, 이러한 명성이 심지어 우리처럼 큰 주류 회사의 힘이 전혀 미칠 수 없는 고급 와인 업계에도 퍼져 있고, 내가 가는 곳마다 따라다닌다는 사실을 금세 깨닫게 되었다. 물론 그것도 나를 만나주기라도 했을 때의 문제다.

회사에 다닌 지 이틀째, 첫 약속을 잡으려는 시도가 모두 수포로 돌아간 그 날, 나는 첼시에서 잘나가는 어느 식당의 음료 담당 매니저와 통화할 기회를 잡았다. 내 소개를 반쯤 했을 때, 그 매니저가 내 말을 잘랐다.

"이봐, 그쪽이 누군지는 전혀 모르지만, 분명히 말하는데 나는 당신이 다니는 회사나 회사 직원들 모두 끔찍한 꼴을 당해야 한다고 생각해. 다시는 전화하지 마." 그리고는 내가 멈춘 숨을 채 내뱉기도 전에 전화를 끊었다.

나는 당연히 내가 잘릴 거라고 생각했다. 하지만 그 당시 상사였던 프랭크에게 이 일을 얘기하자, 프랭크는 그저 어깨를 으쓱거릴 뿐이었다. "먼저 말을 해줄 걸 그랬네. 그런 사람이 몇 명 있어요. 신경 쓰지 마세요."

영업사원으로 일한 첫 1년 동안, 나는 바퀴벌레, 거머리, 심지어 누군가의 신발에 묻은 배설물이라는 소리까지 들었지만, 내 얼굴은 잘 익은 쉬라 껍질처럼 금세 두꺼워졌다. 나는 금방 털고 일어나 눈이 오나 비가 오나 구매자들에게 보여줄 와인 샘플이 가득한 가방(무게 30파운드에 달하는 바퀴 달린 가방이다)을 끌고 뉴욕을 돌아다녔다. 구매자들이 샘플 중 단 1개도 좋아하지 않을 수도 있지만, 그럼에도 매력적이고 지적으로 보이는 방법을 찾아내야 했고, 그 빌어먹을 가방을 끌고 지하철 계단을 오르며 흘린 땀이 보이지 않기를 바래야 했다.

회사 사장인 데이비드는 영업사원으로서 나의 실력을 알아봐 주었고, 소믈리에 교육을 받고 싶었던 내가 비용을 충당할 직원 복지에 대해 물어보자 그런 복지는 없다고 말했지만, 다른 방법을 제안했다. 그의 말을 들은 나는 남들보다 열 배 더 열심히 일하며 열 배 더 잘 해내려 노력했고, 실제로 그만큼 실적을 올렸다. 시간이 지나며 나는 영업의 모든 것을 알아갔고, 우리와는 사업을 함께하지 않겠다고 말했던 일류 기업들을 뚫고 들어갔다. 정규 소믈리에 교육을 받게 해주겠다는 제안이 큰 원동력이었다. 나는 WSET(와인과 스피릿 분야의 코스와 인증 시험을 주관하는 글로벌 기관 - 옮긴이)에서 열리는 수업을 최대한 많이 수강했고, 한 단계씩 올라가 마지막 단계인 4단계까지 올라갔으며, 몇 년 동안 필기시험 5번, 여러 번의 블라인드 테스트, 논문 1개 제출이라는 과정을 거쳐 해당 과정을 수료할 수 있었다. 와인 수업 이외에도 나는 내가 좋은 회사에 다니고 있다는 사실을 알게 되었고, '대기업은 다 나쁘다'라는 말이 항상 맞는 것만은 아니라는 사실도 알게 되었다. 집단을 정의하는 것은 사람이니까.

이런 과정을 지나오며 모두가 '죽음의 별'이라고 불리는 회사에 처음 들어가 치렀던 치열하고 힘든 전투들은 보람 있는 임무로 바뀌었다. 와인에 대해 배울수록 소믈리에와 수월하게 대화할 수 있게 되었고, 자신감도 커졌다. 그렇게 와인을 더 많이 판매할수록 더 존중받았고, 고객 리스트도 점점 풍성해졌다. 뉴욕 최고의 식당과 소믈리에를 상대하게 되며 이달의 영업사원 상을 받기도 했다. 얼마 지나지 않아 그 누구도 나에게 신발에 묻은 배설물이라는 말을 하지 않게 되었다. 그리고 내가 끔찍한 꼴을 당했으면 한다며 소리쳤던 그 남자는 내 최고의 고객 중 1명이 되었다.

영업사원으로 일할 때, 나는 수수료 100%를 받고 일했다. 그당시에는 드물게 자급자족으로 먹고 산 것이다. 그래서 트레이더 조스(미국의 대형 유기농 마켓 체인점 - 옮긴이)는 내 생명선이었다. 일은 힘들었지만, 나는 내 일이 좋았다. 함께 일했던 상사들이 모두 훌륭했기 때문이라고 생각한다. 보람 있던 4년이 지나자, 이 직업에서 최고가 되었으니 다른 곳으로 나아가야겠다는 생각이 들었다. 내 생각을 들은 데이비드는 내가 원하는 직업을 찾을 수 있도록 도와주었다. 물론 다른 회사에서.

내 두 번째 직장이자 6년 동안 놀라운 경험이 되었던 메종 마르케 앤드 도멘 Maisons Marques & Domaines 에서 떠날 때쯤에는 생존을 위해 트레이더 조스에 의존하지 않아도 될 만큼 돈을 벌고 있었지만, 내 사랑은 식지 않았다. 우리 집 냉동실 한켠에는 늘 콜리플라워 라이스와 만다린 오렌지 치킨이 자리 잡고 있으니까. 모두가 트레이더 조스를 좋아하는 데는 분명 이유가 있다. 독특하고, 이상할 정도로 저렴하고, 맛까지 있기 때문에 다른 식료품점이 쉽게 넘볼 수 없는 것이다. 그렇다 해도 어디에서 만들었는지 모를 와인을 단돈 2달러에 파는 투 벅 척 Two-Buck Chuck 은 권해주기 어렵지만, 트레이더 조스만큼 놀라운 가격으로 즐거운 페어링을 할 수 있는 곳은 없다는 것은 확실하다.

콜리플라워 뇨끼
& 랑게 네비올로

맨 처음 이 엄청난 인기 아이템을 사러 갔을 때, 이 제품이 깔끔하게 쌓여 있어야 할 작은 냉동 칸은 텅 비어 있었다. 마침내 1봉지를 사서 브라운 버터와 세이지로 요리하자, 왜 그렇게 빠르게 팔려나가는지 단번에 알 수 있었다. 이 뇨끼에는 랑게 네비올로를 곁들여야 한다는 것도 함께.

피에몬테의 넓은 하부 지역인 랑게Langhe에는 네비올로Nebbiolo를 사용해 만드는 바롤로Barolo와 바르바레스코Barbaresco 등 유명한 고급 와인을 만드는 지역들이 자리 잡고 있다. 하지만 이 와인들은 타닌이 매우 강한 데다 마실 수 있게 되기까지 숙성 시간이 어마어마하게 필요하다. 이에 비해 숙성 기간과 가격 면에서 합리적인 와인들을 랑게 DOC라고 부른다. 이 와인들도 네비올로로 만들어지며, 상징적인 풍미인 트러플과 세이지, 말린 장미 향을 지닌다. 그리고 오크 통 숙성을 아예 하지 않거나 기간이 짧기 때문에 오히려 대담함과 신선함이 두드러지기도 한다. 와인이 지닌 새콤한 체리 풍미와 타는 듯한 붉은 감초 향은 이 건강하고 은은한 콜리플라워 요리에 카운터 스트라이크를 내지른다. 게다가 숙성을 하지 않은 네비올로라고 해도 녹슨 프라이팬을 새것처럼 닦을 수 있을 정도로 충분한 산미를 지니기 때문에, 한 모금 마실 때마다 입안에 남은 이 젤리 같은 글루텐 대체품을 깔끔하게 씻어줄 것이다.

$ 프로두토리 델 바르바레스코 네비올로 랑게 Produttori del Barbaresco Nebbiolo Langhe ☀

$$ 쥬세페 마스카렐로 에 필리오 랑게 네비올로 Giuseppe Mascarello e Figlio Langhe Nebbiolo ☀☀

$$$ 지오반니 로소 에스터 카날레 로소 랑게 네비올로 Giovanni Rosso Ester Canale Rosso Langhe Nebbiolo ☀냥☀

가지 커틀릿
& 나우사 시노마브로

가지는 고기처럼 질감이 풍부해서 맛을 포기하지 않고도 동물성 단백질을 대체할 수 있는 아주 드문 과채류다. 트레이더 조스에서 판매하는 가지 커틀릿은 아주 얇아 가지가 눅눅해지지 않고, 튀김옷이 바삭하게 유지되어서 대부분 호불호 없이 좋아할 맛이다. 심지어 신선한 가지에서 느낄 수 있는 단맛도 있어서 번거롭게 준비해 요리하지 않고도 맛있게 즐길 수 있다.

가지 커틀릿은 함께 곁들이는 음식의 풍미에 물들기 때문에 파르메산 치즈와 함께 먹는다면 더 깔끔하고 시큼한 키안티가 좋고, 아무것도 더하지 않고 먹는다면 나우사 시노마브로Naoussa Xinomavro가 좋다.

듣기만 해도 그리스 와인이라는 느낌이 오는 이 와인을 자세히 살펴보자. 우선 나우사는 그리스 북부의 아펠라시옹이다. 시노마브로는 품종 이름이며, 시노는 새콤함, 마브로는 검은색이라는 뜻이다. 프랑스의 AOC와 비슷하게 그리스의 원산지 명칭 보호Protected Designation of Origin 지역인 나우사에서는 이 품종 하나로만 와인을 만들 수 있다. 이곳에서는 바롤로에서 만드는 네비올로의 가장 위협적인 대항마 와인을 제조하며, 네비올로와 비슷한 미디엄 풀바디에 입안 가득 씹히는 듯 풍부한 타닌을 자랑한다. 심지어 아니스, 검게 익은 자두, 담배 풍미에 숙성 가능한 기간까지 비슷하다. 하지만 최고급 사노마브로도 50달러 정도이니, 이탈리아 버전에서 가장 저렴한 와인을 살 가격이면 최고급 와인을 만날 수 있다. 시노마브로의 풍부한 타닌은 바삭한 튀김옷과 고기 같은 가지를 감싸주고, 붉은색으로 잘 익은 지중해 과일의 풍미는 냉동된 가지 안에 있는 은근한 달콤함을 이끌어낸다.

$ 티미오풀로스 바인야드 "영 바인스" 시노마브로 나우사 Thymiopoulos Vineyards "Young Vines" Xinomavro Naoussa
$$ 달라마라 나우사 Dalamára Naoussa

콜리플라워 크러스트 피자
& 로마니안 페테아스카 레갈라

만약 나처럼 쾌락주의와 체면 사이에서 줄타기를 하는 사람이라면, 콜리플라워 크러스트가 제격이다. 견과류로 만든 치즈, 채소, 약간의 핫소스가 뿌려진 이 피자는 우리가 사랑하는 치팅 푸드의 건강한 대체품이 되어 준다. 아니면 그냥 전부 집어치우고 모차렐라 치즈와 마리나라를 잔뜩 올려 먹어도 좋다. 어떤 방식을 선택하든 로마니안 페테아스카 레갈라 Fetească regală가 좋은 친구가 되어줄 테니, 얼마나 마실지만 정하면 된다. 와인 가게에서 쉽게 구할 수 있는 와인은 아니지만 온라인에서 구매할 수 있고, 노력이 아깝지 않은 맛이다. 저렴하고 맛있는 트레이더 조스의 와인을 좋아한다면 특히 더 그렇다. 이 와인들은 보통 드라이하며, 마치 누군가 향기로운 손 세정제로 잔을 씻고 나서 완전히 씻어내지 않은 것처럼 향이 강렬하다. 하지만 산미가 낮은 덕에 크러스트 피자 위에 올라가 있는 채소처럼 부드러운 질감을 느낄 수 있다.

$ 지드베이 "클래식" 드라이 페테아스카 레칼라, 타르나베 Jidvei "Clasic" Dry Feteasca Regală, Tarnave Region

만다린 오렌지 치킨
& 클레어 밸리 리슬링

호주 남부 로프티 산맥에는 와인 지역 중 내가 가장 좋아하는 이름이 붙은 곳이 있다. 이 와인들이 얼마나 고귀한 lofty지 묻는다면, 우뚝 솟은 산만큼이나 훌륭한 드라이 리슬링을 만든다고 대답하겠다. 그중에서도 클레어 밸리 Clare Valley는 세계 최고 수준의 리슬링을 만들어 낸다. 이 와인들은 이국적인 시트러스 향과 마음을 사로잡는 꽃 향, 탄탄한 미네랄과 넘치는 산미를 자랑한다. 클레어 밸리의 와인들은 그리 비싸지 않은 편이고, 최고급 와인들도 독일 리슬링에 비하면 저렴하다. 고급 제조사들이 만든 리슬링은 훌륭한 레드와인만큼이나 길게 숙성할 수도 있다. 그래서 냉동실에 숙성해 두었다가 먹어도 중국 음식 배달비 값으로 갓 만든 맛을 느낄 수 있는 트레이더 조스의 달콤 상큼한 치킨과 곁들이기 좋다. 프라이팬에 몇 분만 조리하면 바삭한 튀김옷과 놀라울 정도로 맛있는 오렌지 소스를 곁들인 만다린 치킨이 완성되고, 산뜻한 시트러스, 미네랄, 산미가 있는 리슬링과 함께하면 계곡물처럼 술술 흘러 들어간다.

$ 파이크 "트레디셔널" 리슬링 Pikes "Traditionale" Riesling
$$ 그로셋 "폴리쉬 힐" 리슬링 Grosset "Polish Hill" Riesling

디캔팅은 꼭 필요할까?

디캔팅이 필요 없을 때

오래 숙성한 와인이라고 무조건 디캔팅해서는 안 된다. 숙성 기간이 길수록 와인은 방향을 돌려 식초 마을로 향하기 전 최종 목적지에 가까워진다. 이렇게 완전히 무르익은 와인을 디캔팅하는 것은 와인을 미처 즐기기도 전에 산화라는 절벽으로 밀어버리는 것과 같다. 이전에 마셔본 와인이라고 해도 모든 병에 든 와인이 다르기 때문에 반드시 먼저 맛을 봐야 한다. 와인이 입안의 앞과 뒤쪽에는 느껴지지만, 이상하게 중간 부분을 건너뛴다면? 와인이 완전히 '열리지' 않은 것이니 디캔팅을 해야 한다. 입안의 세 부분에서 모두 잘 느껴진다면, 그대로 마셔도 좋다. 디캔터는 내려놓자. 침전물이 걱정된다면(인체에 무해하지만) 고운 채를 이용하거나 와인을 천천히 따라서 침전물이 나오지 않게 하면 된다.

디캔팅 하는 방법

디캔팅의 정의는 간단하다. 와인 1병을 면적이 더 넓은 병에 따라 산소에 더 많이 노출시키는 것이다. 디캔터의 모양, 크기, 가격은 매우 다양하지만, 보통 형태보다 기능이 우선시된다. 나는 직접 불어 만든 유리 디캔터를 너무 좋아하지만, 평범한 플라스틱 찻주전자를 사용해도 기능은 같다. 디캔터를 사용하는 시간은 와인에 따라 몇 분에서 몇 시간까지 다르지만, 가장 중요한 사실은 첫 잔부터 마지막 잔까지 발전하는 와인의 풍미를 느끼는 것이다.

대부분의 와인은 디캔팅이 필요 없다. 사실, 의미 없는 디캔팅은 마시기도 전에 와인을 너무 빨리 산화시켜 마치 잘라놓은 아보카도가 갈색으로 변하듯 신선함을 잃게 할 뿐이다. 거의 모든 와인이 그대로 마실 수 있게 만들어지기 때문에, 코르크를 따고 그냥 마시면 된다. 와인을 잔에 따르는 것만으로 향은 충분히 열린다.

디캔팅이 필요할 때

먼저 슈퍼 토스카나, 빈티지 포트, 보르도처럼 최고급 와인들이 최우선 후보다. 만약 숙성해야 하는 최고급 와인이 '최고의 상태(종종 수년에서 수십 년을 숙성해야 얻을 수 있는 풍미의 최고점)'에 다다르기 전에 열었다면, 디캔팅을 통해 와인을 산소와 만나게 해주면서 향, 맛, 질감을 풀어내는 것이 도움이 된다. 오래된 와인의 침전물을 제거할 때도 좋다(어린 와인들은 침전물을 만드는 입자들이 아직 뭉치지 않은 것뿐이다). 이르게 열린 와인은 숙성을 통해 발전할 시간이 충분하지 않았기 때문에, 디캔팅을 하면 대개 숙성을 했을 때 날 수 있는 풍미에 가까워진다. 고급 와인을 열어야 할 타이밍을 정확히 아는 것은 불가능하지만, 몇몇 와인 출판물을 보면 빈티지 차트를 추적해 도출한 일반적인 권고 사항을 확인할 수 있다.

블랙 빈 & 잭 치즈 부리토
& 리베라 델 두에로

트레이더 조스는 언뜻 형편없어 보일 수 있는 주유소 스타일 즉석식품을 정말 맛있는 점심 도시락 수준으로 올려놓았다. 놀랍도록 두껍고 맛있는 밀가루 망토를 걸친 고소한 콩과 녹아내리는 치즈가 어우러지고, 희미하게 단맛이 나는 미스터리한 소스가 부리토의 맛을 한층 끌어올린다.

리베라 델 두에로Ribera del Duero를 발음할 때는 모든 R 발음을 있는 대로 굴려 이 감각적인 지역이 입에 붙을 수 있게 해야 한다. 나는 이 와인을 '잔에 담긴 섹스'라고 표현하고 싶다. 스페인에서 가장 권위 있는 와인 생산 지역인 이곳의 와인들은 보르도의 1등급First Growth(보르도 지역에서 가장 우수한 1등급 와인들을 의미한다 - 옮긴 이), 나파의 컬트 와인cult wine(소량 생산되는 고품질 와인 - 옮긴 이)만큼이나 큰 사랑과 숭배를 받는다(물론 가격도). 주로 템프라니요를 사용해 만드는 이곳의 와인들은 짙고 불투명한 심홍색을 띠고, 공사장 인부들만큼이나 거칠고 강한 타닌을 자랑하며, 덜 숙성되었을 때에는 입안에 가득 차는 질감을 선사한다. 까베르네 소비뇽, 메를로, 말벡, 가르나차와 템프라니요를 혼합해 제조하기도 한다. 야생 체리부터 모카, 트러플에 이르기까지 온통 검은 빛 풍미가 넘치는 이 와인들은 마치 막 갈아낸 흙 위를 구르는 듯한 느낌을 준다. 비록 가장 유명한 와인들은 헤드라인에 걸릴 정도로 비싸지만, 25달러 이하에 살 수 있는 놀라운 와인들도 아주 많다. 리베라 델 두에로의 와인들은 똑같이 템프라니요를 기반으로 와인을 만드는 이웃 리오하의 와인보다 거칠고 탄탄하다. 템프라니요의 특징은 잘 익은 체리, 말린 무화과, 블랙베리 풍미인데, 이 특징들은 리베라 델 두에로에서 더욱 무르익어 풍짐한 블랙 빈과 치즈, 달콤한 소스가 가득한 부리토와 가장 잘 어울리는 와인이 된다.

$ 보데가스 에밀리오 모로 리베라 델 두에로 Bodegas Emilio Moro Ribera del Duero ✹

$$ 파밀리아 페르난데스 리베라 틴토 페스케라 리제르바 리베라 델 두에로 Familia Fernández Rivera Tinto Pesquera Reserva Ribera del Duero ✹✹🌿

$$$ 베가 시실리아 "우니코" 리베라 델 두에로 Vega Sicilia "Único" Ribera del Duero ☀✦✹

다크초콜릿 피넛 버터 컵스
& 올로로소 셰리

내가 해줄 수 있는 최선의 조언이 있다면, 피넛 버터 컵스를 사서 다른 사람과 나누거나 어딘가에 넣고 잠가 두라는 것이다. 그렇지 않으면 앉은 자리에서 모두 먹어버릴 테니까. 이 방법들이 아니면 자기 자신의 의지를 시험해야 할 것이다.

셰리는 사막처럼 드라이한 것부터 끈적하게 달콤한 것까지 종류가 다양하다. 소금을 뿌리지 않은 신선한 생아몬드 향이 나는 셰리도 있고, 조금 더 산화되어 설탕을 입힌 구운 견과류 풍미를 자랑하는 종류도 있다. '피노fino'나 '올로로소oloroso' 같은 이름을 보면 그 셰리가 어떤 종류인지 알 수 있다(117쪽 참조). 가벼운 셰리는 보통 식전주로 마시고, 산화된 스타일은 디저트로 많이 마신다.

$ 에밀리오 루스토 "솔레라 리제르바" 드라이 올로로소 돈 누뇨 Emilio Lustau "Solera Reserva" Dry Oloroso Don Nuño

$$ 발데스피노 올로로소 VOS 셰리 "돈 곤잘로" Valdespino Oloroso VOS Sherry "Don Gonzalo"✹

$$$ 에키포 나바조스 #74 올로로소 몬티야 Equipo Navazos #74 Oloroso Montilla ☀✹🌿

솔레라 파워

가장 품질 좋은 셰리는 수년 동안 조금씩 혼합되며 만들어지고, 이 방법은 긴 시간에 걸쳐 와인에 독특한 질감, 풍미, 멋진 특성을 더해준다. 매년 생산되는 와인의 스타일과 품질을 균일하게 유지하기 위해 사용되는 이 방법을 솔레라solera 시스템이라고 부른다. 솔라solar 시스템이 아니다. 이 시스템은 본질적으로 배럴을 숙성 연수 순서로 아주 신중하게 쌓아 놓은 방이다. 그리고 숙성 연도가 다양한 셰리들을 조금씩 혼합해 만든 이전의 여러 셰리를 또다시 조금씩 꺼내 가장 어린 셰리에 섞는다. 이때 숙성 연도가 가장 오래된 셰리는 몇십 년 전까지 거슬러 올라가기도 한다.

이렇게 미친 듯이 복잡한 시스템 덕에 셰리의 에이지를 정확히 측정하는 것은 불가능하기 때문에, 가장 오래된 시스템은 해당 솔레라 시스템에 있는 모든 배럴의 평균 에이지와 비슷하다고 볼 수 있다. 1847년에 시작한 곤잘레스 비야스Gonzalez Byass처럼 역사가 수백 년인 곳도 있고, 1792년에 역사가 시작된 오스본Osborne처럼 도저히 이해할 수 없을 정도로 오래된 시스템도 있다.

스타일을 알면 두렵지 않다

드라이

만자니야 MANZANILLA
가장 가볍고 드라이한 스타일이다. 플로르flor라고 불리며 와인의 산화를 막아주는 천연 효모층 밑에서 숙성된다. 마치 누군가 지중해를(생선은 빼고) 잔에 따라준 듯한 풍미를 느낄 수 있다.

피노 FINO
드라이하고, 가볍고, 플로르 밑에서 숙성되며, 자칫 악취처럼 느껴질 수 있는 약간의 풍미와 함께 생 아몬드 향이 난다.

아몬티야도 AMONTILLADO
피노로 숙성하는 중간에 플로르를 걷어내면(자연적으로든 인위적으로든) 아몬티야도가 된다. 바다와 짭짤함이 약간 더 풍부하고, 캐슈넛과 같은 풍미를 기반으로 설탕 입힌 레몬 향도 느낄 수 있다.

팔로 코르타도 PALO CORTADO
아몬티야도와 올로로소 중간 단계의 셰리로, 기묘하고 드물지만 아주 맛있다. 이 희귀한 와인은 플로르가 예상하지 못한 방법으로 죽어 없어지며 미스터리하게도 완벽한 균형과 우아함, 풍부함을 남긴 셰리이기 때문에 똑같이 만들기 매우 어렵다.

올로로소 OLOROSO
플로르가 없어 처음부터 산화 과정을 거친 셰리다. 스파이시함과 더불어 특징인 호두 향이 가득한 올로로소는 보통 드라이하지만, 동시에 당분이 있다고 착각할 정도로 매우 풍부하다.

스위트

크림 CREAM
페일 크림, 미디엄 크림, 풀 크림 셰리를 모두 포함하는 범주이며, 당분이 첨가되는 경우도 있어 늘 천연 당분이 들어 있는 것은 아니다. 제조 방법은 셀 수 없이 다양하지만, 핵심은 스위트 셰리와 드라이 셰리의 혼합이다.

모스카텔 MOSCATEL
천연 당분이 있어 시럽처럼 달콤한 이 와인은 모스카텔 데 알레한드리아Moscatel de Alejandria라는 품종으로 만들어지며, 마치 〈사운드 오브 뮤직〉처럼 언덕 위에서 부르는 코러스 같은 꽃 향이 특징이다.

페드로 히메네즈 PEDRO XIMÉNEZ
역시 천연 당분이 있어 달콤하며 업계 사람들에게 PX로 불리는 페드로 히메네즈는 잉크처럼 짙은 색에 메이플 시럽 같은 점도가 특징이다. 리터당 당분 함유량이 300~400g에 달한다(콜라는 리터당 100g 남짓이다). 아주 강렬하고 아주 맛있다.

넷플릭스와 함께 칠링

넷플릭스 정주행을 책임질 멋진 와인들

음식에 어울리는 와인이 있듯, 정주행할 가치가 있는 컨텐츠들에도 어울리는 와인이 있다. 디스토피아적 환상에는 역사 깊은 와인의 복합성이 어울리고(〈핸드메이즈 테일 The Handmaid's Tale〉에 '그리스도의 눈물'로 불리는 이탈리아 라크리마 크리스티 Lacryma Christi를 곁들여 보길), 방청객의 웃음소리가 깔리는 시트콤을 볼 때는 좀 더 대중적이고 인기 많은 품종이 어울린다(〈프렌즈〉와 피노 그리가 만나면 웃음 가스가 된다). 〈오렌지 이즈 더 뉴 블랙〉을 다시 정주행하기로 했다면, 프리즌 후치 prison hooch라고도 불리는 나만의 프루노 pruno(감옥 안에서 과일을 발효해 만드는 불법 밀주 - 옮긴 이)를 만들어보는 것도 좋다. 살아 있는 효소, 빵 부스러기, 과일, 주스, 설탕, 화장실(또는 큰 플라스틱 통)만 있으면 되니까. 그렇다면 〈더 크라운〉과 어울리는 와인은? 여왕 폐하께서 가장 좋아하는 볼랭저 Bollinger 뿐이다. 적절한 와인은 완벽한 사운드트랙처럼 우리가 좋아하는 컨텐츠들과 어우러진다.

킬링 이브 & 러시안 크라스노스토프 졸로토브스키

크라스노스토프 졸로토브스키 Krasnostop Zolotovsky는 러시아 적포도 품종이다. 까베르네 소비뇽처럼 묵직하고 입안에서 씹히는 듯한 질감에 까베르네 프랑의 청피망 풍미를 지니며, 드라마 역사상 가장 사랑스러운 소시오패스이자 러시아 암살자 빌라넬만큼이나 공격적인 와인으로, 눈을 뗄 수 없이 긴장되는 MI6 요원과의 추격전에 아주 잘 어울린다.

$$ 도멘 부르니에 크라스노스토프 졸로토브스키, 러시아 나투차에브스카야 Domaine Burnier Krasnostop Zolotovsky, Natuchajevskaya, Russia ☀

기묘한 이야기 & 블루 와인

80년대 공상 과학 판타지를 볼 때는 적포도 껍질에 화이트와인을 걸러 만든 와인 세계의 마왕 블루 와인을 마셔보자. 대부분 스페인에서 생산되는 이 와인은 쿠키 몬스터나 포름알데히드 같은 색을 띠며, 일레븐에게 어울리는 부드럽고 달콤한 맛을 자랑한다.

$ 마르케스 데 알칸타라 블루 샤르도네, 스페인 Marqués de Alcantára Blue Chardonnay, Spain

피키 블라인더스 & 에그리 비커베르

오늘날 생산되는 레드와인 중 가장 짙고 진한 핏빛을 띠는 이 와인은 TV 드라마 중 가장 어둡고 핏빛 액션 가득한 〈피키 블라인더스〉여야만 어울린다(〈왕좌의 게임〉과도 잘 어울린다). 적당한 때를 기다리며 아껴두었던 사람이라면, 이 와인과 함께 시청하길). 에게르 황소의 피라는 뜻인 헝가리안 에그리 비커베르 Egri Bikavér는 스파이시한 풍미에 진홍빛을 띠는 와인으로, 중세의 어느 전투에서 병사들의 입 주변에 묻은 이 붉은 와인을 보고 피의 희생으로 착각한 나머지(이들은 그냥 취했을 뿐이었다) 적들이 항복해 버려 예상 밖의 승리를 거둔 어느 승자들의 이름을 따왔다. 마치 셸비 형제들처럼 무섭지만 매력적인 와인이다.

$ 세인트 안드레아 알다스 에그리 비커베르 St. Andrea Áldás Egri Bikavér

석세션 & 보르도 1등급

사촌 그렉이 로건 로이의 요트 위에서 말하듯, 직장 따위 때려칠 수 있을 만큼 돈이 많을 때 마실 가치가 있는 유일한 와인은 보르도 1등급, 그중에서도 최소 20년 이상 숙성된 와인 뿐이다. 보르도 좌안 Left Bank에는 그로스라고 부르는 와인 등급 5개가 있는데, 그중 첫 번째이자 최고 등급에는 전 세계적으로 유명한 전설적인 와인들인 라피트 로칠드 Lafite-Rothschild, 라투르 Latour, 마고 Margaux, 오브리옹 Haut-Brion, 무통 로칠드 Mouton-Rothschild가 포함되어 있다. HBO 구독료보다는 훨씬 비싼 와인들이지만, 우리의 영혼보다는 아닐 것이다.

$ 샤토 라피트 로칠드, 포이약 Château Lafite Rothschild, Pauillac

나르코스 멕시코 & 멕시코 와인

덥긴 하지만, 멕시코는 지리학적으로 위도 30도 바로 밑, 그러니까 남반구와 북반구에서 품질 좋은 와인을 생산할 수 있는 마지노선에 걸쳐 있다. 그래서 졸인 듯한 검은 과일 향, 날카롭게 긁는 타닌, 흑후추 향 같은 원래 특징에 다크 초콜릿, 탄 맛 나는 에스프레소, 그을린 소고기 같은 풍미를 슬쩍 밀수한 듯한 템프라니요를 재배하기 아주 적합하다.

$ L.A. 세토 시에라 블랑카 템프라니요 L.A. Cetto Sierra Blanca Tempranillo

유포리아 & 스킨 컨택트 와인

흥분과 자극 가득한 HBO의 하이틴 드라마를 담당할 와인은 바로 스킨 컨택트다. 스킨 컨택트란 레드와인을 만들 때처럼 껍질과 함께 숙성한 화이트와인을 말한다. 보통 오렌지 와인이라고 불리며, 감각적인 질감을 만들어내는 풍부한 타닌과 함께 잘 익은 살구 같은 풍미와 이국적인 우롱차의 향을 선사한다.

$$ 요스코 그라브너 리볼라 베네치아 줄리아 IGT, 이탈리아 베네치아 줄리아 Joško Gravner Ribolla Venezia Giulia IGT, Venezia Giulia, Italy

디스 이즈 어스 & 코트 뒤 론

황금 시간대에 방송되는 이 다양하고 아름다운 가족처럼, 이 와인들은 공식적으로 21개의 품종을 사용해 만든 블랙부터 화이트, 핑크 와인을 모두 포함한다. 후추를 뿌린 듯한 블랙베리 향, 강렬한 제비꽃 향, 록시땅에 있는 허브 비누 향 등이 특징이다. 피어슨 가족처럼 눈물을 쏟지는 않지만, 이들처럼 마음 따뜻한 와인이다.

$ 샤토 드 생 콤 "레 두 알비옹" Chateau de Saint Cosme "Les Deux Albions"

SNL & 콜 폰도 프로세코

콜 폰도, 공식적인 명칭으로는 리페멘타토 인 보틸리아 Rifermentato in Bottiglia라고 불리는 이 와인은 사실 와인 형태를 띤 새콤한 맥주다. 터무니없다고 생각할 수도 있지만, 정말이다. 이 천연 프로세코 와인에는 키아라 나이틀리 만큼이나 볼을 홀쭉하게 만드는 시큼함이 있어 우리를 아찔하게 만든다. 펫낫과 비슷한 방법으로 제조되는 콜 폰도는 일반적인 프로세코보다 탄산이 적어 웃다가 와인이 코로 넘어가도 덜 괴롭다.

$ 까데이 자고 콜 폰도 프로세코, 이탈리아 베네토 Ca'dei Zago Col Fondo Prosecco, Veneto, Italy

마블러스 미스 메이슬 & 코셔 와인

사실 조엘이 밋지를 떠난 그 속죄일, 모든 것은 키뒤시 Kiddush 와인에서 시작된 것이다. 밋지는 지하철에서 이 와인을 해치운 뒤 자신 안에 있는 개그우먼(과 가슴)을 처음으로 발견하게 된다. 단식의 끝과 축복을 의미하는 키뒤시 와인은 대부분 약간 달다고 느끼기 때문에, 설탕이 주는 지독한 숙취가 없으면서 미스 메이슬과의 만남에 적합한 와인을 찾는다면, 코셔가 답이다. 오늘날 전 세계 와이너리들은 아주 드라이하면서 공교롭게도 유대교의 율법을 거스르지 않는 꽤 괜찮은 와인들을 생산하고 있다. 그중 다수는 이스라엘에서 만들어지지만, 캘리포니아, 스페인, 프랑스에서도 품질 높은 코셔가 제조되고 있다.

$$ 하가펜 셀러스 프릭스 리저브 메를로, 캘리포니아 나파 밸리 Hagafen Cellars Prix Reserve Merlot Napa Valley, California

CHAPTER 8

할인 코너의 비밀

미식가가 마시는 값싼 와인의 동반자

여기 불편한 진실이 하나 있다. 당신이 들어본 10달러 이하 와인 대부분에는 풍미를 내는 첨가제와 색소를 포함해 소름 끼칠 정도로 많은 인공 향신료가 들어 있다.

하지만 아주 저렴한 가격으로 판매되는 좋은 와인도 많다는 것은 장담할 수 있다. 세일 판매대에서 괜찮은 옷을 찾으려면 선반을 열심히 뒤져야 하는 것처럼, 저렴하고 좋은 와인을 찾으려면 약간의 노력이 필요하다. 그리고 대량 판매용 까베르네나 샤르도네에서는 이런 와인들을 찾기 어렵기도 하다. 그러나 낯섦에 기꺼이 마음을 연다면 잘 알려지지 않은 아름다운 와인들을 저렴한 가격에 만나볼 수 있다.

이상하게 들릴 수도 있지만, 와인에 있어서는 값싸고 익숙한 것보다 값싸고 낯선 것에 베팅하는 편이 낫다. 그 이유는 와인의 생산 단가를 결정하는 여러 요소때문인데, 이는 토지의 가격과 인건비, 수확량, 와인 제조과정에서 결정되는 요소들, 그해의 기후, 마케팅 비용, 유통 비용 등이다. 하지만 가장 중요한 요소는 단연 인지도다.

예를 들어 캘리포니아처럼 유명하고 땅값이 비싼 와인 생산 지역에서 유명한 품종으로 와인을 대량생산한다고 생각해 보자. 10달러 이하로 가격을 맞추려 한다면 품질이 가장 좋은 포도만 사용하는 것이 아니라 생산한 모든 포도의 마지막 1방울까지 짜내야 한다. 그다음에는 마실 만한 와인으로 만들기 위해 첨가제를 엄청나게 집어넣어야 한다. 대형 제조사에는 심지어 '감각 연구소'라고 불리는 있어 보이는 기관도 있지만, 사실 가능한 많은 사람이 좋아할 만한 풍미, 색, 향을 지닌 와인을 인공적으로 만들어내는 곳일 뿐이다.

이러한 첨가물 공학은 미스터리한 20달러짜리 와인에 그치지 않고 10달러 이하에 판매되는 와인들로 무섭게 번져나갔다. 반투명하거나 채소 같은 향이 나는 와인보다 과일 향이 강렬하고 잉크처럼 붉은 와인이 더 잘 팔리기 때문이다.

당신이 수확한 과일을 모두 쏟아부었지만, 용량을 맞추려 수준 이하의 과일까지 전부 써버리는 바람에 결국 밋밋하고 묽은 혼합물이 되어버렸다면 어떻게 해야 할까? 결국 그나마 남아 있는 특징도 모두 걸러내 최대한 밋밋하게 만든 뒤, 잘 팔릴 것 같은 풍미, 향, 색을 인공적으로 더하게 되는 것이다. 당분과 '오크 향(실제 오크통에서 나온 향이 아닌 나무 부스러기, 대팻밥, 심지어 파우더와 비슷한 인공 향)'이 큰 결점들을 가려주기 때문에, 본질적으로 일반 소비자들이 봤을 때 품질이 얼마나 떨어지는지 알 수 없는 가짜 와인을 판매하게 된다. 만약 잘 알려진 지역과 품종으로 만든 색이 짙고 과일 향 풍부한 와인이 1병에 8달러라면, 첨가제를 넣어 만들었을 가능성이 크다.

분명히 하자면, 모든 첨가제가 나쁜 것은 아니다. 예를 들어, 소량 첨가되는 황처럼 몇몇 첨가제는 와인이 오랜 시간 동안 안정적으로 숙성되거나 유통될 수 있게 해주고, 수 세기 전부터 안전하게 사용되어 왔다. 메가 퍼플 Mega Purple (와인에 색과 풍미를 더해주는 고농축 첨가제)이나 벨코린 Velcorin (독극물 수준의 미생물)처럼 자연과 거리가 멀다 못해 마치 외계인을 조사해 알아낸 것 같은 첨가제도 마찬가지다.

음식이나 약물과 달리 알코올 음료는 미국 FDA의 규제를 받지 않는다는 사실을 잘 모르는 사람들이 많다(이상하게도 알코올 도수 7% 미만인 와인이나 맥아 보리 이외의 곡물로 만든 맥주는 예외다). 현재까지 와인에 사용할 수 있다고 승인된 화학 물질과 첨가제는 60개 이상이지만, 제조자들은 라벨에 아무것도 표기하지 않아도 된다. 영양 성분표도, 원료도 마찬가지다. 모순적이게도 제조사들이 밝혀야 하는 것은 10ppm(백만 분의 일 - 옮긴이) 이상 첨가된 아황산염의 양이다. 말린 과일만 해도 아황산염이 보통 1,000ppm 정도는 들어가 있으니 정말 하나도 걱정할 필요가 없는 문제다. 아황산염은 천연 항균 물질이며, 실제 이 물질에 알레르기가 있는 사람은 인류의 1% 정도다.

안전한 방법은 와인 헬리콥터에서 비싼 와인을 매그넘(와인을 담는 1.5L 병 - 옮긴이)으로 사는 비욘세처럼 그냥 돈을 많이 주고 좋은 와인을 사는 거다. 우리는 비욘세가 아니니 절제해야 하지만, 어쨌든 내 불만은 와인을 마시는 우리가 얻을 수 있는 정보가 부족하다는 것뿐이다. 또한 대형 제조사의 와인이라고 해서 모두 별로인 것도 아니고, 비싼 와인이라고 해서 전부 좋은 것은 아니라는 사실을 알아야 한다. 합리적인 가격으로 맛있는 와인을 정직하게 만들어내는 와이너리들도 있고, 라벨에 표기하지 않아도 되고 책임을 지지 않는다는 이유로 뒤에서 은밀하게 온갖 첨가제를 들이붓는 고급 제조사도 있다. 와인에 정확히 무엇이 들어있는지는 영영 알 수 없겠지만, 20달러 이하인 와인을 살 때 취할 수 있는 대책 몇 개가 있다.

뻔할 수도 있지만, 그래도 좀 진짜 같은 이름이 붙은 와이너리의 와인을 골라야 한다. 와인을 대량으로 만드는 제조사들이 종종 같은 통에서 숙성한 와인에 라벨만 다르게 붙여 판매하기 때문이다. 실제 제조사 이름 없이 '섹시 비스트'나 '편백'같은 이름만 표기된 와인은 피하자. 이런 와인들은 대부분 마케팅용이며, 목표 소비자층의 입맛에 맞추기 위해 인위적으로 만들어낸 와인들이다.

어떤 와인을 구글에 검색할 때, 제조사의 웹사이트에 있는 그럴듯한 표현들은 문장이 닳아 없어지도록 윤을 낸 것이다. 그러니 라벨 뒤쪽에 수입사를 보고 구글에 검색해 보는 편이 좋다. 그 수입사가 와인을 진지하게 생각하며 책임감 있는 농사법에 관심이 있는지, 아니면 그저 용량만 채우는 사기꾼인지 금방 알 수 있다.

그래도 잘 모르겠다면, 도움을 청하자. 주류 할인점이든 동네 와인 가게든, 주위를 둘러보면 대개 와인 관련 업계에서 일하면서 와인과 제조사에 대해 설명해 줄 수 있는 사람들 1~2명쯤은 있다. 만약 이 사람들이 잘 모른다거나 관심이 없는 것처럼 보인다면 좋지 않은 신호이니 다른 가게로 옮기는 것을 추천한다.

하지만 저렴한 가격에 괜찮은 와인을 구할 가장 좋은 방법은 자신의 안전지대 밖으로 나가보는 것이다. 포르투갈의 토우리가 나시오날 Touriga Nacional 이나 아르부아 루즈 Arbois Rouge 처럼 당신이 잘 모르는 와인 생산 지역이나 품종도 유명한 와인들만큼이나 훌륭하고 꼼꼼하게 만들어졌을 수 있다. 그저 아주 적은 비용으로 생산되었을 뿐이다. 그러니 나파 샤르도네를 좋아하지만 맨날 40달러씩 내며 괜찮은 와인을 구매하기는 부담스럽다면 워싱턴주 컬럼비아 밸리에서 만든 샤르도네를 추천한다. 싸구려 술을 피하는 방법은 약간의 모험을 감수하는 것이다.

클래식한 프랑스 샴페인을 좋아한다면,
브뤼 까바
& 프렌치프라이

샴페인과 프렌치프라이 페어링은 최후의 만찬으로 손색이 없을 정도라고 알려져 있다. 지방과 산미, 탄산과 짭짤한 튀김옷의 만남은 가히 생사를 걸 수 있을 만한 조화다. 나는 스페인 브뤼 까바와 프렌치프라이도 이 지위를 충분히 차지할 수 있다고 생각하지만, 그럴 필요가 없다. 이 끝내주는 페어링은 언제든 즐길 수 있어서다. 가장 낮은 등급 샴페인을 살 가격으로 꽤 수준 높은 까바를 구매할 수 있으니 시도해 보길. 프랑스 샴페인 뺨치는 즐거움을 선사할 것이다.

까바는 비싸지 않은 스파클링 와인 중에서 선두를 차지하는 와인이며, 그 이유는 샴페인처럼 판매되는 병 안에서 두 번째 발효 과정이 이루어지기 때문이다. 이 방법을 사용하면 탄산이 섬세해지면서 더욱 자연스럽게 녹아들고, 더 오래 지속되기 때문에 고품질 스파클링 와인에서 매우 중요한 요소로 꼽힌다. 비록 숙성 요건이 샴페인만큼 까다롭지는 않지만(그랬다면 더 비쌌을 것이다), 자기분해 과정에서 얻을 수 있는 빵이나 효모 향을 그대로 지니고 있고, 훨씬 값비싼 스파클링 와인들과 거의 비슷할 정도로 생기 있고 촘촘한 탄산도 느낄 수 있다.

스페인어로 까바Cava는 '지하 저장고'라는 뜻으로, 프랑스에서 전통 샴페인을 만들 때 지하 동굴에서 숙성시키는 모습을 보고 붙인 이름이다. 1960년대에 스페인에서는 심지어 자국 스파클링 와인을 샴파냐Champaña라고 부르려 했으나, 진짜 샹파뉴 사람들이 이의를 제기해 소송에 휘말리고 만다. 그러나 모순적이게도 이 소송 덕에 스페인 까바는 전에 없던 관심을 받게 되었고, 소송 전 4천만 병이었던 연 판매량이 현재 2억 5천만 병에 이를 정도로 큰 인기를 누리고 있다.

아구스티 토렐로Agusti Torelló는 대형 제조사들로 잘 알려진 스페인의 어느 와인 생산 지역에서 아주 유명한 가족 와이너리다. 이곳은 입문 수준인 '마타Mata'부터 독특한 꽃병 모양 빈티지 와인 '크립타Kripta'까지 다양한 수준의 훌륭한 와인을 만들어낸다.

하지만 까바의 가치는 샴페인의 저렴이 버전 그 이상이다. 샤렐로Xarel-lo, 파렐라다Parellada, 마카베오Macabeo라는 3가지 스페인 품종으로 만드는 독특한 스파클링 와인이기 때문이다. 게다가 재배 지역의 기후가 샹파뉴보다 따뜻해서 프랑스의 포도보다 더욱 무르익으면서도 산미를 잃지 않는다. 브뤼 까바는 꿀같이 달콤한 풍미와 흙 향이 더해진 싱그러운 시트러스 향을 뿜어내며 바삭한 프렌치프라이를 돋보이게 해주고, 심지어 더 바삭하게 느껴지게 하기도 한다. 또 해안가에서 자라 소금기를 머금고 있어 프렌치프라이에 흩뿌려지는 바다 소금과 아름답게 어우러진다.

론 북부의 쉬라를 좋아한다면,
모로코 쉬라
& 소고기 라자냐

조금 더 저렴한 가격으로 괜찮은 와인을 찾는 방법 하나는 좋아하는 지역의 제조사가 다른 지역에서 같은 품종을 재배해 만든 와인을 마셔보는 것이다. 크로즈 에르미타주, 알랭 그라이요Crozes-Hermitage, Alain Graillot는 프랑스 론 밸리 북부에서 가장 사랑받는 제조사 중 하나이고, 1985년 도멘을 시작한

123

뒤 생기 넘치는 쉬라로 명성을 얻었다. 하지만 자전거를 타고 모로코의 와인 생산 지역인 제나타Zenata를 여행하던 이 쉬라의 마법사는 세계 각국에서도 곧 훌륭한 쉬라가 나올 수 있을 것이라는 사실을 깨달았고, 그중에서도 모로코는 북아프리카를 통틀어 고품질 와인을 생산할 잠재력이 가장 큰 곳이었다. 뜨거운 낮 기온을 충분히 상쇄할 만큼 저녁이 서늘할 뿐 아니라, 근처에 오염 물질을 발생시키는 산업 시설도 없었기 때문에 그라이요가 그토록 바라던 유기농 재배법을 훨씬 쉽게 적용할 수 있었다.

그라이요는 모로코에서 지속적으로 운영되는 와이너리 중 가장 오래된 올레드 탈렙Ouled Thaleb과 제휴를 맺었다. 모로코에서는 최소 2천 년 전부터 와인이 만들어지기 시작했으니 꽤 의미 있는 곳이었다. 그리고는 넋을 잃을 만큼 아름다운 쉬라를 만들기 시작했다. 모로코의 법률상 무슬림에게 알코올 음료를 판매할 수 없었음에도 매년 제조되는 2천만 병 중 95%가 자국 내에서 소비되었다. 그라이요는 이 와인에 '시로코Syrocco'라는 이름을 붙여 수출하며 많은 사람이 긴 커튼 뒤에 숨은 모로코 와인의 매력을 조금이라도 엿볼 수 있게 해주었다. 그리고 지금까지 쉬라를 칭찬하는 표현으로 샌달우드, 사철쑥, 땀에 젖은 가죽안장 같은 말을 한번도 들어본 적이 없다면, 이 와인을 통해 비로소 들어보게 될 것이다. 이 특이한 풍미의 조합에 어울리는 음식이 바로 소고기라자냐다. 그라이요가 만든 모로코 쉬라는 소고기와 조화를 이루는 타닌, 레드 소스와 어울리는 붉은 과일 향, 토마토의 산미를 받쳐주는 복합성과 우아함에 파르메산 치즈와 모차렐라를 상대할 젖은 흙 향도 지니고 있다. 거기에 층층이 쌓인 베샤멜 소스나 리코타에 어울리는 거친 후추 향도 있어 한입 한입을 매끄럽게 넘길 수 있게 해준다.

샤토뇌프 뒤 파프를 좋아한다면,
미네르바 루즈
& 팟 타이

보르도, 버건디와 함께 샤토뇌프 뒤 파프, CdP는 프랑스에서 가장 유명한 레드와인으로 꼽힌다. 하지만 슬프게도 이 와인의 튼튼한 바디, 풍미, 알코올을 맛보려면 그만큼 비싼 값을 치러야 한다. 프랑스 남부 랑그독Languedoc의 미네르바Minervois에서 만드는 와인들은 CdP와 비슷한 품종을 기반으로 사용하고(쉬라, 무르베드르, 그르나슈), 재정에 무리 없이 좋은 CdP를 맛보고 싶은 우리를 만족하게 해줄 정도로 훌륭하다. 이 지역 농장 대부분은 생존을 위해 지역 조합에 포도를 판매하지만, 샤토 도우피아Château d'Oupia라는 작은 와이너리는 자급자족으로 운영하는 가족 사업으로 탈바꿈해 스스로를 증명하며 전 세계적으로 유명한 와인을 만들어내고 있다. 이곳의 레드와인들은 침대로 데려가고 싶을 정도로 유연하고 감각적인데, 침대라면 커다란 곽에 든 팟타이와 함께하기 좋은 곳이기도 하다. 면, 고기, 고수, 숙주, 달걀, 땅콩, 피시 소스, 황설탕, 끈적하고 시큼한 타마린드 페이스트가 들어간 이 아시아 요리에는 너무 다양한 풍미와 질감이 섞여 있기 때문에 곁들일 와인의 화력도 대단해야 한다. 자신만만한 매력이 넘치는 미네르바 루즈라면 CdP 스타일 화약으로 무장한 채 이 전투에 기꺼이 응할 것이다.

보르도 좌안 와인을 좋아한다면,
베카 밸리 보르도 블렌드
& 로즈마리 크러스트 램

비티스 비니페라는 레바논에서 무려 5천 년 전부터 재배되고 있는 종으로, 이곳을 정복했던 알렉산더 대왕보다 3천 년이나 앞선다. 포도를 재배하기에 너무 덥지 않을까 생각할 수도 있지만, 베카 밸리 Bekaa Valley의 고도는 포도 재배에 매우 적합하다. 이 지역에서 재배되는 포도들은 보르도와 비슷하며, 레바논의 와인 산업 역사는 아주 오래되었지만, 정치적 혼란이 특정 해를 아주 특별하게 만들기도 한다. 레바논에서 정기적으로 벌어지는 폭력사태로 인해 유통에 문제가 생기기도 하고, 수확할 일꾼들을 고용할 수 없게 되기도 하며, 아예 수확이 불가능한 상황에 처할 때도 있기 때문이다 샤토 무사르 Chateau Musar는 그중에서도 가장 유명한 와이너리로, 보르도의 샤토 만큼이나 멋진 빈티지 와인들을 한두 자리씩 저렴하게 판매하는 곳이다(샤토 무사르의 입문 수준 와인이자 어린 포도로 만드는 잔느 Jeaune는 25달러도 안 된다). 이 와이너리가 와인 제조에 얼마나 헌신적인지 알려주자면, 1984년 레바논 내전이 벌어져 총알이 빗발치는 와중에도 포도를 수확해 와인을 만들었을 정도다. 이때 이곳에서 생산된 와인은 단 2통이고, 2013년 개인 수집가들에게 판매된 몇 병 이외에는 아직 세상에 알려진 바가 없다(만약 그중 1병이 당신 손에 있다면, 언제든 좋으니 나를 불러주길 바란다). 베카 밸리 보르도 블렌드는 흔치 않은 고품질을 자랑할 뿐 아니라, 그 속에 담긴 이야기가 있어 오늘날 생산되는 그 어떤 와인보다 매혹적이다. 게다가 까베르네 소비뇽을 베이스로 한 보르도 좌안의 놀라운 특징과 함께 중독성 있는 지중해의 허브 향과 야생의 흙 풍미를 지니고 있어 향기로운 로즈메리 크러스트를 입은 양고기와 완벽하게 맞아 떨어진다. 마른 허브와 건조한 흙 향이 고기 냄새를 잡아주고, 생생하고 농축된 짙은 베리 풍미는 자칫 질기거나 퍽퍽할 수 있는 고기의 육즙을 끌어낸다. 또 보르도 와인 가격을 보며 느낄 묵직한 충격과 달리 직선적으로 입안을 감싸면서도 너무 강하지 않은 타닌을 느낄 수 있다.

브루넬로 디 몬탈치노를 좋아한다면,
로소 디 몬탈치노
& 해산물 검보

괜찮은 와인을 찾아내는 또 하나의 방법은 당신이 좋아하는 고급 유럽 와인 생산지의 입문 수준 와인을 찾아보는 것이다. 로소 디 몬탈치노는 그보다 훨씬 유명한 브루넬로 디 몬탈치노와 같은 산지오베제로 만들며, 똑같은 포도원에서 재배되는 포도를 사용하는 경우도 많다. 하지만 화려한 오크 향과 강렬한 과일 향에 숙성도 가능해서 가격이 치솟는 브루넬로와 달리 로소는 훨씬 저렴하게 구매할 수 있다(특가 와인을 찾을 때는 숙성 가능 여부를 신경 쓸 필요 없다. 바로 마실 테니까). 몬탈치노 북서쪽, 외진 숲에 자리 잡은 와이너리 카스틸리온 델 보스코 Castiglion del Bosco는 1100년부터 와인을 만들어왔다(맞다, 역사가 거의 천 년에 가깝다). 오늘날 와이너리에서 유기농으로 직접 재배해 제조한 와인들은 해당 지역에서 가장 높은 품질로 인정받는다. 이 와인들의 특징은 스파이시함이며, 쌉쌀한 체리 향과 더불어 이 지역 사람들의 제스처 만큼이나 풍부한 타닌을 자랑한다. 공교롭게도 이 와인의 기가 막힌 과일 향과 대담한 타닌은 셀러리, 양파, 피망이라는 '채소 성 삼위일체'를 재료로 검보 gumbo(오크라, 양파 등 채소와 해물 등을 넣어 만드는 걸쭉한 스튜 - 옮긴 이)를 만드는 루이지애나에 훌륭하게 정착했다. 산지오베제의 쾌활한 질감과 재즈 같은 활력은 뉴올리언스에서 가장 유명한 이 요리에 마치 진주목걸이를 건듯 잘 어우러진다. 당신의 뿌리가 어디에 있든, 해물이 들어가 감칠맛 넘치는 걸쭉한 뉴올리언스 검보에 로소 디 몬탈치노 한 잔을 곁들인다면 바로 그날이 기름진 화요일 Fat Tuesday(사순절 단식이 시작되기 전 음식과 음료를 배부르게 먹는 기념일 - 옮긴 이)이 된다.

캘리포니아 스파클링 와인을 좋아한다면,
뉴멕시코 스파클링 와인
& 치즈 퐁듀

뉴멕시코에 있는 그루에 패밀리 와이너리 Gruet Family Winery는 1980년 설립된 이래 생산량이 약 100배 증가했다. 샹파뉴 사람이었던 아버지, 딸, 아들이 이 지독한 기후로 옮겨와 포도나무를 심으며 자신들이 무엇을 하고자 하는지 정확히 알고 있었기 때문이다. 이곳에서 만든 와인들은 품질과 스타일 모두에서 불가능을 깨뜨리며, 캘리포니아에 대적할 만큼 숙성된 과일의 풍미와 함께 오직 샹파뉴 전통 제조 방법으로만 얻을 수 있는 신선함을 지닌다. 값비싼 캘리포니아 스파클링 와인과 비교해 봐도 뒤처지지 않을 만큼 훌륭하다.

그래서 채소나 빵을 치즈에 찍어 먹을 때 신맛이 두드러지는 이 뉴멕시코 와인들이 작은 솥에서 끓는 지방 덩어리에 마법을 걸어줄 테니, 몸을 맡겨보자.

저렴이 와인 컨닝 페이퍼

이름이 친숙할수록 비싸다. 그래서 가성비가 괜찮은 와인을 찾는다면 이름만 보고 덥석 구매해서는 안 된다. 하지만 비싸지 않은 와인도 맛있을 수 있다. 누구나 알만큼 유명한 와인의 퀄리티지만 듣도 보도 못한 가격이 붙은 와인을 사고 싶다면, 익숙한 이름에서 잠시 벗어나 이 지갑 친화적인 대체품들을 마셔보자.

좋아하는 와인   추천 와인

좋아하는 와인	추천 와인
샤블리	알자스 피노 블랑
화이트 버건디	마가렛 리버 샤르도네
나파 샤르도네	컬럼비아 밸리 샤르도네
상세르	퀸시 Quincy
말보로 Marlborough 소비뇽 블랑	이탈리아 베르디키오 Verdicchio
보르도 좌안	레바논 보르도 블렌드
보르도 우안	뷔제 Buzet
나파 레드 블렌드	스텔렌보쉬 보르도 블렌드
리오하	나바라 Navarra
프리오랏 Priorat	몽상 Montsant
윌라멧 밸리 Willamette Valley 피노 누아	파타고니아 피노 누아
레드 버건디	센트럴 오타고 피노 누아
센트럴 코스트 피노 누아	비에르조 멘시아 Bierzo Mencia
아르헨티나 말벡	칠레 까르미네르
샤토뇌프 뒤 파프	미네르바
북부 론 쉬라	모로코 쉬라
캘리포니아 쉬라	호크스 베이 Hawke's Bay 쉬라
캘리포니아 진판델	이탈리아 네그로 아마로 Negroamaro
브루넬로 디 몬탈치노	로소 디 몬탈치노
키안티 클라시코	몽되즈 누아 Mondeause Noir
바롤로/바르바레스코	랑게 네비올로 Langhe Nebbiolo
샴페인	까바
캘리포니아 스파클링	뉴멕시코 스파클링
소테른	파슈랑 뒤 빅 빌 Pachereric du Vic-Bilh
빈티지 포트	레이트 보틀 빈티지 포트

다양한 식당에서 맛있게 와인 마시기

BYOW(와인 각자 지참) 총정리 가이드

주류 판매 허가가 없어 주류를 가져가도 되는 식당들이 정말 많다. 와인을 판매하고 있어도 원하는 와인을 가져와서 마실 수 있는 식당 역시 아주 많다. 친구들과 각자 다른 와인을 가져오면 모두가 그만큼 다양한 페어링을 경험할 수 있다. 그리고 제대로 된 와인을 선택하기만 한다면, 굳이 메뉴에 없는 것을 주문할 필요 없이 훌륭한 와인을 마실 수 있게 된다. 누구도 저녁 모임에서 150달러짜리 와인을 골라버리는 사람은 되고 싶지 않을 테니까.

확신하건대, 이런 '와인 돌려 마시기'는 아주 현실적인 방법이다. 하지만 초심자들은 늘 같은 질문을 하곤 한다. 매튜 콘웨이는 BYOW Bring Your Own Wine 의 미학에 조예가 깊은 뉴욕의 베테랑 소믈리에다. 맨해튼에 있는 마크 포르지오네 Marc Forgione 의 음료 담당자이자 총지배인인 콘웨이는 이 레스토랑의 이름이기도 한 미쉐린 스타 셰프를 위해 세계적으로 유명한 와인 프로그램을 운영하고 있다. 콘웨이가 '자갓 Zagat (세계적으로 권위 있는 레스토랑 가이드 북 - 옮긴 이)이 뽑은 30세 이하 소믈리에 30인'에 들었을 때, 그는 내게 BYOW가 권장되어야 할 뿐 아니라, 요식업계 모두가 실천하고 있는 공공연한 비밀이라는 사실을 가르쳐주었다. 콘웨이는 지금도 일주일에 최소 2번 이상은 레스토랑에 자신이 원하는 와인을 가져가고 있으며, 자신의 레스토랑에 오는 손님들에게도 BYOW를 적극적으로 추천한다. 이번에는 콘웨이와 함께 당신의 새로운 최애가 될 취미의 규칙을 낱낱이 살펴보자.

왜 BYOW를 해야 할까?

우리가 가려는 레스토랑에서 와인을 팔지 않거나, 아주 기본적인 와인만 판매하기 때문이다. 혹은 생일이나 기념일 등 중요한 날을 기념하고 싶어서이기도 하고, 그냥 돈을 아끼고 싶어서이기도 하다. 이유가 무엇이든, 궁극적인 목표는 레스토랑의 와인 리스트에 있는 것보다 우리에게 더 '잘 맞는' 와인을 마시는 것이다.

모든 레스토랑에서 가능할까?

캐주얼 레스토랑 대부분은 개수 제한 없이 병당 10~15달러 정도의 요금을 받고 와인을 가져올 수 있게 해준다. 고급 레스토랑 중에는 BYOW를 금지하는 곳도 있지만, 대부분 개수 제한과 함께 병당 150달러 정도의 높은 요금을 받는다. 이런 레스토랑은 보통 광활한 와인 셀러와 와인 서비스만 담당하는 직원들이 있는 곳이니, 이 정도 금액을 받을 만하다.

어떤 와인을 가져가야 할까?

여러 명이 모이면, 나는 늘 그날 식사에서 어떤 와인이 가장 기억에 남을 수 있을지 고민한다. 그리고 적어도 1명에게는 샴페인을 가져오라고 부탁한다. 만약 일이 틀어져 모든 와인이 어울리지 않는 사태가 벌어져도 샴페인이 모든 문제를 해결해 줄 테니까. 북부 론에서 만든 쉬라도 자주 가져간다. 왜냐하면, 내가 좋아하니까!

가져가면 안 될 와인은 뭘까?

안 좋은 와인이다. 안 좋은 와인은 어디에도 가져가면 안 된다. 첨가물이 엄청 들어갔거나 대량생산 와인이라면 마실 생각도 하지 말자. 지구를 생각하는 소규모 제작자들이 만든 저렴하고 훌륭한 와인이 넘치도록 많으니 말이다. 레스토랑 대부분은 판매 리스트에 이미 있는 제조사의 와인을 가져오는 것을 허용하지 않는다. 하지만 리스트에 이미 있는 와인을 왜 가져가겠는가? 안심을 손에 쥐고 유명한 스테이크하우스를 가는 사람은 없다. 와인을 가져가는 행위는 돈을 아끼기 위한 것이 아니라 더 나은 경험을 위한 것이니, 돈을 아낀답시고 소매점에서 형편없는 와인을 사지는 말자. 차라리 와인 리스트에서 가장 저렴한 와인을 마시는 것이 낫다.

먼저 전화해보기

식당에 미리 전화해 보는 것도 좋은 방법이다. 콜키지 비용과 허용되는 수량을 알려줄 것이다. 만약 와인을 판매하지 않는 식당에 고급 와인을 가져간다면 와인 오프너를 준비하는 편이 좋고, 혹시 모르니 잔도 가져가는 것이 좋다. 식당에 미리 물어보는 것만 잊지 말자. 정중하게 얘기한다면 대부분 아이스 버킷으로 사용할 수 있을 만한 무언가를 준비해 준다.

몇 병까지 가져갈 수 있을까?

어떤 상황이든 1명당 2병이 최대다. 6명이 10병을 들고 간다면, 리스트에서 몇 병 주문할 계획을 세워보는 것도 좋다. 당신을 포함해 2명이라면, 1병을 들고 가서 칵테일로 시작해 식후주로 마무리해 보자. 이렇게 해도 욕심을 부린다거나 이득을 보려고 유난 떠는 것이 아니니 걱정하지 않아도 된다.

콜키지 비용 불평하지 말기

레스토랑은 다른 사업에 비해 마진이 매우 낮다. 이들은 돈을 벌기 위해 늘 문을 열어두어야 하고 이윤이 남지 않는 무언가를 가져올 수 있게 허락해 주는 것은 좋은 비즈니스 모델이 아니다. 게다가 괜찮은 레스토랑들은 우리가 가져온 와인을 열고 서빙만 해주어도 돈이 들어간다. 그곳에서 일하는 소믈리에가 다른 테이블에서 와인을 팔든 우리 테이블에서 와인을 열어주든 똑같이 시급을 줘야 하기 때문이다.

와인을 가져가서 어떻게 해야 할까?

캐주얼 식당에서는 와인을 테이블로 가져가 마개를 열거나 잔에 따르기 전에 서버에게 알려주면 된다. 고급 식당에서는 미리 연락해 둔 다음 헤드 웨이터에게 와인을 전해주면 된다.

직원에게 시음 권하기

좋은 레스토랑에 와인을 가져갈 때는 와인을 서브해 주는 직원에게 꼭 시음을 권해야 한다. 만약 시음이 아니라 1잔을 권해서 직원이 승낙했다면, 빈 잔을 요청해 직접 와인을 따라주자(의도가 얼마나 좋든, 소믈리에가 직접 와인을 따르게 하지 말아야 한다). 나는 손님들이 특별한 와인을 가져와 직원들에게 나누어주는 것을 아주 좋아한다. 나와 내 직원들이 새로운 와인을 접해볼 좋은 기회이기 때문이다.

예의는 지키고 팁은 후하게

콜키지가 아깝지 않은 서비스였다면, 감사를 전하고 팁을 후하게 주자(25% 정도). 만약 콜키지를 받지 않고도 모든 서비스를 해주었다면, 그에 맞게 팁을 주거나 테이블에 현금을 따로 두고 나와야 한다. 와인 리스트에서 주문했다면 얼마였을지를 고려해 팁을 주는 것도 좋다.

가져갈 만한 와인

모든 음식에 어울릴 수는 없겠지만, 캐주얼 레스토랑에 가져가면 대부분 어울릴만한 와인들이 있다. 이 리스트를 늘 뒷주머니에 넣어둘 것.

태국 or 베트남 음식

추천: 독일 오프드라이 리슬링, 보졸레

태국이나 베트남 음식처럼 맵고 강렬한 음식을 먹을 때는 매운맛을 증폭시키지 않도록 알코올 도수가 낮은 와인을 함께 마시는 것이 좋다. 칠리, 커리, 레몬그라스, 망고 등 향이 독특한 재료들이 많이 들어가는 음식이기 때문에 아로마가 강한 와인도 잘 어울린다. 그리고 이렇게 풍미와 질감의 대조가 강렬한 음식에 곁들이려면 산미가 풍부한 편이 좋다.

레드 소스 파스타 or 피자

추천: 피에몬테 아르네이스 Arneis, 토스카나 산지오베제

아르네이스는 신선한 바질이 마음껏 노래할 수 있게 해주는 허브 향이 가득하고, 산지오베제에서는 새콤한 체리, 붉은 피망, 잘 익은 토마토 향이 뚜렷하게 느껴져 와인과 소스의 경계가 헷갈릴 정도다. '같은 지역에서 자란 것들은 서로 잘 어울린다'라는 규칙의 가장 대표적인 예시 중 하나이며, 로마 시대부터 이어온 붉은 소스와 붉은 과일의 조화로운 춤을 느낄 수 있다.

인도 or 아프리카 음식

추천: 알자스 게뷔르츠트라미너, 호주 쉬라즈

이 두 음식에 사용하는 향신료들은 와인 종류만큼이나 다양하지만, 공통점은 매운맛과 훈연 향이다. 그래서 진짜 단맛이 나진 않지만 잘 익은 과일 향과 당분의 부드러움, 풍부한 스파이스를 자랑하는 이 와인들과 함께하면 생기 넘치는 향신료를 더욱 맛있게 즐길 수 있다.

스시와 일본 음식

추천: 오스트리아 그뤼너 펠트리너, 오리건 피노 누아

튀긴 음식에서 날음식에 이르기까지 거의 모든 일본 음식의 기반은 간장과 감칠맛이다. 확실한 페어링으로 사케를 마실 수도 있지만, 질감과 바디가 가볍고 산미가 풍부하며 허브 향, 석회석 같은 감칠맛이 있는 와인들도 훌륭한 선택이 된다.

중국 음식

추천: 뉴욕 리슬링, 캘리포니아 진판델

유럽에서 음식과 와인은 수천 년 동안 함께 발전해 왔지만, 바이주처럼 곡물로 만든 전통주가 발달한 아시아에서는 이렇게 '비슷한 것끼리 공생하는 관계'를 찾아보기 힘들다. 그러니 미국으로 눈을 돌려 중국 음식에 어울리는 와인을 찾아보자. 뉴욕 리슬링은 과일 향과 산미가 풍부하면서 알코올 도수가 낮고, 캘리포니아 진판델은 그보다 더 풍부한 과일 향, 절제된 산미, 묵직한 바디를 자랑한다. 이 2가지 특징들 모두 중국 음식에 몰아치는 매운맛을 증폭하지 않으면서도 달콤함, 향신료의 향과 손을 잡고 춤을 추듯 잘 어우러진다(윈난성 북부나 닝샤등 중국 와인도 점차 세계적인 관심을 받고 있으니, 시도해 보기를 권한다).

지중해 및 그리스 음식

추천: 그리스 모스코필레로 Moschofilero, 아요르이티코 Agiorgitiko

깔끔하고 신선한 음식에는 똑같이 생기 넘치고 산뜻한 와인이 잘 어울린다. 구운 채소, 후무스, 양고기 할 것 없이 그리스 음식은 그리스 와인과 가장 잘 어울린다. 음식과 와인 모두 향기로운 허브 향을 지니고 있어 천생연분 같은 조합을 선사한다.

버거 or 바 스낵

추천: 아르헨티나 토론테스, 말벡

펍이나 바에서 먹는 음식은 보통 기름지고 무겁기 때문에 풍미, 바디, 알코올이 묵직한 와인을 골라야 전분과 지방의 폭풍에 묻히지 않는다.

프랑스 음식 or 비스트로

추천: 코트 드 가스꼬뉴 블랑 Côtes de Gascogne Blanc, 가이약 루즈 Gaillac Rouge

물론 프랑스 사람들은 클래식한 프랑스 와인들을 좋아하지만, 주로 프랑스 남서부에서 만들어지는 와인으로 일상의 비밀스러운 즐거움을 누리기도 한다. 아주 마음에 드는 가격에 고상하고 맛있기까지 한 이 유명한 프랑스 테이블 와인들은 최고급 요리에 곁들여도 좋을 만큼 우아하지만, 비스트로처럼 가벼운 음식들에도 아주 잘 어울린다.

해산물 식당 or 야외 해산물 파티

추천: 샤블리, 프로방스 로제

생선과 조개는 굽거나, 찌거나, 튀기는 등 요리 방법이 다양하지만, 모두 부드러운 질감과 바다의 풍미를 지니고 있어 깊은 바닷물 같은 미네랄리티를 자랑하는 이 두 와인과 늘 완벽한 조합을 보여준다.

스페인 음식 or 타파스

추천: 스페인 고데요 Godello, 후미야 모나스트렐 Jumilla Monastell

아랫입술을 깨물게 되는 유혹과 감각적인 매력이 넘치는 와인들이다. 기분 좋은 어느 날, 나는 기꺼이 이 와인으로 가득한 욕조에 몸을 담글 것이다(그 욕조에 함께 들어와 줄 사람이 있다면). 기본적으로 올리브 오일, 마늘, 햄이 들어가는 스페인 음식에는 이 풍부한 맛에 대항할 산뜻함과 힘이 있는 와인이 잘 어울린다.

CHAPTER 9

그 날을 기다리며

1년에 한 번, 손꼽아 기다리는 페어링

나의 할머니와 할아버지는 모두 침례교 목사셨다. 자라는 동안 우리 가족 중 그 누구도 술을 마시지 않았고, 켄터키에 있는 친척들도 마찬가지였다.

그러니 말할 필요도 없이 와인 업계에서 일하겠다는 내 결정은 우리 가족에게 아주 큰 사건이었다. 처음 몇 년 동안, 할머니는 내가 일에 관해 이야기할 때마다 눈물을 흘리셨다. 내가 돈을 벌기 위해 술을 마셔야 한다고 생각하셨던 것 같다.

몇 년 전부터 우리 손주들은 반란을 꾀했다. 우리 모두 술을 마셨지만 가족 모임에서 이 사실을 너무 오래 숨긴 나머지 어른이 되어서도 우리의 컵에는 콜라와 아이스티로 위장한 술이 담겨 있었다. 내 막냇동생 가렛이 법적으로 술을 마실 수 있는 나이가 되자, 우리는 이제 할 만큼 했다고 생각했다. 아직 '애들 식탁'에 앉아 있긴 했지만, 이제 그 애들은 다 컸으니까.

그래서 우리는 마침내 식탁 위에 당당히 병을 올리고 제대로 된 잔에 와인을 따라 마셨다. 그렇게 할머니와 할아버지가 넋이 나간 듯 우리를 바라보고, 부모님이 자신의 부모님과 자식 사이에서 불편하게 갇혀 있는 상황에서 우리 사촌들은 잔을 부딪치며 고요한 반란의 성공을 축하했다.

불편한 상황도 물론 있었지만, 우리 할머니와 할아버지는 꽤 멋진 분들이었다. 두 분은 술을 마시면서 돈을 버는 것이 꽤 괜찮은 소명일 수도 있다고 결론 내리셨다. 이 일이 나를 얼마나 행복하게 하는지 알아차리셨기 때문이었다.

그해 연말, 고향 집에 간 나와 가족들은 주방에 있는 식탁에 둘러앉았다. 할아버지(우리는 후티라고 부른다)는 내게 와인에 대해 물어보셨다. 내가 와인에 엄청난 열정이 있는 모습을 보았고, 이해하고 싶었지만 그러지 못해 슬프다고.

후티는 내게 아주 간단한 부탁을 했다. 크리스마스 때 할머니와 할아버지를 위한 와인을 1병 가져다 달라는 것이었다. 아빠는 거의 의자에서 굴러떨어질 정도로 놀랐고, 할머니는 충격에 휩싸여 "오, 하느님!"이라고 탄식했다. 놀라운 순간이었다. 나의 조부모님은 평생 알코올을 단 한 방울도 마시지 않으셨기 때문에 우리는 모두 입을 떡 벌리고 놀라워했다.

이내 논쟁이 시작되었다. 그렇다면 어떤 와인을 가져와야 할까?

"샴페인!" 사촌 메간이 이렇게 말했다. "아주 괜찮은 소비뇽 블랑이 좋겠어." 새어머니 다이앤이 이렇게 맞장구쳤다. "뭐든 할아버지 할머니를 취하게 만들 술이면 좋지." 가렛은 이렇게 농담을 던졌다. "진심이세요?" 아버지는 믿을 수 없다는 표정으로 할아버지를 바라보며 되물었다.

나는 뉴욕에 돌아와 와인 업계에서 일하는 친구들에게 도움을 청했고, 오래 숙성한 버건디, 귀한 보르도, 과일 향 풍부한 나파 캡, 빈티지 샴페인, 가벼운 로제 등 다양한 의견이 나왔다. 하지만 생각하면 할수록 내가 처음 와인을 마셨을 때가 생각났다. 그때 내게 와인은 너무 쓰기만 했고, 단지 흥미를 느꼈기 때문에 참고 마셨을 뿐이었다. 할머니와 할아버지는 나와 경험을 공유하려는 마음으로 와인을 마셔보려는 것이니, 내가 추천하는 와인을 좋아하셨으면 했다.

한동안 안절부절못하며 알아본 뒤, 결국 모스카토 다스티를 골랐다. 모스카토는 알코올 도수가 약 5.5%여서 할아버지와 할머니를 취하게 하지도 않을 것이고, 어렸을 때 마셨던 탄산음료처럼 달콤한 데다 탄산이 있기 때문이었다. 나는 좋은 모스카토 1병을 사서 여행 가방에 담아두었다.

드디어 그 순간이 왔고, 나는 할머니와 할아버지의 작은 잔에 와인을 따라드렸다. 할머니는 한 모금 맛본 뒤 마음에 안 드는 체하셨지만(남부 여자들이 좀 복잡하다), 또다시 마셔본 다음 말없이 고개를 끄덕이셨다. 반대로 할아버지는 내가 와인을 설명하기도 전에 1잔을 단숨에 비우셨다. "1잔 더 마시면 취하려나?" 가족 전체가 웃음을 터뜨렸고, 나는 재빨리 잔을 채워드렸다. "아니에요, 후티. 괜찮을 거예요!"

그 순간부터 와인은 가족 모임에 완전히 녹아들었다. 밤이 깊어갈 때면 식탁 위에 빈 병 여러 개가 놓이게 되었고, 가족 모두 내가 다음에 따라줄 와인이 무엇일지 궁금해했다. 크리스마스나 추수감사절 같은 명절에는 심지어 할머니와 할아버지도 독한 와인을 한 모금씩 드시기도 했다.

와인을 마실 때 가장 아름다운 모습은 한 식탁에 친구들과 가족들이 모여 함께 맛보고 나누는 것이다. 앞으로 소개할 특별한 날을 위한 페어링을 경험해 보면, 다음 1년을 기다리기 힘들어지게 될 것이다.

추수감사절에 남은 음식으로 만든 샌드위치
& 시농

나와 비슷하다면, 칠면조 속 재료에 아주 진심일 것이다. 나는 1년 내내 추수감사절 음식을 먹을 날을 기다리는데, 가장 큰 이유는 다음 날 남은 음식으로 만들어 먹는 샌드위치 때문이다. 우리 집에서는 구운 흰 빵, 칠면조와 그 안을 채웠던 속 재료를 넣고 크랜베리 소스, 제일 중요한 마요네즈, 흑후추 약간을 뿌려 클래식하게 만든다. 한해 중에 먹을 수 있는 최고의 샌드위치이니, 그에 맞는 와인인 시농 루즈Chinon Rouge를 곁들여 제대로 대우해 주어야 한다.

시농은 세계 최고의 까베르네 프랑을 생산하는 루아르 밸리의 와인 생산 지역이다. 훨씬 잘 알려진 까베르네 소비뇽과 관련이 있지만, 보르도에서 까베르네 프랑은 그보다 한 단계 낮은 조연 취급을 받는다. 추수감사절, 특히 그다음 날은 까베르네 프랑이 자신의 역할을 멋지게 해낼 최고의 타이밍이다.

추수감사절 다음날 만드는 샌드위치에서 가장 두드러지는 풍미는 크랜베리 소스이니, 이 풍미와 잘 어우러지도록 산미가 충분한 와인을 선택해야 한다. 시농은 풍부한 과일 향과 함께 그레이비와 마요네즈를 상대할 탄탄함을 지니고 있다. 그리고 까베르네 프랑의 타닌은 까베르네 소비뇽보다 부드러워서 샌드위치 속 칠면조와 만나 부드러움을 잃지 않게 해준다. 까베르네 프랑의 가장 큰 특징은 허브나 풀 향 같은 피라진 아로마인데, 이 샌드위치는 약간의 후추와 아주 잘 어울리기 때문에 더욱 좋은 조합이다. 또한, 속 재료에 있는 약간의 흙 향이 와인의 천연 허브 향을 증폭시켜 함께 먹으면 훨씬 높은 단계의 풍미를 자랑하게 된다. 가장 까다로운 가족 구성원마저 감사하며 먹게 될 페어링이다.

$ 마르크 브레디프 시농 Marc Brédif Chinon ❋
$$ 올가 라포 시농 "레 피카스" Olga Raffault Chinon "Les Picasses" ☀🌸🌿
$$ 도멘 샤를 조게 시농 "클로 드 라 디오트리" Domaine Charles Joguet Chinon "Clos de la Dioterie" 🌸❋🌿

감자 라트케
& 골란 하이츠 스파클링

내가 먹어본 라트케만 해도 100종류는 될 것이다. 라트케latkes는 감자를 잘게 갈아 기름에 바삭하게 튀긴 요리로, 얇은 격자무늬 형태로 만들기도, 두껍고 바삭하게 만들기도 한다. 이 황금색 전분 덩어리는 기름 맛과 함께 감칠맛이 넘쳐 팬에 굽듯이 튀긴 해시 브라운과는 다르다.

이렇게 다양하게 만들어지는 라트케처럼 중동의 와인 제조에도 현대와 전통적인 방법이 공존한다. 중동의 포도 재배 역사는 천 년에 이르지만, 대부분 오스만 제국 시절에 중단되었다. 현대를 알리는 횃불을 든 사람은 전설적인 보르도 샤토 라피트 로칠드의 소유주인 바롱 에드몽 드 로칠드Baron Edmond de Rothschild였으며, 그 당시 팔레스타인 지배하에 있었던 이 지역으로 프랑스로 포도를 수입하기 시작하며 1882년에 와이너리를 설립했다. 오늘날 이스라엘에는 주요 와인 생산 지역 5개에 300개 이상의 와이너리들이 운영되고 있는데, 대부분 합법적인 와인을 생산하고 있다. 갈릴리의 하부 지역인 골란 하이츠Golan Heights(골란 고원)에서 제조하는 스파클링 와인은 유대교 율법에 벗어나지 않을 뿐 아니라 전통 요리인 감자 라트케와 말도 안 되게 잘 어울려서 유대교 명절인 하누카를 비롯해 1년 내내 언제든지 즐길 수 있다.

이 페어링에서는 프렌치프라이와 샴페인처럼 늘 옳은 산미와 튀긴 감자의 조합을 경험할 수 있다. 이곳에서 생산되는 이스라엘 스파클링 와인들은 모두 전통 방법으로 만들어졌지만, 그중에서도 100% 샤르도네로 만든 블랑 드 블랑을 추천한다. 라트케에 곁들이는 크리미한 홀스래디쉬 소스에 훌륭한 레몬 풍미를 더해줄 것이다.

$$ 골란 하이츠 와이너리 "블랑 드 블랑" 브뤼 갈릴리 Golan Heights Winery "Blanc de Blancs" Brut Galilee ☀✨

호박파이
& 루더글렌 뮈스카

호박파이가 추수감사절의 대표 메뉴가 되어버리는 바람에 호박 향만 나는 파렴치한 제품들이 탄생하기도 했지만, 파이 안에 든 호박과 향신료들이 남았을 때 제국주의 필그림들이 만든 이 유사 호박을 먹어 치울 방법이 있을까?

그 방법은 귀한 루더글렌 뮈스카 Rutherglen Muscat 와 호박파이를 함께 먹는 것이다. 이 와인은 호주 남부의 작은 마을 루더글렌에서 만들어지며, 이곳은 와인이 알려지기 훨씬 오래전부터 금 광산으로 유명했다. 현재는 아주 소수의 제조사만 이곳에 남아 감각적이고 매력적인 디저트 와인을 만든다. 이들이 사용하는 포도는 뮈스카 아 쁘띠 그랭 Muscat à Petits Grains 으로 '알맹이가 작은 뮈스카'라는 뜻이다. 하지만 지역 포도 재배자들은 '루더글렌 브라운 뮈스카'라는 더 직관적인 이름을 사용하는데, 실제로 포도의 색이 갈색이기 때문이다.

포도즙이 기름 같은 질감의 달콤한 와인으로 숙성되고 나면 향이 없는 포도 증류주로 발효를 중단시켜 포도즙 안에 풍부하게 들어 있는 천연 당분을 유지한다. 이것이 프랑스에서 뱅 두 나뛰렐(88쪽 참고)이라는 와인들을 만들 때 사용하는 역사 깊은 방법인 뮈타주 mutage 다. 이런 식으로 강화된 와인들은 최소 3년 이상 숙성이 가능하며, 최고급은 병입되기 전 100년 이상 숙성되기도 한다. 이렇게 만들어진 루더글렌 뮈스카는 매력적인 복합성과 복숭아 과즙 풍미 가득한 디저트 와인이 되는데, 나는 이 와인을 '병 안에 담긴 휴일'이라고 부른다.

루더글렌 뮈스카는 토피, 캐러멜, 바닐라, 버터스카치, 달콤한 베이킹 향신료가 든 호박파이의 깊은 풍미를 제대로 상대해 줄 몇 안 되는 와인 중 하나다. 호박빛을 띠는 이 와인도 랑시오(65쪽 참조)를 지니게 되는 산화 과정을 거쳐 견과류, 버터, 설탕을 입힌 과일 향을 지니기 때문에 풍미가 비슷한 파이의 필링과 크러스트의 맛을 한층 올려준다.

$ R. L. 불러 와인스 파인 올드 뮈스카 루더글렌 R.L. Buller Wines Fine Old Muscat Rutherglen (375 ml)

$ 캠벨스 루더글렌 뮈스카 빅토리아 Campbells Rutherglen Muscat Victoria ☀🌿🍃

파우더 젤리 도넛
& 화이트 진판델

나는 평생 파우더 젤리 도넛을 사랑해왔다. 하지만 뉴욕에 오고 나서야 이 도넛이 하누카와 관련이 있다는 사실을 알게 되었다. 이 도넛을 튀기는 기름은 고대 예루살렘의 성전에서 기적적으로 8일간 불탔던 그 기름에 보내는 경의이다. 안쪽에는 잼이 가득하고 바깥쪽에는 설탕이 잔뜩 뿌려진 이 도넛 수프가니아 sufganiyah 는 화이트 진판델과 자연스럽게 어우러진다. 나를 의심하기 전에, 일단 들어주길 바란다. 지난날 화이트 진판델은 대량생산으로 넘어가는 바람에 썩 좋지 않은 설탕물 맛이 났다. 맞다. 지금도 일부는 그렇지만, 캘리포니아에서 이 장르를 소생시킨 새로운 제조자들이 생겨나고 있다.

이 애증의 대상인 분홍빛 와인의 구원자들은 프랑스에서 가장 유명한 로제 와인을 만드는 방법을 적

용해 보기로 했고, 결과적으로 멋진 미국 진판델이 탄생했다. 이 와인들은 드라이하면서(내가 말하는 드라이는 진짜 드라이함이다) 과즙 넘치는 시트러스 향이 가득하고, 형광처럼 밝은 자홍색부터 옅은 연어 색을 띤다. 미드 팔레트에서 무지개처럼 펼쳐지는 온갖 베리 향은 도넛 안에 든 잼의 연장선처럼 느껴진다. 기분 좋은 새콤함을 선사하는 피니시는 도우와 만나면서 손을 멈출 수 없게 한다. 아직도 의심스럽다면, 빌 머레이Bill Murray(블랙 코미디로 유명한 영화배우 - 옮긴이)가 화이트 진판델을 마신다는 사실이 위안이 될지 모르겠다. 그러니 빌 머레이처럼 이 페어링을 비꼬려고 시도해 보는 것도 나쁘지 않다.

$ 몬테 리오 셀러 드라이 화이트 진판델, 시순 밸리 Monte Rio Cellars Dry White Zinfandel, Suisun Valley ☀️🍃🍬

$ 털리 와인 셀러 화이트 진판델, 나파 밸리 Turley Wine Cellars White Zinfandel, Napa Valley ☀️✨🎨🍃

핍스
& 프란치아코르타

핍스Peeps는 부활절 즈음에 자주 보이는 마시멜로 비슷한 설탕 덩어리로, 보통 폼 스프레이로 만든 듯한 병아리나 토끼가 여러 개 붙어 있는 모양이다. 색은 다양하지만, 맛은 거의 비슷하다. 또 핍스는 핵전쟁 이후의 겨울도 견뎌낼 수 있다고 전해지기도 한다. 물론 이 소문은 사실이 아닐 수도 있지만, 앞으로 설명할 내용은 사실이다.

핍스 탄생의 시작은 펄펄 끓는 설탕과 옥수수 시럽이다. 그다음 젤라틴과 바닐라 엑스트랙트를 넣은 뒤 성형 기계로 들어가는데, 이 기계는 27시간이나 걸리던 성형 시간을 단 6분으로 줄여주었다. 가장 인상적인 것은 부서지지 않기로 유명한 핍스의 눈이다. 이 눈은 에모리 대학의 연구진들이 발견한 카나우바carnauba라는 물질이며, 인체에 무해하고 끓는 물, 아세톤, 황산, 페놀(가정용 소독제에 들어가는 물질)에 넣어도 녹거나 부서지지 않는다.

핍스는 1분에 500개, 하루에 500만 개, 1년에 20억 개 이상 만들어진다. 지구를 2바퀴 돌고도 남을 양이다. 대체 누가 먹는지는 미스터리지만, 생산량 중 매년 7억 개 정도가 미국에서 소비된다. 핍스를 먹는 방법 중 유명한 것은 '오래 묵혀두었다가 먹는 방법(제조사에 따르면 정말로 25%가 이렇게 먹는다고 한다)', 전자레인지에 돌려 먹기, 얼려 먹기, 구워 먹기, 그리고 가장 논란이 되는 피자에 토핑해서 먹기 등이 있다.

핍스의 가장 훌륭한 점은 각 기념일에 맞는 다양한 색을 선택할 수 있다는 것이며, 모든 핍스는 프란치아코르타Franciacorta라고 불리는 스파클링 와인과 놀라울 정도로 잘 어울린다.

이탈리아 북부에서 만들어지는 이 스파클링 와인은 그 고상한 프랑스 샴페인만큼이나 주목받을 가치가 충분하다. 샴페인과 프란치아코르타 사이에는 공통점이 많다. 가장 큰 것은 사용하는 포도 품종으로, 둘 다 샤르도네와 피노 네로Nero(누아)를 주로 사용하면서 이따금 피노 비앙코Bianco(블랑)를 사용해 만든다. 품질 좋은 와인 생산 지역으로서 긴 역사가 있고, 숙성하면 더욱 가치 있는 와인을 만들기 때문에 시장에 출시하기 전에 필수적으로 저장고에서 숙성 과정을 거친다. 그리고 둘 다 브리오슈 같은 토스티함을 지니고 있지만, 프란치아코르타는 시트러스와 산미가 풍부해 픕스의 설탕 크러스트와 마시멜로를 뚫고 나오는 싱그러움을 자랑한다. 이곳의 와인은 픕스와 만나 입안 가득 우리만의 놀이터를 선사할 것이다.

$ 벨라비스타 "알마 그랑 퀴베" 브뤼 Bellavista "Alma Gran Cuvée" Brut 🌿✴

$$ 바로네 피지니 브뤼 나뛰르 Barone Pizzini Brut Nature ✴☀

$$$ 까델 보스코 안나마리아 클레멘티 도사주 제로 프란치아코르타 리제르바 Ca' del Bosco Annamaria Clementi Dosage Zéro Franciacorta Riserva ☀✴🌿

허니 베이크드 햄
& 파소 로블스 쁘띠 쉬라

해리 J. 호엔슬라르Harry J. Hoenselaar는 1957년 디트로이트에 첫 허니 베이크드 햄 회사를 열었다. 호엔슬라르는 꿈에서 영감을 받아 그 유명한 회오리 커팅 기계를 만들었다고 말했으며, 타이어 잭, 파이 굽는 그릇, 세탁기 모터, 칼로 시제품을 만들었다. 정말이지 햄에 헌신적인 남자가 아닐 수 없다. 지금은 크리스마스의 상징이 된 이 햄 덩어리는 24시간 동안 나무 훈연을 거친 뒤 회오리 모양으로 잘린 다음 달콤하고 바삭한 글레이즈를 입고 남부 사람이라면 누구나 눈물 흘릴 맛있는 음식으로 다시 태어난다.

그래서 풀바디에 타닌이 풍부한 레드와인쯤은 되어야만 이 달콤한 돼지고기와 당당히 함께할 수 있다. 사탕, 다크초콜릿, 흑후추 향이 춤추듯 퍼지는 쁘띠 쉬라는 이 햄에 완벽하게 어울린다. 원산지인 프랑스에서 두리프Durif라고 불리는 이 품종은 또 다른 프랑스 품종인 펠루생Peloursin과 쉬라를 이종교배해 만들어졌으며, 대부분 캘리포니아에서 재배되고 있다. 전 세계를 합쳐도 재배 면적이 약 4,000ha 정도밖에 되지 않아 흔한 레드 품종은 아니지만, 그래도 비교적 쉽게 접할 수 있다.

파소 로블스는 캘리포니아 남부의 AVA이며, 북부에 있는 이웃인 나파보다 3배나 크다. 이곳은 수많은 와인 스타일과 각 스타일을 만들어내는 다양한 미세 기후microclimate, 그리고 최고의 쁘띠 쉬라로 유명하다. 파소 로블스는 캘리포니아의 그 어떤 아펠라시옹보다 일교차가 큰데, 뜨거운 낮 기온 덕에 포도가 완전히 무르익으면서 밤 기온은 서늘해 지나치게 익지는 않는다. 이렇게 탄생한 잉크처럼 검은빛에 대담한 풍미를 자랑하는 레드와인은 잘익은 과일 향과 바다로 허니 베이크드 햄의 풍미를 올려주고, 타닌으로 기름기를 잡아준다. 하나 더, 보라색으로 물든 이를 자랑하고 싶지 않다면 마신 뒤 양치질을 잊지 말 것.

$$ 제이 로어 타워 로드 쁘띠 쉬라 J. Lohr Tower Road Petite Sirah 🌿✴

$$ 털리 와인 셀러 "페센티 빈야드" 쁘띠 쉬라 Turley Wine Cellars "Pesenti Vineyard" Petite Syrah ☀✴🌿

생일 펀페티 케이크
& 로사토 스푸만테(프로세코 로제)

인스타그램에서 유행하는 바람에 너무 흔해지긴 했지만, 펀페티 케이크Funfetti Cake는 세계 최고의 발명품이다. 펀페티에 대해 말할 때, 먹을 때는 물론이고, 심지어 떠올리기만 해도 미소를 지을 수밖에 없기 때문이다. 모든 펀페티 케이크는 파티 그 자체이지만, 북부 이탈리아 프로세코에서 만든 스푸만테 로제를 차갑게 식혀 곁들이면 더욱 즐거워진다.

프로세코를 마셔본 적이 있다면 대부분 아페롤 스프릿츠Aperol spritz(프로세코와 리큐르 아페롤을 혼합한 칵테일 - 옮긴이)로 마셨을 거라 생각한다. 하지만 프로세코가 다른 스파클링 와인, 특히 샴페인과 어떻게 다른지 아는 사람은 거의 없다. 개별 병을 사용하는 샴페인과 달리 프로세코는 샤르마Charmat라고 불리는 대형 탱크에서 발효를 진행하기 때문에 기포가 비교적 작다(스파클링 제조 방법을 더 알고 싶다면, 62쪽 참조). 로제(로사토) 버전이 있다는 사실도 잘 알려지지 않았는데, 제조 과정에 사용해야 하는 품종이 정해져 있어 로제에는 '프로세코'라는 이름이 붙을 수 없기 때문이다(하지만 너무 많은 제조사가 로제를 만들고 있어 곧 규제가 바뀔 것으로 보인다). 프로세코 제조사 대부분은 핑크빛 프로세코에 이탈리아어로 스파클링 와인이라는 뜻의 '스푸만테spumante'라는 이름을 붙인다.

스푸만테 로제의 당도는 샴페인과 비슷하지만, 피노 누아부터 잘 알려지지 않은 라보소 베로네제Raboso Veronese까지 제조에 사용되는 포도에 무르익은 과일 향이 풍부하고 산미가 적어 더 달콤하게 느껴진다. 이 와인이 펀페티 케이크와 어울리는 이유가 몇 가지 있는데, 먼저 샤르마 방법으로 만든 와인은 탄산이 샴페인보다 섬세하고 부드러워 케이크의 식감을 더욱 가볍게 만들어준다. 그리고 와인의 과일 향, 꽃향, 바닐라 빈 풍미는 펀페티의 달콤함과 화려한 스프링클에 바치는 생일 소원이 되어준다.

$ 미오네토 "프레스티지 컬렉션 그랑 로제" 스푸만테 엑스트라 드라이 Mionetto "Prestige Collection Gran Rosé" Spumante Extra Dry
☼ ✸

$$ 알타네베 스푸만테 로제 Altaneve Spumante Rosé ✸

진저브레드
& 파시토 디 판텔레리아

당신의 진저브레드 하우스가 허름하든 베르사유 궁전이든 관계없이, 중요한 것은 디저트 와인을 마시며 과자 집을 만드는 경험 그 자체이다. 그리고 이 경험의 발판은 지비보 디 판텔레리아Zibibbo di Pantelleria라고 불리는 이탈리안 와인이여야 한다. 와인 1병을 다 비우고 R을 최대한 굴리다 보면 정답에 가깝게 발음할 수 있을 것이다.

판텔레리아Pantelleria는 사실 본토인 이탈리아나 시칠리아보다 아프리카에 더 가까운 아주 작은 화산섬이다. 지중해 중앙에 떠 있는 높이 8마일, 너비 5마일의 기묘한 검은 돌덩이인 이곳에는 해변도 없고, 화산으로 데워진 온천 동굴뿐이다. 화산의 이름이 그대로 섬 이름이 된 이곳은 그 자체가 바다 위에 솟아 있는 화산의 끝 부분이다. 이곳에는 시로코sirocco라고 불리는 열풍이 부는데, 매우 강력해 온 섬을 시간당 60마일 속도로 휩쓸며 모든 평지를 갈아내고, 시야를 전부 가려버리기 때문에 주민들은 바람이 지나갈 때까지 실내에 몸을 숨긴다. 동시에 이 섬은 잘 알려지지 않은 세계 최고의 디저트 와인을 만드는 곳이기도 하다.

지비보는 고대 품종이자 유전 개조가 되지 않은 품종 중 가장 오래된 뮈스카 오브 알렉산드리아Muscat of Alexandria를 부르는 현지 말이다(실제로 클레오파트라가 좋아했

던 품종이기도 하다). 이곳에서는 포도를 보호하기 위해 땅에 굴을 파서 포도를 심은 뒤 내부에 돌로 벽을 세워 더 튼튼한 방어막을 세우는데, 바로 이 때문에 극한의 환경에 포도를 재배한다는 의미인 '익스트림 비티컬처 Extreme viticulture'라는 용어가 탄생했다. 수확한 포도들은 아파시멘토(87쪽 참조) 과정과 숙성을 거쳐 마치 백화점 향수 코너를 연상시키는 와인이 된다. 그러니까 그 공간을 가득 채울 듯 생생한 향기를 내뿜어 또 다른 매력을 기대하며 계속 마실 수밖에 없다는 의미다. 이 와인에서는 설탕을 입힌 시트러스 껍질, 말린 무화과, 벌집, 발사믹 소스, 지중해 관목, 리치의 풍성한 향을 느낄 수 있다. 샤를리즈 테론이 "지비보, 그 섬의 향"이라는 향수 카피를 속삭이는 듯한 느낌이 들 정도다. 거기에 밝은 금속을 연상시키는 호박색과 걸맞은 싱그러운 풍미, 열정 넘치는 피니시를 자랑해 진저브레드의 강렬한 향과 둘도 없이 잘 어울린다.

$$ 돈나푸가타 벤 리에 파시토 디 판텔레리아 Donnafugata Ben Ryé Passito di Pantelleria ☀✱🌿

슈퍼볼 나초
& 캘리포니아 샤르도네

슈퍼볼을 볼 때는 나초가 있어야 한다. 같이 보는 사람 중 남자가 많아질수록 맥주를 함께 마셔야 한다는 압박이 강해지긴 하지만, 와인을 곁들이는 것도 좋은 선택이다. 그중에서도 가장 잘 어울리는 와인은 전통적이지만 늘 맛있는 캘리포니아 샤르도네다. 캘리포니아 샤르도네는 미국의 와인 제조 기량을 처음으로 증명한 와인이지만, 90년대 중반이 되자 제조자들이 무거우면서 버터 같은 질감을 내는 진한 오크 숙성 스타일 와인을 만들기 시작했다. 이런 와인은 잠시 유행했지만, 많은 와인 애호가는 금세 더욱 흥미로운 와인으로 떠나갔다. 현재 만들어지는 캘리포니아 샤르도네는 훨씬 균형이 좋고 전보다 덜 무겁기 때문에 더는 휴양지에 모여 마시는 여자들의 와인이 아니다.

이렇게 현대적이고 더욱 세련된 스타일로 만들어진 와인은 캘리포니아 샤르도네의 특징 중 하나인 높은 알코올 도수를 그대로 가지고 있다. 높은 산미가 음식의 질감과 풍미를 증폭시키는 것처럼 알코올도 같은 역할을 한다. 지방이 많은 치즈나 과카몰리와 만나면 풍부한 알코올이 감칠맛을 끌어올려 주고, 혹시 곁들일지 모를 검은콩의 풍미도 돋보이게 해준다. 샤르도네가 지닌 짭짤함은 마치 수비수처럼 나초 칩의 소금기와 맞서고, 은은한 타닌은 토핑으로 올라가는 돼지고기나 소고기를 상대한다. 하지만 더 좋은 점은 젖산 발효 malolactic fermentation라고 불리는 과정을 통해 더욱 풍부하고 크리미해진 캘리포니아 샤르도네가 녹진하게 녹은 몬테레이 잭 치즈, 사워크림과 함께 엔드 존에 들어가며 매끄럽게 마무리해 준다는 것이다.

$ 닐슨 산타 바바라 카운티 샤르도네 Nielson Santa Barbara County Chardonnay ✱

$$ 샤토 몬텔레나 샤르도네 나파 밸리 Chateau Montelena Chardonnay Napa Valley ☀✱🌿

$$$ 오베르 와인 래리 하이드 & 선스 빈야드 카네로스 샤르도네 Aubert Wines Larry Hyde & Sons Vineyard Carneros Chardonnay ✱⛎☀

파리의 심판

유럽 사람들은 천년이 넘는 시간 동안 자신들이 세계 최고의 와인 시장을 독점하고 있다고 생각했고, 그렇기에 오랜 시간 동안 이들에게 캘리포니아 와인은 그저 웃음거리에 불과했다. 와인 제조업이 20세기 중반에 접어들었을 때, 이들은 미국의 토양이 세계에서 가장 탄탄한 테루아를 지니고 있으며 대대로 내려오던 와인 제조 지식의 격차가 줄어들고 있다는 사실을 깨닫지 못했다. 이들의 오만함은 1976년 5월, 와인 역사에 길이 남을 오명으로 산산이 부서진다. 이 사건을 파리의 심판 the Judgment of Paris이라고 부르며, 와인 업계에서는 혁명과도 같은 일이었다.

오직 프랑스 와인만 판매하던 영국 와인 판매업자들의 떠들썩한 홍보로 개최된 이 행사에서 최고의 소믈리에, 와인 제조사, 파리의 비평가들이 모여 2번의 블라인드 테이스팅을 진행했다. 하나는 세계 최고의 샤르도네를 결정하는 것이었고, 다른 하나는 보르도의 레드와인과 캘리포니아의 까베르네 소비뇽 블렌드가 경쟁하는 자리였다. 프랑스 와인이 야심에 찬 캘리포니아 와인을 쉽게 꺾을 수 있을 것이라는 예상으로 주최된 행사였다. 듣도 보도 못한 형편없는 와인 제조자들이 만든 투박한 와인들은 위대한 장인들이 만든 작품을 절대 이길 수 없을 것이라는 생각이었다.

타임지의 파리 특파원은 '호의'를 베푼다는 마음으로 이 행사에 참여했다. 모두가 다윗과 골리앗의 싸움이라고 생각하며 기사화할 가치가 없다고 생각했지만, 물론 거대한 반전이 있었다. 캘리포니아 와인이 레드와 화이트 모두에서 1등을 휩쓸며 모든 프랑스 와인을 제져버린 것이나.

테이스팅은 모두 블라인드로 진행되었기 때문에, 심사위원들에게 있는 것이라곤 잘못된 자신감뿐이었다. 어느 심사위원은 캘리포니아 와인을 한 모금 마시고는 "아, 프랑스로 돌아온 것 같군"이라며 탄식 섞인 감탄을 내뱉기도 했다. 이 테이스팅에서 가장 높은 점수를 받은 와인은 샤토 몬텔레나 Chateau Montelena에서 만든 1973년 샤르도네와 스택스 립 와인 셀러 Stag's Leap Wine Cellars에서 만든 1973년 까베르네 소비뇽으로, 모두 나파 밸리 와인이었다. 심사위원 일부는 충격에 빠져 화를 냈고, 다른 사람들이 알까 두려워하며 자신들이 적은 점수 카드를 다시 돌려달라고 요구했다. 이때 1위를 차지한 와인들은 워싱턴DC의 스미소니언 박물관에 전시되어 있다.

이날의 '심판'은 미국 와인 뿐 아니라 아르헨티나, 남아프리카, 호주 등 새롭게 떠오르는 와인 제조국들에게 길이 되어 주었다. 새로운 문이 열린 순간이자 그토록 오랫동안 주도권을 쥐고 있던 전통 와인 생산 지역뿐아니라 세계 어디서든 훌륭한 와인이 만들어질 수 있다는 사실을 모든 와인 전문가들이 깨닫게 된 사건이기도 하다. 그 후로 40년이 지났고, 스타일이 조금 바뀌기는 했지만, 지금의 미국 와인은 단지 맛있는 와인일 뿐 아니라 전 세계적으로 사랑받고 있다. 그 당시 젊은 와이너리로 여겨졌던 미국의 와이너리들이 여러 세대를 거치며 오직 경험으로만 얻을 수 있는 제도적인 지식을 쌓아 올렸고, 세계 시장에서 경쟁할 연륜을 얻었기 때문이다.

트릭 '포' 트릿!
할로윈 캔디와 함께할 사랑스러운 와인들

와인과 캔디는 입에 넣자마자 행복을 전해주는 조합이고, 그중 최고는 디저트 와인일 때가 많다. 세계에서 가장 유명한(그리고 비싼) 와인들이 포함된 디저트 와인은 탄산이 없는 일반 와인일수도, 강화 와인일수도, 스파클링 와인일수도, 아주 드라이하거나 아주 달콤할 수도, 그 중간 어디쯤일 수도 있지만, 대부분은 디저트 와인에 대해 잘 모른다. 가장 쉬운 출발점은 페어링하고자 하는 캔디의 풍미와 질감을 생각하는 것이다. 견과류의 맛, 달콤함, 쌉쌀함처럼 많은 요소가 하나의 캔디에 함께 들어 있을 수도 있지만(스니커즈같은 과자를 생각해 보면 된다), 스트레스받지는 말자. 많은 요소 중 하나도 겹치지 않는 와인을 선택해도 좋고, 모든 풍미가 1병에 들어 있는 와인을 찾아도 좋다. 잘 소화해 내기 쉽지는 않아도 충분히 재미있을 것이다.

풍선껌

풍선껌 맛에 따라 고를 와인이 달라지겠지만, 좋아하는 것에 좋아하는 것을 곁들이는 방법이 가장 단순하고 효과적이다. 가장 클래식한 맛을 예로 들어보자. 딸기 바닐라 맛 껌에는 어떤 와인이 어울릴까? 아마 로제 포트처럼 과일 향 가득한 핑크색 와인일 것이다. 블루베리 맛 껌이라면 실제로 판매되는 블루베리 와인을 함께 마셔보자. 만약 껌이 민트 맛이라면, 그냥 뱉자. 아무리 나라도 기적을 일으킬 수는 없다.

캐러멜 & 토피 캔디

이 단맛과 짠맛의 조화에도 위와 같은 이유로 주정 강화 와인이 잘 어울린다. 프랑스 남부의 뱅 두 나뛰렐이나 스페인 남부의 몬티야 모릴레스는 와인을 제조할 때 의도적으로 산화 과정을 거쳐 버터 같은 깊이가 더해지기 때문에 이 캔디의 단맛과 짠맛 모두와 조화를 이룬다.

다크초콜릿

다크초콜릿에서 가장 두드러지는 맛은 씁쓸함이다. 그리고 설탕이 없으면 쓴맛은 쓴맛과 잘 어우러지지 않는다. 달콤함은 초콜릿과 와인의 타닌을 묶어주는 역할을 하기 때문에 레드 디저트 와인, 주정 강화 와인, 스파클링 와인을 선택하면 좋다. 바롤로 키나토나 루비 포트처럼 달콤하지만 레드의 씁쓸함을 지니고 있는 독특한 와인들도 잘 어울린다. 만약 견과류나 코코넛처럼 다른 맛이 가미되어 있다면 선택할 수 있는 폭이 더 넓어진다.

젤리 & 태피

쫄깃한 캔디에는 산미가 꼭 필요하다. 이 사이에 낀 젤라틴을 씻어줄 무언가가 필요하기 때문이다. 입안을 헹구는 데는 CO_2가 들어간 스파클링 와인이 제격이다. 젤리나 태피(설탕을 녹여 만든 무른 사탕 - 옮긴이)는 대개 과일 맛이니, 비슷하게 과즙이 풍부하고 산뜻한 디저트 와인이 어울리기 때문이기도 하다. 내 추천은 리슬링처럼 어마어마한 산미와 부드러운 단맛이 있는 화이트와인이다. 보통 베리 향이나 시트러스 향이 풍부하니까.

하드 캔디

처음에는 딱딱하지만, 입안에서 서서히 녹으면서 젤리와 비슷하게 점성이 높아진다. 과일 맛이든, 민트 맛이든, 스파이시한 맛이든 캔디의 맛에만 집중해 보자. 과일 맛이 나는 하드 캔디는 레이트 하베스트나 아이스 와인처럼 과즙이 풍부하고 농축된 와인과 잘 어울린다. 스파이시한 캔디에는 게뷔르츠트라미너, 레이트 하베스트 슈냉 블랑처럼 오크 통 숙성을 거친 와인에 더해지는 스위트 베이킹 스파이스 향이 잘 맞는다.

감초 사탕

실제 감초는 달콤하지 않기 때문에 다크초콜릿을 페어링할 때와 비슷하지만, 풍미는 코코아보다 더 선명하다. 감초의 풍미는 아주 특별하니, 브라케토 다퀴Brachetto d'Aqui나 까베르네 프랑의 핑크 버전처럼 마치 약제 같은 향이나 스파이스가 강렬한 와인을 곁들이는 것이 유일한 방법이다.

마시멜로 OR 누가 캔디

이렇게 푹신한 캔디를 끌어안아 줄 와인으로는 주정 강화 와인이 제격이다. 강력한 바디가 푹신함을 증폭시키고, 산미가 입을 깨끗이 닦아주기 때문이다. 초콜릿이나 견과류가 코팅된 캔디라면, 토니 포트처럼 산화 과정을 거친 화이트와인을 곁들여보자. 설탕에 덮여 있다면, 과일 향이 풍부하고 탄산이 있는 프로세코가 좋은 조합을 선사할 것이다.

밀크초콜릿

밀크초콜릿처럼 부드러운 풍미와 매끄러운 질감이 균형을 이루는 와인이 좋다. 코코아 향을 풍부하게 살려주면서도 초콜릿을 묻어버릴 만큼 강하지 않은 와인이 잘 어울릴 것이다. 다행히 초콜릿의 쓴맛을 부드럽게 풀어주는 크림이 들어가 다크초콜릿보다 페어링의 범위가 훨씬 넓어진다. 이탈리아 빈 산토 Vin Santo, 루비 포트, 레이트 하베스트 진판델까지 찾기 쉽고 잘 어울리는 와인이 많으니 잘 찾아보자.

가루 사탕

픽시 스틱스 Pixy Stix나 펀 딥 Fun Dip처럼 향이 들어간 가루 사탕을 먹을 때는 입안에서 열리는 파티에 살짝 열기를 더해줄 복합성이 있는 와인이 필요하다. 전세계에서 재배되는 뮈스카를 짚 위에서 건조해 만든 화이트 디저트 와인도 좋고, 좀 더 독특한 페어링을 원한다면 코트 뒤 쥐라 뱅 드 파이유 Côtes du Jura Vin de Pailles를 시도해 봐도 좋다.

견과류 캔디

와인의 멋진 장점 중 하나는 아몬드, 밤, 호두, 헤이즐넛, 땅콩까지 다양한 견과류 아로마를 느낄 수 있다는 것이다. 산화 과정을 거쳐 견과류 향을 끌어낸 와인을 찾아 캔디가 지닌 견과류 향과 페어링해 보자. 좋은 예시로 지비보 디 판텔레리아나 진하고 풍부한 셰리 등이 있다.

사워 캔디

공식적으로 말하지만, 내 환심을 사는 데에는 사워 캔디만한 것이 없다. 사워 캔디가 최고다. 그리고 이렇게 새콤한 캔디에 곁들이려면 그보다 더 새콤한 와인을 선택해야 한다. 과일 향과 산뜻함도 풍부해야 한다. 나는 보통 톡톡 튀는 매력과 신맛이 풍부한 소비뇽 블랑, 리슬링으로 만든 스파클링이나 화이트 디저트 와인을 곁들인다.

스파이시 캔디

매운 음식을 먹을 때 그 매운맛을 완화할 가장 좋은 방법은 단맛으로 대조를 주는 것이다. 이런 캔디에는 보통 시나몬 향이 있으니 비슷한 향이 있는 와인을 찾아보자. 이런 특징은 게뷔르츠트라미너와 피노그리에 풍부하지만, 바르삭 Barsac처럼 오크통에 숙성한 귀부 와인도 잘 어울린다.

화이트초콜릿

여기서 화이트초콜릿이 사실 진짜 초콜릿이 아니라는 사실을 걸고넘어지지는 말자(화이트초콜릿은 코코아 버터로 만들었다). 나긋나긋하고 부드러운 달콤함과 은은한 바닐라 향으로 독자적인 노선을 달리고 있으니까. 화이트초콜릿의 장점과 섬세한 달콤함을 끌어올리려면 꽃 향과 베이킹 스파이스의 풍미가 필요하다. 뮈스카로 만든 일반 와인이나 스파클링 와인 또는 포트 같은 주정 강화 화이트와인이 훌륭한 파트너가 되어줄 것이다.

달콤한 항복

세상의 모든 캔디를 위한 디저트 와인

100 그랜드100 Grand / 토우리가 나시오날 포트 / 야키마 밸리, 워싱턴 / 주정강화 스위트 레드

3 머스키티어3 Musketeers / 레이트 보틀 빈티지 포트 / 도우로 밸리, 포르투갈 / 주정강화 스위트 레드

핍스 애비뉴5th Avenue / 리브잘트 그르나RIVESALTES GRENAT / 론 밸리, 프랑스 / 주정강화 스위트 레드

에어헤즈Airheads / 리슬링 레이트 하베스트 / 롱 아일랜드, 뉴욕 / 디저트 스위트 화이트

아몬드 조이Almond Joy / 지비보 디 판텔레리아 / 시칠리아, 이탈리아 / 디저트 스위트 화이트

안데스 민트Andes Mints / 레이트 하베스트 쉬라 / 파소 로블스, 캘리포니아 / 디저트 스위트 레드

애나벨스 로크 로드 바Annabelle's Rocky Road Bar / 둘세 모나스트렐DULCE MONASTRELL / 후미야, 스페인 / 디저트 스위트 레드

애플 오스Apple O's / 본느BONNEZEAUX (슈냉 블랑) / 루아르 밸리, 프랑스 / 디저트 스위트 화이트

아토믹 파이어볼스Atomic Fireballs / 바르삭 / 보르도, 프랑스 / 디저트 스위트 화이트

베이비 루스Baby Ruth / 루더글렌 뮈스카 / 빅토리아, 호주 / 감미로운 디저트 화이트

빅 헝크Big Hunk / 뱅 드 콘스탄스VIN DE CONSTANCE / 콘스탄시아, 남아프리카 / 풍부한 스위트 화이트

비트 오 허니Bit o Honey / 에르미타주 뱅 드 파이유HERMITAGE VIN DE PAILLE / 론 밸리, 프랑스 / 풍부한 스위트 화이트

블로우 팝스Blow Pops / 슈패트레제 로제SPÄTLESE ROSÉ / 부르겐란트, 오스트리아 / 가벼운 스위트 핑크

브라이트 크롤러Brite Crawlers / 리슬링 하인헤르브RIESLING FEINHERB / 모젤, 독일 / 가벼운 스위트 화이트

버블 테이프Bubble Tape / 코트 뒤 레이옹 / 루아르 밸리, 프랑스 / 풍부한 스위트 화이트

버터핑거Butterfinger / 리브잘트 앙브레RIVESALTES AMBRÉ / 론 밸리, 프랑스 / 주정 강화 스위트 화이트

캔디 시가렛Candy Cigarettes / 몽바지악MONBAZILLAC / 프랑스 남서부 / 디저트 스위트 화이트

캔디 콘Candy Corn / 레이트 하베스트 샤르도네 / 윌라멧 밸리, 오리건 / 디저트 스위트 화이트

캔디 넥클리스Candy Necklace / 레이트 하베스트 소비뇽 블랑 / 카사블랑카, 칠레 / 디저트 스위트 화이트

캐러멜로Caramello / 모스카텔 드 세투발MOSCATEL DE SETÚBAL / 세투발 반도, 포르투갈 / 감미로운 주정 강화 화이트

찰스턴 츄Charleston Chew / 토론테스 레이트 하베스트 / 멘도자, 아르헨티나 / 디저트 스위트 화이트

체리 사워스Cherry Sours / 막뱅 뒤 쥐라 루즈MACVIN DU JURA ROUGE / 쥐라, 프랑스 / 가벼운 주정 강화 스위트 레드

차임스 진저 츄Chimes Ginger Chews / 레이트 하베스트 트라미나츠TRAMINAC / 다뉴브, 크로아티아 / 디저트 스위트 화이트

서커스 피넛츠Circus Peanuts / 오렌지 뮈스카 / 산타바바라, 캘리포니아 / 디저트 스위트 화이트

클라크 바Clark Bar / 리브잘트 튈레RIVESALTES TUILÉ / 론 밸리, 프랑스 / 산화 주정강화 레드

카우 테일스Cow Tales / 츠바이겔트 아우스레제ZWEIGELT AUSLESE / 노이지들러 호수Neusiedler see, 오스트리아 / 주정 강화 스위트 레드

닷츠Dots / 화이트 진판델 / 나파 밸리, 캘리포니아 / 가벼운 스위트 핑크

더블 버블 검Double Bubble Gum / 로제 포트 / 두오로 밸리, 포르투갈 / 주정 강화 스위트 핑크

펀 딥Fun Dip / 끌레레트 드 디CLAIRETTE DE DIE / 론 밸리, 프랑스 / 스파클링 드라이 화이트

갑스타퍼Gobstopper / 레치오토 디 소아베REGIOTO'DI SOAVE / 피에몬테, 이탈리아 / 디저트 스위트 화이트

구버스Goobers / 만자니야 셰리 / 헤레즈Jerez, 스페인 / 주정 강화 드라이 화이트

147

굿 & 플렌티 Good & Plenty	스파클링 쉬라즈	호주 남부, 호주	스파클링 드라이 레드
구미 베어스 Gummy Bears	리슬링 카비넷 RIESLING KABINETT	나헤, 독일	가벼운 스위트 화이트
거셔스 Gushers	레이트 하베스트 세미용	멘도자, 아르헨티나	디저트 스위트 화이트
히스 바 Heath Bar	모리 뱅 두 나뛰렐 MAURY VIN DOUX NATUREL	론 밸리, 프랑스	주정 강화 스위트 레드
허쉬 키세스	진판델 레이트 하베스트	로디, 캘리포니아	디저트 스위트 레드
핫 타말레 Hot Tamales	피노 그리 셀렉시옹 드 그랭 노블 SELECTION DE GRAINS NOBLES	알자스, 프랑스	디저트 스위트 화이트
죠브레이커스 Jawbreakers	샴페인 엑스트라 드라이	상파뉴, 프랑스	스파클링 스위트 화이트
젤리 벨리 Jelly Belly	리브잘트 로제	론 밸리, 프랑스	주정 강화 스위트 핑크
졸리 랜처 Jolly Rancher	까르 드 숌 QUARTS DE CHAUME	루아르 밸리, 프랑스	디저트 스위트 화이트
주시 후르츠 Juicy Fruit	리슬링 아이스 와인	핑거레이크, 뉴욕	디저트 스위트 화이트
주지후르츠 Jujyfruits	뮈스카 드 봄 드 브니즈 MUSCAT DE BEAUMES-DE-VENISE	론 밸리, 프랑스	주정 강화 스위트 화이트
주니어 민트 Junior Mints	바니울스 루즈	루시옹, 프랑스	주정강화 스위트 레드
킷캣 Kit-Kat	빈 산토 오키오 드 페르니체 VIN SANTO OCCHIO DE PERNICE	토스카나, 이탈리아	디저트 스위트 레드
라피 타피 Laffy Taffy	레이트 하베스트 그뤼너펠트리너 / 기즈번 Gisborne	뉴질랜드	디저트 스위트 화이트
레몬헤즈 Lemonheads	리슬링 브뤼	핑거레이크, 뉴욕	스파클링 드라이 화이트
리코리스 Licorice	브라케토 다퀴 BRACHETTO D'ACQUI	피에몬테, 이탈리아	살짝 달콤한 스파클링 레드
라이프 세이버스 Life Savers	트레비아노 빈 산토 TREBBIANO VIN SANTO	토스카나, 이탈리아	디저트 스위트 화이트
엠앤엠 M&M's	람부르스코 아마빌레 LAMBRUSCO AMABILE	에밀리아 로마냐, 이탈리아	살짝 달콤한 스파클링 레드
맘바스 Mamba's	부브레 무알레 VOUVRAY MOELLEUX	루아르 밸리, 프랑스	디저트 스위트 화이트
마스 바 Mars Bar	네로 다볼라 파시토 NERO D'AVOLA PASSITO	시칠리아, 이탈리아	디저트 스위트 레드
마이크 & 아익스 Mike & Ikes	비달 블랑 VIDAL BLANC 아이스 와인	나이아가라 반도, 캐나다	감미로운 디저트 화이트
밀크 덧 Milk Duds	루피악 LOUPIAC	보르도, 프랑스	디저트 스위트 화이트
밀키 웨이 Milky Way	토니 포트	두오로 밸리, 포르투갈	산화 주정 강화 화이트
마운즈 Mounds	소테른	보르도, 프랑스	디저트 스위트 화이트
미스터 굿바 Mr. Goodbar	마르살라 미스텔라 MARSALA MISTELLA	시칠리아, 이탈리아	주정 강화 스위트 화이트
너즈 Nerds	프레이자 디 키에리 프리잔테 FREISA DI CHIERI FRIZZANTE	피에몬테, 이탈리아	살짝 달콤한 스파클링 레드
네슬레 크런치 Nestlé Crunch	라스토 RASTEAU 뱅 두 나뛰렐	론 밸리, 프랑스	주정 강화 스위트 레드
나우 & 레이터 Now & Later	산토리니 빈산토 SANTORINI VINSANTO	산토리니, 그리스	산화 주정 강화 화이트
페이 데이 Pay Day	세르시알 마데이라 SERCIAL MADEIRA	마데이라, 포르투갈	산화 주정 강화 화이트
피넛 츄 Peanut Chew	코만다리아 COMMANDARIA	사이프러스	주정 강화 스위트 앰버
페즈 Pez	트롤링거 TROLLINGER / 뷔르템베르크 Württemberg, 독일		살짝 달콤한 레드
픽시 스틱스 Pixie Stix	코트 뒤 쥐라 뱅 드 파이유	쥐라, 프랑스	디저트 스위트 화이트
팝 록스 Pop Rocks	샴페인 데미섹	상파뉴, 프랑스	스파클링 스위트 화이트
레이즈넷츠 Raisinets	레치오토 델라 발폴리첼라 RECIOTO DELLA VALPOLICELLA	베네토, 이탈리아	디저트 스위트 레드
레드 핫츠 Red Hots	쥐랑송 모엘루 JURANÇON MOELLEUX	프랑스 남서부, 프랑스	디저트 스위트 화이트

레드 바인스Red Vines / 까베르네 프랑 아이스 와인 / 나이아가라 반도, 캐나다 / 디저트 스위트 핑크

리세스 피넛 버터 컵스Reese's Peanut Butter Cups / 아몬티야도 셰리 / 헤레스, 스페인 / 산화 주정 강화 화이트

리젠Riesen / 콜헤이타 포트COLHEITA PORT / 두오로 밸리, 포르투갈 / 산화 주정 강화 화이트

링 팝Ring Pop / 3 푸토뇨스 토카이 아수3 PUTTONYOS TOKAJI ASZÚ / 토카이, 헝가리 / 디저트 스위트 화이트

롤로스Rolos / 베르델료 마데이라VERDELHO MADEIRA / 마데이라, 포르투갈 / 드라이~스위트 주정 강화 화이트

런츠Runts / 로제 당주ROSÉ D'ANJOU / 루아르 밸리, 프랑스 / 살짝 달콤한 핑크

솔트 워터 태피Salt Water Taffy / 그라우부르군더 아우스레제GRAUBURGUNDER AUSLESE / 슈타이어마르크Steiermark, 오스트리아 / 디저트 스위트 화이트

솔티드 리코리스Salted Licorice / 까베르네 당주 / 루아르 밸리, 프랑스 / 살짝 달콤한 레드

쇼크 타르츠Shock Tarts / (츄이 사워스) / 토카이 에센시아TOKAJI ESENZIA / 토카이, 헝가리 / 감미롭고 달콤한 디저트 화이트

스키틀즈Skittles / 리슬링 젝트 B.A. 할프트로켄HALBTROCKEN / 라인헤센Rheinhessen, 독일 / 스파클링 스위트 화이트

스코어Skor / 사모스 안테미스SAMOS ANTHEMIS / 사모스, 그리스 / 주정 강화 스위트 앰버

슬로 포크Slo Poke / 크림 셰리 / 헤레스, 스페인 / 주정 강화 스위트 화이트

스마티스Smarties / 베르멘티노 디 갈루라VERMENTINO DI GALLURA 스푸만테 브뤼 / 사르데냐Sardegna, 이탈리아 / 스파클링 스위트 화이트

스니커즈Snickers / 올로로소 셰리 / 헤레스, 스페인 / 산화 주정 강화 화이트

스노 캡스Sno Caps / 루비 포트 / 시에라 풋힐스, 캘리포니아 / 주정 강화 스위트 레드

사워 패치 키즈Sour Patch Kids / 리슬링 세미 드라이 / 핑거레이크, 뉴욕 / 살짝 달콤한 화이트

사워 펀치 스트로우스Sour Punch Straws / 까베르네 프랑 아이스 와인 / 나이아가라 반도, 캐나다 / 디저트 스위트 핑크 or 레드

사워 스키틀즈Sour Skittles / 소비뇽 블랑 레이트 하베스트 / 러시안 리버 밸리, 캘리포니아 / 디저트 스위트 화이트

스프리Spree / 세미용 레이트 하베스트 / 콜롬비아 밸리, 워싱턴 / 디저트 스위트 화이트

스타버스트Starburst / 모스카토 다스티 / 피에몬테, 이탈리아 / 스파클링 스위트 화이트

슈가 대디스Sugar Daddies / 스트로 와인 / 스워틀랜드, 남아프리카 / 디저트 스위트 화이트

스웨디시 피시Swedish Fish / 가마레GAMARET / 라 코트, 스위스 / 살짝 달콤한 레드

스위타르츠SweeTarts / 리슬링 슈패트레제 / 모젤, 독일 / 살짝 달콤한 화이트

테이크 파이브Take 5 / 츠바이겔트 젝트 / 니더외스터라이히Niederoesterreich, 오스트리아 / 드라이 스파클링 레드

툿시 롤스Tootsie Rolls / 사그란티노 디 몬테팔코 파시토SAGRANTINO DI MONTEFALCO PASSITO / 움브리아, 이탈리아 / 디저트 스위트 레드

트윅스Twix / 마브로다프네MAVRODAPHNE / 파트라스Pátras, 그리스 / 주정 강화 스위트 레드

트위즐러Twizzlers / 까바 로사토 엑스트라 세코 / 페네데스Penedes, 스페인 / 스파클링 스위트 핑크

바닐라 미지스 툿시 롤스Vanilla Midgees Tootsie Rolls / 페드로 히메네즈 / 헤레스, 스페인 / 감미로운 주정 강화 앰버

워헤즈Warheads / 게뷔르츠트라미너 방당주 타르디브 VENDAGE TARDIVE / 알자스, 프랑스 / 디저트 스위트 화이트

왁스 코크 보틀스Wax Coke Bottles / 보알 마데이라BOAL MADEIRA / 마데이라, 포르투갈 / 주정 강화 스위트 화이트

웨더스 오리지널Werther's Original / 페드로 히메네즈 몬티야 모릴레스 / 안달루시아, 스페인 / 감미로운 주정 강화 앰버

후퍼스Whoppers / 말라가 모스카텔MALAGA MOSCATEL / 안달루시아, 스페인 / 주정 강화 스위트 앰버

요크 페퍼민트 패티York Peppermint Pattie / 바롤로 키나토BAROLO CHINATO / 피에몬테, 이탈리아 / 주정 강화 스위트 레드

제로 바Zero Bar / 화이트 포트 / 두오로 밸리, 포르투갈 / 주정 강화 스위트 화이트

CHAPTER 10

디너 파티
듀엣

완벽한 한 입

"바네사!" 전화기 너머에서 드문드문 목소리가 끊겨 들렸다. "거기 꼭 가봐야 해! 듣고 있지? 지금 가야 해, 지금!"

전화기 반대편에서 울부짖는 이 사람은 좀 미치긴 했지만 사랑스러운 내 동료 제롬이다. 제롬은 영화 〈글렌게리 글렌 로스Glengarry Glen Ross〉처럼 좋은 리스트가 아니라 거의 가능성 없는 명단을 내게 전해주고 있었다. 내가 사는 곳 근처에 새로운 레스토랑이 개업하는데, 제일 먼저 주인과 만나 기회를 잡아야 한다는 것이었다. 이게 와인 판매원의 삶이다. 전화를 받으면 무엇을 하고 있든, 심지어 저 멀리 켄터키에서 엄마가 나를 보러 오셨더라도 다 그만두고 달려나가야 한다. 평범하게 9시에 출근해 5시에 퇴근하는 삶을 바라는 사람들은 오래 할 수 없는 일이다.

제롬은 60대 중반의 주류 판매업자로, 인내심이나 침착한 쪽으로는 연륜과 지혜가 전혀 쌓이지 않은 사람이었다. 그리고 자기 주변에 있는 물건들이 트럭 뒤쪽으로 떨어지려 하는 것도 모른 채 한창때 퀸스나 브루클린에서 아이리시 갱에 속한 불량배로 살던 이야기를 해주곤 했다. 그 모습이 귀엽긴 했지만, 최소한 지난날의 그는 건드려선 안 되는 사람이라는 사실을 상기시켜 주기도 했다. 지금 제롬은 윙팁 구두에 스리피스 줄무늬 슈트를 입는다. 와인 업계에 있는 많은 사람이 그렇듯, 제롬도 자수성가한 판매원이자 불법이 아닌 합법적 판매를 선택한 특이하고 수상쩍은 사람이었다.

제롬이 이렇게 정신없이 전화한 데에는 다른 이유도 있었다. 우리 회사 주류 부서의 판매원으로 일하던 제롬은 다른 유통사의 판매원들과 끊임없이 경쟁하고 있었다. 많은 바이어가 다양한 주류와 와인을 한 번에 구매할 수 있는 편리함 때문에 경쟁사를 선택했다. 그래서 와인 쪽으로 나를 먼저 붙여 자신이 그 레스토랑과 거래를 할 가능성을 높이려 했던 것이다. 나를 돕는 것이 자신을 돕는 것이었고, 배고픈 판매원이었던 내가 그 어떤 찌꺼기라도 쓸어모으려 한다는 사실을 알고 있기도 했다.

그날 엄마와 나는 느긋하게 걸어 다니며 아이 쇼핑이나 할 계획이었지만, 고맙게도 엄마는 나와 함께 그 레스토랑에 같이 가주기로 했다. 레스토랑은 정말 작았고, 위치는 저주받은 듯했다. 같은 자리에서 식당 3개가 망했기 때문이다. 언뜻 보았을 때는 이 레스토랑도 별다를 것 없어 보였다.

딘과 마야가 운영하는 레스토랑 '잭스 와이프 프리다Jack's Wife Freda'는 각자의 고향인 이스라엘과 남아프리카의 퓨전 음식을 내는 캐주얼 레스토랑이었다. 그날 요하네스버그에서 딘의 아버지가 우연히 식당에 오셨고, 내가 딘과 마야와 이야기하는 동안 딘의 아버지는 나와 함께 온 엄마와 앉아 이야기를 나눴다. 긴 대화가 마무리될 즈음, 딘과 마야는 와인에 열정이 있는 이웃이 있어 기쁘다고 말했다. 그리고는 자신들의 와인 리스트를 작지만 흥미롭게 유지하고 싶다고 하며, 괜찮다면 내가 그 리스트를 꾸려보는 것이 어떻겠냐고 권유했다. 업계에서는 이런 일을 '리스트 작성'이라고 부르며, 보통은 그 식당에서 일하는 음료 담당 직원이나 경험 많은 와인 컨설턴트가 맡는다.

일개 판매원이 한 식당의 전체 와인 리스트를 담당한다는 말은 들어본 적이 없었다. 초보 사장으로서 딘과 마야는 각오해야 할 위험이 무엇인지도 알고 있다고 이야기했다. 아마 그 위험이 얼마나 클지 몰랐던 것 같다. 나는 업계에서 일한 지 5년이 되었지만 와인 리스트라고는 써본 적이 없었으며, 소믈리에 교육도 막 수료했을 때였다. 와인 리스트를 많이 보기는 했다. 와인 리스트에 대해 정말 많이 이야기해 보기도 했다. 그리고 확실히 와인을 엄청 마셔보기도 했다. 하지만 누구도 내게 리스트 작성을 맡기지는 않았기에, 딘과 마야의 제안은 내게 말할 수 없이 흥분되는 일이었다.

단순한 와인으로 리스트를 채울 수도 있었지만, 나는 삼중혈관우회수술을 준비하는 외과의사처럼 집중과 집착을 쏟아부었다. 샥슈카, 로즈워터 와플, 페리페리 치킨(태국 고추와 말린 향신료를 바른 치킨 요리) 등 독특하고 낯선 음식과 어떤 와인이 어울릴지 몇 주동안 생각했고, 더 긴 시간을 들여 와인을 어떻게 설명하고 범주로 나눌지 고민했다. 메뉴판 심리학은 아주 현실적인 분야이고, 와인 리스트를 어떻게 꾸리는지가 그 성공과 실패를 결정지었다. 와인의 원가와 판매가도 매우 중요했다(비밀 정보: 소비자들 다수가 리스트에서 두 번째로 비싼 와인이 가성비가 좋다고 착각하기 때문에 가장 많이 팔린다. 그래서 사실 그 자리에 마진이 가장 큰 와인을 넣는다). 그 레스토랑에 실제로 돈을 벌어다 주어야만 성공한 와인 리스트라고 할 수 있다.

딘과 마야의 레스토랑 오픈 날은 내 생일이기도 해서, 나는 내 2가지 업적을 기념하기로 했다. 제대로 맞는 속옷 하나 없이 28살이 된 것과 커리어에서 가장 큰 도전이라는 허들에 생각 없이 머리부터 들이밀던 스릴, 그리고 체조선수처럼 완벽한 착지를. 그로부터 8년이 지난 지금, '잭스 와이프 프리다'는 지점을 여러 개 둔 다운타운의 명소가 되었다. 나는 아직도 이 가게의 와인 리스트를 작성하는 영광을 누리고 있다.

이렇게 풍미가 독특한 음식에 곁들일 와인을 큐레이팅하던 커리어 초기, 나는 배움의 유일한 방법이 시행착오라는 사실을 깨달았고, 그중에서도 '착오' 부분은 집에서 친구들과 함께 경험하는 것이 최선이라는 사실도 알게 되었다. 그래서 브룸 스트리트에 있던 내 조그만 아파트는 연구실이 되었다. 내 룸메이트는 이곳에서 진행된 실험을 '더 몬스터'라고 불렀다. 와인병들은 점점 늘어 벽과 선반을 가득 채우다 못해 바닥까지 넘쳐 흐르며 매년 늘어갔다. 그 당시 더 몬스터는 더욱 공격적으로 진행되었고, 매주 새로운 샘플이 도착했다. 한밤중 화장실을 가다가 이 몬스터의 촉수 중 하나에 걸려 넘어지는 일이 빈번할 정도였다.

나는 현관을 늘 열어두는 가정에서 자랐기 때문에 내 1층 아파트에도 똑같은 철학을 적용했고, 공짜 와인과 만나자 그것이 아주 괜찮은 정책이었다는 사실이 드러났다. 친구들은 오는 길에 와인 1병을 사서 어느 때든 자유롭게 우리 집에 들르곤 했다. 그러니 기꺼이 인체 실험, 아니 디너 파티에 참여하고자 하는 기니피그들을 쉽게 구할 수 있었다. 물론, 비좁은 주제에 비싼 뉴욕 아파트에 살다 보면 실제로 식탁을 둘 공간이 없을 때가 많다(그나마 공간 중 반절이 와인으로 가득하다면). 그러니 이번 장에서는 작은 소파, 바닥에 있는 베개, 여기저기 흩어진 의자, 조그만 커피 테이블에 친구들과 옹기종기 모여 앉아 쉽게 즐길 수 있는 핑거 푸드 페어링을 소개하고자 한다.

쉬림프 칵테일
& 발데오라스 고데요

고데요 Godello는 백포도 품종의 이름이고, 발데오라스 Valdeorras는 스페인 아펠라시옹의 이름이다. 비에르조 Bierzo, 몬테레이 Monterrei, 리베이라 사크라 Ribeira Sacra 같은 지역에서도 이 품종으로 와인을 만들지만, 그중에서도 가장 유명하고 좋은 품질로 인정받는 와인은 발데오라스의 고데요다. 이 품종은 멸종 직전의 상황에 처해 있었지만, 감사하게도 불과 몇 십 년 전 이 지역의 몇몇 열정 넘치는 와인 제조자들이 꺼져가던 불씨를 되살려놓았다. 발데오라스 고데요는 양심적인 농업, 대담한 비전, 진중한 와인 제조가 만나 그렇게까지 비싸지 않으면서도 마치 야수처럼 대단한 화이트와인을 만들어내는 것을 보여주는 훌륭한 예시다.

자몽과 레몬의 풍미, 밀려드는 산미와 자갈이 연상되는 미네랄리티를 자랑하는 이 와인은 마치 소비뇽 블랑의 도플갱어 같은 맛을 내기도 한다. 하지만 발데오라스 고데요는 일반적인 소비뇽 블랑보다 알코올 도수가 높고 끝맛이 짭짤해 특히 해물이나 핑거 푸드 같은 음식을 절로 부른다. 쉬림프 칵테일은 은은한 바다 향과 톡 쏘는 소스가 더해져 스페인 고데요가 필수적인 음식 중 하나이며, 새우와 소스 모두 고데요의 풍부한 짭짤함에 활기를 얻는다. 게다가 이 중간 레벨 화이트와인 페어링은 값이 터무니없이 비쌀 일도 없으니, 늘 새우를 넉넉하게 대접하는 멋진 호스트가 될 수 있다.

$ 보데가스 발데실 "소브레 리아스" 고데요 Bodegas Valdesil "Sobre Lías" Godello

$$ 보데가스 아반시아 "아반시아" 올드 바인 고데요 Bodegas Avancia "Avancia" Old Vine Godello

$$ 라파엘 팔라시오스 "아 소르테스" Rafael Palacios "As Sortes"

프로슈토와 멜론
& 까르티제 프로세코

프로세코가 있고, 그 위에 왕관 한가운데 박힌 귀한 보석과 같은 까르티제 프로세코가 있다. 다른 이탈리아 스파클링 와인과 마찬가지로 샤르마 혹은 탱크 숙성 방법을 사용하긴 하지만, 이 와인은 예외적으로 특별하다. 전체 이름은 발도비아데네 수페리오레 디 까르티제 DOCG Valdobbiadene Superiore di Cartizze DOCG로 발음하기 쉽지 않지만, 이 이름은 높이 평가받는 와인 생산 지역인 발도비아데네 중에서도 약 107ha의 아주 작은 면적에서 생산한 포도로 와인을 만들었다는 것을 의미한다. 이 지역들은 프로세코의 주재료인 글레라 Glera 품종 중 최고 품질을 재배하는 것으로 유명하며, 프로세코를 만드는 지역 중 가장 작으면서 최상품을 만들어내는 곳이라는 사실을 나타내기도 한다. 그래서 이 와인은 얇디얇은 프로슈토와 멜론이라는 손쉬운 전채요리를 잊을 수 없는 훌륭한 페어링으로 탈바꿈시킨다.

$ 아다미 프로세코 디 발도비아데네 수페리오레 디 까르티제 드라이 Adami Prosecco di Valdobbiadene Superiore di Cartizze Dry

$$ 빌라 산디 수페리오레 디 까르티제 "라 리베타" Villa Sandi Superiore di Cartizze "La Rivetta"

당신의 와인, 안녕하십니까?

와인 안전하게 보관하기

와인은 살아 숨 쉬는 존재이기 때문에 보관이나 숙성이 매우 세심하게 이루어져야 한다. 병 안에 들어 있는 이 맛있는 액체는 마치 흔들리는 추처럼 포도즙과 식초 그 사이 어딘가에 머물러 있다. 이 단계를 얼마나 지속할 수 있는가는 저장 방법, 그리고 원래 제조 단계에서 숙성을 의도했는가 그렇지 않은가에 달려 있다. 와인 냉장고는 케이브cave(불어로는 '까브'라고 발음한다)라고 부르는데, 수천 년 동안 와인을 적절하게 보관하는데 사용되었던 지하 동굴의 자연 조건을 모방해 만들어졌기 때문이다. 어쨌든 '와인 냉장고'보다는 훨씬 섹시하게 들린다. 이 케이브가 모방하는 최적의 조건은 13~16°C에 습도 60~70%의 서늘한 상태를 계속 유지하는 것이다. 좋은 와인 저장고에 필요한 조건은 너무나 많고 조건에 맞지 않으면 끔찍한 맛으로 변하지만 그렇게 대우해 주어야 할 와인은 그리 많지 않다.

대부분의 와인은 숙성용이 아니라서 구매한 뒤 바로 마셔야 한다. 조정된 저장고에서 숙성되며 점점 맛이 좋아지는 와인은 아주 소수일 뿐이다. 비율은 와인 생산 지역마다 다르지만, 시장에 나온 후 1년이 지난 뒤 풍미가 좋아지는 와인은 10% 미만, 5~10년 후에 풍미가 좋아지는 와인은 1% 미만이라는 사실에 전문가들 대부분이 동의한다.

그렇다면 와인을 숙성할 수 있는지 그렇지 않은지 어떻게 알 수 있을까? 대부분은 이미 숙성을 거친 뒤 시장에 판매된다. 예를 들어, 유명한 이탈리아의 레드와인 아펠라시옹인 브루넬로 디 몬탈치노는 판매 전 와이너리에서 5년간 숙성을 거쳐야 한다고 법으로 정해져 있다. 그래서 우리가 구매할 때쯤에는 이미 최소한 5년 동안 숙성된 와인이기 때문에 이 와인이 숙성을 염두에 두고 만들어졌고, 그에 맞는 시간과 정성이 들어갔다고 가정해도 무방하다. 그 모든 시간과 노력은 가격표에 나타날 것이다. 반면, 브루넬로에 사용되는 것과 같은 포도로 만든 저렴한 산지오베제는 소비자들이 구매할 때 겨우 1년 정도이며, 숙성용으로 만들어지지 않았을 가능성이 크다.

만약 세계 와인을 대부분 좋아하고 6개월 안에 와인을 다 마실 계획이라면, 팬트리 선반이나 주방 조리대에 두어도 전혀 문제없다. 스토브(나 그 위에 있는 선반)만 멀리하자. 그렇지 않으면 음식과 와인을 함께 익히는 셈이 될 테니까.

절대 하지 말아야 할 것들

코르크 마개를 끼운 채로 병을 세워서 보관하지 말 것

이렇게 하면 코르크가 점점 마르면서 병 안에 산소가 들어가 결국 마실 수 없게 된다.

빛이 드는 곳에 보관하지 말 것

수많은 와인병이 어두운색 유리로 만들어지는 이유다. 다른 모든 것과 마찬가지로 와인도 자외선에 너무 장시간 노출되면 상태가 변해버린다. 어두운 와인병이 선크림 역할을 해주긴 하지만, 아무리 선크림을 많이 발라도 몇 주가 지나도록 창가에 둔다면 자외선을 막을 방법이 없다.

온도 변화가 심한 곳에 보관하지 말 것

따뜻한 곳에 있으면 와인이 팽창하며 코르크를 밖으로 밀어낸다. 그러다 기온이 낮아지면 수축하면서 산소가 병 안으로 들어온다. 둘 다 좋지 않으니 주의하자.

좋은 와인을 음식 냉장고에 보관하지 말 것

음식 냉장고는 습도가 너무 낮다. 그래서 코르크가 마르고, 결국 와인이 너무 빨리 산화되어 버린다. 특별한 와인을 수개월, 혹은 몇 년 동안 냉장고에 보관하고 있다는 말을 들으면 너무 마음이 아프다. 그 와인은 이미 떠나버렸을 가능성이 크다. 만약 당신이 이런 사람이라면, 매우 유감이다. 아직 괜찮기를 바라며 지금 당장 와인을 열길.

확신하기 전에 섣불리 와인을 버리지 말 것

코르크 마개가 튀어나오기 시작하거나 집안의 온도가 크게 변했다 할지라도, 그 와인이 정말 가망이 없는지는 확실하지 않다. 확인할 유일한 방법은 마셔보는 것이다. 실제로 내 인생 최고의 와인들 중 일부는 형편없는 조건에서 눈대중으로만 보며 와인을 보관했을 때 마셨던 것들이었다.

리조또 볼
& 브루넬로 디 몬탈치노

토스카나에서 생산되는 다양한 산지오베제 Sangiovese 와인 중 브루넬로 디 몬탈치노는 가장 유명하면서도 빛나는 명성을 얻은 와인이다. 브루넬로는 이 지역에서 산지오베제를 부르는 이름이고, 몬탈치노는 와인을 만드는 마을 이름이며, 마을과 품종 이름이 합쳐진 이 와인은 묵직한 바디와 타닌을 자랑한다. 그러면서도 탄탄한 틀이 되어주는 산미를 지니고 있어 숙성시키지 않고 마셔도 우리에게 충격을 줄 만큼 강력하고 정밀한 풍미를 느낄 수 있으니, 숙성되었을 때는 아마 정신이 혼미해질 정도일 것이다.

주로 체리, 감칠맛 도는 허브, 마른 가죽 뉘앙스가 지배적이며, 숙성될수록 마른 가죽 안장, 마른 장미꽃, 풍부한 시나몬 향이 느껴진다. 와인을 마시며 내게 처음으로 깨달음을 준 와인 중 하나가 바로 올드 브루넬로다. 그때 마셨던 와인은 무려 1975년 비온디 산티 리제르바 Biondi Santi Riserva였다. 그 당시에 이 와인이 얼마나 귀한지 조금이라도 알았다면 좋았을 텐데. 하지만 희귀하거나 비싸지 않은 어린 브루넬로도 리조또 볼과 황홀한 조화를 보여준다. 이 강렬한 와인의 타닌은 탄수화물로 똘똘 뭉친 말랑하고 녹진한 리조또 볼에 청량함과 우아함을 더한다. 브루넬로의 산미는 마치 로데오의 소처럼 마리나라 소스를 쏜살같이 뚫고 지나가며, 밀도 높은 붉은 과일 향과 허브 풍미는 소스의 매운맛을 담요처럼 감싸준다.

$$ 카스틸리온 델 보스코 브루넬로 디 몬탈치노 Castiglion del Bosco Brunello di Montalcino ❄☀☼

$$$ 콘티 코스탄티 브루넬로 디 몬탈치노 Conti Costanti Brunello di Montalcino ❄☀

$$$ 비온디 산티 브루넬로 디 몬탈치노 리제르바 Biondi-Santi Brunello di Montalcino Riserva 🌿🍴

피그 인 어 블랭킷
& 마가렛 리버 샤르도네

분명히 해두자. 원하는 만큼 화려하게 만들어도 상관없지만, 진정한 피그 인 어 블랭킷은 히브리 내셔널 Hebrew National에서 나온 미니 프랑크 소시지에 필스버리 Pillsbury의 냉동 생지를 감은 것 하나뿐이다. 이걸 제외한 다른 버전은 다 허세다. 태초부터 이 2가지 요소는 서로 만나 뜨거운 육즙 가득하고, 겹겹이 바삭하고, 버터 향이 풍부하며, 소스를 부르는 훌륭한 맛을 선사해 왔다. 마가렛 리버는 호주 남서부 구석에 있는 와인 생산 지역으로(시드니 반대편 대륙), 역사는 겨우 50년이지만 세계에서 가장 흔한 백포도 품종인 샤르도네로 최상급 와인을 만들어낸다.

이 지역에서 생산되는 최고급 와인들은 버건디의 화이트와인만큼 길게 숙성할 수 있지만, 숙성되지 않았을 때 너무 거칠어 마실 수 없는 버건디 화이트와 달리, 어릴 때도 마실 수 있다. 게다가 어린 와인으로 마셔도 숙성되었을 때 드러날 매혹적인 풍미를 조금은 느낄 수 있다. 당신과 오래 만난 구세계 샤르도네들과 헤어지라고 설득만 해볼 수 있는 정도이긴 하지만(최소한 오픈 릴레이션십을 권유할 정도는 된다).

마가렛 리버 와인의 강렬한 풍미와 산뜻함은 소시지의 지방과 도우를 든든히 받쳐주고, 와인의 감칠맛도 소시지와 잘 어우러진다. 와인과 음식 모두에 있는 짭짤함은 입안에서 기분 좋게 이어지며 다음 한입을 부른다.

$$ 로버트 오틀리 빈야드 "시그니처 시리즈" 샤르도네 Robert Oatley Vineyards "Signature Series" Chardonnay 🌿

$$ 베스 펠릭스 헤이츠버리 샤르도네 Vasse Felix Heytesbury Chardonnay 🌿☀

$$$ 르윈 에스테이트 "아트 시리즈" 샤르도네 Leeuwin Estate "Art Series" Chardonnay ❄☼☀

클래식 크뤼디테
& 베르멘티노 디 사르데냐

베르멘티노Vermentino 품종은 이탈리아 남부에서 재배되는 것으로 알려져 있지만, 사실 이 백포도 품종은 여기저기에서 볼 수 있다. 이탈리아 중부에서는 피가토Pigato, 이탈리아 북부에서는 파보리타Favorita, 프랑스에서는 롤Rolle이라고 불리며, 재배지에 따라 이름이 50개도 넘는다. 나는 이 와인들을 중간자라고 부르는데, 소비뇽 블랑과 샤르도네 중간에 걸쳐 있는 데다 바디, 산미, 알코올 도수 모두 중간 정도이기 때문이다. 이 와인들은 프로방스부터 코르시카, 토스카나 해안지역에 이르기까지 지중해 전체에서 만들어지지만, 사르디나Sardinia 섬에 있는 아펠라시옹인 베르멘티노 디 갈루라Vermentino di Gallura에서 만든 와인은 그 모두를 이길 만큼 뛰어나다. 이 지역 사람들은 14세기부터 이 작은 땅에 베르멘티노를 재배해 왔다고 말한다. 오크 통에 숙성한 와인과 하지 않은 와인이 모두 생산되지만, 자른 생 채소와 먹을 때는 오크 통 숙성을 하지 않은 와인을 추천한다. 사워 패치 젤리 1봉지를 먹을 때처럼 이 와인에는 라임, 자몽, 청사과, 복숭아까지 우리가 원하는 모든 새콤한 과일 향이 들어 있고, 그 뒤에는 특징인 수선화와 아몬드 풍미가 따라온다. 은은한 콜리플라워부터 풍미가 뚜렷한 라디치오까지 다양한 생 채소로 크뤼디테crudités(생 채소를 썰어 차가운 소스를 곁들인 전채 요리 - 옮긴이)를 만들었다면, 와인계의 멀티툴인 베르멘티노 디 사르데냐가 모든 재료의 맛을 열어줄 것이다.

$ 아르지올라스 코스타몰리노 베르멘티노 디 사르데냐 Argiolas Costamolino Vermentino di Sardegna

$ 몬테오로 베르멘티노 디 갈루라 수페리오르 Monteoro Vermentino Di Gallura Superiore

할라페뇨 파퍼
& 슈패트레제 리슬링

독일 사람들은 독일 사람답게 와인도 아주 꼼꼼하게 제조한다. 똑같은 리슬링도 수확 시기에 나타나는 숙성 정도에 따라 무려 6종류로 나누고, 이들로 당도와 스타일이 완전 다른 6종류의 와인들을 만들어낸다. 심지어 이렇게 서로 다른 포도의 숙성 정도를 표현하는 용어도 있으며, 이는 해당 포도로 만든 와인의 스타일을 지칭하는 용어로도 사용된다. 비록 독일 사람이 아닌 이들이 이해하기에는 너무 복잡하지만, 이 시스템은 생산되는 와인만큼이나 티 하나 없이 깔끔하다.

감사하게도 이 와인들에는 간략한 설명이 표기되어 있다. 그러니 와인에 관련된 독일어를 조금만 알면 된다. 각 단계에는 이름이 붙고, 가장 드라이한 것부터 가장 달콤한 것까지 수확 시기의 당도가 낮은 것부터 높은 것까지 올라간다. 가장 먼저 수확되며 와인 제조사의 '캐비넷'에 보관될 만큼 좋은 리저브 퀄리티로 만들어지는 단계는 카비네트 Kabinett 이고, 그다음은 슈패트레제 Spätlese (레이트 하베스트이다. 듣기에는 마지막 단계 같지만, 아직 2번째밖에 안 됐다)다. 3번째는 아우스레제 Auslese (선별 수확 포도)이고, 베렌아우스레제 Beerenauslese (더 무르익은 포도를 선별 수확한 것), 트로켄베렌아우스레제 Trockenbeerenauslese (건조된 포도를 선별해 수확한 것)로 이어지며, 마지막 단계는 아이스바인 Eiswein (가장 늦게 수확해 얼어 있는 포도)이다.

매콤함과 고기의 풍부함, 튀김의 기름짐이 입안을 채울 때 당분이 살짝 남아 있는 리슬링은 언제나 훌륭한 중재자가 되어준다. 단맛이 양념의 풍미를 누그러뜨리는 동시에 리슬링에 있는 감칠맛이 치즈와 속 재료에 가득한 매운맛을 감싸고, 산미는 기름기에 카운터 펀치를 날린다. 슈패트레제 리슬링은 대개 오프 드라이인데, 첫 수확보다 약 일주일 정도 늦게 수확되어 약간의 당분이 남아 있기 때문이다. 이 와인들은 디저트 와인처럼 달콤하지는 않으면서도 풀바디에 엄청난 풍부함을 선사한다.

$ J&H 젤바흐 "사르" 리슬링 슈패트레제, 모젤 J & H Selbach "Saar" Riesling Spätlese, Mosel

$$ 제이 제이 프륌 리슬링 슈패트레제, 모젤 Joh. Jos. Prüm Reisling Spätlese, Mosel

$$$ 에곤 뮐러 샤츠호프베르거 리슬링 슈패트레제, 모젤 Egon Müller Scharzhofberger Riesling Spätlese, Mosel

아티초크 딥
& 오리건 피노 그리

아티초크 딥 Artichoke dip 은 왠지 건강한 음식처럼 들리지만 사실은 그렇지 않다. 그래서 모두에게 사랑받는지도 모른다. 흙 향과 견과류 향이 있는 몸에 좋은 아티초크를 크림과 마요네즈에 푹 적신 뒤 짭짤하고 녹진한 파르메산 치즈를 넣은 이 딥은 오리건 던디 힐 Dundee Hills 에서 만든 피노 그리와 편안하게 어우러진다.

포틀랜드에서 남쪽으로 30분 거리에 있으며 더 크고 유명한 와인 생산 지역인 윌라멧 밸리 AVA에 포함된 던디 힐은 종류가 무엇이든 상관없이 모든 피노를 끌어안은 곳이다. 레드(피노 누아), 핑크(피노 그리 혹은 피노 누아), 화이트(스파클링 와인용 피노 누아, 일반 와인용 피노 그리) 모두 이곳에서 사랑으로 길러지지만, 그중에서 가장 과소평가된 품종은 피노 그리다. 알자스에서 이민을 떠난 이 품종은 태평양 북서쪽에 아주 훌륭하게 정착했다. 라벨에 피노 그리로 표기되어 판매되는 신세계 와인들도 알자스에 있는 친척들처럼 뚜렷한 산미와 묵직한 질감을 지니기 때문에, 이 산뜻함이 우리의 미각을 재정비해주며 아티초크 딥에 한 번 더 손을 뻗게 만들어줄 것이다. 거기에 라임 시트러스, 콩의 어린싹, 해초, 키위, 풍부한 스파이스 등 강렬한 아로마가 잠자던 아티초크의 풍미를 깨우고, 미드 팔레트에서 더욱 풍부해지며, 돌 같은 풍미와 바싹 말라붙는 피니시로 마무리하면서 사악한 칼로리 옷을 차려입은 이 채소에 필요한 모든 것을 선사한다.

$ 킹 에스테이트 윌라멧 밸리 피노 그리 King Estate Willamette Valley Pinot Gris

$$ 베델 하이츠 빈야드 피노 그리 Bethel Heights Vineyard Pinot Gris

독세븐 레이어 딥
& 살타 말벡

멘도자 말벡은 어디에나 있다. 5.99달러짜리 식료품점 와인부터 레스토랑 메뉴에 적힌 값비싼 오크 통 숙성 버전까지, 이 아르헨티나 와인은 캘리포니아 까베르네 만큼이나 쉽게 찾을 수 있고, 품질도 다양하다. 하지만 아르헨티나에는 멘도자 말고도 자신만의 특성을 지닌 훌륭한 말벡을 만드는 지역들이 많다. 그중 내가 가장 좋아하는 지역은 세계에서 가장 인상적인 와인 제조사들이 자리 잡은 아펠라시옹 살타Salta다.

해발고도가 무려 3,111m인 살타는 전 세계에서 2번째 높은 곳에 있는 포도원이기도 하며(티베트에 더 높은 포도원이 하나 있다), 사하라 사막보다 강수량이 적다. 이곳의 포도들은 고도가 너무 높아 구름 한 점 없는 곳에서 쏟아지는 햇빛을 모두 받아내지만, 역시 높은 고도 덕에 밤에는 기온이 뚝 떨어지며 강렬한 햇빛에 노출되는 환경에 대응해 준다. 마치 화상과 멋진 태닝이 다른 것처럼.

또한, 이 지역은 아주 외진 위치에 있어 전 세계 포도를 먹어치웠던 포도나무뿌리진디의 공격을 받지 않았고, 그래서 접목이 이루어지지 않은 품종을 재배하는 곳이기도 하다. 누군가는 이 때문에 와인에서 더 순수한 풍미와 생기를 느낄 수 있다고 말하고, 누군가는 그냥 마케팅이라고 말하기도 한다. 나는 양쪽 다 최소한 해가 되지는 않는다고 생각한다. 그러니 뭐 어떤가?

살타의 와인 생산량은 아르헨티나 전체의 1% 정도이지만, 애써 이곳의 와인을 찾을 가치는 차고 넘친다. 특히 세븐 레이어 딥seven-layer dip과 함께라면 더욱 그렇다. 삶아서 튀긴 콩, 사워크림, 체더치즈, 과카몰리, 토마토, 파, 블랙 올리브를 토르티야 칩에 올려 먹는 이 음식은 다양한 질감과 풍미를 선사하며, 이러한 감각을 줄 수 있는 와인은 고도가 높은 곳에서 만든 살타 말벡 뿐이다. 살타는 당신에게 익숙할 수도 있을 아르헨티나 말벡과는 다르다. 포도의 껍질이 훨씬 두꺼워 다채로운 질감이 넘치는 음식에 어울릴 만큼 타닌이 풍부하고, 몇 입은 더 먹어야 상대가 될 만큼 걸쭉하고 묵직한 와인을 만들어내기 때문이다. 껍질의 안쪽 열매에는 타는 듯한 산미가 있어 토마토에 살사의 느낌을 더해준다. 그리고 짙은 자홍색으로 농축된 스트럭처Structure(구조, 와인 속산, 타닌, 알코올, 당이 만들어내는 느낌 – 옮긴이)에서 딥에 들어간 올리브만큼이나 검은 과일의 향이 뿜어져 나온다.

$ 보데가 아말라야, 칼차키 밸리 Bodega Amalaya, Calchaqui Valley ❀

$$ 보데가 콜롬 "오텐티코" 말벡, 살타 Bodega Colomé "Auténtico" Malbec, Salta ❀ ☀

치즈와 샤퀴테리 페어링의 규칙

1

염장 고기의 색을 보면 어떤 와인을 페어링해야 하는지 알 수 있다. 고기의 색이 옅을수록 가벼운 와인이 어울리고, 고기의 색이 짙을수록 바디가 무겁고 색이 짙은 와인이 어울린다.

2

와인과 치즈를 페어링할 때는 숙성 정도를 생각하자. 어린 치즈는 우유 맛이 진하고, 촉촉하고, 풍미가 섬세하며, 숙성된 치즈는 풍미가 농축되며 수분이 증발해 건조하고 감칠맛이 좋다. 프로들은 이런 치즈를 아피나주affinage (치즈 숙성의 마지막 단계 - 옮긴 이)라고 부른다. 와인도 치즈와 비슷하다. 어린 와인은 산뜻하고 생기가 있으며, 과일 향이 직선적으로 두드러진다. 숙성된 와인은 좀 더 농축된 뉘앙스를 보이고, 시간이 지날수록 복합성과 감칠맛이 올라간다. 그래서 어린 치즈를 먹을 때는 오크 통 숙성을 하지 않은 화이트, 드라이 로제, 과일 향과 산뜻한 산미가 있는 레드 와인처럼 과즙과 과일 향이 풍부하고 생기 있는 와인이 어울린다. 반면, 숙성된 치즈는 바디가 더 묵직하고 오크 통 숙성을 거쳤거나 산화를 통해 숙성 향이 더해진 와인과 더 잘 맞는다.

3

페어링의 원칙은 치즈와 와인에도 적용된다. 풍미가 비슷한 와인과 치즈가 어울릴 때도 있고, 완전히 다른 요소들이 어울리기도 한다. 어떨 때는 둘 모두가 어울리는 경우도 있으니, 각 페어링을 준비해 손님들과 함께 비교해 보는 것도 재미있는 경험이 될 것이다. 질감으로 페어링을 할 수도 있는데, 풍부하고 크리미한 치즈와 버터리하고 오크향이 강한 와인을 페어링할 수도, 깔끔한 스파클링 와인을 곁들일 수도 있다. 이 둘은 아주 다르지만 모두 황홀한 조합을 선사한다.

4

염장한 고기와 치즈는 대부분 지방이나 소금기가 강하다. 그러니 산미가 높은 와인을 찾아야 한다 (서늘한 기후에서 재배된 품종을 시도해 보자). 짠맛은 산미를 완화하고, 입에 남은 지방을 씻어내려면 산미가 있어야 하니까. 단짠 법칙도 물론 적용된다. 달콤한 와인이 대부분의 치즈와 잘 어울리는 이유다.

5

타닌이 강한 와인은 지방이 굳어 결정체가 보이는 치즈나 염장 고기와 만나 멋진 하모니를 보여준다. 만약 어린 치즈와 레드와인을 곁들이고 싶다면 가볍고 타닌이 낮은 버전을 고르자.

6

함께 자란 것들이 잘 어울린다는 기본 원칙을 잊지 말자. 구글에 검색해 보면 한 지역에서 생산된 치즈, 고기, 와인에 관련된 꿈의 조합이 금세 한가득 쏟아진다.

7

치즈나 고기와 함께 먹는 소스나 스프레드는 와인에 큰 영향을 미친다. 가벼운 과일 잼은 화이트와인, 맛이 진한 과일 잼은 레드와인, 그리고 달거나 매운 소스 또는 꿀은 달콤한 맛이 있는 와인과 잘 어울린다.

8

과일, 견과류, 허브, 향신료, 잼, 마멀레이드, 꿀, 발사믹, 절인 채소는 돼지고기 식료품점의 기둥이다. 고기나 치즈와 만나 그맛을 이끌어내기 때문이다. 페어링이 주는 재미의 반절은 탐구에서 오니, 추천에만 머무르지 말고 시도해 보자. 감칠맛, 단맛, 톡쏘는 맛, 버터 같은 풍미로 온갖맛있고 기묘한 조합을 만들어보는 것이 우리가 음식을 사랑하는 이유이니까.

샤퀴테리 페어링 차트

클래식한 염장 고기 & 치즈 페어링 방법

이 증명된 페어링으로 시작해 보자. 아주 유명한 치즈들과 더불어 내가 좋아하는 치즈들도 포함되어 있다. 창의력을 발휘할 수 있는 부분도 많으니, 자신의 입맛에 맞는 페어링을 찾았다면 다른 조합도 자유롭게 찾아보자.

치즈	종류	고기/빵	곁들이기 좋은 음식	와인
아시아고	단단하거나 살짝 부드러움/우유	페퍼콘 살라미	구운 크로스티니, 체리, 호두	산지오베제
브리	부드러움/우유	모르타델라	워터 크래커, 무화과, 꿀을 바른 구운 피칸	브뤼 스파클링
까망베르	부드러움/우유	스모크 햄	딸기, 라즈베리 잼, 아몬드	까베르네 소비뇽
체더	살짝 단단함/우유	서머소시지	통밀 크래커, 포도, 아몬드	메를로
셰브르	부드러움/염소젖	살라미	바게트, 말린 살구, 아몬드	소비뇽 블랑
콩테	살짝 단단함/우유	염장 햄	밀 크래커, 구운 마늘, 구운 헤이즐넛, 로즈메리	오크 통 숙성을 하지 않았거나 약간만 한 샤르도네
코티지 치즈	응고된 우유	통밀 토스트	파인애플, 통조림 복숭아, 생강, 꿀	슈냉 블랑
에담	살짝 단단함/우유 혹은 염소젖	슈펙	슈퍼 시드 크래커, 살구, 복숭아	피노 그리
에푸아스	부드러움/우유	바삭한 바게트	설탕 입힌 오렌지 껍질, 꿀, 로즈메리	마르Marc(오드비eau de vie)
페타	부드러움/양젖 혹은 염소젖	피타 칩스	올리브, 구운 붉은 후추, 잣	피노 그리지오
퐁듀	녹인 스위스 치즈 (우유)	부드러운 프레첼	청사과, 절인 오이, 꽃상추	오프 드라이 리슬링

치즈	특성	육류	곁들임	와인
고르곤졸라	블루치즈, 부드러움/우유	프로슈토	견과류 빵, 건포도, 캐슈넛	그뤼너 펠트리너
고다	살짝 단단함/우유	카포콜로	견과류 크래커, 포도, 호두	말벡
그뤼에르	살짝 단단함/우유	살라미	통곡물 빵, 무화과, 피칸	피노 누아
할루미	살짝 단단함/염소젖 및 양젖	초리조	피타, 방울토마토, 블랙 올리브	진판델
만체고	단단함/양젖	세라노 햄	껍질이 딱딱한 빵, 그린 올리브, 조미 아몬드	가르나차
마스카포네	부드러움/우유	프로슈토	크로스티니, 메론, 바질, 바다 소금, 잣	드라이 리슬링
미몰레트	숙성 치즈, 단단함/우유	테린느	껍질이 딱딱한 빵, 체리, 블랙베리	무르베드르
몬테레이 잭	살짝 단단함/우유	소브라사다	앤초비, 피멘토, 케이퍼	템프라니요
모차렐라	부드러움/우유	프로슈토	브레드스틱, 선드라이드 토마토, 그린 올리브	그레코 Greco
파르미지아노 레지아노	단단함/우유	프로슈토	바다 소금 크래커, 발사믹 세이지 잼, 피스타치오	드라이 람브루스코
페코리노 로마노	단단함/양젖	코파	이탈리안 브레드, 피클, 잣	몬텔풀치아노
프로볼로네	살짝 단단함/우유	염장 칠면조	버터 크래커, 토마토, 바질	드라이 로제
라끌렛	녹인 스위스 치즈/우유	염장 햄	삶은 감자, 오이 피클	가메이
리코타	부드러움/우유, 염소젖, 양젖, 이탈리아 물소젖	스모크 오리 슬라이스	바다 소금 크래커, 세이지, 꿀, 잣	쉬라
로부스토	살짝 단단함/우유	슈펙	말린 무화과, 초콜릿, 마카다미아	네비올로
로크포르	블루치즈, 살짝 단단함/양젖	스모크 돼지 허릿살	통곡물 크래커, 대추, 피칸	루비 포트
스위스	단단함/우유	스모크 컨트리 햄	호밀빵, 피클, 매운 겨자	비오니에

163

CHAPTER 11

따분하고
아름답게

건강한 음식도 행복하게 즐길 수 있으니까

어디선가 갑자기 태양처럼 새하얀 레깅스를 입은 천사가 나타났다. "혹시 요가 클래스는 어디로 가야 하는지 아세요?"

그 빛에 잠시 눈이 먼 우리가 제정신을 찾는 동안 그 천사가 말했다. 우리는 그저 어깨를 으쓱할 수밖에 없었다. 그렇게 크리스티 털링턴Christy Turlington(80년대 슈퍼모델 출신 배우 – 옮긴이)은 빠르게 사라졌다.

우리는 크리스티 털링턴 이외에도 약 50명의 모델, 매력적인 여성들, 뷰티 인플루언서들이 요가 클래스에 참여해 매트를 깔며 각자 준비하는 모습을 보았다. 클래스가 열린 곳은 사가포낙Sagaponack에 있는 웰퍼 에스테이트Wölffer Estates로, 그림처럼 아름다운 포도밭과 '여름이 담긴 와인'이라고 불리는 로제로 유명한 와인 농장이다.

이 클래스는 아는 사람을 통하지 않으면 출입도 할 수 없는 맨해튼의 새 헬스클럽에서 주최한 오픈 홍보 행사였다. 나와 내 친구 미셸은 포도밭 한쪽에 모인 완벽한 인류 사이로 걸어 들어갔고, 우리가 꼼꼼하게 준비한 요가복은 이들 사이에서 넝마처럼 보였다.

인스타그램에서만 보던 흠 하나 없는 부자들이 차 1대 값보다 비싼 요가복을 입고 그 클래스에 모여 있었다. 새로 오픈한 그 헬스클럽은 평범한 SUV가 애들 자동차처럼 보이고, 의학 박사가 스태프로 상주하며, 구프Goop(라이프스타일 브랜드 – 옮긴이) 상품을 갖고 있지 않으면 건강을 생각하지 않는 사람처럼 치부되는, '명상 돔'과 '마사지 라운지'가 있는 그런 곳이었다.

나는 오랫동안 요가를 해왔기 때문에 어려운 동작들도 잘 알고 있었다. 그래서 옷으로 이길 수 없다면 동작이라도 뽐내 보이겠다고 생각했다.

여기서 말해야 할 것이 하나 있는데, 나는 선천적으로 다리의 부정교합이 심한 편이다. 어렸을 때는 포레스트 검프처럼 보조기를 하고 다녔고, 내 무릎은 평생 제자리에 있기를 거부했다. 나는 이 사실을 잊어서는 안 됐다. 특히 이렇게 더운 곳에서는. 그리고 이날, 나는 체감상 거의 43°C에 육박하는 더위의 경고를 무시해 버렸다.

그렇게 우리는 그늘막도 없는 포도원 한가운데에서 건강을 수호하는 여사제의 하드코어 요가 클래스를 준비하고 있었다. 세계적으로 유명한 그날의 요가 강사는 명상으로 수업을 시작했다. 새들이 노래했고, 포도잎이 바람에 흔들렸으며, 햇볕은 미친 듯이 쏟아져 나는 이미 땀범벅이 되어 있었다. 그리고 매트에서 몸을 일으켜 본격적으로 수업을 시작할 때쯤, 나는 인간 워터슬라이드가 되었다.

어려운 동작이 이어졌고(모두 나보다 잘했다), 나는 최선을 다해 쫓아갔다. 강사는 오른발을 축으로 삼아 거꾸로 된 자세로 몸을 트는 동작을 알려주었다. 상체는 내 말을 들었지만, 발과 정강이뼈는 그렇지 않았다. 다음 순간 나는 바닥에 쓰러져 마치 귀신 들린 사람처럼 비명을 질렀다. 내 허벅지 뼈와 정강이뼈가 서로 다른 길을 가고 있었고, 그 고통은 시간과 공간이 아득해질 정도였다.

지금까지는 이런 상황이 벌어져도 무릎을 다시 끼워 맞출 수 있었다. 하지만 이번에는 마음대로 되지 않았고, 나는 타는 듯한 통증으로 기억을 잃었다. 클래스에 모인 50여 명의 인스타 스타들은 마치 누군가 너구리를 죽이기라도 하는 듯한 소리에 모두 뒤를 돌아보았고, 어쩔 줄 몰라하며 내 주위에 모여들었다.

"구급차를 불러요!"
"무슨 일이야?"
"저분은 누구예요?"
"지금 무슨 상황이에요?"

그 순간 침착하고 온화한 다른 목소리가 들렸고, 이내 그 사람은 내 뒤로 와 머리 뒤에 손을 넣었다. 의심스러울 정도로 잘생긴 그 치유사는 내 교감 신경계에 알 수 없는 말들을 흘려 넣었다. 그게 무엇이었든, 나는 서서히 진정되기 시작했다. 그러자 내 주위에 있던 아름다운 여성들이 안도의 숨을 내쉬었다. 하지만 그 순간 내 종아리 근육이 뒤틀리며 엄청난 고통이 밀려들었고, 나는 평생 다시는 낼 수 없을 옥타브로 소리를 내질렀다. 크리스티 털링턴이 얼마나 화가 났을지 상상도 할 수 없었다.

모두가 겁에 질린 와중에 아름다운 2명의 스타 트레이너가 나를 카트에 실어 와이너리 안으로 옮겨주었고, 나는 잘만 하면 무릎이 곧 정상으로 돌아올 것이라고 말하며 구급차에 타지 않았다. 무릎 탈구를 한 번도 경험해 보지 않았다면, 그 고통은 1부터 10중에 12라고 말할 수 있다. 하지만 무릎이 다시 끼워지기만 하면 바로 괜찮아진다. 바로 이런 일이 몇 분 뒤 벌어졌다. 기억나는 것은 여기저기 얼룩진 내 레깅스와 자존감뿐이었다. 그곳에 있던 모든 사람은 빌어먹게도 너무 친절했고, 그 친절이 나를 더 슬프게 했다.

물론 건강을 챙기는 일은 누군가에게 보이지 않아도 되고, 1달에 수천 달러를 써야 하는 일도 아니다. 그저 자신을 위해 하는 것이다. 나는 대학에 다니며 무려 40파운드나 몸무게가 늘었고, 수년이 걸렸지만 결국 원래대로 되돌아와 계속 유지하고 있다. 어려운 지식을 활용하지도 않았고, 기적의 영양학을 시도한 것도 아니었다. 그냥 간단한 식이요법과 운동 규칙을 세우고 실천했을 뿐이었다. 나는 운동을 정말 싫어했기 때문에 그나마 좋아했던 요가나 달리기를 선택했다(스피닝 같은 몇몇 운동은 거의 고문 같았다).

하지만 가장 큰 비법은 건강한 음식을 맛있게 만들어주는 2가지, 바로 와인과 핫소스였다. 핫소스를 뿌리면 무조건 맛있다.

임파서블 버거
& 말보로 소비뇽 블랑

빵 2개 사이에 채소 패티가 들어갔다면 뭐든 '채소 버거'라고 불릴 수 있다. 완고한 육식주의자들은 보통 여기까지만 듣고 '패스'를 외치곤 한다. 하지만 최근에는 이 범주가 수많은 갈래로 확장하고 발전하면서 소고기를 좋아하는 사람들까지도 점점 흥미를 보이고 있다. 고기 패티를 재현한 채소 버거 중 가장 성공적인 제품은 임파서블 버거다. 채소 고유의 맛이 살아 있는 패티도 좋지만, 임파서블 버거는 패스트 푸드와 베지테리언 음식의 좋은 점을 모두 가지고 있는 현대 음식 공학의 기적이다.

이 패티는 심지어 고기처럼 핏물이 흐르며 구워지는데, 이는 철분이 가득한 헴heme(헤모글로빈의 색소 부분-옮긴이) 성분 때문이다. 이 성분은 식물을 포함해 자연 곳곳에서 발견할 수 있으며, 특히 동물의 근육에 흔히 함유되어 있다. 패티에서는 고기 같은 식감, 식물에서 나온 감칠맛과 함께 코코넛 오일 향이 약간 느껴져 참신한 풍미와 식감을 선사해 페어링이 어렵게 느껴지기도 한다. 하지만 클래식한 버거처럼 양상추, 토마토, 피클, 양파, 치즈와 함께한다면 이 수수께끼는 뉴질랜드 소비뇽 블랑으로 손쉽게 풀 수 있다.

채소 버거와 마찬가지로 뉴질랜드 소비뇽 블랑도 한 범주에 다양한 잡동사니들이 포함되어 있다. 이 와인들을 이해하려면, 먼저 뉴질랜드 북부와 남부에 서로 스타일이 다른 와인을 생산하는 지역들이 아주 많다는 사실을 알아야 한다. 그중 가장 대표적인 와인은 사우스 아일랜드 북쪽 끝에 있는 말보로Marlborough라는 지역에서 생산되며, 강렬한 아로마, 풍미, 맹렬할 정도의 팔레트를 자랑한다. 말보로는 90년대 후반에서 2000년대 초반 미국에 뉴질랜드 소비뇽 블랑을 알린 대표적인 와인이다. 하지만 오늘날 가장 유명한 와이너리들의 뒤를 잘 살펴보면 이 지역 소비뇽 블랑이 내는 맛에 대한 인식을 바꿔가는 와이너리들을 찾을 수 있다.

가장 흥미로운 제조사는 기존 와인보다 강렬함이 덜하고 음식과 잘 어울리는 풍미를 만들어내는데, 이는 생각보다 어려운 작업이다. 소비뇽 블랑은 원래 아로마가 강하고 허브 풍미가 뚜렷한 품종이며, 그중에서도 말보로의 와인에는 피라진 풍미가 더욱 풍부하기 때문이다. 이 와인의 피라진 풍미를 두고 '피망'이나 '풀 향'을 떠올리는 사람들이 많지만, 토마토, 그린빈, 할라페뇨의 풍미를 연상시키기도 한다. 거기에 자몽, 라임, 망고, 파인애플, 구스베리와 같은 과일 향도 느낄 수 있다. 말보로 최고의 와이너리들은 이렇게 이질적인 요소들을 모두 모아 하나의 통합된 와인을 만들어낸다. 이 모든 아름다운 향들은 풍부한 산미와 만나 잘 구워진 채소 패티의 맛, 번의 풍부함, 피클이 지닌 산미에 정면으로 부딪쳐온다.

말보로 소비뇽 블랑에는 '미드 팔레트 질감'이라고 불리는 요소도 풍부하다. 미드 팔레트 질감이란 입의 중간 부분에서 다양한 질감이 느껴지며 부드럽거나 왁스 같은 촉감을 남기는 것을 말한다. 이렇게 와인이 남기는 코팅 효과는 임파서블 버거의 질감 및 풍미와 균형을 이룬다. 이 페어링의 성공은 미스터리한 성분인 헴에 의해 결정되지만, 그 부분은 과학자들에게 맡기기로 하자.

$$ 도그 포인트 빈야드 소비뇽 블랑
Dog Point Vineyard Sauvignon Blanc
☀🌿☀

$$ 그레이웨크 와일드 소비뇽 블랑
Greywacke Wild Sauvignon Blanc ☀🌿☀

모든 포장 초밥
& 그뤼너 펠트리너

물론 약 700년 동안 초밥을 쥐어온 마스터가 내어주는 700달러짜리 오마카세를 더 좋아하긴 하지만, 나는 최소한 일주일에 3번은 초밥을 먹어야 하는 사람이어서 어쩔 수 없이 일반 사람들처럼 초록색 플라스틱 풀이 장식된 포장 초밥을 먹는다. 하지만 꼭 괜찮은 와인을 곁들여 그 시간을 업그레이드한다. 그리고 주문한 초밥에 캘리포니아 롤이 들어 있다면, 늘 오스트리아 그뤼너 펠트리너를 선택한다.

유럽에 있는 라이벌만큼 유명하지는 않지만, 오스트리아의 와인 제조 역사는 그에 못지않게 길다. 기후가 서늘해 최고 수준의 와인들에는 화이트가 많으며, 오스트리아에서 가장 널리 재배되면서 큰 사랑을 받는 품종은 그뤼너 펠트리너다. 아주 가볍고 산뜻한 스타일부터 무겁고, 풍부하고, 밀도 높은 스타일까지 다양하게 만들어지지만, 스타일에 관계없이 이 와인들은 깨끗함과 생기, 터질 듯한 미네랄리티를 자랑한다.

그리고 이러한 풍미는 캘리포니아 롤과 아주 잘 어울린다. 와인의 산뜻함은 유사 게살인 게맛살의 풍미를 올려주고, 미네랄리티는 김, 깨와 만나 완성되며, 어마어마한 산미는 새콤한 밥의 풍미와 어우러진다. 또한 그뤼너 펠트리너는 알코올 도수가 그리 높지 않은 경우가 많아 초밥의 가벼운 풍미가 지나친 바디에 압도되지 않게 해준다.

$ 바인굿 프레드 로이머 "로이스" 그뤼너 펠트리너, 캄탈 Weingut Fred Loimer "Lois" Grüner Veltliner, Kamptal ☀️🌟🌿

$$ 솜 & 크라허 "상트 게오르그" 그뤼너 펠트리너, 라이타베르크 Sohm & Kracher "St. Georg" Grüner Veltliner, Leithaberg 🌿🌟

$$$ 슐로스 고벨스부르크 "리드 람 1 ÖTW" 그뤼너 펠트리너, 캄탈 Schloss Gobelsburg "Ried Lamm 1 ÖTW" Grüner Veltliner, Kamptal 🌾🌟🌿

브로콜리 두부 볶음
& 롱 아일랜드 메를로

롱 아일랜드의 끝쪽으로 가면 노스 포크와 사우스 포크로 지역이 갈라진다. 두 지역 모두 와인을 만들지만, 포도원은 대부분 노스 포크에 있다. 포크는 포도를 재배하기 녹록지 않다. 너비 약 15마일에 남북으로 길게 뻗어 있어 바다, 만, 해협의 기후 영향을 모두 받기 때문이다. 겨울에는 추위가 대단하고, 여름에는 사하라만큼 뜨거운 날들이 이어진다. 와인 제조자들은 이에 더해 흰곰팡이, 부패, 가뭄, 홍수와 더불어 생각할 수 있는 모든 질병과 싸워야 한다. 그래도 이들은 계속 와인을 만들어낸다. 웨스트 코스트에 있는 화려한 라이벌 캘리포니아에 가려지곤 하지만, 롱 아일랜드는 정말 괜찮은 와인을 생산하는 지역이기 때문이다.

메를로는 AVA 명칭이기도 한 롱 아일랜드에서 가장 널리 재배되는 품종이다. 비옥하고 배수가 원활한 토양에서 자란 포도로 만든 이곳의 와인은 보르도와 토스카나의 와인과 헷갈릴 정도로 훌륭하다. 처음 노스 포크에 갔을 때 마카리 Macari 포도원에 들러 아주 가볍고 드라이한 와인부터 달콤한 스타일까지 다양하게 맛본 적이 있다. 모두 사랑스러웠지만, 가장 인상 깊었던 것은 메를로의 훌륭함이었다. 깊이와 팽팽함이 놀라웠는데, 주인인 가브리엘라 마카리는 오직 이곳에만 존재하는 기후 조건들 덕분이라고 설명해 주었다.

롱 아일랜드 메를로는 호텔 침구처럼 폭신한 타닌과 함께 뉴욕 동쪽 끝 지역 특유의 흙향, 미네랄 향을 자랑한다. 캘리포니아에서는 이렇게까지 독특한 테루아를 지닌 메를로를 거의 만나볼 수 없다. 또한, 이곳의 와인에서는 메를로에서 기대할 수 있는 전형적인 자두 풍미와 어우러지는 살짝 달콤한 감초 풍미, 그리고 웨스트 코스트와 비교할 수 없이 강렬한 산미를 선사한다. 건강함 넘치는 볶음 요리와 강렬한 아일랜드의 와인을 함께 먹을 수 있다는 것은 행운이다. 볶은 브로콜리(혹은 당신이 원하는 채소)와 메를로의 청 피망 풍미가 자연스럽게 어울리기 때문이다. 두부는 풍미보다 식감이 두드러지는 재료지만, 와인의 날카로운 풍미와 감칠맛이 소스에 들어 있는 간장과 깨의 향을 끌어내 준다. 알코올 도수도 높지 않아 채소의 향이 묻히지 않고, 와인의 타르 향, 흙 향, 버섯 향이 뭐에서 오는 특유의 불 향을 빛나게 한다. 그러니 다음에 이 요리를 먹을 때는 알맞은 포크(fork)를 고르자.

$ 팔머 빈야드 메를로, 노스 포크 Palmer Vineyards Merlot, North Fork 🌱✨❄️

$$ 마카리 빈야드 리저브 메를로, 노스 포크 Macari Vineyards Reserve Merlot, North Fork ❄️✨

$$$ 웰퍼 에스테이스 "크리스천스 퀴베" 메를로, 사우스 포크 Wölffer Estate "Christian's Cuvée" Merlot, South Fork ☀️✨🌱

아보카도 토스트
& 루에다 베르데호

루에다Rueda는 스페인 북쪽 해안에 있는 지역으로, 이 투우사의 땅에서 가장 맛있고 가성비 좋은 화이트와인을 생산한다. 이곳에서 재배하는 주요 품종은 베르데호Verdejo이며, 이 품종으로 만든 와인을 숙성하지 않고 마시면 마치 자몽과 라임을 섞어 펜넬과 복숭아 속에 던져 놓은 듯한 향을 느낄 수 있다. 더 오래된 포도나무에서 수확한 과일로 만든 최고급 버전들은 숙성이 가능하며, 이 와인들은 모두 샹그릴라 같은 과일 풍미와 함께 오렌지 향 캔들 왁스에 담근 듯한 아몬드 향을 자랑한다. 하지만 이런 과일 풍미는 모두 눈속임이다. 실제로 이 와인들은 전혀 달지 않으며, 매력적인 드라이함으로 군침을 돌게 해 아보카도 토스트를 한입 더 먹게 만든다.

소비뇽 블랑을 좋아한다면 비슷하게 라이트한 바디에 높은 산미를 자랑하는 루에다 베르데호도 좋은 선택이며, 이런 요소는 크리미하게 으깬 아보카도에 정확히 필요한 풍미이기도 하다. 이 와인에 있는 허브 향은 대개 통곡물로 만드는 빵과 하모니를 이룬다. 만약 토스트에 약간의 소금을 더할 만큼 똑똑하다면, 토스트는 베르데호의 소금기, 번쩍거리는 산미와 만나 입안에 폭발적인 풍미를 선사할 것이다. 칼로리에 민감하다면 가볍고 풀 향이 싱그러운 알코올 도수 12% 이하 베르데호를 찾아보자.

$ 마르케스 데 까세레스 베르데호 루에다 Marqués de Caceres Verdejo Rueda ✨

$$ 벨론드라데 루에다 "벨론드라데 이 뤼통" Belondrade Rueda "Belondrade y Lurton" ☀️🌱

스위트그린 하베스트 보울
& 보르도 블랑

맛있는 피자 1판처럼 운동복 차림으로 끌어안고 걸어갈 때 그 잠깐의 부끄러움을 이겨낼 가치가 있는 음식을 제외하면, 손에 들고 집에 갈 때 이보다 더 큰 도덕적 우월감을 주는 음식은 없을 것이다. 스위트그린의 하베스트 보울Harvest Bowl에 피자 같은 감칠맛은 없지만, 와일드 라이스, 쌉쌀한 풀들, 과일 약간, 크리미한 염소 치즈와 고구마, 구운 닭고기가 그 빈자리를 메워준다. 마치 서로 대조되는 풍미와 질감을 섞어 만든 소화 기능 보조제 같은데, 프랑스에서 만들어지는 화이트 블렌드 와인 중에도 스위트그린 하베스트 보울과 비슷한 종류가 있다.

서로 매우 다른 스타일의 품종을 섞어 만드는 화이트 보르도, 좀 더 있어 보이게 부른다면 '보르도 블랑'은 서로 대조되는 요소에서 태어난 와인이다. 이 와인들은 주로 3가지 품종을 혼합해 제조한다. 세미용은 와인에 왁스처럼 부드러운 바디와 약간의 꿀 풍미를 더하고, 소비뇽 블랑은 그에 맞서 풀 향과 날카로운 산미를 주며, 뮈스카델(모든 샤토에서 사용하는 것은 아니다)은 조력자로서 뚜렷한 꽃 향과 포도 아로마를 선사한다. 이 3가지 품종은 하나로 팀을 이루며 다양한 영양이 풍부한 이 커다란 보울의 모든 풍미와 질감을 감싸안아줄 것이다.

$ 샤토 투르드 보네, 앙트르 뒤 메르 Château Tour de Bonnet, Entre-Deux-Mers

$$ 샤토 까르보니유 블랑 페삭 레오냥 Château Carbonnieux Blanc Pessac-Léognan ❄️✨

$$$ 샤토 라 미시옹 오브리옹 오 브리옹 블랑 Château La Mission Haut-Brion Blanc ☀️✨🌱

그릴드 치킨
& 쥐랑송 섹

쥐랑송Jurançon은 아무도 들어본 적 없는 생소한 품종을 사용하는 것으로 유명한 프랑스 남서부의 와인 생산 지역이다. 이곳의 드라이 와인은 주로 그로 망상Gros Manseng, 쁘띠 망상Petit Manseng 약간, 그 외에 다른 백포도 품종을 조금씩 혼합해 만들며, 포도가 수확되었을 때의 숙성 정도에 따라 가볍고 산뜻한 스타일부터 왁스처럼 매끄러운 스타일까지 다양하다. 거기에 오크통 숙성을 하는 제조자들도 있고 스테인리스통을 사용하는 제조자도 있어 질감과 바디의 차이는 훨씬 뚜렷해진다. 하지만 이곳 드라이 화이트의 공통점은 짙은 금빛과 더불어 스파이스부터 과일, 미네랄, 꽃 향까지 다양하고 풍부한 아로마다. 이따금 산화된 것 같은 향이 나기도 하지만, 겁먹을 필요는 없다. 이 와인들은 음식과 함께하기 위해 태어났으니까.

이렇게 쥐랑송 섹에는 정말 다채로운 풍미가 있어 그릴드 치킨이 얼마나 밋밋했는지 금세 잊어버리게 될 것이다. 이 와인의 터질 듯 풍만한 바디는 육즙을 더해주며 치킨에 부족한 모든 풍미를 채워준다. 치킨에 레몬이나 라임즙을 약간 뿌려주면 와인 속의 농축된 마르멜로(모과와 비슷한 열매 - 옮긴이), 살구, 허니서클 향이 깨어나며 와인의 풍미를 10배 더 풍부하게 즐길 수 있다. 이곳의 와인들도 처음 향을 맡았을 때는 달다고 느껴지지만, '섹Sec'이라는 단어가 라벨에 적혀 있으니 실제로는 드라이해서 단맛은 없다. 만약 라벨에 이 말이 없다면 조심할 것. 쥐랑송에서는 같은 품종으로 스위트 와인을 만드는데, 다이어트에 썩 좋지 않다.

$ 도멘 코아페 쥐랑송 섹 Domaine Cauhapé Jurançon Sec ✳︎ ☀︎

$ 도멘 브뤼-바쉐 쥐랑송 섹 Domaine Bru-Baché Jurançon Sec ✳︎

딸기 소르베
& 까바 로사도

건강한 식습관을 유지한다고 해서 다시는 음식을 즐기지 않겠다는 얘기는 아니다. 나는 다이어트 중에 단 음식이 먹고 싶을 때면 지방 걱정 없는 소르베를 먹곤 했다(당분이 있다는 건 나도 안다. 이 정도는 좀 봐주자!). 맛 때문인지 예쁜 색 때문인지는 모르겠지만, 나는 늘 딸기 소르베를 선택한다.

스페인 북동부 페네데스Penedès 지역에서 생산되는 스파클링 와인들은 샴페인과 똑같이 2단계 발효 과정을 거치며, 역시 샴페인과 마찬가지로 2번째 발효도 우리가 구입하는 그 병 안에서 이루어진다. 이곳에서는 이 과정을 메토도 트레디시오날método tradicional이라고 부른다. 숙성 요건이 샹파뉴 지역만큼 엄격하지는 않지만, 품질은 매우 뛰어나다. 심지어 15달러 이하로 저렴하면서도 행복하게 즐길 수 있는 훌륭한 와인들이 있다. 이 분홍빛 와인의 향을 맡으면 선명한 라즈베리, 딸기, 블루베리와 레몬 라임 무지개가 펼쳐지는 듯하다. 이 와인을 딸기 소르베와 곁들이면 그대로 유니콘의 나라로 미끄러져 들어갈 수 있다.

로사도Rosado에는 마카베오Macabeo, 파렐야다Parellada, 자렐로Xarel-lo처럼 브뤼 까바에 사용되는 주요 품종과 더불어 적포도가 최소 25% 함유되어야 한다. 내가 가장 좋아하는 품종은 잘 알려지지 않은 스페인 토착 적포도 트레파트Trepat다. 나는 이 와인의 탄산만큼이나 딸기 소르베와 어울리는 네온 빛 분홍색을 정말 좋아한다. 와인을 따로 마시든 소르베 위에 부어 함께 먹든 상관없이 둘을 곁들이면 딸기 맛과 또 다른 딸기 맛이 만나 사치스러움과 단순함 사이 딱 적당한 균형을 선사한다. 게다가 전통 방식으로 만든 스파클링 와인들은 알코올과 당질 함유량이 낮기 때문에 죄책감 없이 맛있게 즐길 수 있다.

$ 세구라 비우다스 까바 브뤼 로사도 Segura Viudas Cava Brut Rosado ✳︎

$ 라벤토스 이 블랑 콘카 델 리우 아노이아 에스푸모소 로사도 "데 닛" Raventos i Blanc Conca del Riu Anoia Espumoso Rosado "De Nit" ☀︎ 🌿 ✳︎

$$ 그라모나 아르젠트 로제 브뤼 나뛰르 Gramona Argent Rosé Brut Nature ☀︎

왜 와인은 비건이 아닐까?

이상하게 들릴 수도 있지만, 엄격하게 말하면 와인의 대부분은 비건이 아니다. 맞다. 와인은 포도로 만들었지만, 와인을 거르는 방법 2가지 중 하나에 동물성 제품이 사용되기 때문이다. 맨 처음 발효가 끝나고 나면 와인 안에는 작은 고체 덩어리들이 떠다닌다. 어떤 와인 제조자들은 시간을 충분히 들여 이 덩어리들이 오크 통이나 탱크 바닥에 천천히 가라앉아 스스로 정화되도록 한다. 이 와인들은 정제unfined나 필터 작업unfiltered을 거치지 않고 병입된다(라벨에 명시되기도 한다). 하지만 이 과정은 시간이 너무 많이 걸리고 완전하지 않기 때문에 대개 와인 속을 돌아다니며 자석처럼 불필요한 침전물을 걸러내는 물질들로 와인을 정제한다. 와인 제조자들은 보통 생선으로 만든 젤라틴인 부레풀isinglass, 달걀흰자, 유제품에서 나오는 단백질인 카세인casein을 이용한다. 한때 황소의 피를 사용하기도 했지만, 1997년 이래로 미국과 유럽에서 법으로 금지되었다. 이렇게 정제를 도와주는 물질들은 할 일을 다 하고나면 침전물과 함께 제거되기 때문에 우리가 재료 목록에서 확인할 수 없는 것이다.

제조과정을 비건으로 유지하는 와이너리도 있다. 이들은 세라믹 필터를 사용하거나, 동물성 제품과 기능은 같아도 값은 3배 정도 비싼 벤토나이트bentonite라는 점토를 사용한다. 토스카나의 쿠에르치아벨라Querciabella와 같은 일부 와이너리들은 심지어 포도원에 비건 관행을 도입해 동물성 퇴비 대신 식물성 퇴비를 사용하고, 이전에 사용되었던 동물성 제품들을 세라믹으로 대체하는 생물 역동적biodynamic 지침으로의 변화를 지지하고 있다.

다이어트용
가벼운 간식을 위한 페어링

에리카 세룰로Erica Cerulo와 클레어 마주르Claire Mazur는 건강에 대한 헌신과 커리어 사이에서 훌륭한 균형을 유지하며 내게 깊은 감명을 준 여성들이다. 훌륭한 패션 및 라이프스타일 사이트인 '오브 어 카인드Of a Kind'의 공동 창립자이자 여성 파트너십을 주제로 한 멋진 저서 〈워크 와이프Work Wife〉의 공동 저자이고, 팟캐스트 '어 띵 오어 투A Thing or Two'의 공동 진행자이기도 한 이 두 사람은 가장 친한 친구이면서 가장 가까운 사업 파트너이다. 이들은 건강한 삶의 관계를 유지하는 것이 성공으로 이어진다는 사실을 증명해 보인다. 우리는 이 두 사람의 친구이자 팬인 이 책의 공동 저자 아담을 통해 만났다. 실험의 일환으로 우리는 에리카와 클레어에게 가장 좋아하는 건강한 간식을 추천받았고, 나는 그 간식에 와인을 페어링했다. 코코넛 워터로는 도저히 해결할 수 없는 금요일 오후 약속들이 있을 테니까. 이 두 사람의 오후 4시를 즐겁게 해주는 간식들을 함께 만나보자.

간식
비욘 콘 BJORN QORN

클레어 & 에리카 2013년에는 모두가 이랬어요. "뉴트리셔널 이스트 Nutritional yeast(비활성화된 효모로 식품 첨가물로 활용되어 조미료 같은 역할을 한다 - 옮긴 이)! 치즈랑 맛은 똑같은데 건강해!" 비욘 콘은 뉴트리셔널 이스트와 소금을 섞은 미스터리한 양념으로 코팅한 바삭한 팝콘을 만들었죠. 중독성이 엄청 강하고 진짜 치즈 맛, 견과류 맛이 나요.

와인
두오로 밸리 브랑쿠

바네사 라비가토 Rabigato, 아린토 Arinto, 비오시뉴 Viosinho, 폴가상 Folgasão처럼 화이트 포트 와인을 만드는 품종들은 드라이 화이트와인을 만들 때도 사용되며(블랑코 Branco는 포르투갈어로 '흰색'이라는 뜻이다), 리제르바 Reserva라고 표기되는 최고급 버전은 품질 좋은 화이트 버건디처럼 숙성이 가능해요. 이 와인들은 겹겹이 쌓인 풍미와 스파이시함, 흰 꽃의 풍미와 함께 와인 전체를 지탱하는 섹시한 나무 풍미를 자랑합니다.

페어링
클레어 & 에리카의 평가 고급 바에서 고급 팝콘을 먹으면서 칵테일 아워를 즐기는 것 같아요. 기본 안주로 주는 올리브랑 캐슈넛을 계속 채워주는 그런 곳 있잖아요. 마치 영화관에서 팝콘 위에 버터를 1스푼 얹어 준 것처럼 와인이 팝콘에 부족한 풍부함을 채워줘요. 올리비아 포프 Olivia Pope(드라마 '스캔들'의 주인공 - 옮긴 이) 때문에 팝콘에는 레드와인만 어울리는 줄 알았는데, 와, 이제 보니 아니네요.

$ 두아스 퀸타스 두오로 브랑쿠 Duas Quintas Douro Branco ☀️🌟❄️

$$ 콴타 테라 그란데 리제르바 브랑쿠 Quanta Terra Grande Reserva Branco

$$$ 니에푸르트 "코쉬" 두오로 브랑쿠 Niepoort "Coche" Douro Branco ☀️🌟🌿

간식
문 주스 칠레 & 라임 드라이 망고

클레어 & 에리카 어른용 과일 젤리죠. 과즙 가득하고 달콤한 말린 망고가 톡 쏘는 라임 향과 매콤한 치폴레랑 잘 어울려요.

와인
카사블랑카 소비뇽 블랑

바네사 칠레 해안은 미네랄 풍부한 구세계의 소비뇽 블랑이 신세계의 대담한 시트러스와 만나는 곳이에요. 태평양에서 불어오는 바람이 포도 성장 시기의 뜨거운 기온을 식혀주기 때문에, 서늘한 기후에서 자라는 소비뇽 블랑이 카사블랑카 같은 아펠라시옹에서도 잘 자라죠. 신선하고 산뜻한 레몬, 라임과 자몽 향이 먼저 느껴지고, 그 뒤에 돌 같은 풍미와 감칠맛이 따라옵니다.

페어링
클레어 & 에리카의 평가 영화 〈로미와 미셸 Romy and Michele's High School Renuion〉에서 자질구레한 사건들은 다 빼고 이들이 당당하게 동창회에 가는 장면이 상상되네요. 매운맛도, 톡 쏘는 맛도 있고, 동지애가 넘치죠. 눈을 감으면 에나멜 가죽 드레스와 통굽 구두가 떠오르기도 해요.

$ 프리즈마 소비뇽 블랑 Prisma Sauvignon Blanc 🌿🍃

$$ 콘차 이 토로 테루뇨 소비뇽 블랑 Concha y Toro Terrunyo Sauvignon Blanc ☀️🌟

간식
해초 스낵

클레어 & 에리카 간식 생태계에서 해초 스낵(조미김)의 역할은 아주 분명해요. 배가 고프진 않지만 짭짤함과 감칠맛이 필요할 때 이 종이처럼 얇은 풍미 폭탄에 손을 뻗으니까요. 생선과 비싼 가격을 뺀 마끼라고 할 수 있죠.

와인
샤블리

바네사 샤블리는 버건디 지역에 속한 아펠라시옹이지만, 버건디와는 매우 다른 샤르도네를 생산합니다. 이곳의 와인은 생기 있고 산뜻하며, 오크를 거의 사용하지 않아요. 샤블리는 실질적으로 미네랄리티가 무엇인지를 정의하는 곳이라고 할 수 있어요. 미네랄리티가 무슨 의미인지 알고 싶다면 샤블리 와인이 좋은 출발점이 될 겁니다.

페어링

클레어 & 에리카의 평가 클레어가 이 와인 향을 맡아 보고 좋은 비유를 했어요. 해초 스낵과 샤블리 와인의 만남은 서늘한 해변 같다고요. 여름이 끝난 뒤에 해변에 갔을 때 같은 느낌이죠(특히 찢어진 바지에 맨투맨을 입은 듯한 쿨한 느낌). 이 와인이 해초에 너무 잘 어울려서 스시랑 곁들여도 훌륭할 것 같다고 생각했어요.

$ 메종 루이 자도 샤블리 Maison Louis Jadot Chablis 🌿
$$ 도멘 크리스티앙 모로 페레 & 피스 샤블리 Domaine Christian Moreau Père & Fils Chablis ☀️🌼
$$$ 르네 에 뱅상 도비사 샤블리 Rene et Vincent Dauvissat Chablis 🎖️☀️

간식
구운 무염 아몬드

클레어 & 에리카 건강한 간식이라는 범주에서 가장 중요하면서도 다양하게 활용되는 존재가 바로 아몬드죠. 그냥 먹어도 좋고, 그래놀라에 넣거나 스무디에 넣어 든든하게 배를 채워도 좋고, 치즈 플레이트에 곁들여도 좋으니까요.

와인
피노 셰리

바네사 가장 가벼우면서도 드라이한 셰리인 피노가 지닌 전형적인 풍미는 드라이함과 소금 간을 하지 않은 아몬드 향이기 때문에 진짜 아몬드와 곁들이면 일체감을 즐길 수 있어요. 옅은 색을 띠는 이 주정 강화 와인은 팔로미노 Palomino라는 품종으로 만들어지고, 와인의 산화를 막아주는 효소층 플로르(더 자세한 내용은 117쪽 참조) 아래에서 숙성되죠. 견과류 향 이외에도 바다 소금 같은 짭짤함과 신선한 지중해 허브의 풍미, 신선한 밀가루 반죽, 구운 시트러스 향을 느낄 수 있어요.

페어링

클레어 & 에리카의 평가 2012년에 둘 다 셰리에 한창 꽂혀 있었어요. 왜 그랬는지도 기억나요. 아무도 셰리를 아몬드랑 같이 준 적이 없다니 너무 아쉽네요. 그때 알았다면 계속 셰리를 좋아했을 텐데. 이 페어링은 마요르카 Mallorca(지중해 서부의 섬. 휴양지로 사랑받고 있다 - 옮긴이)에서 보내는 휴가에 어울리는 것 같아요. 그동안 왜 그렇게 모든 일을 복잡하게 생각했나 떠올리는 그런 휴가요. 다음에는 사람들을 초대해서 이 페어링으로 내가 얼마나 쉽고 고급스럽게 여가를 보내는지 자랑해도 좋을 것 같네요(현실과는 좀 다르지만).

$ 에밀리오 루스토 "솔레라 리제르바" 피노 하라나 Emilio Lustau "Solera Reserva" Fino Jarana ☀️
$$ 에밀리오 이달고 "라 파네사 에스페시알" 피노 Emilio Hidalgo "La Panesa Especial" Fino ☀️

간식
데일리 크레이브 렌틸 칩 스모크드 구아바

클레어 & 에리카 너무 맛있어서 건강한 간식이라고 믿기 힘들 정도예요. 렌틸콩으로 만든 고다 치즈 맛 뷰글 Bugle (고깔처럼 생긴 바삭한 스낵 - 옮긴이)을 평평하게 펴 놓았다고 생각하면 돼요.

와인
화이트 리오하

바네사 한때는 리오하 와인 생산량의 절반을 화이트 와인이 차지했지만, 지금은 아주 소량만 생산되고 있어요. 안타까운 일이에요. 이곳에서 만드는 레드와인도 대단하긴 하지만, 비우라 Viura 품종을 주로 사용하는 화이트와인도 그에 못지않게 훌륭하거든요. 레드와인보다 긴 기간은 아니어도 그만큼 오래 숙성할 수 있는 화이트와인도 만들고 있어요. 이 와인들에는 꿀향, 견과류 향과 함께 짭짤함과 치즈 껍질 같은 감칠맛이 있어 치즈와 칩부터 스테이크까지 다양하게 페어링할 수 있어요. 리제르바 레벨에는 산화되면서 나는 향이 약간 섞여 있는데, 의도적으로 내는 풍미이고 생각보다 훨씬 매력적이에요.

페어링
클레어 & 에리카의 평가 왜 우리는 지금까지 리오하의 레드만 알았던 거죠? 잘은 모르겠지만 렌틸 칩과 이 와인 모두 향이 훌륭하다는 건 알겠네요. 이 칩을 1봉지 다 먹어버릴 수도 있었지만, 좀 참고 와인을 마셔보기로 했어요. 와인과 칩을 함께 먹으니 과일과 치즈 향이 엄청나요. 고다 치즈 맛 칩을 먹고 나서 와인을 마시면 꽃 향이 기분 좋게 진해지네요. 마법 같아요.

$ 보데가스 무가, 무가 블랑코 Bodegas Muga, Muga Blanco ☀🌿☀

$$ R. 로페즈 데 에레디아 비냐 톤도니아 화이트 리제르바 R. López de Heredia Viña Tondonia White Reserva ☀☀

$$$ 레메유리 블랑코 Remelluri Blanco ☀🌀🌿

간식
메드줄 데이츠

클레어 & 에리카 오래전부터 대추가 유행하는 날이 올 거라고 생각했어요. 이제는 우리가 몰래 품었던 의혹까지 씻겨 내려갔네요.

와인
니메아 아요르이티코

바네사 와인 제조 역사가 기원전 5세기까지 거슬러 올라가는 니메아 Nemea는 그리스에서 가장 권위 있는 레드와인 아펠라시옹이에요. 이곳의 주요 품종은 아요르이티코 Agiorgitiko로, 발음하기 좀 어렵게 보이지만 g를 y로 발음하면 돼요. 이곳에서 만드는 와인은 가볍고 달콤한 것부터 아주 드라이하고 바디가 묵직한 스타일까지 다양하죠. 니메아에서 수입되는 것 중 가장 품질 좋은 와인에서는 매끄러운 질감과 자두 풍미, 실크 같은 타닌과 부드럽고 드라이한 피니시를 느낄 수 있어요.

페어링
클레어 & 에리카의 평가 자세히는 모르겠지만, 이 와인에는 입안에 있는 대추를 씻어주는 뭔가가 있어요. 대추의 단맛을 해치지는 않으면서도 살짝 눌러줘서 하나 더 먹고 싶게 만들어요. 우리가 아는 가장 간단한 애피타이저 요리 중에 마스카포네로 속을 채운 대추 요리가 있는데, 이 그리스 레드와인은 대추 안에 들어 있는 치즈와도 왠지 모르게 잘 어울릴 것 같아요.

$ 부타리 네메아 펠로폰네스 Boutari Nemea Peloponnese ☀

$ 가이아 에스테이트 아요르이티코 니메아 Gai'a Estate Agiorgitiko Nemea ☀🌿🌿

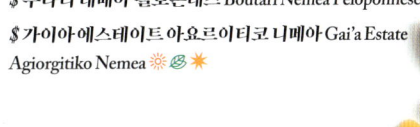

CHAPTER 12

채소와 곁들이기
좋은 와인

매일을 샐러드 데이로 바꿔줄 멋진 페어링

외할머니는
켄터키의 어느 담배 농장에서 어린 시절을 보냈다.

그 농장이 있던 마을은 '정거장'이라고 불렸는데, 이곳이 테네시주로 넘어가기 전 마지막 마을이었기 때문이었다. 마을 인구의 30%가 빈곤선 이하의 생활을 했고, 나머지 70%의 삶도 별반 다르지 않은 곳이었다. 외할머니는 10마일을 걸어 건물 하나뿐인 학교에 다녔고, 고등학교 졸업장을 받기 위해 모인 동급생 중 여자는 외할머니가 유일했다. 할머니의 가족들은 모든 것을 땅에 의지했다. 생활을 유지하는 것, 경제적인 지원, 여가, 심지어 건강까지도.

켄터키주 루이빌이라는 큰 도시로 이사 간 후에도 할머니는 자연과 이어지는 끈을 놓지 않았다. 내 형제자매와 나는 자라면서 늘 할머니가 온갖 채소를 기르던 밭에서 오후를 보내곤 했다. 신비로운 초록 잎이 무성하게 자라 있어 우리가 길을 잃을 정도였고, 나중에야 알게 되었지만 그곳에 있던 꽃들은 할머니께서 힘들게 되살려놓은 희귀종들이었다. 우리가 햇빛에 화상을 입으면 할머니는 약국이 아니라 정원으로 걸어 들어갔다. 그리고는 알로에 잎을 잘라내 꿈틀거리는 우리를 붙잡고 끈적한 액체를 온몸에 발라주셨다. 할머니는 우리 세대에 들어오며 잃어버리게 된 실용적인 식물 지식을 알고 계셨다.

언젠가 고향에 내려갔을 때, 전화로 인터뷰를 진행한 적이 있었다. 지속 가능성, 유기농 퇴비, 음력에 기반을 둔 농업에 전체론적으로 접근하는 바이오다이나믹에 대한 이야기였다. 내 인터뷰를 듣던 할머니는 내게 무슨 이야기를 하느냐고 물었고, 내가 그 방법들을 설명하자 빙그레 웃으셨다.

"그게 너희들이 말하는 새로운 방법이냐?" 할머니는 껄껄 웃으며 말씀하셨다. "농사짓는 사람들은 수천 년 전부터 그 방법을 사용했어. 우리 어머니는 별자리를 보고 모든 작물을 심으셨지. 만약 덩굴이 우거지도록 콩을 심고 싶으면, 먼저 별자리의 움직임을 보았어."

와인에서 농업은 우리가 먹는 음식에 농업이 미치는 영향만큼, 어쩌면 그보다 더 중요하다. 훌륭한 와인을 만들기 위해서는 우리 외할머니 수준으로 땅, 식물과 깊이 연결되어 있어야 한다. 이 모든 발효 포도즙 뒤에 있는 모든 농업 철학은 그 와인의 품질과 스타일에 직접적인 영향을 주기 때문이다. 그래서 와인 업계에 있는 그 많은 사람이 자신을 '와인 제조자winemaker'가 아니라 '포도 재배자winegrower'라고 부르는 것이다. 좋지 않은 포도로는 좋은 와인을 못 만든다. 이것이 진실이다. 그 어떤 기술도 평균 이하의 포도를 훌륭하게 만들 수는 없다. 물론 좋은 포도로 형편없는 와인을 만드는 경우도 수없이 많지만, 이런 제조사들은 오래가지 못한다.

포도 재배 방법

포도 재배법 중 가장 주요한 4가지는 전통 농업, 지속 가능 농업, 유기 농업, 바이오다이나믹이다. 이 농법들은 와인 라벨이나 광고에 명시되기도 하지만, 내용이 모호해 헷갈릴 수 있다. 이번에는 가장 대중적인 재배 방법에 대해 간단히 알아보자.

전통 농업

현재 이루어지는 상업적 농업 대부분이 전통 농업conventional에 들어간다. 생산량을 늘리고 병충해와 질병을 예방하기 위해 가능한 가장 효율적인 방법, 즉 화학 비료나 제초제 등을 사용하는 농업이다.

이 가성비 좋은 화학 물질이 귀중한 땅을 서서히 영양가 없는 먼지로 바꿔버리고, 계속해서 와인이 생산되긴 하지만 처음의 빛나는 비옥함은 사라져버렸다는 사실을 재배자들이 깨닫기까지는 오랜 시간이 걸린다. 다행히도 전 세계의 농업이 환경에 대한 책임을 지향하는 쪽으로 나아가면서 점점 더 많은 재배자가 화학 물질 사용을 버리고 환경에 조금 더 도움이 되고 땅을 덜 해치는 관습을 받아들이고 있다. 그리고 그러한 농업으로 더나은 와인을 만들어낸다. 하지만 여전히 많은 대형 제조사가 전통 농업으로 포도를 재배하고 있으며, 이들을 구분하기는 쉽지 않다.

지속 가능 농업

지속 가능 농업sustainable의 목표는 와인 제조자와 포도 재배자가 지속 가능한 농업 체계를 구축하는 것이다. 실제 규범이라기보다는 해당 와인 생산 지역에 발생한 특정 문제에 적용되는 사고방식이라고 할 수 있다(모두가 같은 문제를 마주하지는 않으니까). 그렇긴 하지만, 지속 가능한 농법을 사용하는 제조자에게 자격을 부여하는 기관들이 있어도 그 과정에 드는 비용이 비쌀 수 있기 때문에 모든 재배자가 계속해서 이 농법을 사용하지는 않는다. 현재 지속 가능성에 관련된 획일화된 법률은 없지만, 일반적으로 통용되는 주요 목표에는 휴작으로 땅에 재생할 시간 주기, 땅에 필요한 영양을 줄 때는 자연 퇴비와 피복 작물(비료용이나 토양 보호 목적으로 밭에 심어 두는 작물 - 옮긴이) 활용하기, 수자원 재활용 및 배수 제한과 빗물 모으기, 살충제 대신 올빼미와 매 활용하기, 재생 가능 에너지를 이용한 발전 시스템 도입하기 등이 있다.

유기 농업

유기 농업organic이란 화학 비료와 약품이 탄생하기 전인 1910년과 1920년대 농업의 모습이라고 할 수 있다. 미국은 포도 묘목을 심을 때부터 병에 넣을 때까지 엄격한 규제가 정해져 있으며, 심지어 와인 보관에 관련된 규제도 있다. USDA 유기농 인증을 라벨에 명시하고자 하는 모든 국내 와인과 수입 와인들은 이 규제를 따라야 한다. 하지만 이는 매우 복잡하고 돈이 많이 드는 과정이라서 유기 농업을 사용하는 모든 와이너리와 농장이 인증을 받을 수 없기 때문에 그저 소비자를 혼란스럽게만 할 뿐이다. 그러니 유기농으로 생산된 와인을 사는 가장 좋은 방법은 스스로 조사를 하거나 양심적으로 와인을 판매하는 가게를 찾는 것이다. 이 책에서는 실제 유기 농업을 실천하고 있는가 그렇지 않은가를 인증만큼 중요하게 생각했다.

바이오다이나믹

바이오다이나믹biodynamic이란 기본적으로 농업을 달과 행성의 리듬이라는 넓은 흐름 안에서 바라보는 것이다. 유기 농업과 달리 바이오다이나믹은 닫혀 있는 자립적인 시스템으로, 식물, 동물, 땅이 각자 특정한 역할을 수행한다. 또한 이는 우리가 가진 땅을 활용해 무엇을 만들어낼 수 있는가를 넘어서는 독특한 농업이다. 바이오다이나믹이라는 개념은 과학, 물질, 영적인 세계 사이의 간극을 줄이고자 하는 열망에서 탄생했다. 예를 들어, 음력은 묘목 심기, 가지치기, 수확, 발효, 병입에 이르기까지 포도원과 와이너리에서 일어나는 모든 일의 시기를 결정한다. 어딘가 사기성이 짙은 것처럼 들릴 수도 있지만, 달이 밀물과 썰물에 영향을 미치고 지구의 기후와 계절을 만들어낸다면, 그 영향이 식물이나 식물의 성장주기까지 미친다는 것도 꽤 설득력 있는 이야기가 아닐까?

바이오다이나믹을 사용하는 땅은 질병과 해충에 면역이 없어 각 문제에 맞는 다양한 자연적 방법이 활용된다. 예를 들어, 벌을 유인하기 위해 포도나무 사이에 심어둔 라벤더는 다른 식물들과 수정하며 땅에 양분을 준다. 그 지역의 토착 동물들은 포도원에서 온종일 풀을 뜯고 배설하며 천연 비료가 되어주고, 이들의 발자국은 땅을 갈고 다지는 기계의 역할을 대신한다.

법으로 정의되지는 않았지만, 바이오다이나믹은 농장과 포도원에 인증을 부여하는 독립 기관 '데메테르Demeter' 덕에 전 세계적으로 인상적인 일관성을 유지하고 있다. 실제로 공식적인 인증을 받기는 쉽지 않으며, 현대 기술이나 합성 화학 약물로 후퇴하지 않고 농사를 지으려면 상상 이상의 노동이 필요하다. 재해를 마주하면 바이오다이나믹을 선택한 농부들은 자기 자신의 부지런함과 준비성에 의지할 수밖에 없으며, 그렇기에 몇몇 빈티지는 예상치 못한 기후 변화나 질병에 의해 엄청난 손실을 마주할 위험을 안고 있다.

다음에 언젠가 책임감 있게 생산된 비싼 재료들로 호들갑을 떨며 건강한 샐러드를 준비하게 된다면, 그 훌륭한 유기농 채소들과 곁들일 가치가 있는 와인을 찾아보자. 농업은 우리가 먹는 모든 것과 마찬가지로 와인에도 아주 중요한 요소다.

콥 샐러드
& 크로아티아 그라셰비나

그라셰비나Graševina에서 s위에 올라간 부메랑 모양은 'sh'로 발음하면 된다. 그보다 더 중요한 것은 그라셰비나가 크로아티아에서 가장 널리 재배되는 품종이자 웰치리슬링Welschriesling과 유전적으로 같은 포도라는 사실이다. 비록 이 와인은 우리가 아는 리슬링과 전혀 관계가 없지만, 그렇다 해도 아주 산뜻하고 향기로운 와인이다. 그라셰비나 와인이 가장 유명한 지역은 이름도 어려운 하르예바츠Hrnjevac, 이로크Ilok, 미트로바츠 Mitrovac, 벤예Venje, 쿠체보Kutjevo 등이며, 다양한 스타일로 제조된다. 하지만 최고급 드라이 와인은 바디를 끌어 올려주는 약간의 오크 풍미가 있어 당신이 사랑하는 샤르도네의 좋은 대체품이 되어준다.

만약 디너 파티에 콥 샐러드가 등장한다면 어딘가 노인 센터의 포트럭 파티potluck(여러 사람이 각자 음식을 가져와 먹는 파티 - 옮긴이)처럼 되어버릴 것이다. 하지만 그라셰비나는 자칫 촌스러울 수 있는 샐러드를 카지노에서 열리는 멋진 파티로 바꿔준다. 이 와인은 오크와 포도의 향을 둘 다 지니고 있고, 삶은 달걀과 베이컨, 닭고기까지 감쌀 안을 만큼 스펙트럼이 넓으며, 아보카도와 로메인의 풍미를 북돋는 강렬한 향, 그리고 블루치즈, 디종, 레드와인 식초를 모두 무너뜨릴 파격적이고 독특한 풍미까지 모든 요소를 다 지니고 있다.

$ 에닝기 그라셰비나, 쿠체보 Enjingi Graševina, Kutjevo ☀🌊

케일 시저 샐러드
& 나바라 로사도

케일은 샐러드 바에서도 그릇 맨 밑바닥에 깔려 나중에 버려지곤 하는 식재료였다. 하지만 지금은 활성탄과 함께 믹서기에 갈려 온전히 이성적인 사람들에게도 12달러에 팔려나가고 있다. 어느 단계에서 우리는 이렇게 생각하게 된다. 그래, 이 토끼 밥을 외면할 수 없다면 즐겨야지. 바로 이 지점을 채워주는 음식이 케일 시저 샐러드다. 파르메산 치즈, 마늘, 바삭한 크루통은 이 쓴맛 나는 풀과 기묘하지만 매력적인 조화를 이루면서도 왠지 모르게 한입 더 먹게 된다.

스페인산 로사도(로제)는 이 샐러드에 딱 알맞게 균형을 잡아준다. 스페인 북동부에 자리 잡고 있으며 유명한 이웃 리오하와 지리적으로 매우 비슷한 나바라 Navarra는 잘 익은 딸기 향이 가득하고, 불꽃이 튀는 듯한 오렌지 껍질 향에 카다멈 같은 이국적 풍미를 선사한다. 이 분홍빛 스페인 와인이 지닌 풍만한 바디와 폭발하는 과즙은 샐러드에 있는 짭짤함, 마늘, 치즈의 맛을 누그러뜨리면서도 기분 좋을 정도로만 케일의 까끌함과 쏠쏠함을 살려준다.

$ 아 소 로사도 Ah-So Rosado(무려 캔에 들어 있다!) ☀️🌿
$ 비냐 조르잘 가르나차 로사도 Viña Zorzal Garnacha Rosado ☀️🌟
$ 보데가스 이 비녜도스 아르타주 가르나차 로사도 "아르타주리" Bodegas y Viñedos Artazu Garnacha Rosado "Artazuri" ☀️🌟🌿

웨지 샐러드
& 독일 실바너

불모지에서 수년을 보내다 갑자기 유행하긴 했지만, 이 샐러드 계의 토니 베넷Tony Bennett(미국의 가수. 초반에 잊히지만 이후 재기에 성공한다 - 옮긴이)은 사라지지 않았다. 그리고는 반쯤 퇴직한 상태로 미국의 거의 모든 스테이크 하우스와 컨트리클럽에서 은퇴 생활을 즐겼다. 샐러드 중 가장 영양가가 떨어지는 이 웨지 샐러드는 항상 멋지고 산뜻하고 맛있었다. 단단한 양상추, 크리미한 블루 치즈 소스, 바삭한 베이컨, 잘게 자른 토마토로 만드는 웨지 샐러드는 누구든 금방 알아볼 수 있지만, 이 샐러드에 맞서는 독일 와인 프랑켄 실바너Franken Silvaner(Sylvaner라고 쓰기도 한다)는 희한하게 생긴 병 모양 덕분에 익숙하지 않은 사람에게는 의아해 보일 수 있다. 복스보텔Bocksbeutel이라고 불리는 이 병은 마치 사과를 아래로 꾹 누른 다음 줄기를 병 입구로 만든 듯한 모양이다.

이 병에 담기는 실바너는 황무지 같은 드라이함과 강철을 연상하게 하는 독특한 미네랄리티를 지니고 있으며, 미드 팔레트에서 흙 향과 탄탄한 바디를 느낄 수 있다. 맛있는 견과류 믹스처럼, 이 페어링도 짭짤함과 달콤함의 조화를 보여준다. 약간의 과일 향이 토마토와 차가운 양상추에 풍미를 더하고, 은은한 감칠맛은 베이컨과 블루치즈에 딱 맞게 감긴다.

$ 바인굿 율리우스슈피탈 실바너 뷔르츠부르크 오르츠바인 트로켄 Weingut Juliusspital Silvaner Würzburger Ortswein Trocken 🌿🌟
$ 바인굿 라이너 사우어 실바너 에셴도르프 암 룸펜 1655 GG Weingut Rainer Sauer Silvaner Escherndorf Am Lumpen 1655 GG 🌿

그릭 샐러드
& 그리스 모스코필레로

켄터키에서 자란 사람들은 그릭 샐러드를 먹어본 적이 없다. 최소한 나는 그랬다. 오해는 하지 말길. 우리도 샐러드에 오이와 양파를 넣어 먹지만, 곁들이는 소스와 재료는 완전히 다르다. 달콤함이나 그레이비 같은 감칠맛 하나 없이 온통 강렬한 풍미와 짠맛뿐인 이 샐러드는 나 같은 남부 사람이 먹기에는 꽤 버거운 음식이었다. 지금은 페타 치즈와 올리브, 오일과 식초, 오이, 토마토, 양파의 신선함과 산뜻함을 알게 되었고, 그동안 어떻게 모르고 살았는지 궁금할 정도다.

그리스의 라이트 바디 피노 그리지오 와인인 모스코필레로Moschofilero도 비슷한 느낌이었다. 모스코필레로는 값싼 포치 파운더proch pounder(저렴한 캔 와인 - 옮긴이)에 다양한 시트러스와 멜론, 후추로 깊이를 더한 듯한 와인이다. 최고급 모스코필레로는 그리스 펠로폰네소스 반도의 만시니아Mantinia에서 생산되는데, 이곳은 고도가 높고 기후가 서늘해 무려 플라톤이 살던 시대부터 포도를 재배하던 지역이다. 나는 플라톤이 동굴의 비유를 쓰며 이 와인을 마셨을 것이라 믿는다. 같은 지역에서 나온 음식과 와인이 잘 어울린다는 것은 내가 좋아하는 와인 철학 중 하나다. 이 페어링은 마치 고대 그리스인들이 와인과 함께 먹으려고 이 샐러드를 만들어낸 뒤 유레카를 외쳤을 법한 훌륭한 조합이다.

$ 도멘 스쿠라스 모스코필레로, 아르카디아 Domaine Skouras Moschofilero, Arcadia 🌿
$ 트로피스 와이너리 "후프 앤드 루르" 모스코필레로, 아르카디아 Troupis Winery "Hoof & Lur" Moschofilero, Arcadia ☀️🌸🌿

시금치 샐러드
& 이탈리아 프레이자

시금치는 뽀빠이처럼 스테로이드 효과를 내는 성분(엑디스테론 ecdysterone) 때문에 올림픽 위원회에서 금지를 생각했을 정도로 우리를 튼튼하게 해주는 채소다. 효과 못지않게 맛도 강해서, 맛있는 시금치 샐러드 대부분은 그 맛을 누그러뜨리는 달콤한 크랜베리나 딸기를 넣는다.

이 샐러드와 비슷한 방법으로 침착하게 조화를 선사하는 와인은 바롤로와 바르바레스코가 유명한 이탈리아 북부의 피에몬테에 속한 하부 지역 랑게에서 찾을 수 있다. 이곳의 프레이자 Freisa는 산뜻하고 쉽게 마실 수 있는 와인으로, 이 전설적인 언덕에서 자라는 그 어떤 것보다 훌륭하다. 프레이자 하나로 가벼운 스파클링부터 끈적하게 달콤한 와인, 풍부하고 타닌이 강렬하며 드라이한 와인까지 다양하게 만들기 때문에 스타일마다 차이가 크다. 이 중에서 드라이한 쪽에 가까운 일반 와인을 찾는다면 랑게 프레이자가 좋다. 이 와인에는 딸기, 크랜베리, 라즈베리, 체리처럼 날카로운 붉은 과일 향이 있으며, 그린 올리브, 세이지, 쌉쓸한 그린 아몬드의 풍미가 느껴지는 멋진 타닌도 있다. 와인과 샐러드 모두 계속해서 이 맛이 달콤한 맛인지, 신맛인지, 쓴맛인지 헷갈리게 할 테니, 완벽한 이탈리아 스타일 연애라고 할 수 있겠다.

$ 프란체스코 보스키스 랑게 프레이자 보스코 델레 치칼레 Francesco Boschis Langhe Freisa Bosco delle Cicale ❋

$ G.B. 부를로토 랑게 프레이자 G.B. Burlotto Langhe Freisa ❋ ❋

$$ 주세페 리날디 랑게 프레이자 Giuseppe Rinaldi Langhe Freisa ❋ ❋

니스식 참치 샐러드
& 이탈리아 피노 그리지오

이탈리아 사람에게 피노 그리지오는 미국 남부 사람에게 BBQ만큼이나 중요한 존재다. 어디에나 있고, 모든 지역만의 특색이 있다. 안타깝게도 오늘날 시장에서 만나는 피노 그리지오 대부분은 그냥 물맛이지만, 그렇다고 피노 그리지오 전부를 매도해서는 안 된다. 1970년대 미국에 들어온 이후 피노 그리지오는 20년도 되기 전에 가장 많이 수입되는 상위 수입품이 되었으며, 가장 큰 이유는 버터 같은 질감에 강한 오크 풍미가 있는 샤르도네 스타일이 지배적이던 화이트와인 세계의 빈자리를 뚫고 들어왔기 때문이었다. 하지만 모든 성공이 그렇듯 모조품이 뒤따라 생겨났고, 이내 평범하고 품질 낮은 대량생산 와인이 많아지며 할인 판매대로 직행하게 되었다.

스펙트럼 중 가장 저렴한 쪽에서는 밋밋한 와인이라는 맛의 지뢰를 헤쳐나가야 하긴 하지만, 다행히도 여전히 25달러 이하로 만날 수 있는 산뜻하고 우아한 피노 그리지오가 있다. 이런 와인들은 이탈리아 북동쪽에 있는 프리울리 베네치아 줄리아 Friuli-Venezia-Giulia나 알토 아디제 Alto-Adige처럼 애정을 담아 피노 그리지오를 만드는 지역에서 찾을 수 있으며, 레몬 풍미, 신선한 견과류, 바다 소금 같은 짭짤함이 가득하다. 잘 만든 니스식 참치 샐러드는 겉만 살짝 익혀 속은 거의 날것인 참치를 얇게 잘라 만드는데, 바로 여기서 프랑스의 고전과 이탈리아의 새로움이 만난다. 훌륭한 피노 그리지오는 섬세함과 함께 삶은 달걀을 상대할 수 있을 만큼 탄탄한 소금기를 가지고 있지만, 동시에 허브 향과 버베나를 연상시키는 복합성이 만들어내는 산뜻함은 마치 레이저처럼 참치를 뚫고 나온다.

$ 아템즈 피노 그리지오 프리울리, 프리울리 베네치아 줄리아 Attems Pinot Grigio Friuli, Friuli Venezia Giulia ❋

$ 리비오 펠루가 피노 그리지오 콜리 오리엔탈리 델 프리울리, 프리울리 베네치아 줄리아 Livio Felluga Pinot Grigio Colli Orientali del Friuli, Friuli-Venezia Giulia ❋ ❋

$$ 엘레나 월쉬 피노 그리지오, 알토 아디제 Elena Walch Pinot Grigio, Alto-Adige ❋

잔을
잘못 들고 계시네요

당신 앞에 있는 잔에 스템 stem 이 있다면, 그곳을 잡자. 제발 몸통에서 손을 떼고! 그래야 체온 때문에 와인이 데워지지 않고, 지문으로 잔이 지저분해지지 않는다. 나는 스템 없는 컵에 와인을 마시는 것도 좋아하지만, 이런 건은 캐주얼한 식사와 캐주얼한 와인을 위해 남겨둔다. 와인 제조자가 심혈을 기울여 고품질 와인을 만들었고, 당신이 신중하게 와인을 골라 돈을 쓴 다음 숙성까지 했다면, 스템 있는 잔에 따라 제대로 대우를 해주자.

그래서, '내추럴' 와인이 정확히 뭔데요?

이 질문을 들을 때면 늘 깊게 숨을 들이쉰다. 왜냐하면, 현재로서는 정확한 정의가 없기 때문이다. 게다가 논란을 몰고 다니는 이 용어가 점점 사람들의 머릿속에 더 깊이 들어오면서 그 의미를 명확히 밝히고 일반적인 기준을 세울 필요성이 커지고 있다. 그 전까지 내추럴 와인은 간단히 말해 포도를 재배하는 과정부터 와이너리에서 와인이 생산될 때까지 아무것도 더하거나 빼지 않은 와인을 의미한다. 포도원에서 이러한 비개입주의non-interventionist는 대개 유기농이나 바이오다이나믹으로 포도를 재배하며, 관개법을 사용하거나 기계 없이 손으로 포도를 수확해 양은 적지만 풍미가 좋은 포도를 얻는 것을 말한다. 비개입적 와이너리에서는 당분, 자연적이 아닌 다른 효모, 박테리아나 색, 질감, 풍미를 위한 첨가제를 넣지 않는 것을 포함해 여하나 조작을 하지 않고, 보통 아황산염도 첨가하지 않는다.

이렇게 만들어진 와인들은 매해 독특한 특징을 지니는데, 각 빈티지는 그해 수확된 포도의 특징이 순수하게 담기도록 만들어지기 때문이다. 이런 생각은 인간의 개입이 최소화되어야만 와인에 진정한 테루아의 풍미가 들어갈 수 있다는 결론으로 흘러간다. 비개입주의에 관련된 움직임은 책임감 있게 포도를 재배하고 와인을 만들고자 하는 열망을 넘어 지난 몇십 년 동안 너무 많은 와인의 특성이 사라지고 획일화된 현실을 걱정하며 생겨난 반응이기도 하다.

하지만 견고한 주장으로 둘러싸인 두 와인 진영에서 내추럴 와인이라는 주제는 생각 이상으로 큰 논쟁거리이다. 비개입주의를 지향하는 사람들은 환경적 이익, 더욱 흥미로운 포도, 기존 방식에서 만든 와인과는 완전히 다른 매력적인 풍미를 장점으로 내세운다. 그리고 루아르의 졸리Joly, 시칠리아의 오키핀티Occhipinti처럼 세계에서 제일 맛있는 와인을 만들면서도 자연 친화적일 수 있다는 사실을 보여주는 증거들이 넘쳐난다. 하지만 전통주의자들은 내추럴 와인의 현실적인 문제인 변동성을 지적한다. 안정성이 부족해 병마다 품질 차이가 클뿐 아니라, 유통기한도 길지 않아 대부분 몇 년 안에 소비하지 않으면 폐기해야 하기 때문이다.

내추럴 와인은 와인 제조 과정에 들어온 대량생산 체제가 얼마나 많은 쓰레기를 만들어내는지를 분명히 보여주기도 한다. 그리고 내추럴 와인 제조사 중 일부는 유쾌하고 독특한 와인을 만들어내며, 내가 군침을 흘리며 지켜보고 있는 제조사들도 아주 많다. 하지만 지지자들도 인정하듯 내추럴 와인을 1병 사서 집으로 돌아가 열었을 때, 휘발성 산volatile acidity(와인이 산화되었을 때 생기며, 식초처럼 톡 쏘는 향이 난다 - 옮긴 이)이나 2차 발효 때문에 와인에서 기분 나쁜 맛이 나서 화가 나는 일이 빈번하게 일어난다. 게다가 내추럴 와인에는 풍미나 질감을 증진하기 위한 첨가제가 전혀 들어가지 않아 더 가볍고 산뜻하긴 하지만, 생각보다 지독한 냄새가 날 때도 있다.

제일 큰 문제는 '내추럴'이라는 용어 그 자체일지 모른다. 캘리포니아에서 가장 영향 있는 와인 제조자인 테드 르몬Ted Lemon이 "와인 제조에서 '내추럴'한 것은 아무것도 없다. 야생에서 샤블리 1잔이 그냥 나오는 것은 아니지 않은가"라고 말했듯 어느 정도까지는 사람의 개입이 있어야 와인이 만들어질 수 있다. 그냥 포도를 으깨 속이 빈 나무 몸통 안에 넣어두고 마실 만한 와인이 되기를 기다릴 수는 없으니까. 게다가 어떤 방법이 자연적이고 어떤 방법이 그렇지 않은가에 대해 해석의 여지 없이 독선적으로 대하다 보면 큰 그림을 놓치고 만다. 우리가 진정으로 원하는 것은 인조 화합물이 들어가지 않고, 책임감 있게 재배된 포도로 만들며, 해로운 약품 첨가 없이 최대한 지구에 이로우면서도 맛있는 와인이라는 사실 말이다.

그리고 몇몇 사람의 생각과 달리, 내추럴 와인이라고 해서 숙취가 없는 것은 아니다. 외할머니는 늘 이렇게 말씀하셨다. "무엇이든 대가가 필요한 법이란다." 우리가 잊지 말아야 할 것은 알코올이 독이라는 사실이다. 맛있고, 거부하기 어렵고, 알면서도 마시는 독. 이 독약을 지나치게 마셨다면, 다음 날 아침 대가를 치러야 한다. 와인이 얼마나 친환경적으로 만들어졌는지는 상관없다. 물론, 좋지않은 첨가물이 적을수록(그리고 알코올 도수가 낮을수록) 고통이 덜해지긴 한다.

그렇긴 해도 요즘에는 '아황산염'이라는 단어를 듣는 것만으로 흥분하는 사람들이 있는 것이 사실이다. 많은 내추럴 와인 제조자가 아황산염을 제한적으로 사용하고 있긴 하지만, 설사 그렇지 않다고 해도 그렇게까지 예민할 일은 아니다. 아황산염은 이산화황 SO2을 말하며, 수 세기 동안 와인 제조에 널리 사용된 보존제다. 산화 방지와 항균 작용으로 와인의 신선함을 유지해 주어 오랜 시간 상하지 않고 숙성할 수 있게 돕는 역할을 한다. 미국에서는 와인에 아황산염이 백만 분의 십 이상 포함되면 라벨에 '아황산염 포함'이라는 경고 문구를 넣는 것이 법으로 의무화되어 있다. 실제로 아황산염에 심각하게 민감한 전체 인구 중 1%를 보호하기 위해서다. 식료품점에서 산 소스 대부분을 먹어도 아무렇지 않고, 말린 과일을 먹을 수 있을 정도라면 이 정도는 괜찮다. 소스나 말린 과일에는 와인보다 더 많이 아황산염이 들어 있으니까. 사실 아황산염은 와인 제조 과정의 자연스러운 부산물이기 때문에 실제로 아황산염이 들어 있지 않은 와인은 존재하지 않는다.

어떤 면에서 내추럴 와인은 다른 범주에 포함된 와인들과 똑같이 일부는 훌륭하고, 일부는 그렇지 않다. 내추럴 와인을 마셔보기로 했다면(꼭 마셔봐야 한다), 열린 마음으로 대하자. 내추럴 와인은 아마 당신이 지금까지 마셔본 어떤 와인과도 다를 것이다. 어떤 와인은 탁할 것이고, 처음엔 별로였는데 점점 마음에 드는 와인도 있겠지만, 어쨌든 당신의 마음에 꼭 맞는 와인을 찾게 될 것이다.

CHAPTER 13

클래식 페어링

클래식이 되는 데에는 그럴만한 이유가 있지만,
훌륭한 반전은 마다하지 않는다

스페인 여왕이 두 테이블 건너에 앉아 있었다. 우리가 앉은 테이블 바로 뒤에는 상원의원이 있었다.

웨이터가 우리 테이블에 굴과 핑크 샴페인을 서비스로 건네자, 초등학교 2학년 때부터 친했던 절친 콜린이 날 보며 믿을 수 없다는 듯 고개를 저었다. "너 지금 대체 어떤 세계에 사는 거야?" 나는 미소지으며 어깨를 으쓱했다. 그날도 와인 업계에서 일하며 단골이 된 포시즌스Four Seasons에서 보내는 평범한 화요일이었을 뿐이니까.

그 유명한 필립 존슨이 설계한 다이닝 룸에 처음 들어갔을 때의 놀라움을 아직도 기억한다. 크리스찬 루부탱 구두를 신은 우아한 여성들, 맞춤 정장을 입은 술 취한 월스트리트 증권 중개인들, 틀림없는 지배계급의 향기와 에르메스까지. '파워 런치power lunch(회의를 겸한 힘 있는 사람들의 점심. 사업 목적으로 상대를 대접하며 회사 경비로 협상, 회의 등을 진행하는 식사 자리라는 의미로 사용되기도 한다 - 옮긴 이)'라는 말은 이곳에서 생겨난 것이 분명했고, 나는 그 광경에 매혹되었다.

이곳의 주인인 줄리안과 알렉스는 모두를 친구처럼 환영했다. 시간이 흘러 내 얼굴을 익혔을 때쯤, 줄리안과 알렉스는 내게 단골손님들을 소개해 주었다. 그중에는 매일 점심에 구석 자리에서 블러디 메리를 마시는 금 거래상 크리스, 퇴근하고 나서 늘 슬금슬금 모여드는 겉만 번지르르하고 무능력한 펀드 매니저인 찰스와 그 무리도 있었다. 혹은 운이 좋은 날이면 정확히 무슨 일을 하는지는 모르겠지만 늘 생기가 넘치는 샬롯도 있다. 그녀는 네그로니를 마신 뒤에 늘 매니저이자 친한 친구인 다니엘과 함께 다른 사람들을 대놓고 지적하며 떠들었다(잘은 모르지만 샬롯이 말을 시작하면 모두 입을 닫는다). 이들은 영화 〈허영의 불꽃Bonfire of the Vanities〉에 나오는 등장인물들처럼 늘 같은 자리에 모여 맨해튼과 마티니를 마시는 컨베이어 벨트의 한 부분 같았다. 이들이 먹고 마시는 모든 것의 비용은 이들의 호텔 이용료에 기록된다. 이곳에서는 누구도 수표처럼 천박한 물건은 다루지 않으니까.

2016년 말 문을 닫기 전까지 포시즌스는 마치 평행 우주와 같았고, 런치나 디너 몇 코스만으로 슬림 아론스Slim Aarons(사교계나 유명 인사들의 사진으로 유명한 미국의 사진작가 - 옮긴 이)의 사진 속 세계를 선물하는 곳이었다. 물론 그만큼 돈이 있거나 나처럼 회사 경비를 쓸 수 있다면 말이다. 이곳이 운영되던 60여 년 동안, 2곳의 다이닝 룸에는 닉슨 대통령부터 클린턴 대통령, 재키 오(재클린 케네디), 다이애나비까지 많은 사람이 다녀갔고, 언제든 마샤 스튜어트나 안나 윈투어, 워렌 버핏을 볼 수 있었다. 마릴린 먼로가 J. F. 케네디에게 생일 축하 노래를 불러 주기 전 저녁 식사를 한 곳도 포시즌스였다. 헨리 키신저Henry Kissinger(미국의 정치인 - 옮긴 이)는 이곳을 이렇게 칭송했다. "포시즌스는 레스토랑이 아니라 하나의 관습입니다. 이곳의 인테리어는 프라이버시를 지켜주고, 자리를 옮기며 이야기하는 것이 기본 규칙으로 허락되며, 행동 규칙에는 구속력이 있습니다. 손님 중 반절은 배경이 비슷합니다. 나머지는 분위기를 즐기며 이곳의 단골손님들을 마치 전시품처럼 관찰하러 오는 사람들이죠."

포시즌스가 처음 시도한 수많은 메뉴 중 가장 유명한 것은 실제로 계절마다 바뀌는 메뉴였다. 오늘날 음식 업계에서 퓰리처상과 같은 의미로 사용되는 이름인 셰프 제임스 비어드James Beard는 한때 혁신적이었던 이 메뉴를 발명하는 데 가장 크게 기여한 사람이었다. 제임스는 계절마다 다른 와인을 페어링하기도 했고, 처음으로 시즌 메뉴 리스트에 미국 와인을 올리기도 했다.

그래서 이렇게 상징적인 포시즌스의 미드 센추리 스타일 물건들을 경매에 부쳤을 때, 수요가 너무 많은 나머지 총 낙찰액이 경매 전 예상 금액이었던 3백만 달러를 훨씬 넘어 4백만 달러를 웃돌 정도였다(재떨이 4개가 무려 12,500달러에 팔렸다). 현재 포시즌스에서 사용하던 샴페인 잔부터 빵 접시까지 모든 식기구와 가구들은 뉴욕 현대 미술관에 영구 소장품으로 전시되어 있다.

임차권을 잃은 뒤, 줄리안과 알렉스는 몇 블록 떨어진 곳에서 포시즌스를 다시 열었지만, 1년도 채 운영하지 못했다. 아직도 이 둘을 생각하면 마음이 아프다. 하지만 이 이야기는 해피엔딩이다. 미국에서 역사적으로 가장 중요한 식사 공간을 차지하려는 곳이 바로 메이저 푸드 그룹Major Food Group(뉴욕의 레스토랑 그룹 - 옮긴 이)이었기 때문이다. 이곳은 이제 '더 그릴the Grill'이라고 불리고 있으며, 포시즌스에 이보다 더 좋은 2막은 없을 것이다.

공교롭게도 메이저 푸드 그룹을 이루는 삼총사인 셰프 마리오 카보네, 리치 토리시와 이들의 파트너 제프 잘라즈닉은 노리타NoLita(뉴욕 맨하튼 아래쪽에 위치한 지역 - 옮긴 이)에 있는 내 아파트와 가까운 곳에서 처음 식당을 시작했다. 이스라엘부터 홍콩까지 전 세계에 있는 거대한 레스토랑 기업을 이루기 전 이들은 토리시라는 조그만 샌드위치 가게를 운영했는데, 나는 이곳을 유명하게 만든 비밀스럽고도 미친 듯이 맛있는 저녁 세트 메뉴를 늘 제일 먼저 찾아가 맛보곤 했다.

그래서 이들이 포시즌스가 있던 시그램Seagram 빌딩에 들어가기로 한 것은 의미 있는 일이었다. 최소한 나에게는. 그리고 더 그릴이 처음으로 뉴욕타임스의 비평란에 실렸을 때, 나는 수수께끼 같은 이메일 1통을 받았다. "10시 축하 파티. 제일 좋은 옷으로 차려입고 참석 바람." 나는 룸메이트이자 친한 친구인 메리를 붙잡고 함께 시내로 날아갔다. 도착해 보니 웨이터들이 줄지어 3L짜리 거대한 샴페인과 1942 테킬라 매그넘 사이즈(1.5L짜리 병 - 옮긴 이)를 들고 있었고, 음식은 그야말로 넘쳐 흘렀다. 얼음 조각상들을 지나자, 400명의 관중이 떠들썩하게 파티를 즐기고 있었다. 나중에는 급기야 사람들이 테이블 위에 올라가 춤을 추기도 했다. 사람들이 이제는 예전처럼 놀지 않는다는 말을 할 때면 그 예전이란 게 이런 모습이 아닐까 상상하던 바로 그런 파티였다.

더 그릴에서는 1959년부터 그랬던 것처럼 위대하고 훌륭한 사람들이 승리를 축하했다. 새로운 관리자들 밑에서 회사들이 합병되고, 부서들이 분리되고, 장부 거래가 이루어지고, 아이디어에 자금이 투자되고, 건물들이 쓰러지고, 3막과 4막이 쓰였다. 그리고 음식들은 더 훌륭해졌다.

미국에서 가장 훌륭한 다이닝 룸이 그렇듯, 어떤 것들은 절대 끌어내릴 수 없을 정도로 훌륭하고 수준 높아 몇 번을 다시 태어나도 망가지지 않는다. 음식과 와인도 그렇다. 이렇게 훌륭한 조합들은 와인 페어링의 토대가 된다. 이들이 시간이라는 시험을 넘어 여러 지역에서 굳건히 버틸 수 있었던 이유는 이 페어링들이 논란의 여지 없이 완벽하며 직관적으로 이해할 수 있기 때문이다. 이 페어링을 훌륭하게 만드는 이유를 원칙으로 삼는다면, 이를 토대로 만든 새로운 반전들도 분명 훌륭할 것이다. 그래서 역사 깊고 존경받는 집단에 새로운 피를 불어넣는 정신으로 사랑받는 음식들 옆에서 오랫동안 자리를 지켜왔던 와인들 만큼이나 훌륭한 와인을 곁들인 나만의 기초 변형 페어링을 소개하고자 한다.

캐비어
& 블랑 드 누아 샴페인

샴페인은 소금에 절인 앙증맞은 상어 알의 풍미는 살리면서도 짭짤함을 돋보이게 하며 입안을 씻어주는 검증된 페어링이다. 몇몇 와인은 이 별미와 함께 마셨을 때 기분 나쁜 금속 향을 남기기도 하지만, 샴페인은 이 지뢰밭에 무사히 안착해 퇴폐적인 한입 한입(당신이 부자라면 한입 가득)을 산뜻하게 씻어준다.

나는 이 잘 다져진 길에서 완전히 벗어나라는 게 아니라, 블랑 드 누아라는 경치 좋은 우회로 하나를 추천하는 것이다. 샴파뉴에서 사용되는 주요 품종 3개는 샤르도네, 피노 누아, 피노 뫼니에르이고, 이 중 피노 2가지는 모두 검은 포도다. 샴페인 대부분은 이 3가지 모두가 아니더라도 최소 2가지 이상을 혼합해서 만든다. 하지만 아주 드물게 검은 포도만 사용해 만드는 와인이 있는데, 이 경우 와인 라벨에는 '검은 포도로 만든 화이트와인'이라는 뜻인 블랑 드 누아 Blanc de Noirs가 적힌다.

헷갈린다면, 샴페인에 관해 잠깐 생각해 보자. 레드 스파클링 샴페인을 본 적이 있는가? 답은 '아니오'다. 모든 샴페인은 화이트나 핑크다. 검은 포도로 화이트 와인을 만들기 위해 제조자들은 포도를 수확해 와이너리에서 으깰 때 특수한 기술을 사용한다. 포도즙이 껍질을 만나기 전에 즉시 분리하는 것이다. 껍질의 색과 상관없이 안에서 나오는 즙은 투명하기 때문에 둘이 만나기 전에 분리하면 투명함을 유지할 수 있다. 이렇게 만든 와인은 매우 희귀하면서 많은 사랑을 받고 있으며, 독특한 흙 향과 남성적인 힘을 지닌 와인이라고 평가되곤 한다.

모든 샴페인 하우스 중 캐비어 페어링으로 가장 유명한 곳은 크룩 Krug으로, 발효 과정에서 사용하는 오크 향으로 더욱 풍부하고 바디가 묵직하다. 하지만 나는 블랑 드 누아 중 가장 사랑받는 이곳의 끌로 담보네 Clos d'Ambonnay로 크리미한 카리스마를 한 단계 넓혀 보고자 한다. 개인적으로는 피노 누아의 흙 향을 100% 담고 있는 이 와인이 궁극의 캐비어 페어링이라고 생각한다. 찾을 수 있을 때 얘기지만, 이 와인의 가격은 1병에 2천 달러부터 시작한다. 일단 캐비어는 내가 준비하겠다.

꼭 블랑 드 누아가 아니더라도 훌륭한 대체품은 많다. 만약 나처럼 샴페인 대부분이 너무 비싸 살 수 없는 형편이라면, 샴파뉴에서 가장 남쪽에 있는 하부 지역인 오브 Aube의 와인을 찾아보자. 조금 더 저렴한 가격에 고품질 피노 샴페인을 살 수 있는 곳으로 잘 알려져 있다.

$ 플뢰리 블랑 드 누아 브뤼 MV, 오브(375ml) Fleury Blanc de Noirs Brut MV, Aube ☀️🌱☺️

$$ 에릭 호데즈 그랑 크뤼 블랑 드 누아 샴페인 MV Eric Rodez Grand Cru Blanc de Noirs Champagne MV ☀️☀️🌱

$$$ 크룩 끌로 담보네 블랑 드 누아 브뤼 Krug Clos d'Ambonnay Blanc de Noirs Brut ☀️💰☀️

스테이크 오 푸아브르
& 포메롤

보르도에서 대서양으로 흘러가는 큰 강 지롱드Gironde는 도르도뉴Dordogne와 가론Garonne이라는 2개의 지류로 갈라진다. 좌안이라고 불리는 지롱드강의 남서쪽은 까베르네 소비뇽을 기본으로 한 와인으로 유명하고, 우안이라고 불리는 북동쪽 지역은 메를로와 까베르네 프랑으로 잘 알려져 있다. 까베르네 소비뇽과 스테이크는 완두콩과 당근처럼 잘 어울리긴 하지만 메를로, 그중에서도 보르도 우안에서 가장 아름다운 아펠라시옹인 포메롤Pomerol의 와인을 곁들여도 좋다.

포메롤의 메를로가 내는 향은 너무 다양해서 다 찾아내려면 온종일 고민해야 할 정도다. 일부만 말해봐도 검은 자두, 블랙 체리, 보이젠베리, 커피 원두, 월계수 잎, 라즈베리, 블랙베리, 무화과, 제비꽃, 아이리스, 담뱃잎, 민트, 감초, 팔각, 버섯, 트러플, 숲의 흙, 씁쓸한 초콜릿, 커피, 올스파이스, 바닐라 빈, 새콤한 복숭아까지 엄청 많다. 포메롤은 제조자에 따라 미디엄 바디부터 아주 풍부하고 묵직한 풀바디까지 다양하지만, 모두 스테이크 오 푸아브르와 완벽하게 어울린다.

스테이크 오 푸아브르Steak au Poivre란 후추를 뿌려 팬에 바삭하게 구운 소고기 안심에 버터, 헤비 크림, 코냑, 디종 머스터드, 마지막으로 후추를 듬뿍 넣은 소스를 곁들인 스테이크다. 포메롤과 함께 먹으면 그 조합은 가히 와인 페어링 계의 원죄 없는 잉태이자 고기와 포도가 함께 맞는 절정이며, 제멋대로 구는 입맛을 한 번에 길들이는 엄청난 조화다. 호화롭고 날카로운 그 훌륭한 첫입은 마치 신데렐라의 발이 유리구두에 미끄러져 들어가는 순간과 같다. 바로 당신이 이 책을 사게 된 이유이기도 하며, 이로 인해 이 책이 제값을 하게 될 것이라고 확신한다.

$ 샤토 마제이레 "르 쇠이유 데 마제이레" 포메롤 Château Mazeyres "Le Seuil de Mazeyres" Pomerol ☀️🌸💮
$$ 샤토 부르뇌프, 포메롤 Château Bourgneuf, Pomerol💧☀️
$$$ 샤토 호산나, 포메롤 Château Hosanna, Pomerol🎖️☀️

홀대받는 메를로

"메를로를 시킬 거면 난 나갈 거야." 영화 〈사이드웨이Sideways〉에서 배우 폴 지아마티가 던지는 유명한 대사다. "나는 빌어먹을 메를로 따위는 안 마신다고!" 이 영화는 피노 누아와 더불어 미국 와인 업계를 알리는 데 큰 영향을 미쳤지만, 이 유명한 대사는 미국 메를로 시장에 엄청난 손해를 입혔고, 사람들은 이를 '사이드웨이 효과'라고 불렀다. 하지만 사실 이 영화 막바지에서 지아마티가 감동의 눈물을 흘리게 하는 1961년산 슈발 블랑을 포함해 세계에서 가장 훌륭한 와인에는 메를로가 아주 큰 부분을 차지한다. 그 훌륭한 와인의 일부는 다음과 같다.

1. 샤토 페트뤼스 CHÂTEAU PETRUS, 보르도 포메롤, 프랑스
2. 샤토 르 팽 CHÂTEAU LE PIN, 보르도 포메롤, 프랑스
3. 샤토 벨레르 모낭주 CHÂTEAU BÉLAIR-MONANGE, 보르도 생떼밀리옹, 프랑스
4. 샤토 파비 CHÂTEAU PAVIE, 보르도 생떼밀리옹, 프랑스
5. 오르넬라이아 마세토 MASSETO by Ornellaia, 토스카나, 이탈리아
6. 투아 리타 레디가피 REDIGAFFI by Tua Rita, 토스카나, 이탈리아
7. 레 마키올레 메소리오 MESSORIO by Le Macchiole, 토스카나, 이탈리아
8. 파토리아 페트롤로 갈라트로나 GALATRONA by Fattoria Petrolo, 토스카나, 이탈리아
9. 덕혼 쓰리 팜스 THREE PALMS by Duckhorn, 나파 밸리, 캘리포니아
10. 아뮤즈 부쉬 프로프리어터리 레드 PROPRIETARY RED BLEND by Amuse Bouche, 나파 밸리, 캘리포니아

푸아그라
& 바르삭

프랑스의 스위트 와인 소테른은 푸와그라에 가장 잘 어울리는 와인의 자리를 지켜왔지만, 소테른의 동생 바르삭은 똑같은 능력이 있는데도 뒷자리에 구겨져 눈길을 받지 못했다. 푸아그라만큼 부도덕한 음식에는 쾌락주의만큼 마음을 편하게 해주는 와인이 필요하다. 바르삭은 캡슐처럼 소테른에 둘러싸인 지역이어서 마치 한 가족과 같고, 이곳의 제조사들은 라벨에 소테른과 바르삭 중 하나를 선택해 명시할 수 있다. 소테른이 인지도도 높고 가격도 더 비싸지만, 바르삭의 제조사들은 자신들의 와인이 더욱 독특하고 특별하다는 자부심을 가지고 와인에 바르삭을 명시한다.

바르삭의 와인은 세미용과 소비뇽 블랑으로 만들며, 소테른과 마찬가지로 귀부병에 걸린 포도로 강렬한 달콤함을 만들어낸다. 귀부병이란 포도가 나무에 달린 채로 부패하는 것인데, 향과 맛이 농축되면서도 좋지 않은 풍미를 남기지 않는다. 그리고 이 포도들을 수확한 뒤에는 조심스럽게 압착해 당분이 고도로 농축된 즙을 짜낸다. 듣기에 좀 이상하지만, 이 지역 재배자들은 포도가 썩지 않으면 이곳만의 부패한 특산품을 만들 수 없어 큰 손해를 입는다.

바르삭 와인은 숙성이 되지 않았을 때 짙은 황금빛을 띠고, 숙성될수록 깊고 짙은 호박색을 띤다. 내가 언젠가 마셨던 바르삭 숙성 와인은 갈색에서 검은색이었고, 거의 신성하다고 느껴질 만한 맛이었다. 어린 와인에서는 버터스카치, 허니서클, 망고, 생강 향이 나며 여기에 더해 숙성될수록 캐러멜, 꿀, 견과류, 졸인 시트러스 풍미를 느낄 수 있다. 모두 푸아그라와 딱 맞는 풍미들이며, 쾌락을 즐기는 갈리아인들이 오래전에 발견한 맛이기도 하다. 바르삭과 소테른 와인은 모두 숙성 정도와 관계없이 아주 달콤하지만, 푸아그라는 보통 식사 초반에 나오지 않기 때문에 바르삭의 살짝 가볍고 드라이한 풍미가 다음 음식을 먹기 전 미각이 음식과 와인에 취해버리지 않게 해준다.

바르삭은 소테른에 비해 훨씬 저렴하며, 보통 반 병 half bottle (375ml 정도 - 옮긴 이)으로 판매하기 때문에 1병을 살 때 큰맘 먹지 않고 가볍게 시도해 볼 수 있다.

$$ 샤토 쿠테 바르삭 Château Coutet Barsac ☀
$$$ 샤토 클리망 바르삭 Château Climens Barsac ❄☀

굴
& 뮈스카데

"맛과 향이 아주 독특하다면" 어느 와인 강사는 내게 이렇게 말했다. "분명 뮈스카데입니다." 비록 그 말이 한심할 정도로 틀렸다는 사실은 알지만, 그래도 그 감상은 이해할 수 있다. 뮈스카데는 루아르 밸리의 서쪽 해안에 있는 아펠라시옹이며, 이곳에서 재배되는 포도를 믈롱 드 부르고뉴 Melon de Bourgogne라고 부른다. 가볍고 편안한 스타일도 만들긴 하지만, 포도 향 물맛이 나는 값싼 뮈스카데도 있다. 하지만 품질 좋은 뮈스카데는 사탕을 입에 문 듯 달콤한 풍미와 함께 중심을 지키는 시트러스와 짭짤한 피니시를 선사한다. 알코올 도수가 낮아 화창한 여름날에도 당신을 지켜주는 잘생긴 보디가드이자 언제 어디서나 신선한 굴들의 단단한 껍질을 벗기는 매력적인 와인이기도 하다. 그래도 여전히 이 천상의 조개에 어울리는 와인은 오직 서늘한 샤블리나 북부 이탈리아의 최고급 피노 그리지오뿐이라고 주장하는 사람들도 있다.

굴을 먹을 때는 쉬르 리 sur lie, 프랑스어로 '죽은 효모 위'라는 뜻의 용어가 명시된 뮈스카데를 곁들여보자. 와인 생산 과정 중 이스트는 당분을 모두 잡아먹고 죽은 뒤 촉감 좋은 스펀지 같은 '리즈 lees'로 변한다. 만약 와인 제조자가 이 층을 바로 걷어내어 와인을 다른 배럴이나 탱크로 옮기지 않고 그대로 와인과 함께 숙성하면 글리세롤처럼 부드러운 질감과 복합적인 향이 와인에 배어든다. 마지막에는 이 층을 제거하지만, 이들이 남긴 효과는 유지된다. 그러니 맞다. 뮈스카데에는 죽은 효모가 약간은 들어 있다.

$ 도멘 드 라 페피에르 뮈스카데 세브르 에 메인 쉬르 리 "라 페피에" Domaine de la Pépière Muscadet Sèvre-et-Maine Sur Lie "La Pépie" ☀︎ 🌀 🌿

$ 도멘 드 레퀴 뮈스카데 세브르 에 메인 쉬르 리 "그라니트" Domaine de l'Ecu Muscadet Sèvre-et-Maine Sur Lie "Granite" 🌿 ☀︎ 🌱

그릴에 구운 연어
& 윌라멧 밸리 피노 누아

살코기가 풍족하고 기름기가 많아 화이트보다는 레드와 어울리는 연어의 영원한 파트너는 검은 포도의 타닌이 크게 두드러지지 않는(그래도 생선이니까) 피노다. 레드와인은 고기와 어울리고 화이트와인은 생선과 어울린다는 규칙에는 타닌이라는 단순한 논리가 들어 있지만, 이 논리는 완벽함과 거리가 멀다. 피노 누아는 이 희극에 가장 잘 맞는 예시이며, 와인 애호가들은 오래전부터 이 레드와인과 가장 잘 어울리는 음식은 오메가3가 가득한 연어라는 사실을 알고 있었다. 그러니 누군가가 왜 생선에 레드를 마시냐며 타박하면 그냥 웃고 보란 듯이 더 많이 들이켜주자.

게다가 피노로 가장 유명한 버건디를 넘어 다른 지역의 피노를 탐험해 보면 더 행복해질 것이다. 오리건에 있는 윌라멧 밸리는 버건디를 제외하고 훌륭한 피노를 만들어내는 몇 안 되는 지역 중 하나다. 태평양 연안에 자리 잡은 이곳의 피노는 바다와 알코올이 묵직하고 닥터페퍼 같은 체리 향이 폭발적이며 타닌과 흙 향이 절제되어 있다. 그리고 이 피노는 그릴로 깔끔하게 구운 연어 살코기를 가장 맛있게 즐기는 방법이다.

윌라멧 밸리와 더불어 쉐헬름 마운틴즈 Chehalem Mountains, 던디 힐, 얌힐 칼톤 Yamhill-Carlton, 리본 릿지 Ribbon Ridge, 맥민빌 McMinnville같은 하부 AVA들은 자신만의 고급 와인들을 만들어내고 있다. 이 와인들이 그렇게 저렴하지는 않지만, 그래도 버건디 와인 가격과는 비교가 안 되며, 그럼에도 버건디 프리미에 크뤼에 버금가는 품질을 보여준다. 실제로 버건디 와인 제조자 일부가 좀 더 저렴한 가격에 프랑스만큼 맛있는 와인을 만들기 위해 오리건으로 떠나오기도 했다.

$ 몬테니어 에스테이트 레드 캡 피노 누아 윌라멧 밸리 Montinore Estate Red Cap Pinot Noir Willamette Valley ☀︎

$$ 디 아이리 빈야드 피노 누아 윌라멧 밸리 The Eyrie Vineyards Pinot Noir Willamette Valley ☀︎ ☀︎ 🌀 🌿

$$$ 베르그스트룀 빈야드 피노 누아 던디 힐 Bergström Vineyard Pinot Noir Dundee Hills ☀︎ 🌀 ☀︎ 🌿

"포시즌스는 레스토랑이 아니라 하나의 관습입니다.
이곳의 인테리어는 프라이버시를 지켜주고,
자리를 옮기며 이야기하는 것이 기본 규칙으로 허락되며,
행동 규칙에는 구속력이 있습니다.
손님 중 반절은 배경이 비슷합니다.
나머지는 분위기를 즐기며 이곳의 단골손님들을
마치 전시품처럼 관찰하러 오는 사람들이죠."

염소 치즈
& 푸이 퓌메

이 와인에 푸이 퓌메 Pouilly-Fumé라는 이름이 붙은 이유는 화산재가 섞인 루아르 밸리의 땅에서 재배되는 드라이한 소비뇽 블랑으로 만들어졌기 때문이다. 푸이 Pouilly는 마을의 이름이고 퓌메 fumé는 '그을린'이라는 뜻인데, 젖은 돌에서 나는 축축한 알칼리성 향처럼 독특한 석회석, 훈연 풍미가 있는 이 지역 토양의 풍미가 와인에 드러나니 말이 되는 이름이다. 젖은 돌 향과 정말 비슷하지만, 맛있는 쪽으로 비슷하다.

염소 치즈는 기본적으로 상세르와 곁들이며, 상세르 역시 100% 소비뇽 블랑으로 만드는 데다 염소 치즈가 아주 많이 생산되는 푸이 퓌메 바로 옆 지역이기도 하다(지금쯤이면 알게 되었겠지만, 같은 곳에서 난 것들은 서로 잘 어울린다). 그리고 상세르에는 산미와 풍부한 시트러스가 있어 톡 쏘는 향에 지방이 많은 치즈와 잘 맞을 수밖에 없다. 하지만 푸이 퓌메와 달리 상세르는 지난 80년 동안 인기가 날로 높아졌고, 생산량을 높이기 위해 면적을 4배나 확장하는 과정에서 정체성이 흐려졌다. 약간 랄프 로렌이 수요를 따라가기 위해 보라색 라벨을 단 폴로 스포츠를 런칭한 이후의 상황과 비슷하다고 생각하면 된다. 랄프 로렌 퍼플 라벨 뉴욕 시티라고 부를 수도 있지만, 모두 이 브랜드가 그냥 폴로 스포츠라는 사실을 알고 있으니까. 아펠라시옹의 면적을 확장하면 스타일과 전체적인 품질에 영향을 미치게 된다. 그래서 면적도 작고, 품질도 일정하며, 상세르와 거의 비슷한 시트러스 풍미에 심지어 더 풍부한 화약 풍미를 자랑하는 푸이 퓌메가 염소 치즈와 더 잘 어울리는 것이다.

푸이 퓌세 Pouilly Fuisse와 헷갈리지만 말자. 버건디 남부에서 재배하는 샤르도네이고 아주 맛있지만, 당신과 염소 치즈가 찾는 그 와인은 아니다.

$ 프란시스 블랑쉐 "퀴베 실리스" 푸이 퓌메 Francis Blanchet "Cuvée Silice" Pouilly-Fumé

$$ 라두세트 푸이 퓌메 Ladoucette Pouilly-Fumé

$$$ 디디에 다그노 "실렉스" 블랑 퓌메 드 푸이 Didier Dagueneau "Silex" Blanc Fumé de Pouilly

화이트 트러플 파스타
& 바르바레스코

이탈리아 와인계의 토니 소프라노(미국 드라마 주인공으로, 가장이자 이탈리아 마피아 두목 – 옮긴 이)인 바롤로는 화이트 트러플과 잘 어울리는데, 이 와인은 실제로 잔 안에 트러플 향기를 선사하기 때문이다. 바롤로와 마찬가지로 바르바레스코도 공격적일 만큼 강력한 타닌으로 유명한 네비올로 100%로 만들며, 2가지 모두 오랫동안 숙성이 가능한 와인으로 잘 알려져 있다. '이탈리아 와인의 왕과 왕비'라고 불리는 이 두 와인은 사실 피에몬테 북쪽 지역에 있는 같은 지역 내에서 서로 10마일 떨어진 곳에서 만들어진다. 바롤로는 힘 있는 풍미를 자랑하고, 바르바레스코는 우아함이 두드러진다. 그리고 소프트 탭 댄스 같은 바르바레스코는 화이트 트러플처럼 특이한 풍미를 만나 이 퇴폐적인 향을 자유롭게 춤추게 한다. 네비올로는 트러플과 만나 둘의 가장 황홀한 풍미를 끌어내는데, 이 짙은 흙 향, 꽃 향, 야생 고기 향, 견과류 향, 버섯 같은 사향 풍미는 나라도 무너뜨릴 수 있을 정도다.

바르바레스코에는 세련된 타닌이 가득해 숙성되지 않았을 때는 가혹할 정도이며, 시간이 지날수록 탄탄해지면서 가죽 향을 머금는다. 만약 당신이 산 바르바레스코가 어리다면, 그러니까 이 와인의 경우 20년 이하라면 아침 먹을 때 열어 놓고 저녁에 마시자. 정말 좋은 빈티지라면 전날 밤에 열어둬도 좋다. 이론상으로는 숙성될수록 공기에 노출해야 하는 시간이 줄어든다고 하지만, 이들은 규칙 따위는 따르지 않는 까다로운 와인들이다.

$$ 피오 체사레 바르바레스코 Pio Cesare Barbaresco

$$$ 가야 바르바레스코 GAJA Barbaresco

다크초콜릿 수플레
& 바롤로 키나토

부드럽게 구운 이 폭신한 달걀 디저트를 만드는 데에는 시간과 기술이 필요하며, 이는 그릇에서 부풀어 오를 때부터 포크아래 가라앉을 때까지 진행되는 고난도 작전이기도 하다. 수플레 Soufflé 라는 이름은 약간 기울어진 풍선 같은 모습 때문에 붙여졌는데, 프랑스어로 '부풀다'라는 뜻이다. 전 세계적으로 달콤하고 맛있는 수플레 종류가 아주 많지만, 자부심 있는 미식가라면 늘 다크초콜릿 수플레를 선택하기 마련이다.

하지만 이렇게 오래도록 사랑받아 왔음에도 포트 이외에 이 디저트 계의 귀부인과 곁들일 와인을 찾기는 쉽지 않다. 지금쯤이면 알아차렸겠지만, 초콜릿은 와인 페어링의 적이며, 다크초콜릿일수록 페어링하기 더 어렵다. 초콜릿의 텁텁한 쌉쌀함, 당분, 지방 때문에 와인 대부분은 섞이는 과정에서 너무 쓰거나, 달거나, 날카로운 맛이 나게 되며 초콜릿과 따로 놀기 때문이다. 그래서 미식가들은 대부분 주정 강화한 루비색 디저트 와인인 빈티지 포트를 곁들이지만, 이탈리아 북부에서 만들어지는 달콤한 레드 바롤로 키나토가 바로 이 미션 임파서블을 위해 태어난 와인이라는 사실은 많이 알려지지 않았다. 이 와인은 네비올로로 만드는 바롤로로 시작하며, 포도 증류주를 더한 뒤 오렌지 껍질, 클로브, 카다멈, 루바브 뿌리, 시나몬, 고수 씨, 민트, 바닐라 등의 향을 우려내 처음과 완전히 다른 바롤로 키나토로 다시 태어난다. 키나 china 라고 불리는 필수 재료도 들어가는데, 남아메리카에서 자라는 키나 나무 Cinchona officinalis 의 껍질로 만들며, 토닉 워터의 중심 재료이기도 하다. 이렇게 만들어진 와인은 달콤하면서 쌉쌀하고, 아주 흥미로운 약 냄새가 약간 난다. 마치 베르무트 vermouth (포도주에 향료를 우려 만든 술 - 옮긴 이) 같은 맛이지만 더 묘하고 복합적이다. 쌉쌀하고 달콤한 초콜릿 수플레와 딱 어울릴 만큼 적당한 바디, 산미, 타닌, 달콤함, 베이킹 스파이스 풍미를 지닌 몇 안 되는 와인이다.

$$ 줄리오 코키 바롤로 키나토 Giulio Cocchi Barolo Chinato
$$$ 피오 체사레 바롤로 키나토 Pio Cesare Barolo Chinato ❄☀

인스타 감성 페어링

내가 인스타그램에 빠져 살 때, 내가 팔로우하는 와인 전문가들의 피드가 모두 다 거기서 거기인 지루한 내용이라는 걸 깨닫는 데는 오래 걸리지 않았다. 일반 사람들은 들어보지도 못했을 제조사의 귀한 와인들이었는데, 분명 자랑하기 위한 사진이었을 것이다. 그래서 나는 이 책의 아름다운 사진들을 찍어준 실력 있는 사진사이자 내 오랜 친구인 미셸에게 도움을 청했다. 함께 재미있는 와인 사진 작업을 해보자는 것이었다.

"그래서, 그냥 와인 마시고 사진 찍자고?" 미셸이 물었다. "언제든 말만 해."

그때는 이 일이 이렇게 커질지 몰랐지만, 우리는 이후 이 주제로 갤러리 전시도 여러 번 했고, 광고 회사를 열게 되었으며, 와인을 찾아 전 세계를 여행하기도 했다.

이 과정에서 배운 점이 있었다. 만약 사진만 잘나오는 그 바보 같은 인스타용 음식을 먹기 위해 귀중한 시간을 들여 기다렸다면, 반드시 괜찮은 와인을 곁들여 그 투자에 합당한 결과물을 얻어야 한다는 사실이다. 순수한 미각적 즐거움이나 색 조합의 관점으로 봤을 때, 이 조합은 예쁘면서도 꽤 맛있다.

도미니크 앙셀 크로넛
& 앤더슨 밸리 스파클러

먼저, 행운을 빈다. 2013년 크로넛이 생겨난 그 순간부터 소호에 있는 도미니크 앙셀 Dominique Ansel 베이커리에는 매일매일 줄이 길게 늘어섰고, 주택복권보다 더 복잡한 데다 시간도 오래 걸리는 선주문 시스템을 들여온 후에도 여전했다. 크로넛은 조그만 구멍과 귀여운 장식, 토핑으로 사람들을 행복하게 만드는 미국의 도넛을 질투한 프랑스 크로와상에서 시작한다. 이 크로와상이 도넛과 결혼해 낳은 아이가 크로넛이며, 겹겹이 층이 있는 크로와상 도우를 도넛 모양으로 튀긴 다음 크림을 넣어 만든다.

이 크로넛을 마침내 쟁취했을 때 곁들일 수 있는 축하 와인은 스파클링뿐이다. 일치형 페어링에 가까운 맛이며, 바삭한 도우의 층과 와인의 효모 향이 서로 구별할 수 없을 정도로 자연스럽게 녹아든다. 캘리포니아 북쪽에 있는 앤더슨 밸리 Anderson Valley의 기후 덕에 이곳은 신세계 최고 수준의 스파클링을 만들어내고 있으며, 마치 어느 가을날 버터와 잼을 바른 토스트를 들고 사과 과수원을 지나는 듯한 풍미를 느낄 수 있다. 이곳의 스파클링 와인들은 블라인드 테이스팅을 했을 때 종종 샴페인과 혼동할 정도로 훌륭하다. 와인에 과일 향이 가득해 크로넛에 들어 있는 어떤 크림과도 잘 어울리니, 줄 서서 기다리는 도중에 마개를 열지만 않는다면 맛있는 페어링을 즐길 수 있을 것이다.

$$ 로드레 에스테이스 브뤼 MV Roederer Estate Brut MV ☀︎ ☀︎ ❀

더 베이글 스토어 레인보우 베이글
& 부브레
VS
슈퍼문 레인보우 크로와상
& 사브니에르

아침 식사용 빵을 얘기하면 베이글 파와 크로와상 파로 갈리곤 한다. 하지만 슈냉 블랑 Chenin Blanc에 관한 논쟁은 이보다 훨씬 격한데, 어떤 사람들은 부브레에 목숨을 걸고, 반대쪽은 사브니에르 아니면 죽음을 택하겠다고 외친다. 베이글을 고르든 크로와상을 고르든, 무지개색이 이들을 아름답게 만든다는 사실에는 모두 동의한다. 그리고 루아르 밸리의 슈냉 블랑은 이 모든 색을 감싸 안는다. 슈냉 블랑은 드라이부터 스위트 와인까지 놀라운 와인을 만들 수 있다는 점에서 리슬링과 견줄 수 있는 유일한 품종이며, 모두 숙성이 가능하다. 부브레와 사브니에르 둘 다 동쪽에서 서쪽으로 뻗은 루아르 밸리의 중부인 미들 루아르에 있으며, 두 지역의 와인 모두에서 생강, 달콤한 샤프론, 오렌지 마멀레이드 풍미와 함께 풍부한 산미를 느낄 수 있다. 두 지역의 와인은 서로를 대체할 수 있지만, 부브레는 입안 전체에 퍼지는 아찔한 탄력과 슈냉의 산미로 가볍고 편안한 맛이 있어 베이글과 더 잘 어울린다. 반대로 사브니에르는 크로와상과 더 잘 어울리며, 이 무지개색 패스트리처럼 약간의 도도함과 함께 탄탄한 밀도와 층층이 쌓인 복합성으로 말할 수 없이 좋은 만족감을 선사한다.

$$ 니콜라 졸리 사브니에르 "레 비유 끌로" Nicolas Joly Savennières "Les Vieux Clos" ☀︎ ❀ ❀

$$ 도멘 위에 부브레 "끌로 뒤 부르" 섹 Domaine Huet Vouvray "Clos du Bourg" Sec ☀︎ ☀︎

밀크 바 콘플레이크 마시멜로 초콜릿칩 쿠키
& 팔랑기나 베네벤타노

디저트와 베이커리를 판매하는 밀크 바 Milk Bar는 교활하게도 내가 사는 아파트와 가까운 곳에 문을 열어 매번 지나갈 때마다 내 인내심을 시험한다. 콘플레이크 마시멜로 초콜릿 칩 쿠키를 사러 들어가야 할까? 아니면 눈을 피한 채 안전 지역에 들어설 때까지 거리의 무고한 사람들을 이리저리 치며 도망가야 할까? 대체 아침용 시리얼로 이렇게 맛있는 쿠키를 만들 생각은 누가 한 걸까? 이 완벽한 쿠키를 먹을 때마다 떠오르는 한 가지는 바로 팔랑기나 베네벤타노 Falanghina Beneventano다. 이 와인은 이탈리아 남부 캄파니아에서 만든 화이트와인으로, 아말피와 함께 이 지역이 우리에게 주는 아름다운 선물이다. 방 안에 있는 꽃병이 갑자기 향수로 변하고, 누군가 거기에 아몬드를 넣었다고 생각하면 된다. 이 와인을 밀크 바의 쿠키와 함께 마시면 달콤하고 짭짤한 죄책감과 기쁨이 파도처럼 밀려든다. 최고급 팔랑기나 베네벤타노는 드라이하고, 탄탄한 산미는 설탕 입힌 살구 향(초콜릿과 아주 잘 어울린다) 위에 우산처럼 드리운 꽃 향으로 부드러워지며, 은은한 미네랄리티는 바삭한 콘플레이크와 딱 맞아 떨어진다.

$ 돈나키아라 베네벤타노 팔랑기나 Donnachiara Beneventano Falanghina ❀☀🌿

블랙 탭 코튼 캔디 셰이크
& 화이트 슈퍼 토스카나

미셸과 내가 처음으로 공개적인 음식 사진 작업을 할 수 있도록 해준 곳이 바로 소호에 있는 이곳 블랙 탭 Black Tap이었다. 이곳의 특별 메뉴는 말도 못하게 크고 아름다운 밀크셰이크로, 테이블 위에 녹아 무지개색 끈적한 웅덩이가 되기 전에 요령껏 빨리 마셔야 한다.

화이트 슈퍼 토스카나도 이탈리아 토종 포도와 그렇지 않은 포도를 함께 사용한다는 점에서 레드 버전과 똑같다. 대개 프랑스 품종들은 발효된 다음 오크 통에서 숙성 과정을 거치고, 이탈리아 품종은 스테인리스 통에서 숙성한다. 이 둘을 합치면 마치 소금을 살짝 뿌린 바닐라 크림 도넛 위에 레몬 버베나와 바질을 뿌린 듯한 풍미를 즐길 수 있다. 블랙 탭 셰이크의 크리미함은 이 와인에 자연스럽게 녹아들며, 와인의 시트러스가 단맛을 잡아준다.

$ 비비 그라츠 "까사마타" 비앙코 토스카나 IGT Bibi Graetz "Casamatta" Bianco Toscana IGT ❀☀☀

CHAPTER 14

낯설지만 맛있는

무서운 외관에 숨겨진
맛있는 고급 요리를 좋아하는 사람들을 위한 페어링

내 앞니는 가짜다. 다행히 거의 아무도 모르지만.

중학교 2학년 때 플라스틱 썰매에 벽돌까지 매달아 빠르게 달려가다가 입을 벌린 채 집 기둥에 부딪히는 바람에 앞니가 날아갔다.

겨우 이를 끼워 넣긴 했지만, 유효 기간이 있었다. 어른이 되고 나서 나는 길고 비싼 과정을 거쳐 죽은 이를 새 임플란트로 바꿔 넣었다. 한 번에 1개씩, 자금 상황이 괜찮을 때. 치과에서는 이를 뽑고, 두개골에 구멍을 뚫고, 티타늄 나사를 넣는 데 5천 달러를 청구했고, 나사가 들어간 자리가 낫기를 기다리는 6개월 동안 임시로 치아를 넣어 주었다.

치과에서 그동안 블루치즈를 먹지 말라는 말은 딱히 하지 않았지만, 그러지 말았어야 했다.

와인 수입업자로 일하다 보면, 마켓 런치market lunch라는 호화로운 식사 자리가 특전으로 따라온다. 담당하는 포도원의 와인을 고객이나 기자들에게 소개하는 의미에서 값비싼 식사를 제공하기 때문이다. 수집가, 소믈리에, 힘 있는 구매자들이 이 자리에 모여 와인을 만든 사람들에게 직접 와인 제조에 관한 이야기를 듣는다. 그날은 리오하의 역사 깊은 와이너리이자 내 주요 고객인 마르케스 드 무리에따Marqués de Murrieta를 소개하는 자리였고, 특별히 화려하고 유명한 해산물 식당에서 식사가 진행되었다.

내 맞은편에는 실제 스페인의 백작이자 와인

업계에서 존경받는 인물인 마르케스 드 무리에따의 소유주 빈센테 달마우 세브리안 사가리가Vicente Dalmau Cebrián-Sagarriga가 앉아 있었다. 빈센테는 이 식사와 함께 우리 회사에서 이날 저녁에 주최하는 버티컬 테이스팅vertical tasting(한 종류의 와인을 여러 빈티지로 시음하는 것 - 옮긴이) 행사에 참여하려고 스페인에서 날아왔다. 와이너리가 수십 년씩 숙성한 최고의 빈티지를 뽐내며 같은 와인이 시간이 지나면서 어떻게 변하는지를 느낄 수 있는 귀한 행사였고, 내가 와인 업계에 들어와 가장 만족하는 부가적인 혜택이기도 했다. 우리가 그날 시음할 와인은 마르케스 드 무리에따에서 가장 유명하며 무려 한 세기 동안 숙성한 리오하 카스틸로 이가이Castillo Ygay였고, 그날 식사에서 오간 대화의 주제이기도 했다. 이야기를 나누며 샐러드를 반쯤 비우던 중, 별안간 내 앞니가 빠져버렸다.

아니, 내 입안으로 빠졌다고 해야겠다. 음식을 크게 씹는 중에 입안에서 치아가 느껴졌으니까. 나는 씹는 것을 멈추고 침착함을 유지하며 혼자 상황을 살폈다. 앞에 백작이 앉아 있으니 이를 뱉을 수는 없었다. 그렇다고 이까지 그대로 삼킬 수도 없었다. 반쯤 씹은 블루치즈를 튀겨가며 잠깐 자리를 비우겠다고 말할 수도 없었다. 물론 백작 때문이기도 했지만, 인간의 존엄성을 지키고 싶어서이기도 했다. 누군가의 앞니가 텅 비어 있는 모습을 보는 충격은 창문 밖에 서 있는 강도를 목격하는 것과 맞먹으니까. 그래서 나는 입을 꾹 다문 채로 고개만 끄덕이며 자리에 앉아 있었다. 결국, 나는 내 왼쪽에 앉은 마르케스의 수입 담당자 주앙João 쪽으로 몸을 돌려 우물거렸다. "크닐늣스으(큰일 났어요)." 그리고는 조용히 테이블을 빠져나와 이를 삼키지 않았기를 기도하며 화장실로 향했다.

화장실에서 나는 치과의사에게 급하게 전화로 도움을 요청했고, 주앙에게 문자를 보내 상황을 설명했다. 그리고 이 둘은 그날 나의 영웅이 되어주었다. 이 긴급 사태 때문에 무단으로 이탈한 내 자리를 주앙이 메워주었고, 나는 가까스로 버티컬 테이스팅이 시작할 때 도착할 수 있었다. 그리고 다행히 크레이셀 백작은 알아차리지 못했다. 물론 내 입안은 아직 시한폭탄이었고, 의사 선생님의 조언으로 그날 저녁 내내 아무것도 먹지도 마시지도 못했다(웃는 것도 이야기하는 것도). 그래서 1917년 카스틸로 이가이는 입에 대지도 못했다.

하지만 이제는 내 두개골에 박힌 이 최고급 캐딜락들이 심지어 내가 죽은 뒤에도 남아 있을 것이라는 사실을 기쁘게 알려주고 싶다. 다시 뉴요커답게 두려움 없이 자유롭게 먹고 마실 수 있게 되자, 모든 마켓 런치와 디너 시간들이 훨씬 행복해졌다. 이 업계에 들어와 가장 만족스러운 점은 방대한 요리의 세계를 경험할 수 있다는 것인데, 그중에는 이 일을 하지 않았으면 절대 몰랐을 기묘하고 이상한 파인 다이닝 음식들도 있었다.

이들은 일단 처음의 무서움만 극복하면 사실 입맛이 까다로운 사람들도 충분히 만족할 수 있을 만한 요리다. 그리고 이렇게 무섭게 생겼지만 맛있는 음식까지 구석구석 탐험하지 않는다면 진정한 미식 세계 주민이라고 할 수 없을 것이다.

에스카르고
& 퓔리니 몽라셰

제대로 된 에스카르고escargot를 먹기 전까지는 "으"라고 하지 말길. 괜찮은 에스카르고는 정말 맛있으니까. 당신의 핑계가 무엇이든, 마늘과 파슬리 버터 소스로 구운 에스카르고는 전혀 비리거나 누린내가 나거나 곤충 같지 않다. 딱 적당하게 따뜻하고 쫄깃해 잘 반죽한 빵 같으며, 파우더를 뿌린 가발에 화장까지 한 왕에게 어울릴 만큼 고급스러운 소스와 곁들여진다.

바로 여기서 화이트 버건디는 미인 점을 찍고 우아한 자태로 무릎을 굽혀 인사하며 등장한다. 빌라주 레벨 이상의 화이트 버건디는 샤르도네가 바라보는 최적의 기준이며, 전 세계가 이 지역에서 만들어내는 최고의 제품들을 우러러본다. 모두가 사랑하는 샤르도네로 기적적인 와인을 만들어내는 버건디의 마을 중 가장 훌륭한 곳은 바로 샤르도네의 전형인 퓔리니 몽라셰이다. 나는 닉, 토니, 다이앤과 함께 이 지역을 여행하며 마을마다 있는 작은 비스트로에서 직접 만든 버터로 구운 에스카르고에 아주 유명하면서도 상상 이상으로 놀라운 지역 와인을 곁들여 먹으며 처음으로 이 요리를 사랑하게 되었다. 버건디 대부분이 석회석 토양에서 자라지만, 208ha의 이 특정한 지역에서 나오는 와인에는 미네랄 풍미가 더욱 가득하다. 오랫동안 수많은 사람이 엄청나게 돈을 들여가며 이 풍미의 비결을 알아내려 노력했고, 그 답은 늘 똑같았다. 뭐, 테루아가 아니면 무엇이겠는가.

이곳의 테루아는 샤르도네의 자갈 같은 풍미뿐 아니라 입안에 번개가 내려치는 듯 탄탄한 코어와 함께 말문이 막힐 만큼 다양한 아로마까지 모든 것을 설명해준다. 이 와인들은 마치 에스카르고에 곁들이는 소스처럼 짭짤하면서 버터처럼 풍부하지만, 동시에 활기가 넘친다. 그리고 제조 과정에서 더해지는 약간의 오크 향이 기분 좋은 씁쓸함을 준다. 이 둘은 수 세기 동안 사랑받아 왔고, 앞으로도 오랫동안 사랑받을 페어링이다.

$$ 도멘 자크 까이용 퓔리니 몽라셰 Domaine Jacques Carillon Puligny-Montrachet ☀︎☀︎🌿

$$$ 올리비에 르플레브 퓔리니 몽라셰 Olivier Leflaive Puligny-Montrachet ☀︎

$$$ 도멘 드 라 로마네 콩티 몽라셰 그랑 크뤼 Domaine de la Romanée-Conti Montrachet Grand Cru ☀︎🎖

타르타르 스테이크
& 샤토뇌프 뒤 파프 블랑

제대로 만든 타르타르 스테이크는 마구 휘저은 버터 같은 농도에 감칠맛과 신맛이 나며, 내장을 마구 으깨놓은 듯 흉측한 모습이다. 하지만 생 소고기는 이 음식에서 식감만 담당한다. 진짜 풍미는 엑스트라 버진 올리브 오일, 씨 겨자, 후추, 크리미한 달걀노른자에서 나온다(그리고 가끔 씹으며 입을 씻어주는 절인 채소도). 스테이크를 보면 바로 레드와인을 생각할 수도 있지만, 레드의 타닌과 바디는 이 저평가된 음식에 너무 과하다. 타르타르 스테이크에 어울리는 와인은 강렬한 화이트다.

론 밸리 남부에 있는 샤토뇌프 뒤 파프는 레드와인으로 유명하지만, 묵직한 바디, 낮은 산미, 타르타르 스테이크와 비슷하게 매력적인 허브 향이 있는 세계적인 화이트와인도 만들어낸다. 가장 널리 사용되는 품종은 그르나슈 블랑으로, 루산 Roussanne, 클레레뜨 블랑쉬 Clairette Blanche, 부르블랭 Bourboulenc과 함께 레드 품종의 화이트 돌연변이다. 이렇게 돌연변이로 나타나는 비율은 10% 이하이기 때문에 이 품종으로 만든 와인은 고급 와인으로 취급된다.

높은 알코올 도수와 함께 산뜻한 시트러스, 생 아몬드, 이국적인 스타 프루트, 펜넬, 아니스, 모과 풍미를 지닌 샤토뇌프 뒤 파프 블랑은 프랑스에서 바디가 가장 묵직하고 호화로운 화이트와인이다. 산미가 낮으면서도 숙성이 가능한 몇 안 되는 화이트와인이며, 묵직하고 오크 향이 나는 스타일부터 산뜻하고 금속 향이 나는 스타일까지 매우 다양하지만, 모두 타르타르와 어울리는 화려함과 포용력을 지니고 있다. 생고기는 입술을 강타하는 이 와인의 기름 같은 질감에 미끄러져 들어가고, 짭짤한 미네랄리티는 달걀노른자, 머스터드, 흑후추와 어울리며, 묵직한 바디는 입에 남은 모든 풍미를 깨끗이 쓸어 목 뒤로 넘겨준다. 타르타르와 와인을 너무 차갑게 먹지만 말자. 살짝 서늘하게 먹었을 때 최상의 상태로 즐길 수 있으니까.

매일 마실 수 있는 와인으로 코트 뒤 론의 화이트를 찾아보는 것도 좋다.

$ 파미유 페랑 리제르바 코트 뒤 론 블랑 Famille Perrin Réserve Côtes du Rhône Blanc

$$ 샤토 드 보드위 샤토뇌프 뒤 파프 블랑 Château de Vaudieu Châteauneuf-du-Pape Blanc ❄

$$$ 샤토 드 보카스텔 샤토뇌프 뒤 파프 블랑 루산 비에유 비뉴 Château de Beaucastel Châteauneuf-du-Pape Blanc Roussanne Vieilles Vignes ☀🍯

성게 알
& 클래식 블랑

부디 가시 돋친 껍데기를 뒤집어쓴 이 오렌지 색 외계 생물을 밀어내지 말기를. 지중해의 해안 마을부터 일본의 어촌까지, 아주 오래전부터 바다에 의지해 살았던 문화에서는 성게가 얼마나 귀하고 훌륭한 음식인지 잘 알려져 있다. 주문하고 싶어도 돌아오는 건 작은 조각이 전부이고, 그마저도 돈을 꽤 많이 내야 할 테지만, 그 맛은 마치 누군가 바다를 작은 산홋빛 마시멜로 구름으로 바꿔놓은 듯한 행복이다.

마르세유 바로 바깥에 있는 아펠라시옹 프로방스는 오랜 미식 문화를 자랑하는 지역이며 성게 알을 우흐생 oursin이라는 이름으로 부른다. 프랑스 남부인 이곳에서 만드는 와인이 해산물을 만나면 그 맛은 형이상학적으로 확

장된다. 또한, 이곳은 생산되는 와인의 거의 90%가 연어나 장미 꽃잎 색을 띠는 핑크 와인의 고장이기도 하다. 하지만 카시스 Cassis는 프로방스에서 크게 존경받는 화이트와인 제조사이며, 내게 처음으로 매일 잘 먹고 잘 마시는 일의 즐거움과 중요성을 알려준 헤밍웨이의 책 『파리는 날마다 축제 A Moveable Feast』에 등장할 정도로 유명하다. 카시스 와인에 사용되는 마르산느와 클레레뜨는 부드러운 성게 알이 정신을 못 차릴 만큼 유혹적이며, 바다 소금과 복숭아, 꿀, 마른 허브 풍미는 이 페어링에 가장 회의적인 입맛까지도 사로잡을 것이다.

$$ 끌로 생 마들렌 카시스 블랑 Clos Sainte Magdeleine Cassis Blanc ☀️ ☀️

오이스터 록펠러
& 드라이 푸르민트

1800년대 후반 뉴올리언스에서 만들어진 미국에서 가장 호화로운 이 요리의 이름은, 미국에서 가장 부유한 남자 존 D. 록펠러 John D. Rockefeller의 이름을 따 지어졌다. 그리고 놀랍게도 이 요리가 발명된 이유는 당시 에스카르고가 동나버렸기 때문이었다(이 정도로 프랑스 달팽이 요리가 맛있다는 소리다. 205쪽 참조). 석유 재벌처럼 호화로운 이 요리는 껍데기를 반절만 벗겨낸 굴 위에 버터, 파슬리, 시금치, 페르노(여러 향료를 사용해 만든 리큐르-옮긴이), 샬롯, 파르메산 치즈, 빵가루를 올려 구운 뒤 가장 중요한 레몬즙을 뿌려 완성한다. 하지만 이 재료들 밑에 숨은 작고, 말랑하고, 끈적한 이 생물체는 많은 사람에게 아직 낯설고 두려운 존재다.

이 굴 요리는 우리를 헝가리로 이끈다. 헝가리에서 나는 남동생 포레스트와 함께 처음으로 푸르민트 Furmint라는 와인을 만났다. 부다페스트에 있는 어느 바에서 우리는 생전 듣지도 보지도 못한 와인 리스트를 마주했고, 그래서 리스트에 계속 등장하는 이 품종을 선택했다. 그렇게 만난 이 와인은 너무 매력적이었고, 우리는 메뉴에 있는 프루민트를 전부 맛보겠다는 각오로 그날 밤을 보냈다. 그날 많은 일이 일어났지만, 외할머니가 보고 계실 테니 말을 줄이겠다.

프루민트는 헝가리의 백포도 품종으로 유명한 디저트 와인인 토카이 Tokaji의 재료로 사용되어왔으며, 이 품종으로 만든 와인은 살짝 달콤한 스타일부터 당뇨를 부를 것 같은 스타일까지 다양하다. 하지만 드라이한 프루민트를 만드는 제조사가 점점 많아지고 있으며, 이 사치스러운 굴 요리에 필요한 것이 바로 이런 와인들이다. 드라이 프루민트는 레몬 껍질을 파이프에 넣고 훈연한 듯한 풍미가 있고, 큐민부터 페페론치니까지 다양한 향신료 향을 느낄 수 있다. 어떤 경우에는 미네랄 같은 질감이 아주 강해 마치 현무암을 핥는 듯한 풍미를 주며, 약간의 독특한 냄새가 있는 길고 드라이한 피니시는 무섭도록 매력적이다.

토카이는 유명한 디저트 와인의 이름이자 그 와인의 원산지이고, 드라이와 스윗 푸르민트로 유명한 지역이기도 하다. 잘 알려지지 않았지만 괜찮은 프루민트를 만드는 지역인 쇼므로 Somló도 있다. 어디에서 만들어졌든 라벨에는 '드라이 푸르민트'라고 명시되기 때문에 쉽게 알아볼 수 있다.

미국으로 돌아온 뒤, 나는 이 헝가리 와인을 오이스터 록펠러와 함께 마시면 끝내줄 것이라는 내 가설을 입증해 보였다. 레몬즙과 노릇한 빵가루가 와인의 산미와 훈연 향과 만나고, 굴과 와인의 서로 다른 짭짤함이 만나면? 말이 필요 없는 맛이다.

$ 키라이우드바르 토카이 프루민트 섹, 토카이 Király-udvar Tokaji Furmint Sec, Tokaj ☀️☀️☀️
$$ 오레무스 "만돌라스" 토카이 드라이 토카이-헤가이아 Oremus "Mandolas" Tokaji Dry Tokaj-Hegyalja ☀️☀️
$$ 피터 웨처 푸르민트, 쇼므로 Peter Wetzer Furmint, Somlo 🌸☀️

개구리 다리
& 부즈롱 알리고테

눈을 감은 채 아주 작고 가는 닭 날개를 먹는다고 생각하자. 마늘과 파슬리로 맛을 더한 프랑스식 개구리 요리는 당신이 맛본 그 어떤 닭 날개 요리보다 수준 높은 풍미를 자랑한다. 그리고 개구리의 하얗고 부드러운 살은 버건디 남부의 AOC 부즈롱 Bouzeron 에서 알리고테 Aligoté 포도로 만든 드라이 화이트와인과 엄청나게 잘 어울린다. 이 아펠라시옹은 오직 이 백포도에만 전념하는 곳이며, 개구리 다리에 곁들여진 버터 향 가득한 소스와 독특한 허브 향은 와인의 스파이시, 훈연 향을 만나 평생을 함께할 짝이 된다.

$ 까브 데 비네롱 드 뷕시 부르고뉴 알리고테 Cave des Vignerons de Buxy Bourgogne Aligoté

$$ 도멘 하모네 부즈롱 Domaine Ramonet Bouzeron ✳

$$$ 코쉬 듀리 부르고뉴 알리고테 Coche-Dury Bourgogne Aligoté ⚜♛✳

거북손
& 리아스 바이사스 알바리뇨

거북손 barnacles 은 마치 죽음에서 돌아온 늪지대 괴물의 썩은 발톱처럼 생겼다. 하지만 사람들은 이 혐오스럽게 생긴 해산물을 얻기 위해 목숨을 걸고 스페인 갈리시아의 바위틈으로 향한다. 내가 처음 거북손을 접했을 때는 그동안 배웠던 명상 호흡법을 활용해야 했을 정도였다. 하지만 그것도 잠시 손을 대자마자 10개 이상을 먹어치웠다. 지금까지 먹어본 중 가장 맛있는 게와 같은 식감에 고급스러운 짠맛, 식초가 들어간 감자칩 풍미를 느낄 수 있다. 이 아름다운 맛에 우리는 야수의 겉모습을 완전히 잊은 미녀가 된다. 그리고 기후가 서늘하며 비가 많이 내리는 계곡인 북부 스페인의 리아스 바이사스 Rias Baixas 에서 만든 라이트 바디 화이트와인 알바리뇨는 이 감자칩 풍미의 액체 버전이다(그런데 이제 레몬을 곁들인).

$ 보데가 수세소리스 데 베니토 산토스 이그렉사리오 데 사이아르 알바리뇨 Bodega Sucesores de Benito Santos Igrexario de Saiar Albariño ✳🍃

$$ 파소 바란테스 "라 콤테스" 알바리뇨 Pazo Barrantes "La Comtesse" Albariño ⚜✳

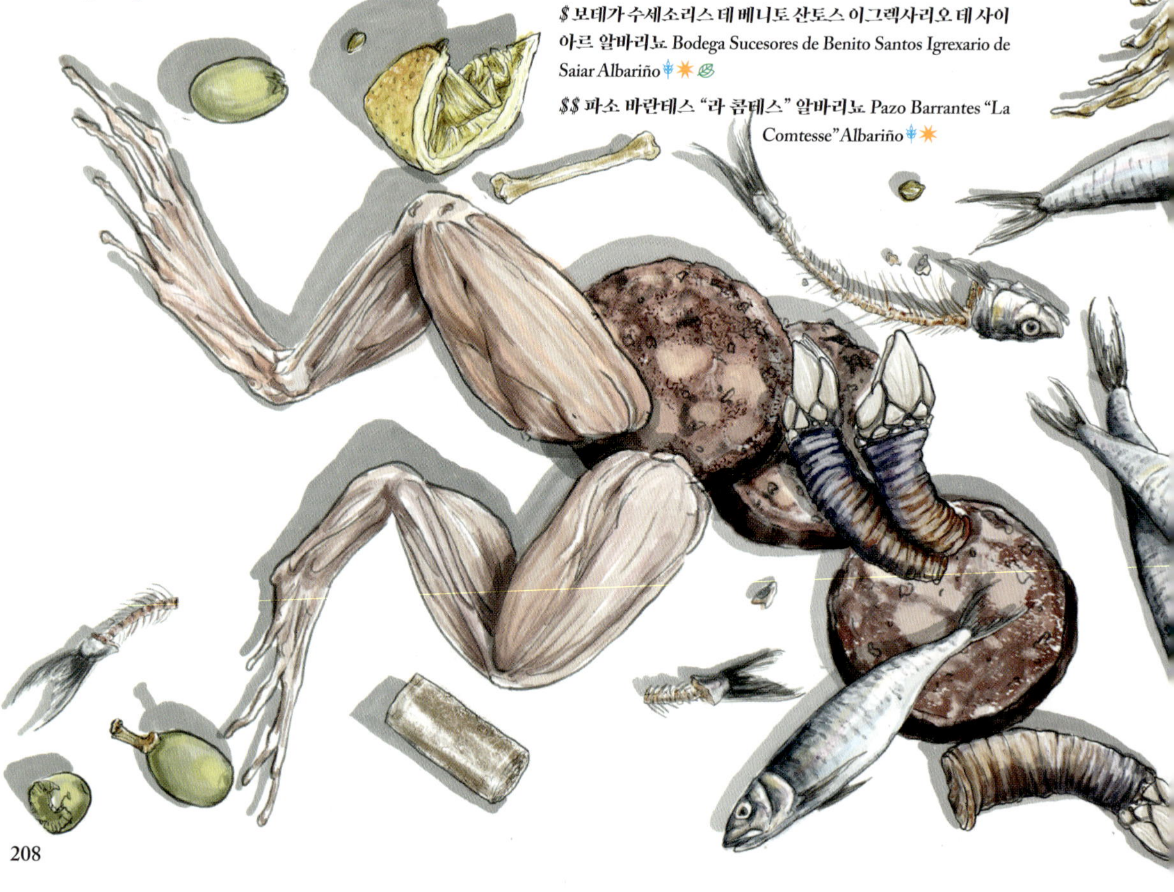

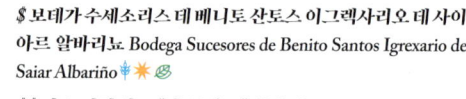

정어리
& 스페인 차콜리

서른이 되어서야 처음으로 정어리가 캔에 담겨 생선 토사물 냄새를 풍기는 역겨운 덩어리가 아니라는 사실을 깨닫게 되었다. 맛있는 정어리란 스페인 바스크 지방처럼 구워서 먹거나 스페인, 포르투갈, 이탈리아처럼 올리브유에 절여서 먹는 음식이다. 차콜리 Txakoli 는 스페인 북부와 바스크 지방에서 생산되는 와인으로, 신선한 레몬즙에 탄산수를 부은 뒤 새콤달콤한 과일 사탕을 녹여놓은 듯한 맛이 난다. 차콜리의 잔잔한 탄산과 톡 쏘는 풍미는 이 작고 크리미한 생선을 진주처럼 빛나게 한다.

$ 아메토이 차콜리나 Ameztoi Txakolina

$$ 아스토비자 "말코아" 챠콜리 데 알라바 Astobiza "Malkoa" Txakoli de Alava

블러드 푸딩
& 호크스 베이 쉬라

영국인과 아일랜드인들은 수 세기 동안 돼지 피로 만든 이 소시지를 즐겨 먹어왔지만, 블러드 푸딩의 뉴질랜드 버전인 부댕 누아 boudin noir 도 구세계 선조들만큼이나 훌륭하다. 그리고 뉴질랜드 호크스 베이에서 만드는 쉬라에서도 부댕 누아와 같이 올리브 타프나드 tapenade (올리브, 앤초비, 올리브 오일 등으로 만든 소스 - 옮긴이), 흑후추, 펜넬 풍미를 느낄 수 있다. 하지만 이 쉬라는 특유의 쾌활함으로 유명해 피가 가득한 이 음식을 좀 더 점잖게 즐길 수 있다. 뉴질랜드의 피가 흐르는 이 페어링은 마치 손가락 상처에 흐르는 피를 핥을 때처럼 기묘하게 원초적이면서도 만족스럽다.

$$ 테 마타 에스테이트 "불노즈" 쉬라 Te Mata Estate "Bullnose" Syrah

$$$ 크레기 레인지 "르 솔" 김블렛 그래블 빈야드 Craggy Range "Le Sol" Gimblett Gravels Vineyard

CHAPTER 15

경비 지출 내역서
준비 과정

파워 런치에 참석하는 여성들을 위한 페어링

내가 처음으로 가 봤던 정말 좋은 레스토랑은 르 버나딘이었다(나처럼 낙후된 지역에서 온 사람들을 위해 말하자면, 프랑스어답게 '버나다 아안'이라고 발음해야 한다).

그 당시 나는 20대 초반 풋내기였고, 미쉐린 스타 3개가 무슨 의미인지도 몰랐다. 시외에서 온 내 가족 같은 친구 스탠이 그 식당에서 아주 훌륭한 식사를 대접해 주었는데, 지금까지도 놀라운 기억은 한 직원이 내 포크를 가져간 뒤 다른 직원이 다음 코스에 사용할 숟가락을 가져다 준 것이다. 빵을 가져다 주는 직원, 물을 가져다주는 직원 다 달랐지만 그 중 누구도 주문을 받지 않았다. 직원들은 모두 검은색 옷을 입은 벌떼처럼 움직였고, 나는 화려한 분위기에 압도되어 혹시 실수라도 할까 마음졸였다. 그래서 일행을 따라 하며 비싼 가격에 놀라 음식을 많이 주문하지도 못했다. 고백하자면 식당을 나온 뒤에도 배가 고파 핫도그를 사 먹었다.

10년 뒤 르 버나딘에 다시 돌아온 내 상황은 25살의 나는 상상하지 못한 모습이었다. 나는 직속 상사인 세르지오와 프레드릭, 그리고 우리 모회사인 샹파뉴 루이 로드레 Champagne Louis Roederer 의 소유주 2명과 함께 특별한 점심을 먹고 있었다. 다음 날 밤 만찬 행사에서 크리스탈 샴페인의 중요한 빈티지와 페어링하기 위해 놀랄 만큼 맛있는 음식들을 아주

211

많이 테스트해야 하는 엄청난 임무가 있었기 때문이다. 음식이 나올 때마다 헤드 소믈리에가 어울릴 만한 특정 빈티지의 크리스탈 샴페인을 따라주었고, 우리는 한입 한입 모든 요소를 고려하며 맛본 뒤 의견을 공유했다. 그런 다음 현대 요리 업계에서 가장 훌륭한 셰프 중 한 명인 에릭 리퍼트 Eric Ripert에게 우리의 의견을 전했다. 에릭은 이것이 와인을 빛내는 데 필요한 일이라는 사실을 이해하며 우리의 의견을 받아들였다.

"이 요리에 곁들인 소스 맛이 너무 강한 것 같아요. 와인이 묻히네요."

"2008년 빈티지의 미네랄리티와 어울리려면 소금간이 더 필요할 것 같아요."

20대 초반과 지금의 삶이 얼마나 많이 달라졌는지를 생각하면 온몸에 소름이 돋을 지경이다. 지금 나는 훌륭한 동료들, 세계 최고 수준의 샴페인 회사 소유주들과 한 테이블에 앉아 있고, 심지어 돈을 받으면서 인생 최고의 음식을 먹고 미쉐린 3스타 셰프에게 조언을 해주고 있으니까.

내가 그렇게 우쭐하며 추억에 잠겨 있을 때, 별안간 일행 중 1명이 나를 팔꿈치로 나를 살짝 찌르며 말했다. "바 쪽을 보세요." 그는 말했다. 그곳에는 그 사람, 그 미친 분노조절 장애 와인 덕후가 있었다.

세월이 그리 친절하지 않았는지 내 예전 상사는 어둡고 지쳐 보였고, 어깨에 짐을 얹은 듯 축 처져 있었다. 게다가 그 사람은 얼굴을 반쯤 찡그리고 우리 테이블 방향을 노려보고 있었는데, 순간 그 불행한 모습에 쾌감을 느낄 수밖에 없었다. 그 짧은 순간, 그와 마주치며 느낀 그 우연한 행복의 순간, 내 과거의 짐은 모두 사라졌다. 크게 주변에 알릴 필요가 없는, 나만을 위한 순간이었다. 나는 그 사람을 봤다는 의미로 작게 고개를 끄덕인 뒤 내 앞에 놓인 성게 알과 크리스탈 샴페인에 다시 집중했다.

내가 만난 사람들은 대부분 고급 음식과 와인 페어링은 너무 어렵고 복잡하다거나 평범한 사람이 이해할 수 없을 것이라고 생각하는 것 같았다. 이제는 알게 되었겠지만, 이런 생각들은 그냥 근거 없는 두려움일 뿐이다. 지방과 산미는 기본적이면서도 늘 성공적인 대조적 풍미로 직관적으로 알 수 있는 조합이다. 이번 장에서는 파인 다이닝에 도전해 보고 싶은 사람을 위해 훌륭한 시작점이 되어줄 현대의 대표적인 명품 페어링을 소개하고자 한다. 이 중 일부는 뉴욕에서 만들어진 최고급 음식들이며, 모두 그와 딱 맞는 짝과 함께 현재를 초월해 음식 역사에 영원히 남을 작품들이다.

모모푸쿠 코 에그
& 센트럴 오타고 피노 누아

모모푸쿠 코Momofuku Ko는 셰프 데이비드 장David Chang이 운영하는 작은 오마카세 테마 식당이며, 예약이 거의 불가능할 정도로 인기가 많은 곳이다. 이곳의 시그니처 요리는 부드럽게 익힌 달걀에 기름지고 달콤한 양파 수비즈soubise(양파, 설탕, 생크림 등을 넣어 만든 소스 - 옮긴이), 향긋한 파슬리와 식초, 그 속에서 흘러나오는 캐비어, 바삭하게 튀긴 작은 감자칩이 어우러진 요리다. 이 요리는 그 끈적한 길을 걷는 모든 비평가의 내면에 숨은 바이런 경(영국의 시인 - 옮긴이)을 끌어낸다.

내가 시인은 아니지만, 센트럴 오타고의 피노 누아가 내 미각을 뒤흔들고 뺨을 전율하게 한다는 사실은 안다. 이 와인은 데이비드 장 셰프의 달걀 로미오에 딱 맞는 복합적이고 서글픈 줄리엣이다. 센트럴 오타고의 피노 누아는 훌륭한 신세계 레드와인으로 인정받았다. 영화 〈반지의 제왕〉의 촬영지인 뉴질랜드 외진 곳에서 만들어지는 이 와인들은 심지어 버건디의 왕좌에 도전하고 있다. 마치 이 세상이 아닌 듯한 이 지역은 남반구 저 아래 위도 45도, 그 훌륭한 칠레와 아르헨티나 와인이 만들어진 위도와 같은 곳에 자리 잡고 있다. 더 설명하자면, 지구를 반절로 접었을 때 북반구에서 위도 45도와 같은 지역이 바로 프랑스 보르도와 론 밸리, 이탈리아의 피에몬테이다. 모두 테루아로 유명한 와인 생산 지역이다.

이 호빗들의 피노 누아는 모모푸쿠의 달걀 요리에 있는 타임과 파슬리 향에 더해 산미, 잘 익은 자두 향, 흙 향, 스파이스가 있어 달걀노른자와 캐비어의 맛을 감싸 안아준다.

$ 마운트 디피컬티 "로어링 메그" 피노 누아 Mt. Difficulty "Roaring Meg" Pinot Noir ❋

$$ 번 코티지 빈야드 피노 누아 Burn Cottage Vineyard Pinot Noir ☀❋

$$$ 펠튼 로드 "블록 파이브" 피노 누아, 배녹번 Felton Road "Block 5" Pinot Noir, Bannockburn ☀❋

까르보네 스파이시 리가토니
보드카 & 키안티 클라시코

리치 토리시Rich Torrisi 셰프와 마리오 까르보네Mario Carbone 셰프의 붉은 소스는 구식으로 여겨졌던 이탈리안 아메리칸 음식을 파인 다이닝의 영역으로 끌어올렸다. 현재 까르보네 셰프는 엄청난 팬을 거느리고 있고, 식당을 찾는 고객들의 그 어느 때보다 많으며 예약은 포기해야 한다. 좁은 복도, 붉은 벨벳, 움푹 들어가 안락한 벽면으로 꾸며져 나쁜 짓을 하기 딱 좋은 이곳은 마치 랫 팩Rat Pack(1950~60년대에 나온 말로, 험프리 보가트를 중심으로 한 배우들의 총칭 - 옮긴이) 시대에서 튀어나온 것처럼 보인다(실제로 이 식당이 들어오기 전에 있던 가게에는 배우 시나트라Sinatra가 자주 왔으며, 두 셰프는 존경의 의미로 원래 식당의 간판을 떼지 않고 있다). 보타이를 맨 파트장들은 마치 영화 〈좋은 친구들〉처럼 거의 한 편의 공연을 보는 듯하며, 이들이 입은 옷들은 무려 유명 디자이너 잭 포즌Zac Posen의 작품이다.

이 레스토랑이 처음 열었을 때 나는 와인 판매원이었고, 운이 좋게도 근무 시간에 이곳에 앉아 리스트에 있는 뛰어난 키안티 클라시코 와인들을 1잔씩 맛볼 수 있었다. 키안티는 누구나 좋아하고, 산지오베제는 파스타를 위해 만들어진 와인이다. 하지만 직접 보기 전에는 이곳에서 얼마나 많은 키안티 와인이 판매되는지 알지 못했고, 대부분은 스파이시 리가토니 보드카Spicy Rigatoni Vodka와 곁들여졌다. 거의 신격화된 까르보네의 보드카 소스는 말리부 오렌지보다 분홍색이 약간 덜하며, 치즈풍미를 물씬 풍긴다. 키안티와 함께 먹으면 향과 향이 만나고, 지방과 산이 만나고, 붉은 소스가 붉은 과일 향과 만나며, 그 건방진 매력이 뻔뻔한 매력과 만난다.

현재 토스카나 중부의 키안티 아펠라시옹에서는 너무 많은 와인이 만들어지고 있어 수요에 맞추기 위해 지역 경계를 몇 번이나 확장해야 했다. 하지만 라벨에 '클라시코classico'라는 말이 명시되어 있다면 이 와인은 산지오베제를 기반으로 레드와인을 만들던 원래 지역에서 제조된 것이며, 품질은 전혀 걱정하지 않아도 된다. 키안티는 한 와인이 얼마나 흥미로울 수 있는지에 대한 내 의견을 처음으로 바꿔놓은 와인이다. 그때 마신 와인은 라벨이 너무 닳아서 제조사를 알아볼 수는 없었지만, 빈티지가 1955년이라는 것은 알 수 있었다. 그리고 한 모금 마셨을 때, 우리 모두 경외에 차 말을 잃었다. 스파이시 리가토니 보드카를 처음 맛봤을 때도 이런 반응이었다. 내가 키안티를 바라보듯 당신을 애틋하게 바라보는 데이트 상대를 찾아 그 사람이 당신을 카르보네에 데려가게 만들자.

$ 몬테 베르나르디 키안티 클라시코 리제르바 Monte Bernardi Chianti Classico Riserva ☀ ☀

$$ 쿼르치아벨라 키안티 클라시코 Querciabella Chianti Classico ☀ ☀ ☀

$$$ 몬테라포니 키안티 클라시코 리제르바 "일 캄피텔로" Monteraponi Chianti Classico Riserva "il Campitello" ☀ ☀

다니엘 프레스드 덕
& 코르나스

먼저 짚고 넘어가자. '다-넬'이라고 읽어야 한다. 음식 업계에서 너무 유명해진 성이어서 프랑스식으로 발음만 해주면 이름을 말할 필요도 없다. 1993년에 본점을 연 셰프 다니엘 블루드Daniel Boulud일 것이 당연하기 때문이다. 만약 임산부와 남편이 그곳에서 식사를 하면, 이곳 직원들은 식사가 끝날 때쯤 '다니엘에서 식사했음'이라는 문구가 적힌 아이 옷을 들고나온다. 이 미드타운의 중심은 이 정도로 세심하며, 늘 새것 같은 잔으로 환대받고, 격식 차린 옷차림으로 가야 하는 식당이다.

오래도록 다니엘의 소믈리에로 일했고, 현재는 사설 컨설턴트로 일하고 있는 라즈 바이디야Raj Vaidya는 내가 와인 업계에서 가장 우러러보는 사람이다. 늘 공정하고 인자한 사람이며, 심지어 내가 자신이 절대 사지 않을 와인을 판매하려 할 때도 성공하기 위해 수치심을 팔아만 하는 것은 아니라는 사실을 처음 보여준 와인 계의 거물이었다. 다니엘에서 바이디야는 파인 다이닝 업계에서 가장 권위 있는 와인 리스트를 관리하고 있으며, 페어링 솜씨는 전설적이다.

다니엘에서 판매되는 클래식한 페어링 중 바이디야가 가장 좋아하는 것 중 하나는 북부 론의 레드와인인 코르나스Cornas다. "'피 묻은 오리'라는 이름의 우리 요리와 아주 잘 어울려요." 바이디야는 이렇게 말했다. 이 요리는 다니엘에서 오래도록 사랑받아온 육즙 많은 오리 요리로, 바이스로 고기를 눌러 나온 피를 소스에 넣어 조리하는 아주 오래된 방법으로 만든다. "순수한 쉬라의 감칠맛과 철분 가득한 풍미는 오리고기의 풍미와 균형을 이루는 중요한 요소가 됩니다."

코르나스는 쉬라를 기반으로 와인을 만드는 아펠라시옹이며, 북쪽에 있는 유명한 이웃인 에르미타주Hermitage와 코트 로티Côte-Rôtie의 그늘에 가려 빛을 보지 못하는 곳이다. 하지만 이곳의 와인은 이들 중 가장 묵직하고, 거칠고, 타닌이 강하다. 이를 물들일 정도로 타닌이 강하고, 아이리스 색을 띠며, 마법 같은 블랙베리, 석탄, 훈연한 흑후추의 향은 이 와인에 있는 올리브 타프나드와 감초 풍미만큼이나 뚜렷하다. 지금 이 와인들은 인지도 높은 옆 동네 친구들만큼 비싸지는 않으며, 부디 이대로 가격이 유지되기를 바란다. 코르나스나 더 호화로운 북부 론 아펠라시옹의 와인을 대체하고 싶다면 쉬라보다 그르나슈를 더 많이 사용하는 코트 뒤 론을 찾아보자.

$ 프랑크 발타자르 코트 뒤 론 Franck Balthazar Côtes du Rhône ☀ ☀ ☀ ☀

$$ 도멘 알랭 보주 코르나스 "레 샤이에" Domaine Alain Voge Cornas "Les Chailles" ☀ ☀ ☀

$$$ 도멘 오귀스트 클래프 코르나스 Domaine Auguste Clape Cornas ☀ ☀ ☀ ☀

일레븐 메디슨 파크 당근 타르타르
& 에르미타주 블랑

미식가들에게 EMP로 알려진 일레븐 메디슨 파크Eleven Madison Park는 맨해튼 플랫아이언 지구에서 역사의 몇 장을 지나왔다. 1998년, 이곳은 식당 경영자 대니 메이어에 의해 처음 문을 열었고, 2011년에는 이 식당의 두 주인공인 셰프 다니엘 흄과 운영 책임자 윌 귀다라가 이곳을 매입했다. 이후에는 흄이 귀다라를 몰아내고 이 식당을 차지한다. EMP는 현재 뉴욕의 농업과 프랑스의 요리 전통 및 기술에 영감을 받은 미친 듯이 비싼 멀티 코스 테이스팅 메뉴 1가지만 제공하고 있다. 이곳은 세계 최고의 레스토랑으로 불리고 있으며, 수년 동안 미쉐린 스타 3개를 받았다. 메뉴가 자주 바뀌기 때문에 EMP를 오래도록 사랑받게 해준 메뉴 11개를 다시 선보이는 회고전에 몇 년 전 참석할 수 있었던 것은 정말 큰 행운이었다. 가장 훌륭한 메뉴 중 하나는 이 레스토랑 역사상 가장 혁신적이고 상징적인 음식으로 남아 있는 당근 타르타르다.

이 요리는 당근을 미트 그라인더에 갈아 접시에 담고, 다른 여러 음식을 아주 작은 그릇에 담아 함께 낸다. 이 작은 그릇에는 절인 생강, 절인 메추리알 노른자, 훈연 블루 피시, 애플 머스터드, 차이브, 갓꽃, 절인 사과, 바다 소금, 머스터드 오일, 향신료를 곁들인 당근 비네그레트 소스가 들어 있다. 웬만한 와인은 상대하기 어려운 조합이다.

하지만 에르미타주 블랑은 이 모든 것들을 상대할 수 있다. 북부 론에 있는 작디작은 아펠라시옹인 이 지역은 원래 레드와인으로 유명하지만, 마르산느와 루산이라고 불리는 포도로 아주 소량 생산하는 소중한 화이트 와인이 있다. 오일리함, 크리미함, 짭짤함까지 질감이 이리저리 바뀌어 불안정하며, 어마어마한 영약처럼 농축되어 미드 팔레트에 가라테 찹을 날리는 듯한 감각을 선사한다(좋은 쪽으로). 당근 타르타르의 단맛, 과일 향이 사이드 디쉬의 선명하고, 쌉쌀하고, 이따금 거칠기까지 한 맛들을 우습게 상대하는 것처럼, 이 풀바디 화이트 와인 안에는 서로 다른 풍미가 같은 비중으로 어우러진다. 모과와 벌집부터 캐모마일과 바닐라 향까지, 이 와인에는 당근 타르타르와 사이드 디쉬들을 상대할 모든 풍미 조합이 들어 있다. 그리고 단지 당근 타르타르만을 위해 에르미타주 블랑을 사며 거금을 지불할 필요는 없다. 집에서 만들 수 있는 그 어떤 생 채소 요리에도 어울릴 와인이니, 도전하기만 하면 된다.

만약 EMP와 에르미타주 와인을 경험하기에는 지갑 사정이 걱정된다면, 크로즈 에르미타주Crozes-Hermitage를 대신 시도해 보자. 에르미타주를 둘러싼 아펠라시옹이자 유명한 지역들과 같은 포도로 매일 마실 수 있는 가성비 좋은 와인을 만든다.

$$ 이기갈 크로즈 에르미타주 블랑 E. Guigal Crozes-Hermitage Blanc ❋ ✷ ☘
$$$ 들라스 프레르 에르미타주 "도멘 데 투레트" 블랑 Delas Frères Hermitage "Domaine des Tourettes" Blanc ❋ ✷ ❂
$$$ 도멘 장-루이 샤브 에르미타주 블랑 Domaine Jean-Louis Chave Hermitage Blanc ❂ 🏅 ✷

르 버나딘 파운디드 튜나
& 쥐라 트루소

르 버나딘은 세상에 하나뿐인 곳이다. 1972년 파리에서 문을 열어 1986년 뉴욕으로 옮겨온 이곳은 이렇게 좋은 레스토랑 중에서는 드물게 역사가 아주 길다. 삶의 방식과 사람을 대하는 태도에 있어 전 세계적으로 존경받고 사랑받는 천재 셰프와 셰프 못지않게 사려 깊고 재능 있는 알도 솜 Aldo Sohm (뉴욕의 유명한 와인 바-옮긴이)의 셰프 소믈리에가 있는 르 버나딘의 서비스와 최고급 요리는, 진정성 있는 태도나 배려심과 만나 그 어디와도 비교할 수 없는 경험을 선사한다. 그 모든 표창장과 미쉐린 스타를 뒤로하더라도 이 기나긴 역사가 그 명성을 증명해 준다.

이곳의 중심은 언제나 해산물이었고, 메뉴들이 끊임없이 바뀌는 와중에도 그 자리를 유지하는 동시에 그 어떤 요리보다 높은 판매량을 자랑하는 주인공이 바로 파운디드 튜나 pounded tuna (직역하면 잘게 다진 참치 요리 – 옮긴이)다. 구운 바게트 위에 푸아그라를 올리고 입자가 보이지 않을 정도로 잘게 다진 황다랑어를 얇게 덮은 뒤 차이브로 장식한 요리는 프랑스 사람이 아니라면 생각해 낼 수 없었을 것이다. 더불어 이 요리와 곁들여지는 올리브오일은 우리가 경험할 수 있는 최상의 맛을 선사한다.

이 교묘하게 단순한 조합은 소박함과 화려함 사이를 아슬아슬하게 오가는데, 라이트 바디에 짜릿한 레드 체리 풍미가 있는 트루소 Trousseau는 바로 이 지점에 자리 잡는다. 쥐라 Jura는 프랑스 동부에 있으며, 버건디의 언덕들과 스위스 사이에 끼어 있는 곳이다. 가성비 좋은 힙스터 버전 버건디 와인들을 생산하기 때문에 이제 막 발을 들인 와인 애호가라면 반드시 접하게 되는 지역이다. 이곳은 피노 누아와 샤르도네를 만들며, 사바냥 Savignan과 풀사르 Poulsard라는 낯선 포도로 만드는 당황스러울 만큼 훌륭한 와인들도 있다. 하지만 그중에서도 논란의 여지 없이 가장 유명한 와인은 바로 르 버나딘의 참치 요리에 소리 없이 스며들어 엄청난 존재감을 과시하는 트루소다. 석회질 토양에서 만들어지는 쥐라의 트루소 와인은 풍미가 깔끔하고 연약하지만, 부족한 무게감은 라즈베리같이 싱그러운 붉은 과일 향, 떠나갈 듯 울리는 타닌, 중심을 잡는 얼얼한 질감으로 채워지며, 쉽게 부서지는 산미는 참치의 금속 같은 풍미와 푸아그라의 육즙을 티 없이 깔끔한 보석 상자로 만들어준다. 차이브와 허브 향이 희미해지며 와인의 과일 향, 참치의 풍미가 입안을 가득 채우고 푸아그라가 살짝 얼굴을 내미는 순간, 트루소의 산미가 나타나 입안을 다시 가볍게 만들어준다.

$ 도멘 홀레 페흐 에 피스 아르부아 트루소 Domaine Rolet Père et Fils Arbois Trousseau ❂ ✷
$$ 장 프랑수아 갸느바 코트 뒤 쥐라 "플랭 쉬드" 트루소 Jean-Francois Ganevat Côtes du Jura "Plein Sud" Trousseau ❂ 🌀
$$$ 자크 퓌프네 아르부아 트루소 Jacques Puffeney Arbois Trousseau ❂ 🏅 ✷

아쿠아비트 아틱 버드 네스트
& 키프로스 코만다리아

아쿠아비트Aquavit는 1987년 처음 문을 연 뒤 여러 곳으로 옮겨 다니며 재오픈을 반복했지만, 버드 네스트만은 그대로 유지하고 있다. 아마 당신이 만나본 중 가장 말도 안 되고 아름다운 디저트일 것이다. 이렇게 정교한 디저트는 당연히 하루아침에 만들어지지 않았으며, 지금의 형태로 자리 잡기까지 수십 년이 걸렸다. 현재 레시피에는 온갖 맛있는 재료들이 포함되어 있고, 방법은 다음과 같이 엄청나게 복잡하다.

1. 꿀이 들어간 튀일tuile (얇은 구움 과자의 일종 - 옮긴이)로 둥지를 만들기 위해 쿠키 반죽을 펴서 굽는다.
2. 녹인 초콜릿을 관을 통해 얼음물에 담그는 방법으로 모양을 만들어 둥지의 나뭇가지를 표현한다.
3. 브라우니를 잘게 부숴 흙을 표현한다.
4. 깨를 넣어 만든 아주 달콤한 디저트 할바halvah를 잘게 부순 뒤 솜사탕으로 감싸 깃털처럼 디저트 맨 위에 올린다.
5. 액화 질소로 얼린 라즈베리를 뿌려 장식한다.
6. 화이트초콜릿으로 만든 달걀 껍데기와 산자나무sea buckthorn 열매로 만든 노른자로 알을 만들어 얹는다.

키프로스의 와인들도 바로 이 디저트처럼 다양한 층을 자랑하며, 지구력은 심지어 이 레스토랑보다 더욱 강력하다. 이들은 현재 상업적으로 판매되는 것 중 가장 역사 깊은 전설적인 와인들이다. 그리고 지중해 동쪽에 있는 이 작은 섬에서 생산되는 코만다리아Commandaria는 그중에서도 가장 최초에 만들어진 와인일 것으로 추정된다. 십자군 전쟁이 벌어졌던 중세, 사자왕 리처드가 이 지역을 정복한 후 템플 기사단Knights Templar에 팔면서 코만다리아라는 이름을 얻게 되었다. 물론 이 와인들은 그보다 훨씬 오래전부터 만들어지고 있었지만.

코만다리아는 토착 품종이자 고대 품종인 검은 포도 마브로Mavro와 백포도 시니스테리Xynisteri로 만들어진다. 트로도스산Troödos Mountains 남쪽 경사면의 화산 토양에서 재배되며, 현재 14개의 마을에서 코만다리아를 생산하고 있다. 아주 잘 무르익었을 때 포도를 수확하기 때문에 당분이 매우 풍부하고, 1~2주일 정도 햇볕에 말려 당분을 더 끌어 올린 다음 2~3개월 정도 발효 과정을 거친다. 그다음에는 대개 포도 증류주로 강화한 후 오크 통에 담아 최소 4년 동안 숙성한다. 이렇게 하면 색이 짙고 설탕처럼 달콤한 데다 말린 시트러스 과일과 에스프레소 풍미가 있어 자연스럽게 케이크와 아쿠아비트의 버드 네스트를 떠오르게 하는 와인이 만들어진다.

$$ 케오 세인트 존 코만다리아 Keo St.John Commandaria ✺
$$ 치아카스 코만다리아 Tsiakkas Commandaria ✺✺🌿

217

CHAPTER 16

서프 앤드 터프

고급 스테이크와 해산물

몬탁 서프 롯지 Montauk Surf Lodge는 인스타그램 세대를 위한 해변 클럽 겸 식당으로,

50센트와 하이파이브를 할 수 있는 곳이자 로제 와인을 마시며 해시태그에만 존재하던 부자들과 햄프턴 판타지를 실제로 경험할 수 있는 곳이다. 이 모든 것을 운영하는 사람은 제이마라고 불리는 신비로운 인물이다(이곳 몬탁에서는 성을 부를 필요도 없는 유명인사다. 프린스나 셰어처럼). 그래서 몇 년 전 제이마가 내게 연락해 이곳의 와인 리스트를 부탁했을 때, 나는 제대로 전화를 건 것이 맞는지 다시 한 번 확인한 후에 앞뒤 잴 것 없이 바로 승낙했다. 그 후 서프 롯지는 최고급 와인 판매량이 전례 없이 치솟은 최고의 한 해를 보내게 되었고, 제이마는 공휴일이나 주말 열리는 파티에 나를 게스트 소믈리에로 초대해 주었다.

파티에 참석한 나는 이곳저곳을 왔다 갔다 하며 명품을 두른 유명인들에게 최고급 버건디를 따라 주고, 저스틴 비버와 크루들에게 상세르를 따라 주었다(이 사람들은 엄청 친절했다). 그리고 나도 모르는 사이 햄프턴에 있는 고급 식당들의 와인 리스트를 맡게 되었는데, 그중에는 이곳의 경쟁자이자 또 다른 지역 유명인사인 야니스가 운영하는 몬탁 비치 하우스도 있었다. 어느 순간, 나는 이 지역에서 새로운 사람들을 만나며 무언가 달라졌다는 것을 느꼈고, 사람들은 내게 이렇게 인사했다. "아, 당신이 그 와인 담당자군요?"

2년 전, 해변의 시크한 스테이크 하우스를 컨셉으로 한 새 레스토랑 프로젝트와 그곳에서 열리는 친숙하고 사적인 음악 공연 행사의 매니징 파트너를 맡았을 때, 몬탁의 영향력은 예전보다 더 커져 있었다. 우리는 몬탁의 포르 호수가 보이는 아주 특별한 곳을 찾아냈다. 평생 잊지 못할 노을을 볼 수 있는 곳이었고, 내 일은 이 풍경과 장소에 생기를 불어넣는 것이었다. 그때까지는 거의 1년을 쏟아부어 롱아일랜드의 동쪽 끝으로 이사한 뒤 거대한 상가 건물에 어떻게 방한 장치를 하는지를 배운 게 다였지만, 이 건물의 화재 진압 장치는 주위에 아무도 없는 2월의 추운 한밤중에 별안간 꺼져버렸고, 건물 전체에 홍수가 일어날 위험에 처하기도 했으며, 수리를 시작하기도 전에 모든 것이 호수로 빠져버릴 뻔하기도 했다.

'세상의 끝'이라고 불리는 동네에서 사업을 시작했으니 여러 문제가 생길 수밖에 없지만, 그래도 우리는 언젠가 물 위에 떠 있는 매버릭스 Mavericks라는 이름의 아름다운 레스토랑을 오픈할 수 있을 거라 믿는다. 그리고 이 긴 여정을 통과하는 동안 나는 그 어느 때보다도 붉은색 육류에 대해 잘 알게 되었다. 또, 몬탁에 살면서 해산물에 관한 감각이 죠스보다 날카로워지기도 했다.

해변 지역에서 해산물과 육류를 페어링할 때 느낄 수 있는 즐거움 중 하나는 복잡하게 생각하지 않아도 된다는 것이다. 해산물들은 단순한 요리법으로 먹도록 만들어진 생물들이니 곁들이는 와인도 마찬가지로 신선하고 편안해야 하며, 여기에 산뜻한 여름 과일 향이나 바닷바람이 연상되는 소금기가 있으면 더욱 좋다. 육류 페어링노 이에 못지않게 쉽다. 그냥 나파 까베르네 소비뇽과 어울리지 않는 스테이크는 없다는 것만 알아두면 된다.

Surf

서프 / 해산물

랍스터 롤
& 방돌 로제

찐 해산물과 비뉴 베르데(222쪽 참조)의 조합이 간단함과 간단함의 조화라면, 랍스터 롤과 방돌Bandol은 현란함과 화려함의 만남이다. 여름날(사실 아무 때나) 와인 잔에 따라 주는 분홍빛 방돌과 따뜻하고 버터 향 가득한 랍스터 롤만큼 자극적인 조합이 또 있을까? 방돌은 주위를 둘러싼 더 크고 유명한 아펠라시옹 코트 드 프로방스와 구분되어 불리는데, 그만큼 이곳의 와인이 확연히 독특해서다(확연히 비싸기도 하다). 이곳의 와인이 다른 프랑스 드라이 핑크 와인과 다른 점은 무르베드르라는 품종을 사용해 풀바디에 짙은 색을 내면서도 생기 있는 흙 향과 함께 아니스 씨앗부터 펜넬까지 강렬한 허브 향을 자랑한다는 것이다. 보통의 로제 와인과는 다르게 숙성이 가능하다는 점도 높게 평가되며, 대개 1~2년 정도 숙성해야 완벽한 상태가 되기 때문에 로제 와인이라는 범주에서 아주 희귀한 케이스다. 이 지역에서는 방돌 루즈Bandol Rouge, 방돌 블랑Bandol Blanc이라고 불리는 레드와 화이트와인도 생산하며, 이중 최고급 와인들은 서쪽에 있는 이웃 보르도만큼이나 숙성 가치가 충분하다. 하지만 갑각류 샌드위치와 곁들일 주인공을 찾는다면, 핑크를 선택하자.

알다시피 해수욕 시즌이 끝나가는데도 랍스터 롤을 못 먹었다면, 그해 여름은 실패한 것이다. 하지만 그 실패를 만회할 시간은 충분하다. 제대로 먹으려면 살짝 구워 밖은 바삭하고 속은 촉촉한 포테이토 번에 버터를 바른 따뜻하고 신선한 랍스터를 올려야 한다. 방돌 로제에는 그 어떤 소금기도 사로잡을 강렬함과 더불어 부드러운 풍미와 탄력 있는 질감을 감싸 안는 섬세함이 있지만, 랍스터 롤과 만나 엄청난 맛을 내는 핵심은 멋진 향신료 향과 중심을 잡아주는 섬세한 열대 과일 향이다.

$ 도멘 라 수프헨 방돌 로제 Domaine La Suffrene Bandol Rosé ☀

$$ 도멘 오프 "샤토 로마상" 방돌 로제 Domaines Ott "Château Romassan" Bandol Rosé ☀ ☀ ❄

크리스피 소프트 셸 크랩
& 에트나 로쏘

시칠리아의 포도원들은 에트나산의 그늘이 드리운 곳에 자리 잡고 있다. 에트나산은 전 세계에서 화산 활동이 가장 활발한 활화산이며, 이때 만들어지는 화산재는 이 지역 와인의 특징인 연기 냄새를 만들어낸다. 시칠리아에 있는 와인 제조자들은 매년 목숨 걸고 와인을 만드는 셈이지만 이 와인들을 향한 국제적 관심이 높아지다 못해 집착으로 변하면서, 점점 많은 제조자가 화산 위쪽으로 올라가며 녹은 용암의 흔적을 따라 부식토가 풍부한 검은 흙에 포도 재배를 시험해 보고 있다.

이곳의 레드와인에 주로 사용되는 포도는 네렐로 마스칼레제Nerello Mascalese이며, 에트나산이 만들어내는 미세 기후가 매우 다양하기 때문에 완성되는 스타일도 다양하다. 하지만 내가 생각하는 가장 큰 장점은 가벼움과 강렬하게 농축된 풍미를 한 번에 느낄 수 있다는 것이다. 색은 반투명한 피노 누아처럼 옅지만, 마시자마자 마른 빵을 한 움큼 먹은 듯 타닌이 훅 들어오고, 그 뒤를 따라 그 어떤 적포도에서도 느낄 수 없는 연기 향 머금은 뚜렷한 체리 풍미가 느껴진다. 이렇게 강렬한 과일 향과 타닌은 마그마처럼 게를 감싼 튀김 옷과 부드러운 껍데기로 녹아 들어가며, 화산을 만난 게 요리는 모든 비치 파티를 무릎 꿇게 한다.

$ 레 비녜 디 엘리 에트나 로쏘 Le Vigne di Eli Etna Rosso ☀ 🌿

$$ 로비텔로 에트나 로쏘 Rovittello Etna Rosso ❄ ☀ 🌿 ☀

$$$ 칼데라라 소타나 "프리필록세라", 테누타 델레 테레 네레 Calderara Sottana "Prephylloxera," Tenuta delle Terre Nere ☀ ☀ 🌿

클램 베이크
& 조지안 르카치텔리

르카치텔리Rkatsiteli는 세계에서 가장 오래된 포도 품종이자 최초로 와인을 만들어낸 곳으로 추정되는 나라에서 아직도 재배되는 품종이기도 하다(조지아의 최초 와인 생산 기록은 8천 년 전까지 거슬러 올라간다). 게다가 깊은 사명감을 가지고 대개 '오렌지 와인'으로 만들어지는 이 품종을 알리려고 노력하는 새로운 소믈리에 세대들도 있다. 스킨 컨택트(27쪽 참조)라고도 불리는 오렌지 와인은 화이트와인에 껍질을 오래 두는 방법으로 만든다. 적포도가 아니라 백포도이기 때문에 와인의 색은 회색부터 네온 빛 당근색까지 다양하며, 산소에 더 많이 노출될수록 색이 짙어진다.

이렇게 만들어진 와인은 타닌이 레드처럼 쏩쓸하지 않고 섬세하면서도 화이트에서 보기 드문 대담함과 향긋함을 선사한다. 바로 이 때문에 르카치텔리와 같은 스킨 컨택트 와인이 조개, 감자, 옥수수, 버터를 함께 찐 요리와 아주 잘 어울리는 것이다. 클램 베이크가 바보 같은 턱받이나 양념으로 엉망이 된 손가락으로 모든 사람을 평등하게 만드는 것처럼, 조지아 르카치텔리의 야생화 풍미, 적당한 산미, 옅은 볏짚 색은 모든 재료의 겉치레를 걷어낸다.

$ 도 레 미 르카치텔리/카쿠리 므츠배네, 카르틀리 Do-Re-Mi Rkatsiteli/Kakhuri Mtsvane, Kartli Region 🌸☀️🌿

스티머스
& 비뉴 베르데

비뉴 베르데Vinho Verde는 숙성되지 않았다는 의미로 '그린 와인green wine'이라고 번역되며, 프로방스의 로제와 매우 비슷한 방법으로 와인을 만드는 포르투갈 북부 미뉴Minho 지역에서 생산된다. 이곳의 와인은 발효한 뒤에 그대로 병입되어 그다음 해에 바로 마실 수 있도록 만들어지며, 알코올 도수도 10~11도로 높지 않아 더운 날씨에 아주 적합하다. 새콤한 레모네이드에 탄산을 아주 약간 넣은 다음 과일 향을 살짝 더한 듯한 풍미를 느낄 수 있어 해변에서 먹는 가벼운 한 끼에 산뜻하게 어울리는 와인이다.

요리에 사용한 육수 그대로 스티머스steamers(해산물 찜과 유사한 요리 - 옮긴이)를 내고, 찍어 먹을 소스로 녹인

버터를 곁들여보자. 부드러운 탄산과 소금기가 있는 비뉴 베르데는 찐 조개의 맛이 입안에서 폭발하게 만들 도화선에 불을 붙일 것이다. 이 와인은 바다가 경쾌하고 지나치게 복합적이지 않아서 삼키고 난 뒤에도 불꽃놀이가 지나치게 길어지지 않는다.

$ 까잘 가르시아 브랑코 비뉴 베르데 Casal Garcia Branco Vinho Verde

$$ 주앙 포르투갈 라모스 알바리뇨 비뉴 베르데 João Portugal Ramos Alvarinho Vinho Verde ❋ ❋

생선 타코
& 라 리오하 아르헨티나 토론테스

스페인 북부에 있는 리오하와 헷갈리지 말자. 라 리오하 La Rioja는 아르헨티나 멘도자 북부에 있으며, 대부분의 와인 생산 지역보다 적도에 가까운 아펠라시옹이다. 이곳은 1,500년대 아르헨티나에 이민온 스페인 사람들이 자신들의 고향을 그리워하며 이름 붙였지만, 현재 스페인 사람들은 이 오마주를 딱히 반가워하지 않는다. 2011년에는 심지어 이름을 바꾸라고 소송까지 걸었지만, 결국 재판에서 패소했다. 그러니 여기 소개할 와인은 아르헨티나의 리오하가 맞고, 논쟁의 여지 없이 해변에 들고 가야 할 와인 리스트 최상위권에 올라야 한다. 라 리오하의 낮은 위도는 높은 고도로 상쇄되는데, 낮 기온이 높고 뜨거운 반면 저녁에는 시원한 바람이 불어 서늘하기 때문이다. 이런 기후에서 만들어지는 품질 좋은 와인은 풍족한 질감과 함께 감각의 과부하에서 우리의 미각을 구해주는 풍부한 소금기를 자랑한다.

토론테스 Torrontés는 아주 자극적인 와인이기 때문에 향만으로도 취할 것 같은 기분이 든다. 코를 대면 잘 익은 멜론과 과즙 많은 레몬에 오래 절여둔 듯한 장미향이 그대로 전해진다. 게다가 극도로 드라이하며, 부족한 산미를 채워주는 기름 같은 질감은 깔끔하게 구운 생선과 특히 잘 어울린다. 생선 타코와 곁들이면 라 리오하는 한입 한입을 꼼꼼히 감싸 뱃속까지 행복하게 안내할 것이다.

$ 피르카스 네그라스 토론테스 파마티나 Pircas Negras Torrontés Famatina ☀

피시 앤드 칩스
& 영국 스파클링 와인

포트에서 보르도에 이르기까지 영국은 오래전부터 다른 나라의 와인을 들여와 유행시켰지만, 정작 영국 와인이 유명해진 적은 없다. 하지만 현재 영국은 와인 세계에서 빠르게 떠오르고 있다. 이에 가장 큰 영향을 미친 요소는 기후변화인데, 남부에 있는 서섹스 같은 지역이 와인 생산에 적합한 기후로 바뀌었기 때문이다. 영국 남부 와인 생산 지역은 포도 재배 마지노선이라고 불리는 북위 50도에 걸친 곳들이 많지만, 따뜻해진 기온이 이 공식을 바꿔놓았다. 또 중요한 점은 영국 남부가 최초 대륙인 판게아 시기에

프랑스와 같은 지각판에 있었다는 사실이다. 그래서 운 좋게도 우리가 그렇게나 귀하게 여기는 샹파뉴의 독특한 백악질 토양이 서섹스에도 존재한다. 이곳의 와인도 전통 방식으로 생산되며, 샹파뉴와 똑같이 피노 누아, 피노 뫼니에르, 샤르도네를 사용한다. 비록 영국의 스파클링 와인이 얼마나 숙성 가능한지는 아직 판단이 내려지지 않았고, 와인 생산 역사도 아직 그리 길지 않으며, 이곳에 자리 잡은 샴페인 하우스들이 아직 상업적으로 와인을 판매하고 있지는 않지만, 가장 처음으로 병입된 와인들은 품질과 맛에서 아주 큰 잠재력을 보여주고 있다. 곧 영국도 스파클링 와인으로 유명해질지 모른다.

피시 앤드 칩스는 영국을 상징하며 영국과 거의 동의어로 사용되어온 수출용 음식이다. 황금빛 튀김옷을 입은 이 상품은 전 세계 모든 펍, 식당, 해변을 이미 오래전에 점령했다. 그러니 이 바삭한 국민 음식이 자가분해 방식으로 만든 영국 스파클링 와인과 함께 왕족 결혼식에 등장하는 것도 놀랄 일이 아니다. 서섹스의 스파클링 와인이 지닌 소금기는 반짝이는 산미만큼이나 뚜렷하며, 이런 요소들이 튀긴 대구와 감자를 함께 먹는 이 요리에 정확히 필요한 것이다. 이 와인은 타르타르 소스, 케첩, 식초와도 기막히게 어울린다.

$$ 위스턴 에스테이트 블랑 드 블랑 MV, 서섹스 Wiston Estate Blanc de Blancs MV, Sussex 🌱☀️

$$$ 나이팀버 "틸링턴" 싱글 빈야드 스파클링, 서섹스 Nyetimber "Tillington" Single Vineyard Sparkling, Sussex 🌱☀️🍃

스모어
& 레치오토 델라 발폴리첼라

캠프파이어에서 와인을 자주 떠올리지는 않지만, 운 좋게도 어느 여름날 모닥불에 지글거리는 스모어 s'mores를 더욱 맛있게 즐기게 해줄 와인이 있다. 발폴리첼라는 이탈리아 북부 베네치아에 있는 아펠라시옹이다. 풍부하고 묵직한 레드와인으로 유명하지만, 이 DOC를 더욱 특별하게 해주는 것은 레치오토 델라 발폴리첼라 Recioto della Valpolicella와 같은 달콤한 레드 디저트 와인이다. 달콤한 레드와인을 만드는 것이 어려운 이유는 강렬한 산미, 씁쓸한 타닌, 높은 알코올 도수, 밀도 높은 달콤함이 한 와인 안에서 같은 비중으로 어우러져야 하기 때문이다. 그렇지 않으면 그냥 단맛 나는 알코올 음료수가 된다. 보통 균형과 절제는 훌륭한 와인으로 이어지지만, 이 경우에는 모든 것을 한 데 쏟아부은 풍미가 매력으로 작용한다.

이곳에서 주로 사용하는 포도는 코르비나 Corvina이며, 여기에 론디넬라 Rondinella가 섞이면 과일 향이 더해지고, 몰리나라 Molinara는 산미를 올려준다. 레치오토를 만들려면 뜨겁고 건조한 환경에서 포도가 건포도처럼 쪼그라들 때까지 말려야 하는데(아파시멘토에 대한 정보는 87쪽 참조), 바로 여기에서 레치오토 델라 발폴리첼라에 드라이한 레드 와 디저트 와인의 달콤함이 생긴다. 그래서 강렬하고 탄탄하면서도 물리지 않는 것이다. 달콤한 베이킹 스파이스 풍미는 스모어의 크래커와 어우러지고, 타닌은 초콜릿의 단맛과 쓴맛을 누그러뜨리며, 약간의 블랙 체리와 담뱃잎 풍미는 마치 마시멜로를 끼워 구운 나뭇가지처럼 바삭하게 그을린 마시멜로 사이로 미끄러져 들어간다.

$$ 세레고 알리기에리 "까살 데이 론끼" 레치오토 델라 발폴리첼라 클라시코 Serego Alighieri "Casal dei Ronchi" Recioto della Valpolicella Classico 🌱☀️

$$$ 쥬세페 퀸타렐리 레치오토 델라 발폴리첼라 클라시코 Giuseppe Quintarelli Recioto della Valpolicella Classico 🌱🍃☀️

옷장과 와인 선반

늘 개인 스타일리스트가 있으면 어떨까 궁금했는데, 내 훌륭한 룸메이트 켈시 라일 덕에 굳이 누군가를 고용할 필요가 없었다. 켈시는 내 가까운 친구이자 삭스 피프스 애비뉴 Saks Fifth Avenue의 패션 디렉터였고, 파도 파도 계속 옷이 나오는 자신의 옷장을 주기적으로 털어갈 수 있게 해주었다. 또한, 켈시는 옷장에 꼭 있어야 하는 아이템들이 무엇인지도 알려주었으며, 이는 와인에도 그대로 적용된다.

완벽한 흰 티셔츠

우리 모두 흰 티셔츠를 갖고 있지만, 너무 크지도, 너무 짧지도 않은 완벽한 티셔츠는 드물다. 수입이 좀 괜찮은 시기가 오면 하나 장만해 두자. 어울리지 않는 티셔츠 몇십 장을 사는 것보다 훨씬 낫다. 그리고 산뜻하고 깨끗한 동시에 드라이하고 산미가 강한 프랑스 지중해의 화이트와인 픽풀 드 피네 Picpoul de Pinet는 바로 이렇게 어디에나 어울리는 흰 티셔츠와 같다.

실루엣을 완성하는 청바지

언제든 입을 수 있는 청바지는 모양과 워싱이 중요하며, 시행착오 끝에 딱 맞는 완벽한 청바지를 찾으면 몇 년 동안 그 전리품을 즐길 수 있다. 멘도자 말벡은 당신이 늘 꿈꾸던 빈티지 리바이스 청바지와 같다. 잘 만든 와인이며, 언제 어디서든 사람들을 즐겁게 해주고, 꾸준히 훌륭한 맛을 선사한다.

맞춤 재킷

모두의 옷장에서 보물처럼 여겨지는 맞춤 재킷은 중요한 미팅 때만 입는 옷이 아니다. 나에게 딱 맞춘 재킷은 괜찮은 저녁을 먹을 때도, 캐주얼에 스타일을 더할 때도 유용하다. 이런 옷은 투자 가치가 있으며, 괜찮은 와인 선반의 토대가 되는 훌륭한 이탈리아 바롤로도 그렇다.

클래식한 트렌치코트

유행을 타지 않는 버버리 트렌치코트는 늘 변하지 않는 자산이다. 재키 오, 오드리 헵번, 영화 〈크레이머 vs. 크레이머〉에 나오는 메릴 스트립까지, 마치 완벽한 로제 샴페인처럼 꼭 가지고 있어야 하는 클래식한 아이템이다. 로제 샴페인은 어떤 상황에도 어울리며, 소란스럽지 않게 분위기를 살려준다.

소중한 가죽옷

요즘에는 1년 내내 가죽 아이템이 활용된다. 바지, 재킷, 스커트, 셔츠까지, 스타일리쉬한 가죽 아이템은 항상 베이직한 스타일에 질감을 더해준다. 그리고 빈티지 포트처럼 가죽도 시간이 갈수록 훌륭해진다. 숙성되고 낡을수록 풍미와 멋이 더해지는 이 와인들은 코르크를 연 뒤에도 1달 이상 마실 수 있다.

Turf
터프 / 고급 스테이크

고기를 만나다

붉은 육류를 사랑하는 나파 까베르네 소비뇽

스테이크에 집중하는 레스토랑(믿기 힘들겠지만, 미국에서 가장 성공한 레스토랑 모델이다)에서 와인은 늘 성공에 큰 영향을 미치는 요소다. 그리고 스테이크 하우스 대부분에 성경처럼 두꺼운 와인 리스트가 있고, 그중 나파 캡, 나파 까베르네 소비뇽이 지나치게 많은 데에는 이유가 있다.

붉은 고기와 나파 캡이 만나면 나라도 바꿀 수 있다. 이렇게 풍미 가득한 단백질에 어울리는 높은 알코올 도수와 타닌 가득한 바디를 지닌 와인은 많지 않다. 이 와인은 소고기와 만나 긴장감을 만들어내며, 삼키고 난 후에도 마치 포도로 만든 A1 소스처럼 입안에 풍미를 남긴다. 버터로 잘 구운 스테이크의 그을린 맛은 나파 캡을 숙성하는 오크 통의 향과 어우러지며, 와인의 풍부한 과일 향은 바삭한 고기 겉면과 타닌을 뚫고 나온다. 스테이크 하우스만큼 미국적인 것은 없기에, 묵직하고, 대담하고, 미국처럼 풍요로운 나파 캡 와인은 늘 자연스럽게 잘 어울린다.

나파 밸리는 놀라울 정도로 넓고, 까베르네는 미국 포도 재배 지역AVA, American Viticulture Area, 즉 미국 버전의 아펠라시옹에 따라 스타일이 크게 달라진다. 현재 나파에는 하부 AVA만 16개가 있고, 각각의 와인은 피에몬테의 바롤로와 토스카나의 브루넬로만큼이나 다르다. 이렇게 나파에 속하는 하위 AVA가 매우 많고, 각 와인들의 분류도 소고기 부위처럼 아주 다양하다.

기본적으로 나파 와인은 밸리 플로어Valley Floor와 힐사이드Hillside라는 2가지 범주로 나뉜다. 밸리 플로어는 이 지역 와인의 원조이며, 이곳의 와인 제조자들이 처음 나파의 명성을 만들었다(이와 관련된 훌륭한 이야기가 궁금하다면, 143쪽 '파리의 심판' 참조). 1970년대 나파의 주춧돌이 단단하게 세워진 곳이기도 하며, 밸리 플로어에서 생산된 와인들은 화려하고, 대담하고, 풍부하다. 이 와인들에는 보통 고급스러운 과일 향이 가득하면서 제비꽃과 감초 풍미가 중심을 잡아준다. 깊이 있는 나파 빈티지 와인 컬렉션을 찾는 사람이라면 시작점으로는 5년이 좋고, 가장 좋은 시기는 10~15년이다.

힐사이드 포도원들은 토양이 척박하고 얕아 포도 생산량이 그리 많지 않으며, 작고 껍질이 두꺼운 포도가 재배된다. 그래서 이곳 와인은 품질이 보통 정도만 되어도 값이 아주 비싸다. 어떤 경우에는 밸리 플로어 와인의 2배까지 호가하기도 한다. 하지만 돈이 좀 있다면 힐사이드는 투자해도 아깝지 않은 곳이다. 이곳의 와인들은 대담하고 매혹적이면서 구조가 아주 강렬하고, 마치 테슬라 코일처럼 짜릿한 산미와 껌을 씹는 듯한 타닌이 있다. 탄탄하고 굵직한 검은 과일 향으로 잘 알려져 있지만, 연기 향을 입은 미네랄리티가 스포트라이트를 빼앗아간다. 가장 어린 와인도 10년은 숙성시켜야 하는데, 타닌이 길들고 산미가 누그러지며 미드 팔레트가 피어나는 시기이기 때문이다. 이런 와인들은 20년이 지나야 진정으로 빛을 발한다.

붉은 고기에 있어 기본 규칙은 대조보다 일치를 우선시하는 것이다. 고기가 부드러울수록 타닌이 고급스러워야 한다(즉, 더 매끄러운 질감에 달콤함이 아주 약간 더해진 와인이 좋다). 고기에 탄력이 있을수록 산미가 높고 타닌이 거칠어야 균형이 맞는다. 그래서 부드러운 고기에는 밸리 플로어, 식감 있는 고기에는 힐사이드가 좋다. 하부 AVA들을 페어링하려면 미묘한 차이 그 이상을 알아야 하지만, 이렇게 미세한 특징들이 있다는 것이 나파 와인의 매력이며, 이들을 속속들이 알 가치도 충분하다.

텐더로인
필레미뇽
& 욘트빌 까베르네 소비뇽
밸리 플로어

소 1마리에서 가장 부드럽고 담백한 안심 끝쪽 작은 조각은 결합 조직도 적고 지방도 적지만, 입안에서 녹아내리며 풍부한 맛을 선사한다. 풍미에 있어서 연약한 꽃과 같은 이 귀중한 부위를 먹을 때는 타닌이 부드럽고 풍미와 질감이 거칠지 않아 스테이크의 맛을 해치지 않을 와인이 필요하다. 이때 곁들일 와인으로는 나파 밸리의 중앙, 모두에게 부러움을 받는 위치에 자리 잡은 욘트빌 Yountville을 추천한다. 가장 사랑받는 부위에 걸맞게 가장 사랑받는 이 와인은 마치 새틴으로 만든 테디베어 같아서 입안에 들어가면 안심과 맞먹는 부드러움을 느끼게 해준다. 이 둘은 질감도 비슷한 데다 욘트빌 캡의 호화로운 과일 향, 따뜻한 카시스 풍미, 박하 향이 정육점에서 소리 없이 최고의 자리를 차지한 이 스테이크의 모든 풍미를 끌어내줄 것이다.

$$$ 도미누스 에스테이트 Dominus Estate

궁극의 립아이
토마호크 & 다이아몬드 마운틴 까베르네 소비뇽
힐사이드

매버릭에서 일할 때 파트너 중 1명은 이 스테이크를 너무 좋아해서 토마호크라고 불리기도 했다. 토마호크는 꽃등심의 최상위 버전으로, 손잡이처럼 잡을 수 있는 긴 뼈가 함께 나와 원한다면 원시인처럼 잡고 뜯을 수도 있다. 토마호크는 지방을 하얀 리본처럼 두르고 있기 때문에 미친 듯이 기름지고 육즙이 풍부하다. 다이아몬드 마운틴 Diamond Mountain의 와인도 이처럼 입에 군침을 돌게 하는 힘이 있어 토마호크와 잘 어울린다. 이곳의 와인들은 아주 탄탄하고 굵직해서 거의 쫄깃하다고 느낄 정도로 타닌과 점성이 아주 높고, 영화 〈레버넌트〉에 나오는 레오나르도 디카프리오처럼 젖은 흙 향이 가득하다. 정신을 제대로 차리지 않으면 이 강한 와인에 취해 토마호크를 뼈째 쥐고 뜯게 될 것이다.

$$$ 다이아몬드 크릭 "볼캐닉 힐" 까베르네 소비뇽 Diamond Creek "Volcanic Hill" Cabernet Sauvignon

넓은 띠

하부 AVA들로 명확하게 나눌 수 있는 나파와 달리, 미국 와인 생산 지역 대부분은 너무 크고 규제가 느슨해 정확하게 설명할 수 없다.

구세계에서는 지형에 따라 나뉜 와인 생산 지역들을 아펠라시옹이라고 부르며, 상세르, 키안티, 리오하 등이 이에 속한다. 미국에서는 이런 지역들을 미국 와인 재배 지역 American Viticulture Areas, 즉 AVA라고 부른다. 이 둘의 가장 큰 차이점은 미국의 AVA가 포도 품종이 아니라 순수하게 지형으로 나뉜다는 것이다. 이렇게 지형적으로 지역이 나뉜 이유는 미 주류담배세금무역국 The Alcohol and Tobacco Tax and Trade Bureau, TTB 때문이다. 무기와 탄약에서 세금을 걷어가는 사람들이 대체 왜 미국의 와인 재배까지 규제하는지에 대한 대답은 미국 의회만 알고 있을 것이다. 하지만 바로 이런 규제 때문에 미국은 유럽처럼 철저한 품질 관리와 감독이 불가능하다. 현재 유럽에서는 포도 생산부터 포도 품종 인증, 숙성 요건 등에 관련된 안전장치가 매우 다양하며, 특정 아펠라시옹의 품질 수준으로 더 자세히 들어가면 이러한 규제는 더 많아진다. 프랑스, 스페인, 이탈리아 와인도 엄격한 규제를 따른다. 이 나라들은 와인을 아주 진지하게 만들고, 이로 인해 다른 나라들도 그 뒤를 따라가게 된다. 와인을 향한 진지함은 이들의 문화(와 관료제)에 깊이 내재해 있고, 이는 긍정적인 영향을 미친다.

미국 전역의 거의 모든 AVA들은 면적이 너무 넓어 거의 의미가 없다. 예를 들어, 내 고향 켄터키의 와인들은 오하이오 리버 밸리 Ohio River Valley AVA로 뭉뚱그려지는데, 주 4개 하고도 650만 ha에 걸쳐 있는 범위다. 이렇게 지형적으로 독특한 지역들의 와인들이 왜 스타일별로 분류되지 않는지 의문일 정도다. 구세계에서 고품질 와인을 의미하는 리저브 reserve 등급은 미국 TTB를 거치며 마치 브랜드 이름처럼 바뀌었다. 그러니까 아무리 형편없는 와인이라도 라벨에 리저브라는 말을 명시할 수 있다는 의미이며, 실제로 많이 일어나는 일이기도 하다. 세금 걷는 사람들이 와인을 맡게 되면 이런 일이 생긴다.

해결해야 할 일이 아직 많지만, 다행히도 나파처럼 역사가 길고 생산량이 많은 미국 와인 생산 지역 일부의 AVA들은 꽤 세부적인데, 그나마 이곳의 와인 공동체들이 스스로 규제를 만들어서다. 나파 밸리는 그 자체로 AVA지만, 그 아래에 각각 독특한 특성을 지닌 하부 AVA 16개를 만들었다.

쇼트로인
뉴욕 스트립
& 세인트헬레나 까베르네 소비뇽
밸리 플로어

이 스테이크는 너무 맛있어서 이름이 2번 붙었고, 그다음 8번이나 바뀌었다. 등심에 붙은 이 부드러운 부위는 다양한 방식으로 정형되는데, 가장 유명한 것은 디 앰배서더, 더 본리스 클럽, 더 호텔 스타일, 더 캔자스 시티, 더 델모니코, 더 탑 로인, 더 베이니 스테이크, 더 프렌치 콩트르 필레 등이 있다. 하지만 가장 많이 알려진 스타일은 뉴욕 스트립 New York strip 인데, 브로드웨이처럼 큰 사이즈에 풍부한 질감, 풍미, 지방으로 유명해졌다. 채끝은 가장 다양한 나파와 어울리는 부위 중 하나이지만, 채끝에 가장 자연스럽게 어우러지는 나파를 자청하는 하부 AVA가 있다. 세인트헬레나 St. Helena 는 크랜베리, 라즈베리 젤리처럼 달콤한 과일 향과 함께 향긋한 재스민과 제비꽃 향을 곁들인 향나무 풍미가 중심을 잡고 있어 모든 뉴욕 스트립에 타임스퀘어의 붉은 공을 떨어뜨려 줄 것이다.

$$$ 니켈 앤드 니켈 "헤인 빈야드" 까베르네 소비뇽 Nickel & Nickel "Hayne Vineyard" Cabernet Sauvignon

플레이트
안창살 (치미추리 소스와 함께)
& 마운트 비더 까베르네 소비뇽
힐사이드

소의 횡격막에서 발라낸 길고 얇은 안창살 Skirt Steak 은 군살 없는 만능선수다. 하지만 치미추리 소스를 더하면 이 선수는 별안간 스타로 변신한다. 이 부위는 아주 쫄깃하고 결이 굵직하면서 이를 완화해 줄 지방이 적기 때문에 산미와 타닌이 가득한 와인을 곁들여야 한다. 지금까지 지방이 많은 음식에 산미를 곁들여 씻어내야 한다고 말했지만, 이렇게 지방이 없고 단백질이 많을 때는 타닌과 산미도 그만큼 단단해야 한다. 마운트 비더 Mount Veeder 는 팽팽하고 허브 향 가득한 와인이며, 갓 크롬을 씌운 범퍼처럼 매력적인 금속 향과 침샘을 자극하는 레몬 잼 풍미를 자랑한다. 레드와인 식초, 파슬리, 마늘로 맛을 낸 치미추리 소스와 만나면 그 어떤 안창살 스테이크도 이길 수 있다.

$$ 헤스 컬렉션 까베르네 소비뇽, 에스테이트 그로운, 마운트 비더 Hess Collection Cabernet Sauvignon, Estate Grown, Mount Veeder

부채살
플랫 아이언
& 쿰스빌 까베르네 소비뇽
밸리 플로어

점점 인기가 많아지고 있는 소의 어깨 부위 부채살은 스테이크 하우스 메뉴에서 비교적 최근에 등장한 메뉴다. 마블링이 깊게 박혀 있는 얇은 부채살은 안심만큼이나 부드럽지만, 가격은 훨씬 저렴하다. 이 스테이크는 꽤 최근, 그것도 마지막에 끼워져 AVA가 된 쿰스빌 Coombsville 에서 떠오르는 유망주와 피를 나눈 형제와 같다. 이곳에서 재배되는 포도는 한때 다른 와인과 혼합해 산미를 올리는 용도로만 적합하다고 여겨졌지만, 패기 넘치는 제조자들과 기후변화와 만나 소믈리에들에게 사랑받는 와인 생산 지역이 되었다. 쿰스빌 와인은 뚜렷하고 생생한 풍미가 특징이며, 푸른 과일과 검은 과일 향, 탄탄한 에너지, 가혹할 정도로 높은 산미, 흑연 같은 미네랄리티가 있어 훌륭한 맛을 자랑하고, 다른 밸리 플로어 이웃들만큼 대접받을 자격이 충분하다.

$$$ 스택스 립 와이너리 쿰스빌 까베르네 소비뇽 Stags' Leap Winery Coombsville Cabernet Sauvignon

안심과 등심
포터하우스
& 하웰 마운틴 까베르네 소비뇽
힐사이드

어떤 스테이크를 먹을까라는 질문에 가장 욕심 넘치는 대답은 "좋은 부위 전부"일 것이다. 그리고 바로 여기서 이 스테이크 계 최고의 엔터테이너가 그 크고 화려한 발굽을 드러낸다. 반절은 안심, 반절은 육즙 가득한 등심인 이 XXL 사이즈 티본 스테이크가 포터하우스라는 이름을 얻으려면 안심의 두께가 최소 1.25인치(약 3.2cm)는 되어야 한다. 이 스테이크에는 서로 특징이 다른 두 부위가 모여 있어 페어링하기 쉽지 않다. 그러니 이와 똑같이 산미, 타닌, 과일 향, 풍미가 이중적인 힐사이드 캡을 곁들여야 한다. 이 와인은 포터하우스와 만나 브루스 배너가 아닌 헐크 같은 페어링을 선사한다.

포터하우스 스테이크는 엄청난 타닌, 거친 질감, 멘솔과 모카 풍미가 있는 하웰 마운틴 Howell Mountain 와인이라는 콜로서스 Colossus (마블 캐릭터. 몸이 강철로 뒤덮여 있다 – 옮긴 이)를 만나게 된다. 이 페어링은 내가 개인적으로 가장 좋아하는 페어링이다. 경사가 가파른 화산 토양에 자리 잡은 이 포도원에서는 탄탄하고 알이 작은 포도를 생산하며, 그러므로 생산되는 와인도 그만큼 밀도 높다. 이 와인들에 담긴 힘은 넋이 나갈 만큼 황홀한 블랙베리 향과 타르 같은 타닌을 만나 증폭된다.

$$$ 라 호타 빈야드 Co. 까베르네 소비뇽 La Jota Vineyard Co. Cabernet Sauvignon 🌿☀️

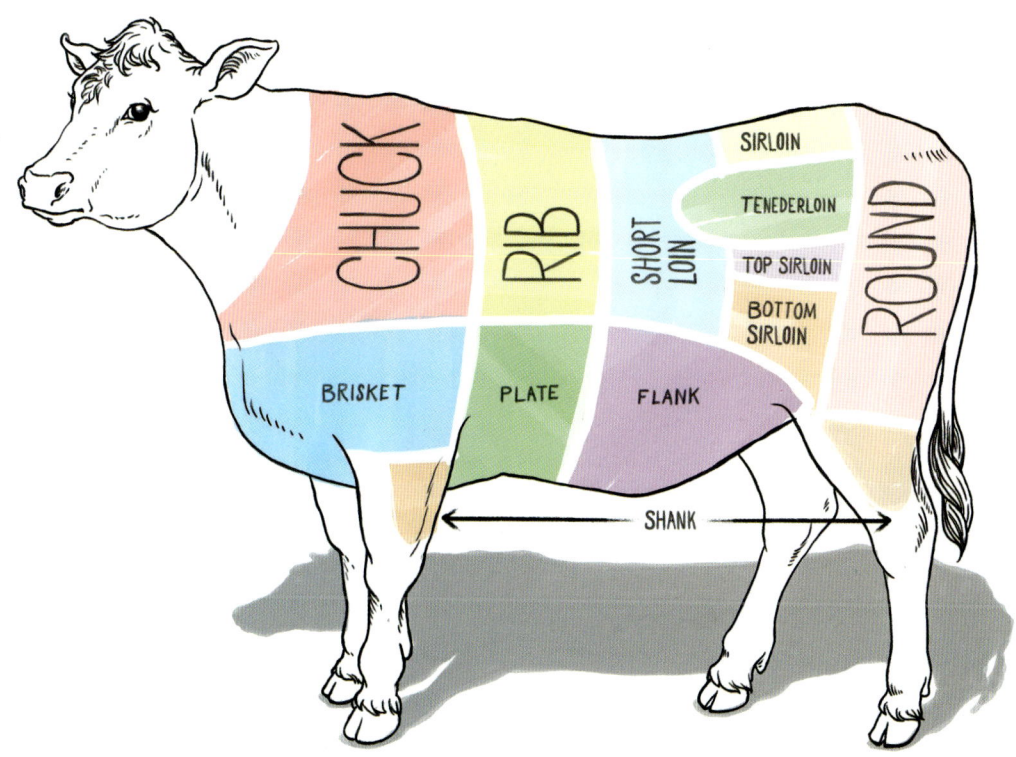

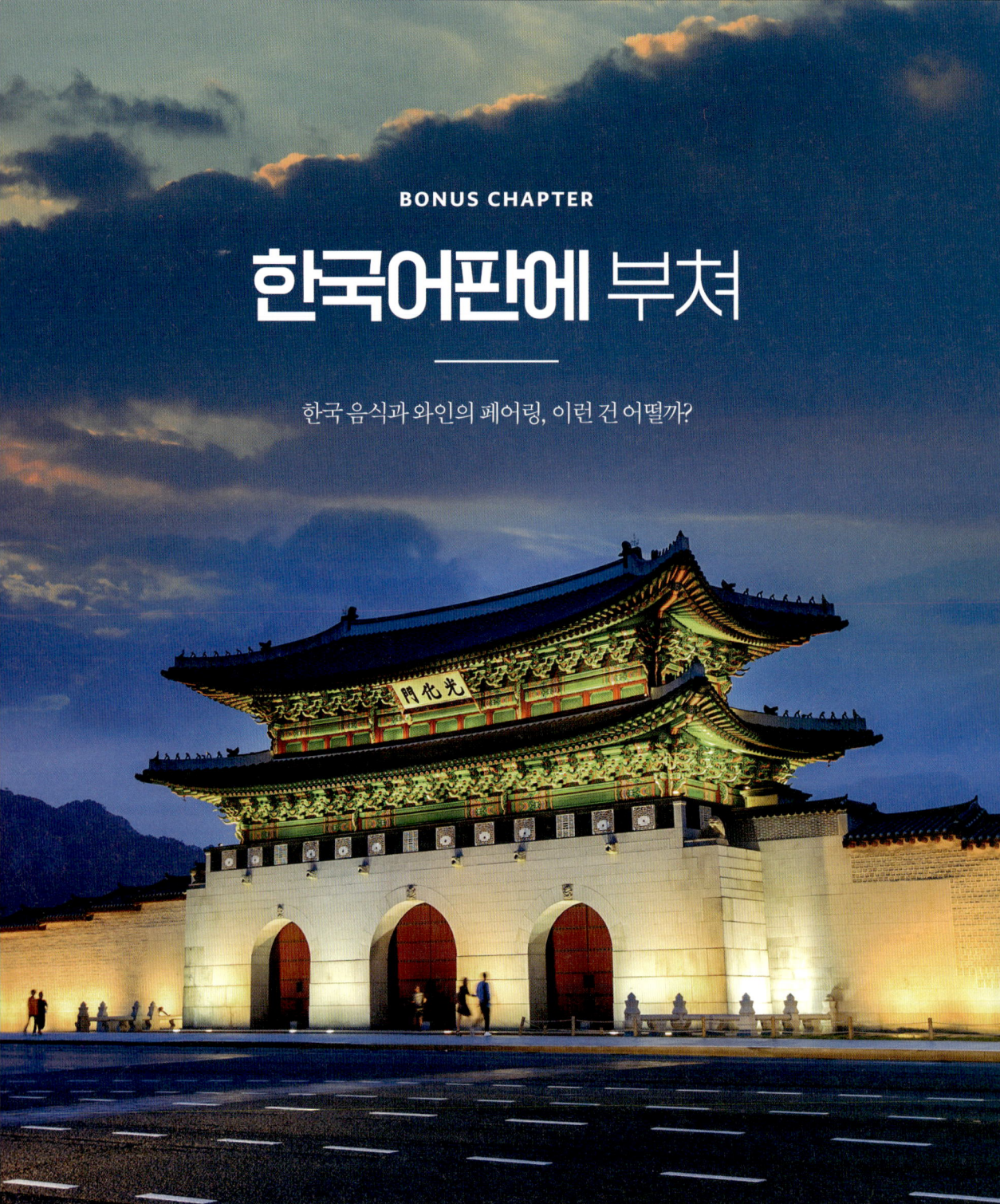

BONUS CHAPTER

한국어판에 부쳐

한국 음식과 와인의 페어링, 이런 건 어떨까?

이 책의 한국어판이 나온다는 소식을 들었을 때 내가 제일 먼저 한 일은 뉴욕에 있는 내 오랜 친구에게 전화하는 것이었다.

우연히도 와인 자격증 WSET를 가지고 있고, 부모님이 서울에서 미국에 이민 오신 한국계 미국인 친구에게. 이렇게 나는 시작부터 운 좋게 친구와 친구 어머니에게 도움을 받을 수 있었고, 이들과 여러 가지 맛을 보며 시도해 이번 챕터를 완성했다. 이 페어링 추천에는 그 친구의 도움과 노력이 필수적이었으니, 내 오랜 친구 수잔 김에게 고마움을 전하고 싶다.

수잔: 와인과 페어링할 다양한 한국 음식과 간식을 찾는 일을 도와달라고 부탁했을 때 엄마는 꽤 놀란 눈치였어요. 하지만 몇 시간 뒤, 엄마는 뉴욕 한인타운에 있는 한인 마트에서 장을 보며 저에게 전화를 거셨죠. 엄마는 모든 아이템을 정해서 재빠르게 제가 사는 아파트까지 가져다주셨어요. 우리 엄마는 요리를 좋아하고, 성취욕 강한 소녀처럼 어떤 과제를 줘도 완벽하게 해내는 고집스러운 한국 어머니의 표본 같은 분이에요.

주요 재료

한국 음식과 페어링할 때 생각해야 할 것 중에는 간장, 마늘, 깨처럼 다른 아시아 음식에서 경험할 수 있는 풍미들이다. 여기에 더해 한국 음식에는 음식 자체와 와인을 마시는 경험에 강력한 영향을 미치는 독특한 재료들이 존재한다.

김치

채소를 소금에 절여 발효해 만들며 식탁에 절대 빠지지 않는 이 음식은 강력한 발효 풍미를 지닌다. 김치는 와인의 강렬함을 누그러뜨리며 질감을 부드럽게 만들고, 단맛을 더 느끼게 한다. 그러니 이 전능한 김치를 버티려면 산미가 아주 높거나 (소비뇽 블랑처럼) 풍미가 강력한 와인(까베르네 프랑)을 선택해야 한다.

된장

소금물에 콩을 숙성해 만들며 일본 미소보다 강렬한 된장은 뚜껑을 열자마자 한국인이라면 단번에 알아챌 만큼 대단한 냄새를 자랑한다. 한국인에게 아주 중요한 이 발효 양념은 복합적인 감칠맛과 지배적인 짠맛, 약간의 신맛으로 이루어져 있으며, 이 모든 요소를 어우르며 이 강력한 소스에 맞설 기회를 얻으려면 산미, 알코올, 강렬함이 모두 탄탄한 와인을 선택해야 한다.

고추장

음식에 깊이를 더해주는 이 붉고 되직한 소스는 한국 요리의 기본 재료 중 하나다. 고추장에는 은은한 단맛과 길게 이어지는 매운맛이 있다. 고추장의 재료인 발효된 콩에서 감칠맛이 나오고, 감칠맛은 와인의 맛을 본래보다 더 강렬하게 만드니 타닌이 지나친 와인은 피하고 산미가 충분한 와인을 고르자.

페어링
소고기 비빔밥
& 론 밸리 쉬라

음식(수잔) 널리 사랑받으면서도 만들기 쉬운 비빔밥은 냉장고 털이용으로 제격이다. 남은 반찬이나 재료들로 만들기 좋은 음식이기 때문이다. 불고기(다른 고기나 해산물을 사용해도 좋다), 나물, 달걀을 얹은 뒤 고추장과 참기름을 넣고 비비기만 하면 된다. 가장 좋아하는 김치와 곁들이면, 짠! 간편하면서 아주 맛있고 영양가 높은 한 끼 완성이다.

와인(바네사) 프랑스 남부 론 밸리에서 레드 와인을 만들 때 주로 사용되는 품종은 쉬라와 그르나슈다. 이 중에서 푸짐하고 매콤한 비빔밥을 돋보이게 하는 데는 쉬라가 제격이다. 프랑스 쉬라에는 클래식한 감칠맛과 향이 있어 마치 피와 같다고 묘사되곤 한다. 핀에 찔려 살짝 피가 난 손가락을 핥았을 때 느껴지는 기묘한 만족감을 생각해 보면 된다. 감칠맛 살아 있는 와인의 짭짤함은 비빔밥 속 고기와 잘 어울리고, 가리그 garrigue(지중해 레드와인에서 흔히 느껴지는 허브, 훈연, 후추 향을 의미하는 프랑스 단어) 풍미는 채소, 나물, 달걀과 자연스럽게 어우러진다. 또, 높은 산미는 와인이 지닌 강렬함을 유지해 준다. 타닌이나 바디가 좀 더 부드러운 와인을 찾는다면 코트 뒤 론이나 크로즈 에르미타주처럼 오크 숙성을 거치지 않은 버전을 선택하면 된다. 코드 로티처럼 오크 숙성을 거친 와인을 골랐다면, 타닌이 부드러워질 정도로 충분히 숙성되었는지 반드시 확인해야 미묘한 풍미들이 섞인 비빔밥과 곁들이기에 너무 쓰거나 텁텁하지 않다.

$ 들라스 프레르 코트 뒤 론 Delas Fréres Côtes-du-Rhône
$$ 들라스 프레르 크로즈-에르미타주 '레 론느' Delas Fréres Crozes-Hermitage 'Les Launes'
$$$ 들라스 프레르 코트 로티 '라 랑돈느' Delas Fréres Côte-Rôtie 'La Landonne'

채끝 짜파구리
& 아메리칸 진판델

음식(수잔) "짜파구리가 뭐야?" 저명한 여러 시상식에서 상을 휩쓴 영화 〈기생충〉에 나온 대사로, 이 영화는 짜파구리를 '람동 ram-don'이라는 단어로 소개하며 인스턴트 라면인 짜파게티와 너구리의 조합을 전 세계에 유행시켰다. 기생충에서는 이 독특한 조합에 한국산 고급 소고기인 채끝살을 곁들여 영화 속 부유한 가족이 이 저렴한 서민 음식을 어떻게 먹는지를 보여주었다. 감칠맛 넘치고 푸짐한 이 조합은 한인 마트 어디에서나 구매할 수 있는 데다, 영화 덕분에 알게 되었듯 단 8분이면 완성할 수 있다.

와인(버네사) 진판델은 미국에서 가장 역사가 오래된 품종에 속하며, 알코올의 제조와 판매가 모두 불법이었던 10년 반 동안의 금주법 시대 이전부터 이어진 품종도 많다. 이 역사 깊고 끝내주는 품종으로 만든 레드와인은 오늘날 미국에서 생산되는 것 중 가장 복합적이고 강력한 풍미를 선사한다. 잉크처럼 짙은 소스에 짠맛과 여러 풍미가 가득한 짜파구리와 곁들이려면 이 정도의 탄탄함은 있어야 한다. 진판델은 잼 같은 질감과 풍미에 블루베리, 체리, 자두 향이 있고, 흑후추와 감초 향도 지니고 있다. 진판델을 짜파구리와 함께 마시다 보면 질감과 풍미의 궤도가 비슷하다는 생각이 들 것이다. 짜파구리는 먹을 때마다 풍부한 감칠맛 끝에 약간의 달콤함과 매콤함이 감돌고, 진판델은 이 뒤를 이어 설탕을 입힌 과일 향에 스파이시한 피니쉬, 은은한 담뱃잎 향을 선사한다. 짜파구리라는 맛있는 음식이 잔에 담긴 천생연분을 만나는 순간이다.

$ 보글 '올드 바인' 진판델 Bogle 'Old Vine' Zinfandel
$$ 끌로 뒤 발 나파 밸리 진판델 Clos du Val Napa Valley Zinfandel

떡볶이
& 알자스 게뷔르츠트라미너

음식(수잔) 떡으로 만든 이 유명한 음식은 남녀노소 모두에게 사랑받는다. 6.25 전쟁 직후에 발명된 떡볶이는 한국인들에게 어린 시절 방과 후 노점에서 먹던 그리운 기억을 불러일으킨다. 지금까지 다양한 버전이 만들어졌는데, 가장 일반적으로 먹는 고추장 듬뿍 매콤한 떡볶이부터 치즈, 카레, 갈비, 짜장 맛까지 있어 누구나 입맛에 맞게 골라 먹을 수 있다. 아래에 나올 페어링은 논란의 여지 없이 인기가 가장 많은 매운 떡볶이에 맞추었다.

와인(바네사) 프랑스 북부이자 추운 알자스 지역에서 가장 귀한 대접을 받는 품종 4가지는 리슬링, 피노 그리, 뮈스카, 게뷔르츠트라미너이며, 각각은 독특한 아로마와 풍미를 자랑한다. 게뷔르츠트라미너는 이 중에서 가장 향기로운 품종으로 꼽히는데, 모스카토의 성인 버전이라고 생각하면 된다. 함께 먹을 떡볶이가 맵기 때문에 고추장의 캡사이신을 더 부각하지 않도록 산미가 비교적 낮은 와인을 곁들이는 것이 좋다. 보통은 풍미가 강렬한 음식에 와인이 묻히지 않게 하기 위해 산미 있는 와인을 찾는다. 하지만 게뷔르츠(소믈리에들이 쓰는 줄임 말)는 낮은 산미가 특징이며, 향수처럼 진한 향, 찌르는 듯한 약간의 감칠맛이 풍부한 바디와 어우러진다. 이렇게 풍미가 풍성하고 풍부하기에 떡볶이에 맞설 수 있는 것이다. 또한, 이 와인들에는 디저트 같은 달콤함이 아니라 아주 미묘하고 섬세한 단맛이 있어 매운맛을 완화해 주면서도 간장, 마늘, 대파의 풍미와 와인의 끝 맛에 감도는 생강 향, 감칠맛을 서로 어우러지게 해준다.

$$ 구스타브 로렌츠 게뷔르츠트라미너 리저브 Gustave Lorentz Gewürztraminer Reserve

돈가스
& 오스트리아 그뤼너 펠트리너

음식(수잔) 세상에서 가장 듣기 좋은 소리 중 하나는 빵가루를 묻혀 기름에 튀긴 돼지고기에서 나는 바삭한 소리일 것이다. 일본 버전에서 한국으로 넘어오며 더욱 얇고 바삭해진 돈가스는 느끼함을 잡기 위해 김치와 곁들이는 경우가 많다.

와인(바네사) 거의 오스트리아에서만 재배되는 화이트와인 품종이자 소비뇽 블랑의 이국적인 사촌인 그뤼너 펠트리너를 생각해 보자. 미국인으로서 돈가스를 먹었을 때 떠올랐던 음식은 유럽의 슈니첼이었다. 돼지고기에 빵가루를 묻혀 튀긴 이 감칠맛 넘치는 두 요리는 모두 탄수화물(감자 vs. 밥)과 배추(김치 vs. 나파 배추)를 곁들이기 때문에 일반적으로 슈니첼과 함께 마시는 와인이 돈가스에도 어울리지 않을까 생각했고, 결과는 성공적이었다! 우선 칼날처럼 날카로운 그뤼너 펠트리너의 산미가 튀긴 돼지고기를 가볍게 뚫고 지나가며 풍미와 질감을 더욱 살려주었다. 그뤼너 펠트리너의 특징인 청피망 향과 라임 향은 배추와 자연스럽게 이어지며 탄수화물과 되직하고 감칠맛 넘치는 소스 사이에서 균형을 잡아준다. 게다가 그뤼너에서 두드러지는 백후추 향은 이 완벽한 한입이 넘어가기 전 맛있는 돼지고기 요리가 마지막으로 빛날 수 있도록 피니시를 장식한다.

$ 로이머 랑겐로이스 그뤼너 펠트리너 Loimer Langenlois Grüner-Veltliner

$$ 슐로스 고벨스버그 그뤼너 펠트리너 Schloss Gobelsburg Langenlois Grüner Veltliner

새우깡
& 스페인 알바리뇨

음식(수잔) 한국에 있는 술집이나 노래방에 가면 술안주로 새우깡을 주는 곳이 꽤 많다. 찾아보니 새우깡의 짠맛이 알코올을 흡수해서 술을 더 많이 마시게 만들기 때문이라고 한다. 단순하지만 훌륭한 이 새우 맛 과자는 거의 모든 한국인이 사랑하는 안주다.

와인(브라이셔) 리아스 바이사스 Rias Baixas 는 스페인 북서쪽에 있는 계곡 지역으로, 스페인 대부분과 다르게 기온이 낮고 비가 잦다. 이곳의 포도나무들은 포도를 땅과 최대한 멀리 떨어뜨리는 '파고라 시스템 pergola system' 이라고 불리는 방법으로 재배되는데, 과일이 빗물로 인해 썩지 않도록 하는 유일한 방법이기 때문이다. 그리고 풍부한 산미, 강렬한 시트러스 향, 바닷물 같은 짠맛이 있는 알바리뇨는 갑각류를 위해 태어났다고 할 만큼 이들과 잘 어울리고, 이 천상의 조합은 새우 향이 나는 짭짤하고 바삭한 과자까지 확장된다. 이 와인들은 마치 누군가 바다를 잔에 담아 비린내를 빼고 레몬을 넣은 듯한 풍미를 자랑하며, 만약 당신이 이 와인 같은 바다를 만난다면 한 손에 새우 1봉지를 들고 당장 뛰어들게 될 것이다.

$ 아줄레주 알바리뇨 Azulejo Albariño
$$ 파소 시에이로 알바리뇨 Pazo Cilleiro Albariño
$$$ 파소 바란테스 알바리뇨 Pazo Barrantes Albariño

그 외 추천 페어링

불고기
& 칠레 까르미네르

$ 몽그라스 에스테이트 까르미네르 MontGras Estate Carmenère

$$ 라포스톨 그랑 셀렉션 까르미네르 Lapostolle Grand Selection Carmenère

$$$ 코트 롤란 마터 까르미네르 Court Rollan Mater Carmenère

삼겹살
& 오크 숙성 화이트 버건디

$$ 도멘 파케 마콩 퓌세 Domaine Paquet Mâcon-Fuissé

$$$ 루이 막스 푸이 퓌세 비에이 비뉴 Louis Max Pouilly-Fuissé Vieilles Vignes

$$$$ 샤펠 드 블라니 뫼르소 Chapelle De Blagny Meursault

김치볶음밥
& 페티앙 나뛰렐

$$ 펜리 에코 스파클링 피노 누아(오스트레일리아 쿠나와라) Penley Echo Sparkling Pinot Noir (Coonawarra, Australia)

만두
& 뉴질랜드 피노 누아

$$ 실레니 에스테이트 셀렉션 '플라토' 피노 누아 Sileni Estate Selection 'Plateau' Pinot Noir

$$$ 슈베르트 와이라라파 피노 누아 Schubert Wairarapa Pinot Noir

허니버터칩
& 독일 리슬링 슈패트레제

$ 사파이어 셀렉션 리슬링 슈패트레제 Sapphire Selection Riesling Spätlese

$$ 루이 군트럼 리슬링 슈패트레제 Louis Guntrum Riesling Spätlese

달고나
& 모스카토 다스티

$ 발레벨보 모스카토 다스티 Vallebelbo Moscato d'Asti

$$ 엘비오 코뇨 모스카토 다스티 Elvio Cogno Moscato d'Asti

건빵(딱딱한 비스킷)
& 이탈리아 프리미티보

$ 도피오 파소 프리미티보 Doppio Passo Primitivo

김밥 or 김
& 샤블리

$$ 장 마크 브로카르 샤블리 Jean-Marc Brocard Chablis

$$$ 크리스티앙 모로 샤블리 프리미에 크뤼 Christian Moreau Chablis 1er Cru

$$$$ 장 클로드 쿠르토 샤블리 그랑 크뤼 Jean-Claude Courtault Chablis Grand Cru

포카칩
& 까바

$ 호페 세라 브뤼 오르가닉 까바 Jaume Serra Brut Organic Cava

$$ 보히가스 리제르바 까바 브뤼 Bohigas Reserva Cava Brut

$$$ 그라모나 III 루스트로스 그랑 리제르바 브뤼 나뛰르 Gramona III Lustros Gran Reserva Brut Nature

초코파이
& 람브루스코 돌체

$ 레볼리 람브루스코 Lebolli Lambrusco

바네사의 추천

가장 좋아하는 와인잔

리델Riedel. 다양한 예상에 맞춰 섬세하게 배려한 제품들이 많다. 가장 좋아하는 시리즈는 리델 베리타스Riedel Veritas다.

가장 좋아하는 와인 오프너

온갖 화려한 최신식 와인 오프너는 전부 필요 없다. 다루기 쉽고 휴대하기 편하면 그만이다. 풀텝Pulltap처럼 믿을 만한 회사에서 만든 레버 2개 와인 오프너가 최고다. 심지어 비싼 제품보다 훨씬 싼 값으로 나만의 와인 오프너를 만들 수도 있다.

가장 좋아하는 아소(오래되어 코르크가 약한 와인을 딸 때 사용하는 와인 오프너)

호화로운 버전도 있지만, 무겁고 다루기 힘들 수 있다. 값도 싸고 다루기도 쉬운 모노폴 웨스트마크Monopol Westmark 제품이 좋다.

가장 좋아하는 와인 냉장고

최고급이자 목표는 유로까브Eurocave다. 입문용으로는 와인을 넣을 공간이 얼마나 필요한지를 생각하면 된다. 〈인뚜지에스트(유명 와인 잡지 - 옮긴 이)〉를 보면 예산에 맞는 다양한 와인 냉장고를 찾을 수 있다.

가장 좋아하는 와인 책

- 내가 좋아하는 분야에 관련된 아름다운 선물용 - 『Champagne: The Essential Guide to the Wines, Producers, and Terroirs of the Iconic Region』 by Peter Liem
- 블라인드 테이스팅 전문가가 되고 싶다면 - 『Beyond Flavour』 by Nick Jackson
- 전반적인 와인 공부 참조용 - 『The Oxford Companion to Wine』 by Jancis Robinson
- 와인에 대해 알아야 할 모든 내용을 빠르게 찾아볼 수 있는 가이드 - 『The New Wine Rules』 by Jon Bonné
- 재미있는 와인 역사 공부용 - 『Wine and War: The French, the Nazis, and the Battle for France's Greatest Treasure』 by Don and Petie Kladstrup

가장 좋아하는 온라인 자료

- 25달러 이하 와인을 찾을 때 - Reverse Wine Snob
- 입문자가 와인을 전반적으로 이해하고 싶을 때 - Wine Folly
- 와인에 대해 더 깊이 알고 싶은 와인 덕후들을 위한 사이트 - Vine Pair
- 세계의 클래식 와인과 와이너리에 대해 사실에 기반한 깊이 있는 시선을 알고 싶을 때 - The Wine Cellar Insider
- 와인, 사업, 정치의 교차점을 살펴보려면 - Dr. Vino
- 내추럴 와인에 관련해 가장 많은 정보를 알 수 있고, 규모도 가장 큰 온라인 커뮤니티 - Raw Wine

가장 좋아하는 온라인 상점

- 오래된 와인 거래 및 예산에 맞는 경매 정보를 알 수 있는 곳 - Winebid.com
- 다양한 제품과 편리한 지역 상점 와인 픽업 서비스를 찾아볼 때 - Wine.com
- 와인 덕후 세계에서 가장 사랑받는 소량 생산 와인 정보가 모인 곳 - Chambers Street Wines (chamberstwines.com)
- 개인 맞춤이나 글씨를 새긴 선물을 사고 싶다면 - Reservebar.com

가장 좋아하는 간행물

- 최신 와인 리뷰 - 〈Wine Spectator〉
- 더욱 덕후스러운 최신 와인 업계 뉴스 - 〈Decanter〉
- 빈티지 와인 등급에 대한 가이드 - 〈Wine Enthusiast〉
- 매월 열리는 와인 클래스 및 와인 제조사와 와인 생산지역에 대한 사려 깊은 시선 - 〈The New York Times〉, 〈Eric Asimov〉
- 내추럴 와인 세계에 관한 현대적 관점 - 〈Bon Appétit〉, 〈Marissa Ross〉

가장 좋아하는 와인 관련 구독 서비스

- 최고의 대중 와인 문화 관련 정보 - 윙크Winc
- 다양한 소용량 와인 샘플과 선물용 작은 사이즈 와인 - 바인박스Vinebox

색인

ㄱ

가루사탕 146
가메이 22, 25, 71
    도이처 젝트 96-96
    바덴 슈패트부르군더 55
가성비 페어링 46-53
가지 커틀릿 113-114
감자 라트케 137-38
감초 145
감칠맛 37, 55, 81, 142, 167, 174
거북손 208
건강한 음식 페어링 164-171
검은 포도(론, 나파 밸리, 바로사 밸리) 22, 108
게뷔르츠트라미너(프랑스 알자스) 26
고데요 품종 153
골란 하이츠 스파클링 137-138
과일 향 중심 신세계 와인 23
구세계 와인 23
구운 무염 아몬드 174
굴 192-93
그뤼너 펠트리너 168
그르나슈 블랑 26
그르나슈 품종(바뉼) 65
그리스 모스코필레로 181
그리스 시노마브로 품종 113
그릭 샐러드 181
그릴드 치즈 53
그릴드 치킨 170
그릴에 구운 연어 193
글레라 품종 153
기 브흐통 56
기념일 및 데이트 페어링 134-142
기묘한 이야기 118
기후와 포도 관련 22
까르미네르 품종(보르도) 96
까르티제 프로세코 153
까바 로사도 170
까바 브뤼 123
까베르네 소비뇽 36, 97, 118, 143.
    보르도에서 넘어온 품종 73
    소비뇽 블랑 풀바디 레드 와인 스타일 28
    스테이크와 곁들일 때 227, 228, 230, 231

까베르네 프랑 97-98
끄레망 달자스 105
끄레망 드 부르고뉴 105
끄레망 보르도 105

ㄴ

나르코스 멕시코 119
나바라 로사도 180
나우사 시노마브로 113-114
나파 까베르네 37, 227
나파 메를로 87-88
나파밸리 힐사이드 227, 228, 230, 231
남부 힐링 푸드 페어링 58-65
낯설고 고급스러운 음식 페어링 202-8
내추럴 와인 184-185
냉동 미트로프 50, 52
네렐로 마스칼레제 품종 221
네비올로 품종 113
넷플릭스와 와인 118-119
뉴 멕시코 스파클링 와인 126
뉴욕 83-84, 91-93, 168-169
뉴질랜드
    견과류 캔디 146
    말보로 소비뇽 블랑 167
    북부 론 쉬라 123-124
    피노 누아 213
    호크스 베이 쉬라 230
    99센트 피자 49
니메아 아요르이티코 175

ㄷ

다니엘 프레스드 덕 214
다이아몬드 마운틴 까베르네 소비뇽 228
다크 초콜릿 145
    수플레 197
    피넛 버터 컵스 116
단맛 36
더 크라운 118
더 핸드메이즈 테일 118
더트 케이크 65
데미섹 샴페인 108
데일리 크레이브 렌털 칩스-스모크드 고다 175
도넛 105, 138-9
도리토스 치지 고르디타 크런치 96-97

도미니크 앙셀 크로넛 200
도이처 젝트 96-97
독일 실바너 181
두리프(프랑스) 140
두오로 밸리(포르투갈) 72, 173
드라이 와인 37, 54, 109, 117, 174
드라이 프루민트 206
디너 파티 페어링 150-160
디스 이즈 어스 119
디캔팅 115
딸기 소르베 170

ㄹ

라 리오하 아르헨티나 토론테스 223
라벨 24
라이아스 비아스 알바리뇨 208
라이트 바디 레드 스타일 28
라이트 바디 화이트 스타일 26
라크리마 크리스티 118
람부르스코 아마빌레 57
랍스터 롤 221
랑게 네비올로 113
랑게 프레이자 182
랑시오 65, 138
럭키 참스 49
럼버잭 브렉퍼스트 104
레그 95
레드 소스 파스타와 피자(BYOW) 131
레드 와인(구세계 흙 향 중심) 23
레바논 비티스 비니페라 품종 125
레지오날 품질(버건디) 69, 70, 85
레지오토 델라 발폴리첼라 13, 224
레토르트 라멘 55
로마니안 페테아스카 레갈라 114
로사토 27, 97, 141
로소 디 몬탈치노 126
로즈마리 크러스트 램 125
론 밸리(프랑스) 119, 214, 215
    검은 포도 22, 108
    샤토뇌프 뒤 파프 108, 124, 207
    코트 로티 64-65
론디넬라 품종 224

롱아일랜드 메를로 168-169
루디글렌 뮈스카 138
루아르 밸리(프랑스) 83
    까베르네 프랑 97-98
    뮈스카데 26
    시농 137
    펫낫 94
루에다 베르데호 169
르 버나딘 레스토랑 15, 45, 211-212, 216
리베라 델 두에로 116
리슬링 13, 36
    바하우 리슬링 스마라그드 49
    슈패트레제 158
    신맛 37
    아이다호 76
    클레어 밸리(호주 남부) 114
    핑거 레이크 세미 드라이 83-84
리오하 로조
리오하(스페인) 50, 175, 203-4
리조또 볼 156
리치 핑크 로사토 와인 스타일 27
림버거 품종(독일) 71

ㅁ

마가렛 리버 샤르도네 156
마르케스 드 무리에따 레스토랑 204
마리 캘린더스 팟 파이 55
마블러스 미스 메이슬 119
마시멜로 초콜릿 칩 쿠키 201
마시멜로 or 누가 캔디 146
마운트 비더 까베르네 소비뇽 230
마운트 에트나 로소 221
마케도니아 말라구시아 107
마크 포르지오네 128
막셀 라피에르 56
민디킨 오렌지 치킨 114
만자니야 드라이 스타일 셰리 117
말백 103
    아르헨티나 160
    프랑스 53
말보로 소비뇽 블랑 167
맛 117, 174

감칠맛 37
단맛 36
매운맛 37
쓴맛 26
신맛 37
지방 37, 38
짠맛 36
테이스팅 단계 43
풍미와 향 등 34
매운맛 37
매튜 콘웨이 128
맥 앤드 치즈 53
맥너겟 페어링 74-76
맥도날드 페어링 66-72, 74-76
맥라렌 베일(호주) 99
맷 데이먼 15, 47
메드줄 데이츠 175
메를로 와인 87-88, 168-169
메를로 품종 73, 191
메소드 앙세스트랄 94
메토도 트레디시오날 94
멕시코 와인 119
멘도자 말벡 225
멘도자 샤르도네 103
모든 포장 초밥 168
모로코 쉬라 123-124
모모푸쿠 코 에그 213
모스카텔 드 세투발 89
모스카텔 스위트 스타일 셰리 117
모스카토 다스티 104, 136
모스카토 품종 104
모차렐라 스틱 52
몬탁 서프 롯지 219
몬텔풀치아노 다부르쪼 13, 49
몬티야 모릴레스 PX 88
뫼르소 샤르도네(프랑스 버건

디) 38
무르베드르 품종 75, 221
문 주스 칠레 & 라임 드라이 망고 173
뮈스카 아 쁘띠 그랭(호주) 138
뮈스카 오브 알렉산드리아 품종
(포르투갈) 89
뮈스카데 26, 192-193
미국 와인 재배 지역 81, 140, 158, 168, 227-229
미네랄 중심 구세계 화이트 와인 23
미네르바 루즈 124
미디엄 바디 레드와인 스타일 28
미시건 마켓 76
믹 재거 88
밀크 초콜릿 146

ㅂ
바니울스 65
바덴 슈패트부르군더 55
바로사 밸리(호주) 22, 99
바롤로 카나토 197, 225
바룽 에드몽 드로칠드 137
바르바레스코 196
바르베라 품종(이탈리아 피에몬드) 28
바르삭 192
바코 누아(오리건 남부) 75
바하우 리슬링 스마라그드 49
발데오라스 고데요 153
발폴리첼라 리파소 87
발폴리첼라 지역(이탈리아) 87, 224
발효 18, 27, 56, 60
  메소드 앙세스트랄 94
  메토도 트레디시오날 170
  바니울스 트라디시오넬

65
  전통 방식 62, 64, 87
  젖산 발효 142
방돌 로제 221
백포도(알자스, 독일, 오스트리아) 22
밸리 플로어(나파 밸리) 227, 227, 230
뱅 두 나뛰렐 리브잘트 88-89
뱅 두 나뛰렐 138
버거 68, 70-71
  바 음식(BYOW) 132
  빅맥 13, 69
  셰이크 섁 버거 99
  임파서블 버거 167
버건디 그랑 크뤼 품질 70
버건디 와인 13
  보졸레 56
  품질 수준 69, 70, 85
  화이트 12, 85
버몬트 라 크레쌍트 75
버지니아 비오니에 76
베레종 17
베르데호 품종(스페인) 169
베르멘티노 디 사르데냐 157
베이글 바이트 57
베이글 스토어 레인보우 베이글 200
베카 밸리 보르도 블렌드 125
보관 154-155
보르도
  까르미네르 품종 96
  까베르네 소비뇽과 메를로 품종 73
  끄레망 105
  베카 밸리 블렌드 125
  블랑 169
  1등급 119
보졸레 가메이 28
보졸레 갱 오브 포 56
보졸레 52
  가메이 품종 28

감칠맛에 어울리는 와인 37
갱 오브 포 56
볼랭저 118
부르고뉴 와인 레벨, 지역별 품질 70, 85
부브레 200
부즈롱 알리고테 208
부채살 230
브라질리언 버블스 63-64
브랑코, 두오로 밸리 173
브로콜리 두부 볶음 168-169
브루넬로 디 몬탈치노 126, 156
브뤼 까바 123
브뤼 멀티 빈티지 샴페인 61
블라우프랑키쉬 품종 52, 71
블랑 드 누아 샴페인 189
블랙 빈 & 잭 치즈 부리토 116
블랙 탭 코튼 캔디 셰이크 201
블러드 푸딩 209
블루 와인 118
비건 친화 와인 171
비노 다 타볼라 73
비뉴 베르데 222-223
비어 치즈 63-64
비오니에 뱅 드 페이 53
비욘쎄 173
비티스 비니페라 품종(레바논) 125
빅맥 13, 69
빈티지 포트 197, 225
빌라주 품질(버건디) 70
쁘띠 베르도 품종(캘리포니아 남부) 25

ㅅ
사그란티노 품종 28
사브니에르 200
사시카이아 슈퍼 토스카나 73
사워 캔디 146
사워 패치 키즈 13, 83-84
산미 17-18, 18
  와인의 네 가지 요소 중 19
  입 안에서는 어떻게 느껴질까? 20
산토리니 아시리티코 106
산토리니 12, 106
살타 말벡 160
상세르 블랑 82-83
상세르 13, 15, 24, 83, 196
샐러드 페어링 176-182
생로랑 품종 52

생물 역동적 와인 재배 방식 179
생선 타코 223
생일 펀페티 케이크 141
샤르도네 와인
    마가렛 리버 156
    멘도자 103
    뫼르소 38
    샤토 몬텔레나 143
    오크 숙성 와인 26, 38, 43
    캘리포니아 142
    풀바디 화이트 와인 스타일 26
샤르도네 품종 22, 70
샤르마(스파클링 제조 방식) 62
샤블리 22, 174
샤토 몬텔레나 143
샤토 무사르 125
샤토뇌프 뒤 파프(CdP) 108, 124, 207
샴부르생(켄터키) 75
샴페인 36, 109, 130
    데미섹 108
    로제 225
    브뤼 멀티 빈티지 61
    블랑 드 누아 189
    자기 분해(오툴리시스) 과정 61
    전통 제조 방식 62
    지방과 잘 어울리는 38
    크리스탈 15
    프렌치 프라이와 123
    CO_2 첨가 29
석세션 119
성게 알 206-207
세미용(소테른) 82, 192
세븐 레이어 딥 160
세인트 헬레나 까베르네 소비뇽 230
센트럴 오타고 피노 누아 213
셰리 29, 37, 84, 117, 174
셰이크섁 버거 99
소고기 라자냐 123-124
소규모 생산, 테루아르 등 30
소비뇽 블랑 13, 97
    쓴맛 36
    품종 설명, 소테른 등 82, 167, 192
    프랑스 상세르 등 11, 24
소테른
    세미용과 뮈스카델 품종 82
    소비뇽 블랑 품종 82, 167, 192
    스위트 와인 스타일 29
    프렌치 82
소테른 뮈스카델 품종 82
솔레라 시스템(셰리) 117
쉬라 123-124, 208
쉬라즈 99, 105-106
쉬림프 칵테일 153
슈냉 블랑 펫낫 94
슈패트레제 리슬링 158
슈퍼 토스카나 레드 71-73, 115
슈퍼 토스카나 화이트 201
슈퍼문 레인보우 크로와상 200
슈퍼볼 나초 142
스낵 페어링 78-85
스모어 13, 224
스시 및 일본 음식(BYOW) 132
스월링 98
스위트 앤드 사워 맥너겟 소스 76
스위트 와인 스타일 29, 54, 117
스위트그린 하베스트 보울 169
스킨 컨택트 와인 스타일 27, 119
스턱 온 유(영화) 47
스테이크 190, 207
    까베르네 소비뇽 등 227, 228, 230, 231
스테크 오 푸아브르 190
스트로베리 치즈케이크 아이스크림 87-88
스티머스 222
스티브 마틴 48
스티브 콜버트 89
스파이시 버팔로 맥너겟 소스 75
스파이시 캔디 146
스파클링 와인
    골란 하이츠 137-138
    레드 106
    스파클링 쉬라즈 105-106
    앤더슨 밸리 스파클러 200
    영국 223-224
    스파클링 와인 스타일
    당도 109
    샤르마와 앙세스트랄 메소드 62
    인젝션 카보네이션 62
    전통 방식 62, 64
    CO_2 등 29
스파클링 와인의 당도 109
스페인 118, 123, 209

가르나차 품종 50, 81, 116
    리오하 50, 175, 203-204
    베르데호 품종 169
    템프라니요 품종 50, 116
스페인 가르나차 품종 50, 81, 116
스페인 요리와 타파스(BYOW) 132
스페인 차콜리 208
시금치 샐러드 182
시노마브로 품종(그리스) 113
시농 137
시니스테리 품종 217
신맛 37
신세계 와인 23, 24
실바너 품종(독일) 25
쌩소 품종 57
쓴맛 36

ㅇ

아로마틱 화이트 와인 26
아르헨티나 63, 103, 160, 223
아마로네 델라 발폴리첼라 87
아마빌레 람브루스코 57
아메리콘 드림 아이스크림 89
아몬틸라도 드라이 셰리 117
아보카도 토스트 169
아비스 로스트 비프 97-98
아시리티코 품종 106
아이다호 리슬링 76
아이스크림 86
    스트로베리 치즈케이크 87-88
    아메리콘 드림 89
    체리 가르시아 87
    투나잇 도우 88
    하프 베이크드 88-89
    핫 캐러멜 선데 72
아침식사 페어링 100-108
아쿠아비트 아틱 버드 네스트 217
아티초크 딥 158
아파시멘토 87, 142
아펠라시옹(구세계 와인 품질 등급) 24
안심 스테이크 228
안창살(과 치미추리 소스) 230
알도 솜 216
알리고테 37, 208
알자스, 프랑스
    게뷔르츠트라미너 품종 26

끄레망 달자스 105
백포도 22
피노 그리 55
알코올 29, 112
와인의 네 가지 요소 중 18-21
입 안에서는 어떻게 느껴질까? 21
앙세스트랄 메소드(스파클링 와인) 62
앤더슨 밸리 스파클러 200
에그 베네딕트 107
에그리 비커베르(에게르 황소의 피) 119
에르미타주 블랑 215-216
에리카 세롤로 172
에스카르고 205
염소 치즈 196
영국 스파클링 와인 223-224
오레오 84
오리건
    남부 바코 누아 75
    윌라멧 밸리 피노 누아 193
    피노 그리 158
오스트리아
    그뤼너 펠트리너 품종 168
    바하우 리슬링 스마라그드 49
    백포도 22
    오스트리아 블라우프랑키쉬 71
    츠바이겔트 52
오이스터 록펠러 206
오크 숙성 말라구시아 107
오크통 숙성 와인 19
    리오하 50
    말라구시아 107
    바뉴울스 65
    샤르도네 26, 38, 43
    오크통 51
    화이트 프리오랏 81
오포르토(포르투갈) 72
올레드 탈렙 와이너리(모로코) 124
올로로소 셰리 116
와인 각자 지참 가이드 128-132
와인 스타일
    라이트 바디 레드 28
    라이트 바디 화이트 26
    리치 핑크 로사토 27
    미디엄 바디 레드 28

셰리 37, 84, 117, 174
스위트 29, 54, 117
스킨 컨택트 27, 119
스파클링 29, 62, 64, 109
신세계와 구세계 23, 24
아로마틱 화이트 26
주정 강화 29, 65
페일 핑크 로제 27
풀바디 레드 28
풀바디 화이트 26
와인 재배 방식 178-179
와인 페어링 173-75, 186-197. 특정 페어링 참조
역사 12
음식과 페어링 40-41
일치형과 대조형 38
와인 44, 111, 183. 오크 숙성 와인도 함께 참조
구성 요소 19-21
내추럴 184-185
당분 17-20, 18
드라이 37, 54, 109, 117, 174
디캔팅 115
레그 95
맛 26, 34, 36-38, 43, 117, 174
바디 18, 20
비건 친화 171
산미 17-20, 18
스월링 98
알코올 18-21
옷과 와인 225
와인 제조 관련 공식 18
저렴한 와인 120-127
저자 추천 232
향 33, 34, 42, 43, 65
와인의 당분 17-20, 18
와인의 바디, 알코올, 당분, 산미 함유량 등 18, 20
와인의 향 33, 34, 42, 43, 65
욘트빌 까베르네 소비뇽 228
워크 와이프(세뮬로와 마주르) 172
웨지 샐러드 181
윌라멧 밸리 피노 누아 193
유기농 와인 재배 178
유포리아 119
음식과 와인 페어링에 관한 이야기 40-41
이종 교배와 하이브리드 비교 77
이탈리아 피노 그리지오 182

이탈리아 IGT 73
이탈리아 57, 71, 87, 104, 118
  IGT 73
  글레라 품종 153
  로사토 27, 97, 141
  몬테풀치아노 다부르쪼 13, 49
  발폴리첼라 지역 87, 224
  사그란티노 품종 28
  산토리니 12, 106
  파시토 와인 29, 141-142
  팔랑기나 베네벤타노 201
  피에몬테 28, 113
이팔리아 프레이자 182
인도 및 아프리카 음식(BYOW) 131
인스타그램용 페어링 198-201
인젝션 카보네이션(스파클링 와인) 62
일레븐 메디슨 파크 당근 타르타르 215-216
일본 음식 및 스시(BYOW) 132
일치형과 대조형 페어링 38
임파서블 버거 167
입에서 느껴지는 와인의 요소 20-21

ㅈ
자기분해 과정(샴페인) 61
장 포이야드 56
저렴한 와인 120-127
저스틴 비버 15, 219
전통 방식 62, 64, 87
전통 와인 재배 농업 방식 178
정어리 209
젖산 발효 142
제너럴 쏘 56
젤리와 테피 145
조지안 르카치텔리 222
주정 강화 와인 29, 65
쥐라 트루소 216
쥐랑송 색 170
지미 팰런 88
지방과 잘 어울리는
  나파 까베르네 등 37
  샴페인 등 38
지비보 디 판텔레리아 141
지비보 품종(이탈리아) 141-142
지속 가능한 포도 재배 방식 178
지중해 및 그리스 음식(BYOW) 132

진저브레드 141-142
진판델 50, 52, 140
짠맛 36

ㅊ
채끝 스테이크 230
체리 가르시아 아이스크림 87
초콜릿칩 팬케이크 105-106
추수감사절에 남은 음식으로 만드는 샌드위치 137
취기 물질 33
츠바이겔트(오스트리아) 52
치즈 퐁듀 126
치즈 잇츠 81
치즈와 고기 페어링 161-263
치킨
  그릴드 치킨 170
  만다린 114
  켄터키 프라이드 61
  파파이스 스파이시 샌드위치 94
치토스 11, 13, 82-83
칠레 까르므네르 96
칠레 토론테스 품종 26

ㅋ
카디비 체더 BBQ 칩스 81
카본 스파이시 리가토니 보드카 213-214
카사블랑카 소비뇽 블랑 173
카시스 블랑 206-207
카오르 53
칼로리 낮은 음식 페어링 172-175
캇츠 델리 파스트라미 샌드위치 96
캐비어 189
캔디 페어링 144-149. 특정 캐러멜 및 토피 캔디는 145 참조
캘리포니아 나파 밸리 229
  검은 포도 22, 108
  밸리 플로워와 힐사이드 와인 227, 228, 230, 231
캘리포니아 138, 140
  나파 밸리 22, 108, 227, 228, 230, 231
  남부 쁘띠 베르도 품종 25
  드라이 크릭 진판델 50, 52
  샤르도네 142
  센트럴 코스트 피노 누아 81

스파클링 와인 126
케일 시저 샐러드 180
켄터키 샴부르생 75
켄터키 프라이드 치킨 61
코르나스 214
코르비나 베로네제 품종 87
코트 뒤론 119
코트 로티 64-65
콜돈도 프로세코 119
콜리플라워 뇨끼 113
콜리플라워 크러스트 피자 114
콜키지 요금(BYOW) 130
콥 샐러드 180
쿰즈빌 까베르네 소비뇽 230
쿼터 파운더 71-72
크라스노스토프 졸로토브스키 118
크로아티아 그라셰비나 180
크로즈-에르미타주 123, 216
크로크 므슈 108
크리미 랜치 맥너겟 소스 76
크리스탈 샴페인 15
크리스피 소프트 셀 크랩 221
크리스피 크림 글레이즈 도넛 105
크림 셰리 84
크림처럼 달콤한 셰리 스타일 117
클래식 크뤼디테 157
클램 베이크 132, 222
클레어 마주르 172
키뷔시 와인 119
키안티 13
  산지오베제로 만든 키안티 24
  클라시코 213-214
키프로스 코만다리아 217
킬링 이브 118

ㅌ
타낫 품종(우루과이) 28
타닌 28
와인 요소 19
입에서 느껴지는 질감 20
타르타르 스테이크 207
태국 및 베트남 음식(BYOW) 131
테루아르 30
텍사스 무르베드르 75
텍스멕스 퀘사디아 50
템프라니요 품종(스페인) 50, 116
토니 포트 72, 146

토론테스 품종(칠레) 26
토마호크 스테이크 228
토우리가 프랑카 품종(포르투갈) 28
토카이 와인(헝가리) 29
톡 쏘는 BBQ 맥너겟 소스 75
투나잇 도우 아이스크림 88
튜나 니수아즈 182
트레이더 조 페어링 110-116
트윙키 82

ㅍ

파리의 심판 143
파시토 디 판텔레리아 141-142
파시토 와인(이탈리아) 29, 141-142
파우더 젤리 도넛 138-139
파인애플 와인(하와이) 76
파타고니아 피노 누아 63
파파이스 스파이시 치킨 샌드위치 94
판타지 라벨 24
팔 피노타지 57
팔랑기나 베네벤타노 201
팔로 코르타도 드라이 스타일 셰리 140
팟타이 124
패스트 푸드 페어링 90-99
1등급 보르도 119
페드로 히메네즈(PX) 88, 117
페일 핑크 로제 와인 스타일 27
펫낫 94, 119
포도-해당 품종 참조
    기후 등 22
    당분과 산미 17-18, 18
    당분과 알코올 함유량 18
    라벨 24
    베레종 17
    와인 제조 공식 18
    하이브리드와 이종교배 77
포도나무뿌리진디 106, 160
포르투갈
    미스캣 오브 알렉산드리아 품종 89
    비뉴 베르데 222-223
    토우리가 프랑카 품종 28
    포트 및 두오로 밸리 72
포메롤 190
포시즌스 레스토랑 178-188, 195
포터하우스 스테이크 231

포트 29, 72, 115
푸르민트 품종(헝가리) 206
푸아그라 192
푸이 퓌메 196
풀바디 레드와인 스타일 28
풀바디 화이트와인 스타일 26
풍미 즐기기 35
풍미 34-35
풍선껌 145
퓔리니 몽라셰 205
프란치아코르타 139
프랑스 버건디 12, 22
    뫼르소(오크 숙성 샤르도네) 38
    퓔리니 몽라셰 205
    피노 누아 69, 70
    알리고테 품종 208
프랑스와인과 비스트로(BYOW) 132
프랑스 지중해 픽풀드 피네 225
프랑스 65, 105, 124, 170, 190. 버건디 / 루아르 밸리 / 론 밸리 참조
    두리프 품종 140
    루시옹 리브잘트 88-89
    말벡 196
    비오니에 뱅드 페이 53
    상세르에서 재배되는 소비뇽 블랑 11, 24
    상세르 지역 13, 15, 24, 83, 196
    소테른 82
    알자스 22, 26, 55, 105
    파리의 심판 143
    푸이 퓌메 196
프렌즈 118
프렌치 토스트 108
프렌치 프라이 123
프로슈토 & 멜론 153
프리미에 크뤼(버건디) 70
피그 인 어 블랭킷 156
피노 그리지오 26, 55, 158, 159
피노 누아 52, 56
    뉴질랜드 센트럴 오타코 213
    라이트 바디 레드 와인 스타일 28
    윌라멧 밸리 193
    캘리포니아 센트럴 코스트 81
    파타고니아 63
    품종, 버건디 레지오날 등

69, 70
피노 드라이 스타일 셰리 37, 117, 174
피시 앤드 칩스 223-224
피에몬테(이탈리아) 28, 113
피자 13, 49, 114, 131
피키 블라인더스 119
필렛 오 피시 71
핍스 139
핑거 레이크 세미 드라이 리슬링 83-84

ㅎ

하드 캔디 145
하바네로 랜치 맥너겟 소스 76
하와이 파인애플 와인 76
하웰 마운틴 까베르네 소비뇽 231
하이브리드와 이종교배 비교 77
하프 베이크드 아이스크림 88-89
할라페뇨 파퍼 158
핫 브라운 63
핫 캐러멜 선데 72
핫도그 97
해산물 검보 126
해산물 식당 및 클램 베이크(BYOW) 132
해산물 페어링 220-224
해초 스낵 174
허니 넛 치리오스 103
허니 맥너겟 소스 76
허니 머스타드 맥너겟 소스 75
허니 베이크드 햄 140
헝가리 29, 206
헨리 키신저 195
호박파이 138

호주
    남부 클레어 밸리 리슬링 114
    마가렛 리버 156
    맥라렌 베일 99
    뮈스카 아 쁘띠 그랭 138
    바로사 밸리 22, 99
    쉬라즈 99, 105-106
호크스 베이 쉬라 209
화이트 리오하 175
화이트 버건디 12, 85
화이트 슈퍼 토스카나 201
화이트와인(구세계 미네랄 중심) 23
화이트 진판델 138-9
화이트 체더 팝콘 85
화이트 초콜릿 146
화이트 트러플 파스타 196
화이트 프리오랏 81
흙향 중심, 구세계 레드와인 23

A~Z, 숫자

BBQ 브리스킷 & 립 64-65
BEC(베이컨 에그 치즈) 106
BYOW. 와인 각자 지참 페이지 참조
CO_2
    스파클링 와인 29
    와인 공식 18
PB & J 57
SNL 119
20년 숙성 토니 72

감사의 말

바네사 프라이스

이 페이지에 모두 담지 못할 만큼 많은 분의 도움이 있기에 이 책이 완성될 수 있었다. 이 책을 쓰고자 했던 내 꿈을 처음으로 지원해 주었던 사람은 내 동생 브리아나 맥켄지 프라이스였다. 지금은 세상에 없지만, 동생이 남긴 나를 향한 믿음은 이 책의 모든 페이지와 내 마음속에 영원할 것이다. 거만한 누나를 늘 지지해 준 내 친동생 포레스트와 가렛에게도 감사를 전한다. 나를 키워주고 내 꿈을 지지할 용기를 내주신 부모님 진과 르네에게도 늘 감사한다. 늘 나를 친 가족처럼 대해주는 의붓 가족 다이앤, 월트, 셰리, 에반, 필립, 조단에게도 감사한다. 나 같은 소녀가 이런 일을 할 수 있는 세상을 만들기 위해 싸워준 내 할아버지, 할머니께도 감사드린다. 누구와도 바꿀 수 없는 소중한 가족이 되어준 고모 카를린, 삼촌 존, 사촌 에린, 메간, 애디슨, 윌리, 행크, 바트, 바렛에게도 감사를 전한다. 내 절친한 친구이자 사진작가, 동료인 미셸에게도 감사한다(우리가 진짜 해냈어!). 우리의 '페어링' 작업에 확신이 없었을 때도 우리를 믿어준 The Ellaphant in the Room 여러분에게도 감사의 마음을 전한다. 2학년 때부터 절친한 친구이자 30년이 넘는 시간 동안 내 옆을 지켜주었고, 지금도 내게 영감과 사랑과 용기를 주는 콜린에게도 감사하다. 죽이고 싶을 만큼 내가 미웠을 때도 나를 지켜주고 지지해 준, 친애하는 악당 야니스에게도 감사를 전한다. 뉴욕 매거진에서 나를 담당했던 편집자이자 나라는 원석을 다이아몬드로 만들어준 앨런에게도 감사한다. 함께 지옥에서 생존했던 바바라에게도 감사를 전하고 싶다. 길을 잃었을 때 힘을 낼 수 있게 도와준 수잔에게도 감사를 전한다. 좋은 상사이자 리더가 무엇인지를 내게 몸소 보여준 데이비드, 프랭크, 프레드릭, 세르지오에게도 감사한다. 내 삶을 어마어마하게 바꾸어 놓은 데이브에게도 감사한다. 의붓 가정의 표본이 되어준 리사와 데이비드에게도 애정을 담아 감사를 전한다. 늘 내 최고의 치어리더가 되어주는 마리엘에게도 감사하다. 지쳐 있을 때 늘 힘을 주는 사랑스러운 라나와 유아드에게도 감사를 전한다. 관용과 친절이 세상에 어떤 일을 할 수 있는지 보여준 바렛과 아담에게도 감사한다. 나와 내 여동생을 늘 공주처럼 대접해 준 킹에게도 감사를 전하고 싶다. 나를 향한 믿음으로 모든 것을 바꿔준 마야와 딘에게도 감사한다. 내 엉뚱한 의견들을 모두 받아준 마이크에게도 감사를 전한다. 영원히 잊지 못할 뉴욕을 선사해 준 톰에게도 감사 인사를 전한다. 나를 향한 믿음으로 독려해 준 월트에게도 감사한다. 자기 자신을 위해 싸우는 방법을 보여준 네이션에게도 감사의 마음을 전한다. 내게 위안과 쉼터가 되어준 필에게도 감사한다. 큰 꿈과 그보다 더 큰 직업 윤리로 무엇을 성취할 수 있는지를 보여준 켈리에게도 늘 감사한다. 내게 다시 없을 도전이 되어준 닉에게도 감사를 전한다. 무려 30년 동안 나쁜 짓을 함께해준 래건에게도 감사한다. 길잃은 아이가 찾을 수 있는 최고의 큰오빠가 되어준 푹스에게도 감사 인사를 전한다. 이 힘든 일에 시간과 정성을 보태준 켈시, 커트, 피터, 메리, 마시모, 로베르토, 댄, 바바라, 메간, 드한, 메브, 브래들리, 사라, 맨디, 켈시, 앨리슨, 앨리, 헤이디, 에리카, 클레어, 안젤라, 셰레인, 미셸, 리즈, 지나, 레이첼, 카를로스, 매튜, 가브리엘라, 바이올렛, 미카엘, 장 레미, 시프리앙에게도 감사한다. 이렇게 보니 정말 많은 도움을 받은 듯하다. 나를 대표자로 선택해 준 모든 와이너리에게도 그러한 영광을 주어 감사하다는 말을 전하고 싶다. 이 프로젝트를 시작부터 믿고 지원해준 내 에이전트 카리에게도 감사하다. 최고의 편집자 라우라에게도 감사를 전한다. 그리고 누구보다도 공동 저자인 아담에게 감사를 전한다. 매일 새벽 3시에 전화를 받아주고, 끝없는 회의를 견뎌주고, 무엇보다 나같은 애송이를 성장하게 해주어 고맙다고 말하고 싶다. 당신이 아니었으면 해낼 수 없었을 테니까.

아담 라우쿠프

아무것도 모르는 이웃에게 구하는 조언이라고 생각했던 작업을 수 년짜리 긴 여정으로 바꿔준 바네사 프라이스에게 감사를 전한다. 처음에는 와인을 받는 대가로 몇 줄을 고쳐주었던 것이 와인 칼럼으로 변했고, 이내 책 전체가 되었다. 편집에 관련해 온갖 고문을 했을 때도, 문장에 '과일 향'과 '강렬한'이라는 단어를 죽어도 쓰지 않았을 때도 암살하지 않아 주어서 감사하다. 매일 급하다며 한밤중에 전화, 문자, 이메일을 보낸 것도 감사하다. 원래 알고 있었던 것보다 와인에 대해 더욱 많은 것을 가르쳐주어 감사하며, 잊지 못할 새그 하버Sag Harbor의 노을을 보여준 것도 감사하다. 내가 한 것이라곤 이곳저곳의 문장을 조금씩 바꾼 것뿐이다.

무엇보다도 어머니 린 라우쿠프에게 감사를 전한다. 내가 아는 가장 훌륭한 사람이자 늘 흔들리지 않는 사랑과 지지를 보내주셨고, 끝없는 인내와 사랑과 긍정으로 살아가시며 평생 더 나은 사람이 되는 방법을 직접 보여주시는 분이다. 중학교 때 내게 강제로 인디고 걸스 노래를 배우게 하고, 자신이 돌보는 동물들을 대할 때 만큼이나 가족에게도 순수한 사랑을 주는 여동생 섀넌에게도 감사를 전한다. 마음 넓은 섀넌의 파트너 데비와 영원한 친구들 트레이시와 조, 캐시와 릭, 맥스, 케이시, 리암, 조이, 제이, 브룩에게도 감사한다 (사랑의 마음과 함께 크리스마스에 이 책을 받게 해서 미안하다는 말을 전한다). 내 모든 농담을 받아주는 평생의 동반자인 아내 슬론 크로슬리에게도 감사하며, 이 끝없는 글들을 봐준 절친한 제베디아 리드, 크리스 테넌트에게도 감사한다. 대학 시절부터 늘 나를 지지해 준 피오나 토마스와 앤 위트먼, 그리고 어쩐지 오래된 사이처럼 친숙한 샬롯 키드에게도 감사를 전한다. 조 턴불, 킴라 블랙웰더, 조이 잘레오, 마셜 헤이맨, 브리나 밀리코프스키, 데이브 골드웨이츠, 사라 크리스마스볼스에게도 감사한다. 케이트 엘리슨, 재닌 카렌디 맥머레이, 존 가울드와 함께 인터넷이 있기 전부터 알아온 스트레인저, 브렌던 테일러와 마이크 에런에게도 감사한다. 누구와도 비교할 수 없는 클램즈리카, 클레어 마주르, 에리카 세룰로와 더불어 구제 불능인 크리스 윌슨, 늦은 밤에 연락해도 불평 한 번 하지 않던 천사 같은 마리 테레제 헨베르거, 그리고 이 팬데믹 상황에도 늘 나를 돌봐준 세상에서 가장 훌륭한 하미드 아완에게도 감사의 마음을 전한다. 또한, 몇 년 동안 이 책에 가치 있는 도움을 준 친구, 동료, 멘토, 상사들에게 감사를 전하며, 분명 이 책을 싫어할 것이 분명한 제프 베르코비치, 마어 로샨, 페이지 페라리, 루시 바론, 케일린 셰퍼, 로스 슈나이더맨, 숀 알파노, 크리스타 프라이바움, 벤 로빈슨, 케이시 켈보, 이안 모어, 애나 키드, 노엘 파멘털, 주니어 OJ 번즈, 조 케오헤인, 크리스 조지, 데이브 캣츠, 그렉 윌리엄스, 존 밴타, 윌라 파스킨, 스티브 가바리노, 사라 호프만, 조지 걸리, 마이크 색스, 캘리 라이트, 저스틴 토르켈슨, 코트니 콜라비타, 크리스 세친, 니콜 베치아렐리, 존 쿡, 아론 겔, 제이미 존슨, 밥 모리스, 에릭 스피츠나겔, 클라라 세들락, 앤드류 브래드필드, 캐롤 라코스, 브라이언 리체티, 토드 틸레, 셰인 딕슨 캐버노, 린다 홀에게도 감사 인사를 전한다. 끝으로, 이제는 고인이 되신 훌륭한 로스 드레이크에게 감사를 전한다.

빅맥 & 버건디
지극히 현실적인 와인페어링

초판 1쇄 발행 2023년 2월 15일
초판 2쇄 발행 2023년 2월 28일

지은이 바네사 프라이스, 아담 라우쿠프 **일러스트레이션** THE ELLAPHANT IN THE ROOM
옮긴이 이유림 **사진** 미셸 맥스웨인 **펴낸이** 한원협 **펴낸곳** 청담숲
편집 인스튜디오 **디자인** 김혜림 **경영지원** 안혜리 한원해 **마케팅** 명효은 이경엽

출판등록 제 2022-000053호 (2022년 6월 20일)
주소 04728 서울시 성동구 금호로 127 금호자이1차 상가동 지하2층 13-1호 (금호동)
전화 010-7479-8683 | **팩스** 0508-905-8683
이메일 cheongdamsoop@gmail.com

값 25,000원
ISBN 979-11-979321-9-9 03590

* 잘못된 책은 구입처에서 바꿔 드립니다.
* 이 책은 저작권법에 따라 보호받는 저작물이므로 무단 전재와 무단 복제를 금지합니다.

Text copyright © 2020 Vanessa Price
Illustrations copyright © 2020 The Ellaphant in the Room
Photographs copyright © 2020 Michelle McSwain and Vanessa Price
Bonus Chapter Contributor Susan Kim
First published in the English language in 2020
By Abrams Image, an imprint of ABRAMS, New York
ORIGINAL ENGLISH TITLE: BIG MACS & BURGUNDY
(All rights reserved in all countries by Harry N. Abrams, Inc.)

Korean translation copyright © (한국어판연도) by Cheongdamsoop
Korean translation rights arranged with Harry N. Abrams, Inc.
through EYA (Eric Yang Agency).

이 책의 한국어판 저작권은 EYA(Eric Yang Agency)를 통한 Harry N. Abrams, Inc.사와의 독점계약으로 청담숲이 소유합니다. 저작권법에 의하여 한국 내에서 보호를 받는 저작물이므로 무단전재 및 복제를 금합니다.